这书能让你戒酒

施思维 ◎ 著

中国纺织出版社有限公司

图书在版编目（CIP）数据

这书能让你戒酒 / 施思维著 . -- 北京 ： 中国纺织
出版社有限公司，2023.6（2025.2重印）

ISBN 978-7-5229-0123-7

Ⅰ.①这… Ⅱ.①施… Ⅲ.①戒酒 Ⅳ.① C913.8

中国版本图书馆 CIP 数据核字（2022）第 227610 号

责任编辑：范红梅　　责任校对：楼旭红　　责任印制：王艳丽

中国纺织出版社有限公司出版发行
地址：北京市朝阳区百子湾东里 A407 号楼　邮政编码：100124
销售电话：010—67004422　传真：010—87155801
http://www.c-textilep.com
中国纺织出版社天猫旗舰店
官方微博 http://weibo.com/2119887771
三河市宏盛印务有限公司印刷　各地新华书店经销
2023 年 6 月第 1 版　2025 年 2 月第 5 次印刷
开本：710×1000　1/16　印张：22
字数：375 千字　定价：56.00 元

凡购本书，如有缺页、倒页、脱页，由本社图书营销中心调换戒酒，戒什么？

永远不喝第一口酒？

可是内心还会"想"，心中还有"酒"。

戒酒，戒什么？

戒酒戒的是心瘾，

心中无酒才是真的戒了酒。

序

　　一个曾经最多时每天四包烟、三顿酒，烟龄、酒龄将近 30 年的前烟民、酒民，从 1996 年开始，就寻求各种办法戒烟戒酒，却一直没能逃脱烟瘾、酒瘾的陷阱。直到 2016 年，一个偶然的机会，我有幸遇到了轻松戒烟法（《这书能让你戒烟》，作者是来自英国被誉为世界戒烟之父的亚伦·卡尔）。2016 年 4 月 17 日，这个日子我终生难忘，因为在这一天我戒烟成功了，我终于摆脱了纠缠了我 20 多年的烟瘾。也是从这个时候开始，我痴迷上了对轻松戒酒法的研究和探索，3 年后的 2019 年 10 月 10 日，我轻松戒酒成功！

　　从最初 2016 年我戒烟成功时心中梦想的，像戒烟一样轻松的轻松戒酒法，到 2019 年 10 月 10 日我戒酒成功时的轻松戒酒法（本书初稿），再到现在的轻松戒酒法定稿版，期间阅读量数千万字，读书笔记上百万字。历时 5 年多，今天这本可以让广大戒友正式阅读的轻松戒酒法——《这书能让你戒酒》终于完成了！

　　本书献给所有被酒瘾困扰、想戒而戒不了的酒民朋友们。

施思维

2023 年 1 月

引言

每当我们戒酒时——

酒友说:"戒啥呀戒!"
父母说:"坚持啊,连个酒都戒不了还能干什么事!"
朋友说:"戒酒没那么复杂,就是靠毅力。"
产品戒酒者说:"戒酒必须靠'产品+毅力'。"
药物戒酒者说:"治酒瘾要用药物,但疗程短了不行,需要3~6个月。"
老婆还是那句经典名言:"你要戒得了酒,我就戒饭。"

这些话相信大家都不陌生,喝酒人到了一定年龄或喝酒到一定年限,谁没有戒过酒?每次戒酒,耳边就会响起这样的声音,尤其是老婆的那句伤害性不大,侮辱性极强的"名言",我们先不论喝酒人在人们心目中形象如何,单就这句话就可知,戒酒人给人留下的印象是多么不堪!

不过,话又说回来,也怪不得老婆这样说,马克·吐温说过:"戒烟很容易,我都戒1000次了。"对喝酒人来说,戒酒1000次或许太夸张,但戒酒几十次真不稀奇,如果把"戒了喝喝了戒,今天戒明天喝"的人也算上,戒酒几百次的大有人在。

这说的是戒酒次数,我们再看戒酒的时间跨度。一位网友这样说:"我十几岁时学会了喝酒,二十来岁时开始戒酒,现在我58岁了,还没戒掉。"这不是特例,"戒酒——喝酒——再戒酒",反反复复几十年的人,真不在少数。

所以,老婆说错了吗?老婆批评的固然没错,但即便如此,作为一个曾经不可救药的"大酒鬼",在这里我还是要给我们喝酒人鸣个不平——难道我们不想戒吗?我们也是有苦难言啊,你们不喝酒,哪里知道喝酒人的苦衷!

你知道戒酒有多难吗?这么说吧,戒烟的人或许都有过半夜起来,从垃圾桶里把昨晚发誓戒烟而扔掉的烟再捡起来抽的糗事吧。(你说掰断了怎么抽?放心,抽烟人有的是办法,接起来呗;揉碎了呢?重新用纸卷起来;浇水了呢?冬天可以在暖气上烘干,夏天可以晾到半干,只要能点着就可以抽!对抽烟人来说,这都不是事。)那么戒酒呢?这么说吧,俗话说"覆水难收",假如"覆酒可收",我相信喝酒人也会半夜起来,把昨天发誓戒酒而倒掉的酒,再收起来喝的!

戒酒有多难？一位网友的话代表了大多数一般酒依赖者的感受："太痛苦了！每到吃饭点，满脑子都是酒，每次都是咬紧牙关，以最快的速度吃完饭，然后赶紧逃离餐桌！酒瘾太恐怖了！"

这是一般酒依赖者的戒酒感受，那些重度酒依赖呢？他们何止是吃饭点满脑子都是酒，他们每天除了睡觉，时时都在与酒瘾做斗争，有时觉得睡觉都是煎熬，满脑子都在胡思乱想，哪里睡得着！

现在你知道了吧！不是我们愿意这样，实在是酒瘾犯了扛不住啊。

那么，有没有一种方法，能够让我们一劳永逸，一次性彻底摆脱酒瘾呢？有，那就是轻松戒酒法。

本书不是一本学术书，也不是一本理论书，而是一本工具书。这本工具书不会给你介绍五花八门的各种戒酒方法，也不会用各种恶性疾病吓唬你让你戒酒，如果这些管用的话，你早就戒酒成功了。

那么这到底是怎样一本书呢？这么说吧，知道以前你为什么戒不了酒吗？以前戒不了酒，归根结底是因为你的心瘾未去，心瘾是什么？心瘾就是心中的喝酒欲望，只要欲望在，你就永远不敢说自己戒酒成功，因为你随时可能会复饮。

本书的作用是消除你的欲望，清除你的心瘾。看书的过程就是心瘾消除的过程。你心中的喝酒欲望，在阅读过程中会慢慢消散。等你看完了书，心瘾就没了，喝酒的欲望就消失了，此时再停酒、断酒，那么恭喜你，你戒酒成功了。

戒酒难就难在心瘾，需要我们花心思对付的也正是心瘾，而对于轻松戒酒法而言，戒除心瘾很简单——只需你把这本书读完。

那么，现在就请你跟随本书的节奏，按照书中提供的方法和技巧，开始你快乐轻松的戒酒之旅吧。

导读

1. 轻松戒酒法的特点

- 无须意志力
- 不论酒瘾大小、酒龄长短，一样都能轻松戒酒
- 戒酒后无痛苦，感觉非常轻松
- 效果持续稳定

2. 轻松戒酒法的核心

轻松戒酒法的核心是先去除心瘾再停酒（戒酒），心瘾没了，喝酒的欲望消失了，你自然就不会再喝酒了。

有人说戒酒就像放下一个人，看清了，不爱了，心中就不会再起涟漪；还有人说戒酒就像出家，已经心如止水，就不再留恋。的确如此，喝酒是因为心中的欲望，欲望没了，你还会再喝酒吗？

戒酒很简单，想通了，看透了，也就戒了。

戒酒，戒的不是酒，戒的是心瘾。

3. 戒酒需要多长时间？

戒酒需要多长时间？1个月？1年？2年？10年？还是一辈子？

不，只需看完这本书的时间！

不是看完这本书再开始戒酒，而是看完这本书你的戒酒过程就已经完成，你就已经戒酒成功了。

4. 为什么轻松戒酒法戒酒很轻松？

阅读轻松戒酒法的过程，就是酒瘾消除的过程，看完书，心瘾没了，喝酒的欲望消失了，你自然就不会再喝酒了。所以，如果你问轻松戒酒法戒酒的过程痛苦吗？我可以负责任地告诉你，不但不痛苦，反而很轻松。

- 看书去心瘾，先去心瘾再停酒（戒酒），而不是先停酒再看书，因此在轻松戒酒法的戒酒过程（看书过程）中，无须压制自己的酒瘾，所以很轻松。
- 本书不会通过介绍饮酒导致恶性疾病的方式让你戒酒，制造心理恐惧的办法戒不了酒，只会让你像鸵鸟一样把头埋到沙子里，然后扔掉书本，继续

喝酒。我们把关于酒精对人体的伤害一章，安排在了书的中间位置。这样安排的用意是，有了前面的相关介绍，当你看到这里时，就不会感到紧张和不安了，你只会感到庆幸，庆幸自己及时遇到了轻松戒酒法。

● 轻松戒酒法戒酒不但没有痛苦，你还会越看越开心，越看越快乐。因为随着看书的进程，你会对戒酒成功越来越有信心，你甚至能够预感到自己这次戒酒一定会成功，成功的喜悦会不时地浮现在你的脸庞。

轻松戒酒法无须意志力，轻松戒酒法戒酒很轻松。

5. 阅读本书的重要提示

正如轻松戒酒法的名字一样，请你带着轻松、愉快的心情阅读本书。书中的内容不会考验你的意志力，也不会让你做任何你根本做不到的事情，书中只会反复提醒你，看书时要认真仔细，不要一目十行，不要挑着看、挑着读，也不要用自己非专业的认知和思维，在轻松戒酒这个专业领域里习惯性地质疑和反驳，**请带着开放、自省的心态阅读本书。**

现在你唯一需要做的是，找个安静的地方，用心地、认真地把这本书看完，当你看完最后一页书，喝掉最后一杯酒时，你的心瘾就没了，喝酒的欲望就消失了。此时，你就已经戒酒成功了。

目录

第一部分

戒酒很简单

第 1 章
瘾是什么

酒瘾主要是心瘾，戒酒也主要戒的是心瘾，至于生理瘾，我们不需要特意做什么，只要对其置之不理，用不了几天它就会自动消失。

瘾或瘾症，都是病字旁，不得不佩服古人的智慧，几千年前就知"瘾"乃病的一种，凡瘾都是病。也不得不说，我们的汉字真是太伟大了，你看这些病字旁的汉字，哪个不是与病有关：

病、症、疾、疗、疼、痛、疤、痕、痘、痴、癖、痹、瘾、癔、疯、癫、痞、癞、痉、瘦、疟、痢、瘟、疫、癌、痒、疱、疹、痰、痨、瘫、瘘、瘤、瘀、瘘、疙、瘩、瘤、瘟、瘔、瘊、疖、痱、疝、疥、疮、疣、痂、瘤、瘙、痣、痛。

而且这些字不管我们认不认识，光是看到这个病字旁就知道与病有关，而且只看字形也基本能猜到是什么病，差不多还能读出它的音来。

这些病字旁的字表达的意思一般不是身体上的疾病，就是心理上的疾病，没有一个是我们喜欢的，看到它们，我们的第一反应就是不舒服。

瘾，也称上瘾、成瘾、瘾症，是人对某种物质或行为的一种欲罢不能的依赖。瘾物，即成瘾物质，能使人上瘾的物质。生活中常见的成瘾物质有尼古丁、酒精、咖啡因等，有一些药物如吗啡、杜冷丁等，也都有成瘾性。

人对某种瘾物成瘾后，一旦停止使用，就会感到痛苦、难受、不舒服，这也是瘾物之所以成瘾的一大原因。

人对成瘾物质的依赖，包括生理上的依赖和心理上的依赖。生理依赖是大脑和中枢神经系统长期反复地被某种成瘾物质刺激，使身体适应了这种物质在体内一定量的存在，如果停止或减少摄入，或体内的这种物质减少到一定程度，身体就会出现轻微的不适，此时只要恢复摄入，不适感马上消失。

生理依赖，也叫生理瘾或身体瘾。

心理依赖，简单来说就是心理上对某种成瘾物质的依赖。心理依赖最初都与一种叫作多巴胺的物质有关，多巴胺是大脑分泌的一种神经递质，它能帮助脑细胞传递开心、快乐、愉悦的信号。

"快乐物质"多巴胺

为便于广大读者记忆和理解，我们统一将帮助脑细胞传送开心、快乐、愉悦信号的神经递质多巴胺，直接表述为快乐物质多巴胺。

事实上，很多物质都能刺激大脑分泌多巴胺，如茶、糖、尼古丁、咖啡因等，当然也包括酒精。还有一些行为也能刺激大脑分泌多巴胺，如网瘾、追剧、刷手机、打游戏、购物癖等。可以这样讲，只要是瘾症，都与多巴胺有关。

当某种物质或行为刺激大脑分泌多巴胺时，大脑就会产生快乐、愉悦的感觉，大脑不断地被这种物质或行为刺激，就不断地产生多巴胺，人就不断地感到快乐和愉悦，并且多巴胺分泌的越多，人就越快乐。大脑被这种物质或行为长期反复地刺激，就会在潜意识中形成对这种物质或行为的渴求和欲望，这就是心理依赖，也称心理瘾或心瘾。

心瘾一旦形成，你就必须按照一定的频率，经常或周期性地满足它，否则，它就会让你痛苦难受、坐立难安、心神不宁。

从致瘾物的性质上讲，瘾又可分为物质性成瘾和非物质性成瘾，烟瘾、酒瘾、茶瘾、咖啡瘾、辣椒瘾、食物瘾、药物瘾等属于物质性成瘾，赌博、网瘾、追剧、刷手机，打游戏、购物癖等属于非物质性成瘾。

不管是物质性成瘾还是非物质性成瘾，占主要部分的都是心瘾，生理瘾占比都很小，有的甚至微乎其微。我们戒烟、戒酒也主要戒的是心瘾，生理瘾不需要我们特意做什么，只要对其置之不理，用不了几天它就会自动消失。

生理瘾和心瘾占比

烟瘾，生理瘾占 1%，心瘾占 99%。

食物瘾，因不同食物种类而异，一般生理瘾占 1% ～ 10%，心瘾占 90% ～ 99%。

酒精的生理瘾有个特点，随着酒龄的延长和饮酒量的增加，酒瘾越来越大，生理瘾也会水涨船高。例如，开始时或者说轻度酒依赖阶段，生理瘾很轻微，或许只占整个酒瘾的 0.1%，但当达到中度酒依赖时，生理瘾可能就会逐步增加到 1%。如继续饮酒，随着酒精对大脑中枢神经系统的作用，当达到重度酒依赖时，生理瘾可能会达到2%、3%；当达到重重度或超重度酒依赖时，生理瘾就会急速上升，可能会达到5%、6%或7%、8%，但最多也不会超过10%。

从0.1%上升到1%，即从轻度酒精依赖到中度酒精依赖，会持续相当长的时间，这个时间可能是几年，也可能是十几年，而从1%上升到10%，需要的时间会越来越短，可能只用几年时间就从中度酒精依赖上升到重度酒精依赖，用更短的时间就从重度酒精依赖上升到重重度或超重度酒精依赖了。

总之，根据酒精依赖的不同阶段，生理瘾占整个酒瘾的0.1%~10%，相对地心瘾则占到90%~99.9%。

不管怎么说，对大多数一般酒依赖者而言，生理瘾只占酒瘾的很小一部分，有时甚至微乎其微，可以忽略不计。

由此可见，不管烟瘾还是酒瘾，如果只有生理瘾而没有心瘾，或许你根本就感觉不到它的存在，如果是这样的话，瘾也就不需要戒了，因为它（生理瘾）如此轻微，几乎不值一提。

注：文中生理瘾和心瘾的占比，因人而异，并非定值。

第2章
瘾不是爱好，也不是习惯

喝酒不是爱好，爱好可以随心所欲，瘾却欲罢不能。

如果你对某种物质或行为的依赖，已经到了欲罢不能的程度，或者说主观意识上你已经无法控制它了，说明你上瘾了。

瘾的典型特征就是欲罢不能，瘾与爱好或习惯的本质区别就在于此。

瘾不是爱好，也不是习惯，爱好和习惯可以随人的主观意志而改变，而瘾却不是人的主观意志能控制的。运动、健身、游泳、钓鱼，读书、写字、下棋、练书法，这些都是日常生活中积极向上、有益于身心健康、能使我们快乐幸福的活动，这些活动可以成为我们的爱好，也能成为我们的习惯。

不管是爱好还是习惯，都是我们的自主选择，虽然我们非常喜欢某些事物或习惯，但我们完全可以根据自身需要而停止这些事物，比如最近工作忙没时间，比如有更重要的事情需要我们去做，等等，我们都能暂时停止这些爱好或习惯，并且能轻松做到。即使因为某种原因，需要我们永久地放弃某种爱好或习惯，我们也完全做得到，而且不会有任何痛苦。哪怕是我们最喜欢的爱好，哪怕这个爱好已经伴随我们很多年了，我们也不会因此而痛苦难受、坐卧不安、心神不宁，更不会因此而发癫、发狂。

瘾则完全不同，不要说真的停止，就是一想到要停止都会受不了，更不要说永远与它告别了。瘾不是想停就能停下来的，凡是上瘾的东西都是不由自主的，都是不以人的主观意志为转移的。如果试图依靠主观意志力来与瘾症对抗，其过程必然是痛苦的，其结果也大概率会以失败告终。

单纯依靠意志力戒瘾很难，这是事实，我们必须承认。如果你还不信，那么请观察一下你的周围，有几人依靠意志力戒烟、戒酒成功了？

据报道，有严重酒依赖者，戒了喝、喝了戒，反反复复许多年，最后实在没办法，就用铁链把自己锁起来，一头锁在自己脖子上，一头锁在屋里的阁楼楼梯上。这期间，吃喝拉撒全在一个屋里解决。酒瘾犯了实在熬不住，就让家人从窗户伸进酒瓶闻一闻。最后实在受不了了，自己把铁链砸开，拖着脖子上的铁链出去买酒，喝完了又后悔，就让母亲买来新锁再把自己锁起来。如此反复好几次，光锁就换了六把，结果最后还是没能戒得了酒。

瘾与爱好的区别

序号	区别项	瘾	兴趣爱好
1	是否受主观意识控制	不受控制	可以控制
2	是否可以随时停下来	根本停不下来	可以停下来
3	一般情况下是褒义还是贬义	贬义	褒义
4	对其认知是否正确	错误，当局者迷	正确
5	你从内心深处认为它是好东西吗	主观上不一定，但潜意识里认为它是好东西	是
6	痛苦还是快乐	痛苦，但欲罢不能	快乐
7	投入时间、金钱、精力情况	为了得到满足不计后果	合理支配
8	在生活中的地位	生活的中心	业余爱好
9	是否属于疾病	心理疾病	对身心有益
10	当事者认为它有危害吗	知道有危害，但欲罢不能	没有危害
11	事实上有危害吗	身体伤害，精神摧残	没有或轻微
12	是否可以用其他事物替换	不能，替换不了	只要愿意就能替换
13	是否影响家庭	影响	不影响
14	是否影响工作	影响	不影响
15	是否影响事业	影响	不影响

注：烟酒或者茶、咖啡、食物、手机、运动、棋牌等，都可对照此表，根据符合项目多少或程度轻重，判断自己的行为属于正常爱好还是上瘾了。

第3章
酒瘾主要是心瘾

不去心瘾就戒酒，戒酒犹如推石上山；先去心瘾再戒酒，戒酒就像林中漫步。

1. 我们为什么要喝酒？

戒过酒的人都知道，每次戒酒失败后的第一口酒，其实感觉并不好，又苦又辣又呛。事实上，这才是酒的真实味道，当初我们学喝酒时，或者说我们人生的第一口酒，就是这个味道。可是当初觉得那么难喝的东西，为什么现在我们却要一杯一杯地往肚里灌呢？

我们为什么要喝酒？

酒还是那个酒，味道还是那个味道，难道是我们发现了酒的那些所谓"好处"，而故意忍受或忽略它的"又苦又辣又呛"吗？可是，喝酒的时候我们却并没有这么想——这酒虽然苦了点，但它能让我放松，能让我缓解压力，能让我忘记烦恼忧愁；这酒虽然有点辣，但它能舒筋活络、活血化瘀；这酒虽然呛嗓子，但少喝点对身体有好处，"适量饮酒，有益健康"嘛。或者，有时在别人看来我们是在借酒浇愁，所以就顾不得它的"苦、辣、呛"了，可是主观上我们并没有追求醉酒状态、一醉解千愁的故意啊。

喝酒人都知道，至少自己独自饮酒时，真的没有什么目的，我们绝不是为了"舒筋活络、活血化瘀"而喝酒，也不是为了"缓解压力、消忧解愁"而喝酒。可是既然如此，为什么明明感觉酒的味道并不好，我们却还是要一杯一杯地往肚里灌？我们为什么会不由自主地喝这种又苦又辣又呛的东西呢？

是的，我们身不由己。每次喝酒表面上看是我们的自主选择，但实际上不是，喝酒上瘾后的每一次饮酒行为，都是潜意识支配的结果，所以每天一到吃饭时间，别人要吃饭，我们却条件反射地想要喝酒。此时，我们一门心思地只想喝酒，其他什么也不想。我们没有想喝酒的"好处"，更没有想喝酒的坏处，我们只是单纯地想喝酒。

清醒的时候，有时我们脑海中也会闪现一些喝酒的坏处，但也仅仅是一闪念，很快我们就停止了这个"可怕"的想法，我们不敢再继续往下想，因为我们知道继续想下去的结果无非是戒酒，而这是我们无法面对的，我们恐惧戒酒，恐惧戒酒后漫长的心灵煎熬和无尽的精神折磨。

可是我们又知道，这样喝下去，终有一天会对身体健康造成影响！

又想喝酒，又怕得病，怎么办？于是，我们就像鸵鸟一样把头埋到沙子里，抱着侥幸心理继续喝酒，继续浑浑噩噩、暗无天日的"酒鬼"生活。

我们到底为什么要喝酒？是工作需要？还是不喝酒就没法社交应酬？如果你喝酒是为了应酬，是工作需要，那就需要时喝，不需要时不喝，可是为什么不需要时你也要喝？和朋友在一起也要喝？和家人在一起也要喝？一个人时也要喝？这难道也是应酬吗？

我们既不是为了那些喝酒所谓的"好处"而喝酒，也不是为了社交应酬而喝酒，那我们到底为什么要喝酒？因为酒瘾，是酒瘾驱使我们每天不由自主地这样做，是酒瘾让我们每天雷打不动地到点就要喝酒，是酒瘾让我们欲罢不能，身不由己。

说到这里，有一点我们必须要说明，那就是当你还在沉迷于酒中时，你可以不承认自己有酒瘾，你可以给自己找各种理由喝酒，但如果你准备要戒酒了，那么首先你就要敢于承认自己有酒瘾，还要敢于承认自己其实已经讨厌喝酒很久了，自己发自内心地想要戒酒，可是实在是想戒而戒不了，抵抗不了酒瘾的折磨，所以只能继续喝酒。事实上，一些严重酒精依赖者，尤其是多次戒酒失败的嗜酒者，他们真的是一边喝着酒，一边心里恨着酒、骂着酒。

到底是一种什么力量能让人变成这样？是什么力量能让人一边恨着酒，一边拼命地往肚里灌酒？是酒瘾，确切地说是心瘾。心瘾是什么？心瘾是潜意识中的喝酒欲望，我们每一次不由自主的喝酒行为，都是潜意识中心瘾支配的结果。

每个酒民的潜意识中都有一条爱喝酒的"毒虫"，每次我们不由自主地要喝酒，其实不是我们想喝酒，而是这条"毒虫"想喝酒。

这条"毒虫"就是心瘾。

从当初我们喝第一口酒开始，这条毒虫就驻扎到了我们的潜意识中。开始时它还比较弱小，但是却很缠人，赶也赶不走，轰也轰不去，不过这时我们还能与它搏斗一番，所以那时喝酒我们还能有所节制。

在我们的喂养下，这条"毒虫"不断地长大，如今它在我们身体里已经生长了很多年，已经长成了一条大毒虫。我们对它已经完全失去控制，而反过来，它却控制了我们。它在我们身体里肆意横行、为所欲为，只要它想喝酒，我们就得随时供养它，否则它就让我们痛苦、难受，让我们不舒服，直到它的欲望得到满足。

"大毒虫"的贪欲越来越强，胃口也越来越大，而如今我们已经被它完全控制，成为它的奴隶，任由它摆布。

我们被它困在酒瘾的牢笼中，再也离不开它。

2. 酒瘾主要是心瘾

酒瘾是人长期持续饮酒而在生理和心理上形成的对酒精的依赖，也称酒依赖、酒精依赖，表现为随着时间的延长，身体对酒精的耐受性越来越强，心理上对酒精的渴求越来越强烈。因此我们把酒瘾分为生理瘾（生理依赖）和心理瘾（心理依赖）两部分。

酒精在人体内有两个典型特点，一是饮酒后酒精无须消化直接由小肠吸收进入血液循环；二是酒精进入血液后很快就能到达大脑，因而酒精对大脑和中枢神经系统的作用效率非常高。随着饮酒次数的增多、饮酒量的增大，大脑和中枢神经系统被酒精反复刺激，时间长了人体便适应了酒精在体内的存在，从而导致人体对酒精产生依赖。

酒瘾主要是心瘾，心瘾占整个酒瘾的 90%~99.9%，生理瘾占 0.1%~10%。对于生理瘾，我们完全可以对其置之不理，只要停止饮酒，用不了几天它就自动消失了。

喝酒怪象之"硬喝"

随着年龄的增长，酒瘾越来越大，身体对酒精的承受力越来越强，酒量也越来越大。但随着酒龄的延长，酒精对肝脏的伤害在不断地累积，肝脏的各项功能，包括肝脏对酒精的分解代谢能力会越来越差，当肝脏的伤害累积到一定程度，或肝脏对酒精的分解能力达到某个临界点时，身体对酒精的承受力又开始变弱，但承受力变弱不等于饮酒量变小。

虽然身体对酒精的承受力不如从前了，但心瘾却比以前更大了，所以实际饮酒量只会增不会减，因此就会出现强迫自己喝酒的现象——明明喝不动了却还要"硬喝"。

随着年龄的进一步增长，有时喝酒的时候实在喝不到原来那个量（酒量）了，就会通过增加饮酒频次来达到原来那个量（比如外面"没喝好"，回家补酒），而这样的结果是，实际日饮酒总量超过原来的日饮酒总量。

"硬喝"，也包括酒场上被迫喝酒时的"咬着牙硬喝"。

为什么已经喝不下了，却还要强迫自己"硬喝"呢？因为心理上对酒精的渴望（未喝够量）远远超过了生理上的痛苦。

其实，不光在酒瘾上心理作用完全碾压生理作用，在其他很多事情上，心理作用也都强于生理作用，比如我们正伏案工作，被蚊子叮了一下，但我们不会在意，会继续埋头工作，直到工作完成后才发现被蚊子咬了个包，这时也才感觉到痒。晚上睡觉时，耳边蚊子的嗡嗡声让你无法入睡，这时你一定会起来把这只蚊子消灭掉再接着睡。抽烟人为什么睡觉时不犯烟瘾呢？因为睡觉时只有生理瘾没有心理瘾（人睡觉时心理烟瘾就像人的意识一样处于休眠状态），而烟的生理瘾非常轻微，很难察觉到。所以，抽烟人睡觉时会被一只蚊子咬醒，却不会因为犯烟瘾（生理瘾）而醒来。

正因为生理瘾很轻微，所以戒除很容易，不需要我们特意对它做什么，只要停止饮酒 1~2 天，最多 3 天，体内酒精就会排除干净，生理瘾就自动消失了。但心瘾却不会自动消失，心瘾只会随着时间的延长而愈加强烈。

我们戒酒，戒的主要就是心瘾。

轻松戒酒法专为清除心瘾而设计，边看书边喝酒，看书的过程就是心瘾消除的过程，书看完了，心瘾没了，喝酒的欲望消失了，此时再戛然而止——喝掉你的最后一杯酒，丢掉你的酒杯，扔掉你的酒瓶，处理掉你的酒具，从此时此刻开始，你就是一名快乐的非饮酒者了。

传统戒酒法之所以戒不了酒，就是因为他们只关注生理瘾，他们所用的那些戒酒方法也千篇一律地在清除生理瘾，而没有涉及心理瘾的戒除！

戒酒，我们需要对付的是心瘾。

轻松戒酒法，轻松去心瘾。

戒酒很简单，你只需做两件事情——做出戒酒决定和阅读本书。

3. 轻松戒酒法，轻松去心瘾

本书是一本戒酒工具书，如果打个形象的比方，我们也可以把它叫作"戒酒药丸书"。下面这段简短的对话，可以说明这本"戒酒药丸书"是怎样清除心瘾，达到戒酒目的。（答方为戒友）

我：你为什么总是戒不了酒？

答：心瘾太厉害了。

我：心瘾是不是心理疾病？

答：是。

我：心理疾病需要治疗吗？

答：需要。

我：怎样治疗心理疾病？

答：心病还要"心"来医。

这本书就是能帮你戒酒的心理医生，而且比诊所里的心理医生更懂你、更了解你。因此，只要你静下心来，用一定的时间把这本书看完，就相当于你的"酒精依赖心理辅导课"结束，此时你的酒瘾（心瘾）没了，喝酒的欲望消失了，这时再停酒、断酒，那么不再喝酒就是一件水到渠成、自然而然的事情了。如此，你不就戒酒成功了吗！

以前戒不了酒不是你的错，不是你的思想道德有什么问题，也不是你意志力不够坚定，戒不了酒完全是因为你不小心染上了酒瘾，是酒瘾让你欲罢不能。从现在开始，请你忘掉以前戒酒的痛苦经历，忘掉你曾经认为的戒酒难，戒酒需要忍、熬的错误认知，这些问题都是以前你使用传统戒酒法时才有的。

4. 喝酒的人从来都不是意志力薄弱的人

每个酒民当初学喝酒时的第一口酒感觉都不好，又苦又辣，还呛嗓子，酒后恶心呕吐，酒醒后头痛欲裂、头昏脑涨。这时候一部分人"知难而退"，从此不再沾酒，他们成为现在的非酒民。这些人要么滴酒不沾，要么实在躲不过去了就喝一点，但也是浅尝辄止，绝不多喝。还有一部分人"知难而进"，心想"别人能喝我为什么不能喝？"他们不服气，于是一次、两次、三次，最后终于对酒精适应了，酒入口后不再感觉到苦和辣了（一是适应了，二是麻木、迟钝了，三是因为酒精上瘾而忽略了它的苦和辣），往下咽时也不呛嗓子了（是喉咙对酒精适应了？还是掌握了咽酒的技巧？应该说兼而有之），他们成为现在的酒民，或者称为饮酒者、饮者，其中一些被称为"酒鬼"。

换个角度来看，我们的非酒民朋友们，当初喝第一口酒时"知难而退"，从此不再沾酒，他们的这种理性品质固然非常好，但如果我们抛开酒的坏处不说，那些"知难而进"者，他们不服输、不气馁，"明知山有虎，偏向虎山行"，最后终于学会了喝酒，他们这种不屈不挠的坚强意志和不达目的誓不罢休的执着精神，又何尝不是一种好的品质呢？

事实上，喝酒人从来都不是意志力薄弱的人，我们不小心染上了酒瘾，要怪也只能怪酒的魅惑力太大，酒精陷阱的欺骗性太强，而我们恰好又充满了好奇心，不服输的心态使我们掉进酒精的陷阱而欲罢不能，被酒魔控制而身不由己。从这点来说，意志力薄弱的人是幸运的——他们从一开始就远离了酒精。

同样，以前戒不了酒，也绝不是我们意志力不够，而是我们用的方法不对，或许在其他很多事情上我们都必须要有强大的意志力，但在戒酒这件事情上，仅依靠意志力是很难的，不仅你是这样，我是这样，99% 的人都是这样。

第二部分

戒酒，戒什么

第4章
酒精的生理依赖

酒精的生理瘾非常轻微，只要我们停止饮酒1~2天，最多3天，酒精排除干净，生理瘾就消失了。

1. 生理依赖

酒精进入血液后，随着血液的流动到达全身各处。长期持续饮酒，酒精反复刺激大脑和中枢神经系统，使人体在生理上对酒精产生依赖，这就是生理依赖。

为什么有人天天喝，有人顿顿喝，有人几天喝一次？

肝脏对酒精的分解代谢能力因人而异，个体差异比较大，那些"千杯不醉""喝酒海量"的人，肝脏的酒精处理能力强，那些一喝酒就脸红的人，肝脏的酒精处理能力弱。抛开这两种极端情况不谈，对我们大多数喝酒人来说，肝脏每小时可以分解6~10克酒精，我们以半斤酒量的人为例，假设他一顿喝了半斤（250毫升）40度白酒，相当于纯酒精100克，分解这100克酒精，不同体质的人所用的时间是不同的：

如果他肝脏的酒精分解能力非常强，比如每小时可以分解20克酒精，那么5小时后他体内的酒精就基本代谢干净了，这样的人基本就可以做到中午喝了，晚上还可以接着喝。

如果他肝脏的酒精分解能力较强，比如每小时分解10克酒精，那么处理100克酒精就需要10个小时，这样的人能做到每天至少一顿酒。

如果他肝脏的酒精分解能力一般，比如每小时分解6克酒精，那么处理100克酒精就需要17个小时才行，这样的人可以做到每天喝一次。

如果他肝脏的酒精分解能力较弱，那么肝脏处理这100克酒精所需要的时间会更长，这样的人就只能几天喝一次了。（肝脏的酒精处理能力太弱的人，是喝不了半斤白酒的）

这就是为什么有人能天天喝，有人几天才喝一次；有人一日三餐顿顿喝，有

人却一天只能喝一顿。（饮酒频次与酒精依赖度有关系）

按照对酒精的依赖程度和人体自身对酒精的承受能力，我们可以将饮酒者进行如下分类：

好酒者：经常喝；

嗜酒者：每天晚上喝；

酗酒者：每天中午、晚上喝；

纵酒者：每天中午、晚上、睡前喝；

滥酒者：早上喝、中午喝、晚上喝、半夜喝；

乱酒者：除了喝酒就是睡觉，除了睡觉就是喝酒。

所以，如果从酒精的生理依赖角度来看，几天才喝一次酒的人和天天喝酒的人一样，都属于酒精依赖，区别主要在于：第一，身体对酒精的承受能力不同；第二，生理依赖程度不同，依赖程度高的人饮酒频次相应就高。

2. 生理依赖的戒除

只要停止饮酒 1~2 天，最多 3 天，身体就恢复到了原来的无酒精平衡状态。事实上，此时在生理上我们已经摆脱了对酒精的依赖，单纯从生理角度来说，我们已经戒酒成功，这时如果我们再喝酒，就跟当初我们学习喝酒时一样，身体还需要重新适应。

按照一般人的饮酒量（一般来说，酒量与肝脏对酒精的处理能力成正比），饮酒后 12 小时，体内酒精所剩无几，24~48 小时后基本消失，最多 72 小时体内酒精便代谢干净。

很多人都有这样的体会，感冒时连续几天不喝酒，等感冒好了再喝酒时，虽然喝酒的心情很迫切，但这时感觉酒的味道却是苦的、辣的，有时甚至难以下咽。这是我们身体对酒精的排斥，也是身体向我们发出的警示：

主人，你喝的这个东西我不需要；

主人，你喝的这个东西对身体有害，请马上停止，不要再喝了。

此时喝酒的感觉并不好，可是为什么我们还要强迫自己喝呢？因为心里想喝，心理上对酒精的渴望，远远超过了生理上对酒精的排斥，所以才会不由自主地强迫自己喝酒，这是其一。其二，酒精进入身体后，心理上获得的满足感完全掩盖了酒精所带来的生理上的痛苦或不适感，所以你才会看到有的人每次刚开始喝酒的时候（个别人甚至是整个喝酒过程），或者感冒初愈后喝酒的时候，那种龇牙咧嘴、皱着眉头，好像是在强迫自己喝酒的样子。有时他们喝酒前会先深吸一口气，好像在运气一样，咽下一口酒后，又会"哈"的一声呼出一口气，如释重负一般。

所以如此看来，与其说他们是在强迫自己喝酒，不如说他们是在享受自虐后的"爽"的感觉。

生理瘾可以自动消失，但心瘾不会，我们戒酒主要对付的就是心瘾，心瘾一日不除，对酒的欲望就会存在，你就永远不敢说自己已经戒酒成功，因为随时有复饮的可能。

传统戒酒法就是这样。

第 5 章
传统戒酒法

以前戒酒总是失败？你完全不必自责，不是你的意志力不够，也不是你思想道德有什么问题，仅仅是因为你的方法不对。

喝酒人到一定年龄或喝酒到一定年限，很多人都想戒酒，也有很多人正在尝试戒酒。

戒酒时人们使用的戒酒方法也是五花八门，有的人用意志力"十戒"，有的人使用戒酒产品，也有人用各种渠道得来的戒酒偏方，还有人用了各种产品和方法都无效后，干脆就自己"发明创造"戒酒方法，比如有人把每天戒酒省下的钱，放到一个专门的"戒酒存钱罐"里，以此来奖赏、激励自己戒酒；有人在自己手臂上纹"戒酒"字样，发誓永不再喝酒；有人用指甲油在自己指甲上涂写戒酒决心或戒酒誓言，以随时提醒或警告自己不要碰酒；还有人自己调配"酱油＋醋＋辣椒油＋芥末油"的混合液代替。毫无疑问，这些方法最终都是无效的，但从中我们却可窥见戒酒者戒酒意愿之强烈和想戒而戒不了的无奈。

归纳起来，传统戒酒法可分为以下 10 种：

1. 意志力戒酒

意志力戒酒，俗称"干戒"，是不依赖任何外界力量或其他辅助手段，仅靠自身意志力来抵抗酒瘾，试图用时间来换取酒瘾的慢慢消失，最后达到摆脱酒瘾控制，实现戒酒的目的。

事实上，以下所有传统戒酒法，最终想要戒酒成功，都得依靠意志力，所以从这个角度来说，传统戒酒法只有一种——意志力戒酒。

2. 逐渐减量法

该方法是逐步减少饮酒量，比如从一顿喝半斤，减到三两，一段时间后再减到二两、一两，最后完全断酒，一点都不喝。

3. 替代法

替代法是用非酒精饮料代替酒，如茶、可乐、咖啡、汽水、饮料等，试图达到戒酒目的。

4. 药物法

服用中药、西药戒酒。

5. 偏方戒酒

使用一些民间流传的戒酒偏方。

6. 恐吓法

通过看一些恐怖、恶心的图片、视频或听一些恐怖的案例故事，以期让酒民对酒产生恐惧，达到戒酒目的。

7. 生理排斥法

服用一喝酒就恶心呕吐的药剂或偏方，或者短期内超量饮酒、故意喝劣质酒，或者往酒里加醋、酱油、芥末油、辣椒油等添加物，以期使饮酒者对酒产生生理上排斥，进而心理上厌恶，最后达到戒酒目的。

8. 换酒法

白酒换成红酒或啤酒，这种方法认为啤酒度数低、伤害小，而喝红酒对身体好，所以就以这种"退而求其次"的方式，试图既满足自己的酒瘾，又能减轻心理压力。

9. 选择性戒酒

这种方法不是一刀切，而是给自己设定喝酒条件，如一个人时不喝，其他时候喝；与工作、业务有关的酒喝，其他时候不喝；有领导在的时候喝，其他时候不喝；遇重大活动、重大事情时喝，其他时候不喝等。

10. 远离诱惑源法

远离过去的酒友，远离与酒有关的场所，不参加酒场、饭局，碰到卖酒的商店绕着走。

传统戒酒法最终都会演变为意志力戒酒。

依靠意志力"忍、熬、扛",对戒酒者而言,其残酷程度就好比一场个人意志与酒精依赖的战争,戒酒者每天面对一波波汹涌而来的酒瘾,稍有松懈,便会前功尽弃。很多戒酒者由此陷入"戒酒——喝酒——再戒酒"的困境中,反反复复,苦不堪言,痛不欲生,有时甚至会感到绝望,从此不敢再戒酒,或者再过很多年才敢鼓起勇气再次戒酒。有的人干脆破罐子破摔,从此不再提戒酒的事。

总结起来,意志力戒酒的最终结果是:

99% 的人戒酒失败,然后继续喝酒;
1% 的人能够依靠意志力戒酒成功。

看到这个数字,不知你有什么想法,其实你应该感到欣慰才对——传统戒酒法成功率只有 1%,你不属于那 1% 不是很正常吗?所以从这个角度来说,你完全不必自责,以前戒酒失败,不是你的意志力不够,也不是你思想道德有什么问题,仅仅是因为你的戒酒方法不对。

反过来,如果有一种戒酒方法,假设其成功率为 99%,失败率为 1%,这时如果你还不能成功戒酒,那么就真的应该好好反省一下自己了。当然,如果你是那 99% 里的一员,这就很正常了。

一句话说透传统戒酒法

意志力法:意志力在很多事情上都是有效的,也是必需的,但在瘾症面前很多时候却是无能为力的。

逐步减量法:最残酷、也是最不可能成功的戒酒方法。

选择性戒酒:每天都在选择,时时都在暗示——戒酒是一种牺牲。

控酒法:每一口酒都极大地缓解戒断症状,也最大化地误证了"喝酒是一种享受",每一口酒都在暗示"酒真是好东西"。

替代法:大毒虫(心瘾)、小毒虫(生理瘾)都不傻,它们知道什么是酒,什么是饮料。

恐吓法:如果说喝酒能减缓压力,那么当健康受到威胁时,不正需要喝酒来缓解压力吗?

第6章
酒精的心理依赖

假如你能回到学喝酒之前的状态，你还会选择喝酒吗？肯定不会，因为你知道喝酒不好，但现在为什么还要喝？唯一的原因就是你喝酒上瘾了。

1. 显意识与潜意识

2亿年前，地球上出现了早期哺乳动物，500万年前，人类从黑猩猩中分离出来，从此走上了一条自己独有的大脑进化之路——扩大大脑体积、发展智力。最终，人类站上了食物链顶端，成为万物之灵。

人类发达的大脑决定了人类与其他动物的本质区别——意识。

我们的大脑是一个庞大的信息库，有100亿个神经元细胞，我们自出生后所接收到的所有信息，我们每天学习的知识，每天的所见、所闻、所思、所想，都存储在这个信息库中。这个信息库对信息的存储不是杂乱无章的，而是像计算机存储器一样分门别类、井然有序。并且，大脑还可以对这些信息进行加工，加工出来的"产品"就是我们说的——意识。

意识是人类大脑基于自身庞大的信息库和超强的信息加工能力，而产生的思想、思维、认知、情绪、感情、欲望、梦想、意志等心理活动。意识分为显意识和潜意识，显意识顾名词义就是显现出来的、我们能够感觉到的意识，潜意识则是潜藏在大脑深处没有显现出来的、我们感觉不到的意识。

潜意识是相对于显意识来说的，是主观上我们意识不到，但实际又存在于大脑中的那些意识。我们平时的所思、所想、所悟，以及对外界事物的感知、认知、观察、学习、记忆、经历等各种脑力活动，都会在潜意识中留下印记。

我们每天的所见所闻，我们每时每刻通过视觉、听觉、嗅觉、味觉、触觉等感觉器官所感受到的所有信息，其中有一些我们主观意识察觉到了，而更多的没有察觉到，但潜意识却不会放过任何蛛丝马迹，潜意识早已神不知鬼不觉地将这些信息捕捉，并存储到了我们大脑中的"潜意识信息库"中。

大脑捕捉和存储信息时不分好坏，好的信息要存，不好的信息也要存。总体来说，如果存储的信息积极、乐观、健康、向上，那么这个人的思想和思维就偏正面；如果存储的信息中烦恼、忧愁、悲观、焦虑、恐惧、嫉妒、仇恨、失败、否定等消极信息多，那么这个人的思想和思维就偏负面。

我们平时的各种生活习惯、每天的各种心理活动等，都有潜意识参与其中，并发挥重要作用。而像打字时的盲打，走在路上本能地躲避障碍物，面对突发事件时条件反射式的应激反应，还有说话时"不假思索地脱口而出"，以及抽烟、喝酒、吃"美食"等不由自主的行为，则是潜意识在其中起主导作用。

显意识相对于潜意识来说，只占很小一部分，或许连1%都不到。

正是因为潜意识的力量过于强大，它能够影响人的心理活动，进而影响或控制人的行为，所以像性格、思维、欲望、瘾症等仅靠自主意识是很难改变的，这些只有潜意识才能控制或改变。

人的心理活动并不是清醒时才有，潜意识里的心理活动一直都在进行，比如睡觉时我们的自主意识虽然停止活动了，但潜意识还在活动。大多数时候潜意识的活动是察觉不到的，但睡眠比较浅时，有时也能察觉到，这就是梦。梦游就是潜意识支配下的肢体行动，但没有被自主意识察觉到。

2. 主观意识

意识分为显意识和潜意识，潜意识是相对显意识来说的，这样分类完全没有问题。但是因为"显意识"一词比较生僻，熟悉"显意识"这个概念的人也不是很多，且显意识和潜意识时刻都处在动态的变化中。更主要的是，因为显意识具有自我性、主动性，如果我们把"显意识"称为"自主意识"或"主观意识"，这样是不是更直观，更便于我们理解和运用显意识和潜意识呢？

所以，本书中凡是涉及"显意识"这个概念时，我们都统一称其为"主观意识"。"主观意识"更能体现人的主观意志和主观能动性，也更能体现人的思考、理解、推理、判断、选择等自主思维能力。

在本书的编写过程中，我们始终遵循"通俗易懂、实用第一"的原则，因此在本书中，凡涉及"显意识"和"潜意识"的地方，我们统一把"显意识"叫作"主观意识"（有时甚至直接称为"意识"，比如我们平时说的"意识到"或"未意识到"，指的就是显意识），以时时暗示和鼓励大家多进行自主思维和主动思考。

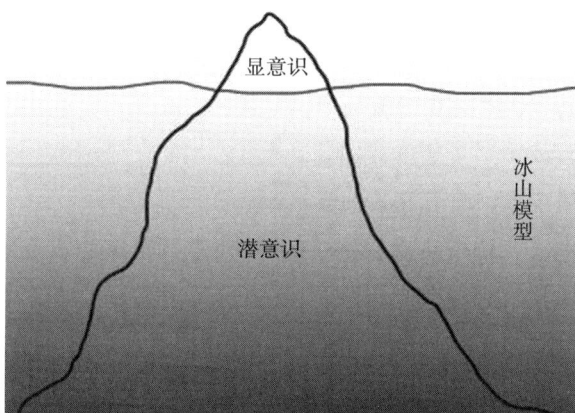

3. 潜意识的力量

潜意识分为先天潜意识和后天潜意识。先天潜意识是刻在我们基因里的、在我们出生以前就形成的潜意识，包括人类与生俱来的生物本能，如食欲、性欲、自我保护、躲避危险等，以及人类脱离动物发展大脑和人类文明诞生以来所形成的人的本性，如情爱、欲望、梦想、懒惰、自私、贪婪、嫉妒、占有欲、荣誉感、艺术创作、精神追求、从众心理等。

后天潜意识是人出生以后形成的潜意识。人自出生以后，每天通过视觉、听觉、嗅觉、味觉、触觉等感觉器官感知到的所有信息，包括主观意识觉察到和未觉察到的信息，长期大量地在大脑中积累、沉淀。同时，我们主观意识思维、思考、推理、判断、决策等的过程和结果，也都全部记忆、存储在大脑中。

所有这些信息不断地在大脑中积累、叠加的同时，大脑就像一台超强计算机，也在按照自己的方式，不断地对这些庞杂的海量信息进行分门别类、运算加工，最后形成每个人所特有的思想、道德、性格、观念、理想、追求和思维习惯、行为准则、生活方式等，包括每个人不同的兴趣爱好等，这些都属于后天潜意识，当然也包括烟瘾、酒瘾等各种瘾症。

若问主观意识和潜意识孰强孰弱？这么说吧，如果让它们分辨"酒甜"还是"酒苦"这样的单一题目，那么主观意识和潜意识不分上下，它们之间是此消彼长的关系。也就是说，如果潜意识认为"酒甜"，主观意识认为"酒苦"，或者潜意识认为"酒苦"，主观意识认为"酒甜"，那么它们较量的结果或许势均力敌、旗鼓相当。

但实际情况却是，潜意识永远不会和主观意识"单兵作战"，潜意识要出动就是"集团出动"，要作战就是"大兵团作战"，潜意识从来不会与你较量"酒甜"还是"酒苦"这样的单一题目，它和你的较量是综合性的，比如：

"酒是坏东西"VS"酒是好东西"；

"喝酒伤身"VS"适量饮酒，有益健康"；

"我不想喝酒了"VS"社交应酬离不开酒"；

"我真的想戒酒"VS"你忘了以前戒酒的那些痛苦经历了吗？"；

"我一定要戒酒"VS"戒酒太难了，再戒也是失败，还是继续喝吧"。

潜意识与你"PK"时，即使你给出的是单一题目，它也会应对以综合、复杂的题目。而且"PK"的题目越大、内容越复杂，潜意识的胜率就越高，因为它后面有庞大的潜意识信息库作支撑。在这个信息库里，有潜意识几十年累积、沉淀下来的各种信息。

主观意识的信息量远比不上潜意识的信息量，就拿"喝酒是否能使人放松"来说吧，主观意识里关于"喝酒使人放松是假象"的信息量，也许是几百、几千、几万个字符，但潜意识里有关"喝酒能使人放松"的信息量，可能就是几百万、几千万、几亿个字符，甚至更多。（当然，潜意识对信息的存储不一定是以字符的形式，我们只是以此对比来说明问题。）

就像当年的"人机大战"，阿尔法围棋（Alphago）为什么能战胜人类大脑，其实原因很简单，人类是用主观意识下棋，而阿尔法用的是计算机程序，从信息量和运算能力来说，相当于人类的潜意识。棋盘上的麦粒故事，想必大家都知道，国际象棋一共有 64 个格子，而围棋横竖各 19 条线，共有 361 个交叉点，在棋盘上黑白两子交替下，大家可以算一算一共有多少种变化，这个数字恐怕比地球上沙子的数量还要多吧。

撒哈拉沙漠的沙子数量约为 10^{23} 粒，人类现可观测宇宙中的原子数量为 10^{80} 个，而围棋的变化总数为 10^{172} 种。可见这个差距有多大！

"人机大战"中的阿尔法，一秒钟可以运算几十亿次（实际比赛中，阿尔法只启动了其中一小部分运算能力），而人类世界最高水平围棋手，即使长考几小时，最多也只能想到几百步的变化，500 步恐怕就是人类大脑的极限了。

一个能计算出几十亿种变化，一个最多想到几百步，如此天壤之别的数量差，你说他们比赛谁会赢？所以对当年的"人机大战"也有一种说法，说当时是阿尔法故意让了李世石一盘（当然是计算机程序预设的），目的是让比赛更有观赏性，不然毫无悬念多没意思！另一种说法是，阿尔法每秒几十亿次的算力和优先模仿人类走法（事先阿尔法已经复盘、学习了人类 10 万局对弈棋谱），最终使阿尔法围棋既能毫无悬念地战胜人类，又不失人类走法的观赏性。

2016 年 3 月 9~15 日，在韩国首尔，围棋机器人（围棋程序）阿尔法与当时的世界围棋冠军韩国选手李世石进行了五番棋比赛，结果阿尔法以 4：1 大败李世石。2017 年 5 月 23~27 日，在中国嘉兴乌镇，阿尔法与当时世界排名第一的中国选手柯洁进行了三番棋比赛，结果阿尔法 3：0 完胜柯洁。

潜意识的巨大力量源于它背后的海量信息。潜意识能感受、接收到我们生活中的所有信息，哪怕是最细微的信息，也许我们主观意识觉察不到，但却逃不过潜意识的"法眼"。我们每天看到的、听到的，每天说的话、做的事、接触的人，以及让我们开心的、伤心的、快乐的、难过的等所有情绪变化，都会在潜意识中留下印象。

我们从小到大的几十年中，主观意识从各种载体、媒体上看到的、听到的所有信息，以及主观意识对外界事物的认知、记忆、思考、推理、计算等一切脑力活动，都会刺激和影响我们的潜意识。走过一条街道，映入我们眼帘的所有场景、影像都会被潜意识收集并存储到潜意识信息库中，不管我们的主观意识有没有感觉到。我们每天潜意识的信息采集量远远大于主观意识的信息采集量。而且主观意识会受限于人的反应力、认知力、记忆力，但潜意识全然没有这些限制，很多主观意识根本意识不到的信息，不知不觉中就已经进入到潜意识中了。

4. 心瘾的本质是潜意识中的错误认知

心瘾的形成主要来源于以下 4 个方面：

（1）多巴胺欺骗

酒精刺激大脑分泌快乐物质多巴胺，多巴胺能使人产生快乐、愉悦的感觉。每一次饮酒的开心、快乐愉悦感都会被存储到潜意识中。随着潜意识中这种美好感觉的不断迭加，心瘾越来越强。

（2）酒精的陷阱

酒精对大脑和中枢神经系统产生的麻醉作用，让人误以为是"放松"。随着一次次饮酒，这种"放松"的感觉被一次次地记忆、存储、叠加到潜意识中，使人对酒精的心理依赖（心瘾）越来越强。

（3）社会信息灌输

长期、大量的社会信息灌输，让人们在潜意识中形成"酒是好东西""喝酒有好处"的错误认知。

这些社会信息包括：

● 商业化的中国"酒文化"；
● 中国古代酒诗让中国"酒文化"上升到一个新高度；
● 影视剧中的喝酒场面和文学作品中英雄人物的喝酒情节；
● 公关接待、业务往来、婚丧嫁娶、喜庆筵席等各种喝酒场面；
● 酒品广告：高档酒——高端奢华上档次，低档酒——低调简约有内涵；
● 天天说香烟、香烟，烟真的就"香"了；天天说美酒、美酒，酒也真的就"美"了。

（4）自我欺骗

酒民喝酒上瘾后，明知道喝酒对身体不好，明知道喝酒的那些所谓"好处"都是假象，但因为欲罢不能、想戒戒不了，也就只好像鸵鸟一样把头埋到沙子里，对危险视而不见，欺骗自己，也欺骗别人。

与此同时，喝酒人还会给自己找各种自欺欺人的喝酒理由，以使自己喝得更理所当然，更心安理得。

酒精的心理依赖就是以上这些因素复合叠加共同作用的结果，其中多巴胺带给人的愉悦感，相比于酒精麻醉给人带来的"放松"感要轻微得多，而且随着饮酒的进程，多巴胺对大脑的刺激作用很快就被酒精的麻醉作用所覆盖。

所以，在对心瘾形成的贡献值上，这四方面因素所起的作用是不一样的，其中酒精陷阱的欺骗性最强，社会信息灌输次之，然后是自我欺骗，多巴胺欺骗最弱。在后面的章节中，我们将重点围绕酒精的陷阱、社会信息灌输、自我欺骗这三方面因素进行分析和讨论。

在这四方面心瘾形成因素的共同作用下，最终在我们的大脑潜意识中形成"喝酒能使人放松""喝酒能消除紧张、缓解压力""酒是好东西""喝酒有好处""社交应酬离不开喝酒"等错误认知。这些错误认知形成了潜意识中对酒精的心理渴求和欲望，这就是心瘾。

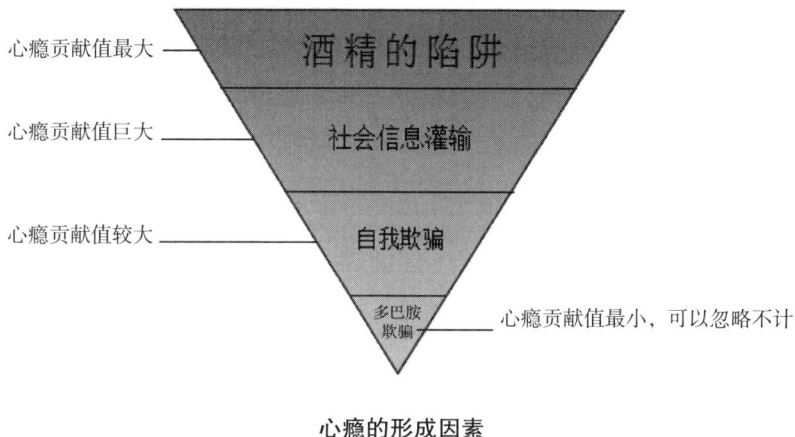

心瘾的形成因素

所以我们说心瘾的本质是潜意识中的错误认知。

治标先治本，治病要去根。既然心瘾的本质是潜意识中的错误认知，那么只要我们把潜意识中有关酒的错误认知彻底清除掉，然后重新建立起新的、正确的认知，是不是我们心中的喝酒欲望就没有了？欲望没了，心瘾消失了，你还会再喝酒吗？当然不会了。

事实上，从心瘾消失的那一刻开始，你就是个快乐的非饮酒者了！

所以，戒酒其实是一个认知重建的过程，首先从主观意识上改变对"酒精""酒瘾"和"戒酒"的认知，进而影响和改变潜意识中对酒的认知，当潜意识中有关酒的错误认知被正确的认知替代后，欲望没有了，心瘾消失了，戒酒自然也就成功了。

5. 心瘾的外在表现

心瘾是潜意识中的喝酒欲望，平时这种欲望处于沉默状态，一旦遇到某种与酒有关的物品、场景、情境、情绪，或者到了某个特定的时间点（饭点或喝酒点）时，潜意识中的喝酒欲望就会被触发，就是我们平时说的"犯酒瘾了"。

（1）戒断症状

人一旦对某种物质或行为上瘾，即使主观意识想停止，但潜意识却不允许。在潜意识的控制下，你会不由自主地继续摄入这种物质或进行这种行为，而且你还必须得遵守潜意识中已经形成的"瘾症模式"，即按照一定频率经常性地摄入这种物质或进行这种行为。如尼古丁依赖者每过几十分钟就必须吸一支烟，酒精依赖者到了吃饭点或喝酒点就必须得喝酒，否则，想抽烟时抽不上烟，想喝酒时喝不到酒，人就会痛苦、难受、不舒服。

我们把酒依赖者因为突然停酒或减少酒精摄入，而导致身体上出现的轻微不适感和情绪上出现的紧张焦虑、抑郁烦躁、恐慌心悸等不良反应，称为酒精戒断症状。戒断症状是酒依赖者犯酒瘾时的外在表现，此时只要恢复饮酒，症状就很快得以缓解或消失。

酒依赖者每一次喝酒，都是为了缓解和消除戒断症状，包括生理戒断引起的酒精缺失感，和心理戒断导致的内心空虚感。当然，这些戒断症状主要是酒精的心理戒断引起的，生理戒断反应微乎其微，有时你甚至根本就感觉不到。

（2）固定饮酒模式

喝酒人的"酒瘾"早已不单单是对酒精本身的依赖，饮酒者喝酒几十年，与喝酒相关的各种物品、场景、情境、情绪，以及属于每个饮酒者所特有的各种喝酒的"量"——每次的饮酒量、每一口酒的量、每次喝酒所用时长等，都伴随饮酒者一次次的饮酒历程，成为酒瘾的一部分。

再比如酒、酒瓶、酒杯等视觉上的刺激，将酒倒进酒杯时声音的刺激，酒精对味觉的刺激，酒精对嗅觉的刺激，酒入口时的辛辣感和入喉时的"撕裂"感，以及倒酒、举杯、碰杯、干杯时的动作等，这些都在反复地刺激着饮酒者的感官，在饮酒者的潜意识里留下印象，成为酒瘾的一部分。我们把属于每个饮酒者所特有的那些饮酒的外在表现，叫作固定饮酒模式。

喝酒人都有自己的固定饮酒模式，饮酒模式是酒瘾的一部分。有酒瘾的人，每当看到酒或遇到与酒有关的物品、场景、情境、情绪时，或到了他的喝酒点时，潜意识中的喝酒欲望就会被触发，就会条件反射地想要喝酒。到了饭点，不喝酒的人想到的是吃饭，喝酒人想到的是喝酒；路过街头商店，不喝酒的人想到的或许是食物，但喝酒人就会下意识地想到酒。

每个喝酒人的饮酒模式都是不一样的，比如有人只在外面喝，在家里不喝；有人只在家里喝，在外面不喝。有人天天喝，有人几天喝一次，有人喝几天歇几天；有人只在晚上喝，有人中午、晚上都喝，有人三餐必喝。

每个饮酒者都有自己特有的饮酒模式，综合起来，大致如下：

①喝够量

喝酒人每次喝酒都要喝够量，这个量就是我们平时说的"酒量"。如果酒量是半斤，每次喝酒就必须喝够半斤，如果酒量是八两，就必须喝够八两，差一点都不舒服。如果有人酒场上没喝够，回家是一定要补酒的。

"喝够量"是喝酒人的最典型特征，"喝够量"换个词就是"过瘾了"。

②喝酒与吃饭（菜）

有人喝完酒再吃饭，有人边喝酒边吃饭，有人喝酒前先吃饭，有人光喝酒不吃饭。也有的人看到好菜、好饭或菜品丰盛就想喝酒，还不忘大声感慨："这么好的菜，不喝酒怎么行！""这么好的菜，不喝酒可惜了！""这么好的菜，不喝酒简直是浪费！"可是有时他们又说："什么菜都没有，还不让我喝点酒？"

③酒精生物钟

喝酒人都有自己的喝酒点，有人只在晚上喝，别的时间不喝；有人中午喝、晚上喝；有人一日三餐都喝，饭点就是他的喝酒点，只要吃饭就得喝酒，用他们自己的话说就是"不喝酒怎么吃饭？"不喝酒宁可不吃饭；有人一天四饮，晚上睡觉前也要喝点；有人早晨一起来就喝，早饭还没吃，一瓶酒已经下肚；还有的身上揣着酒瓶，随时随地，想喝就喝。

我们把饮酒者的这种规律性的饮酒频率和定时饮酒的时间点，称为饮酒者的酒精生物钟，更多的时候我们将其通俗地称为"喝酒点"。

"喝酒点"是饮酒者的最大酒瘾触发机制。

④间歇性饮酒

有人喝几天停几天，然后再喝几天，再停几天，这是一种间歇性饮酒模式。

间歇性饮酒者不喝酒时跟正常人一样，一旦开始喝酒就像变了个人似的，每天烂醉如泥，喝了就睡，醒了继续喝。有时一边喝一边懊悔，谴责自己喝酒没有节制。这样连续喝几天，痛苦到了极点，身体也实在承受不住了，就停下来歇一阵，但好了伤疤忘了疼，身体一恢复便接着喝。

间歇性饮酒者，有人几天喝一次（比如周末喝，工作日不喝），有人喝几天歇几天，也有人猛喝几天，然后连续一个多月不喝。更有甚者，可以一年不喝，但一喝就停不下来，直到喝进医院，然后又可以一年不喝酒。

⑤群饮

有的人自己一个人不喝酒，人多的时候才喝，这也是一种饮酒模式，我们称为群饮。喜欢群饮的人，他们每天会有各种理由喝酒，不是酒场就是饭局，不是餐会就是聚会，不是别人约自己，就是自己约别人。

⑥喝酒时长固定

有人喜欢豪饮，有人喜欢慢酌；有人喜欢喝快酒，有人喜欢慢慢喝。从开始喝酒到喝酒结束，每个饮酒者的喝酒总用时基本是固定的，尤其一个人喝酒时表现最明显，喝酒快的，一口一大杯，喝完就吃饭，喝酒慢的，一个人也能喝几个小时。

⑦酒的种类固定

有人喜欢喝白酒，有人喜欢喝啤酒，有人喝完白酒再喝啤酒，有人先喝啤酒再来点白酒；有人喜欢喝红酒，有人喜欢白酒兑饮料喝。

有人只喝酱香型，有人只喝浓香型，有人只喝清香型，还有人只喝米香型，而大部分人不分香型——其实是没把香型当回事。

⑧酒的品牌固定

喝酒人只要是自己喝酒，不管"好酒"还是"赖酒"，只喝特定品牌的酒，一般不会换酒，或者阶段性换酒。也有人一辈子只喝一种酒。

⑨酒的度数固定

有人喜欢喝高度酒，有人喜欢喝低度酒。虽然喜欢喝高度酒的人酒量不一定大，喜欢喝低度酒的人酒量不一定小，但喜欢高度酒的人一般酒瘾都大。

⑩饮酒的口数固定

有人喜欢自顾自饮，有人喜欢频频举杯；有人喜欢大口豪饮，有人喜欢小口慢酌，这些习惯都是每个喝酒人特有的固定饮酒模式。整场酒下来，倒了几次酒，喝了多少口，这都是瘾。甚至提杯次数、碰杯次数、干杯次数，在酒民心中都有"数"，虽然没有人特意去数，但酒民心中（潜意识）自有一杆秤。有人从早上就开始喝酒，干着活也要随时拿出酒瓶灌两口，一天下来他一共喝了多少次？主观上没数，但他潜意识里是有"数"的。

⑪酒杯样子固定

有人喜欢用酒盅喝酒，有人喜欢用酒杯，有人喜欢用大碗，有人喜欢对瓶吹；有人爱用大杯、有人爱用小杯，有人不管大杯小杯，一口一杯，这些固定的饮酒模式都是瘾。

⑫不剩酒

喝酒的人都知道，喝酒人不丢酒、不扔酒，酒喝不了要带走，与其如此麻烦，不如自己喝掉或大家一起喝掉。这也难怪，犯酒瘾时到处找酒找不到，俩人喝酒时正喝到兴头上没酒了，或者最后一口酒被人抢走了，那滋味只有喝酒人才知道。所以，对喝酒的人来说，扔酒是不可能的，那是真舍不得！不是可惜钱，是舍不得酒。

⑬秘密饮酒者

有人喜群饮，有人爱独酌，有人只在外面喝，有人只在家里喝，每个人的饮酒模式不同而已，但你见过秘密饮酒者吗？

有这样一类饮酒者，他们从来不在有旁人的地方喝酒，包括自己家里也不喝，即使家人允许他喝酒，但他就是要自己一个人喝，不让别人看见，我们把这种饮酒模式的人叫作秘密饮酒者。那么问题来了，这些秘密饮酒者，他们在其他地方看到别人喝酒会"馋酒"吗？我可以负责任地告诉你，他们不馋，在其他场景下他们不犯酒瘾，就像你在封闭式培训、开会时不犯酒瘾（注意，我说的是不犯酒瘾，而不是禁止喝酒）一样，其他地方不符合秘密饮酒者的酒瘾触发机制，秘密饮酒者的酒瘾触发机制或者说饮酒模式是这样的：只有自己一个人；空间私密；喝酒时没人看见，喝完了也没人知道，至少自己认为没人知道。只有在同时符合以上条件的地方，秘密饮酒者才会犯酒瘾。

喝酒人犯酒瘾时的心理需求，一方面是对酒精本身的欲望，一方面是满足自己的饮酒模式。酒精的戒断反应和饮酒模式，都能触发饮酒者的喝酒欲望。

每个酒民都有自己固定的饮酒模式，喝什么酒，一天喝几顿，一顿喝多少，每次饮酒用时多少，下一次饮酒是什么时候——每天喝，还是隔天喝，或者每周喝几次，又或者每月喝几次，这都是固定的。

所以一些低频次饮酒者说："我喝酒没瘾，一个月也喝不了几次。"他们果真喝酒没瘾吗？事实并非如此，一周喝一次或两次的人，和每天喝一次的人一样，都有酒瘾，而且一周喝一次或两次的人，不一定就比一天喝一次的酒瘾小多少，他们的区别仅仅是饮酒模式不同而已。比如有的单位规定上班时间不允许喝酒，那他们就只能晚上喝，有的单位规定上班期间都不允许喝酒，即非节假日即使下班时间也不允许喝酒，那他们就只能周末喝酒了。

有人每喝必醉（饮酒量超过身体的最大酒精承受量），有人明明身体的最大酒精承受量是八两，平时喝酒却每次只喝半斤，这都是饮酒模式不同。

戒酒，戒什么？
永远不喝第一口酒？
可是内心还会"想"，心中还有"酒"。

戒酒，戒什么？
戒酒戒的是心瘾，
心中无酒才是真的戒了酒。

第7章
战胜潜意识的四大法宝

潜意识是已经发生但未被主观意识觉察的心理活动。

潜意识的力量是巨大的，但潜意识也是可以战胜的：

● "根本不可能"战胜潜意识；

● 生存本能战胜潜意识；

● 动力足够大，覆盖潜意识；

● 轻松戒酒法，永远清除潜意识。

1. "根本不可能"战胜潜意识

假设有一个重度酒精依赖者，因为意外事故漂流到一个荒芜的小岛上。岛上不久前还有人居住，现在废弃了，但岛上的生活设施和生活用品一应俱全，有捕鱼工具，有前主人留下来的粮食，还可以种菜，唯独没有酒。

他随身携带着通信设备，被告知一年以后才有船只来搭载他离开，这意味着他必须在小岛上至少生活一年以上。他的酒量一般，但酒瘾很大，一日三餐顿顿离不开酒。而这些年酒量也开始变大了，以前每顿喝半斤，现在每顿喝六七两，算下来一天的饮酒量在两斤左右。

那么问题来了，你觉得他在岛上的生活会怎样？他会因为没有酒喝而发愁吗？他会因为喝不到酒而焦虑抑郁、痛苦难受、发癫发狂吗？一句话，他会犯酒瘾吗？我想不会的，漂流到岛上后，他会很快冷静下来，理智地分析、判断当前的形势，面对现在的处境，他果断地做出了自己的决定——生存下去，等待救援。

就这样，他学会了种菜、捕鱼，晚上没事时就写写自己的孤岛漂流记，生活过得很充实。至于酒，从他做出"生存下去，等待救援"决定的那一刻起，就被抛到了九霄云外，所以这期间或许他偶尔会想起酒，但不会犯酒瘾，自然也就不存在因为喝不到酒而焦虑抑郁、痛苦难受了。一年后，他成功地从孤岛中走出来了。

当然，走出孤岛后他的第一件事就是找酒喝。

一个平时嗜酒如命的大"酒鬼"，为什么到了孤岛上就不犯酒瘾了？为什么到了孤岛上，喝酒的欲望就瞬间消失了？说到这儿，其实你已经知道答案了——正是因为到了孤岛上，所以他才能瞬间把酒忘记，他才能一年都不犯酒瘾。

为什么？因为潜意识。

潜意识的"成本意识"非常强，甚至比我们主观意识的成本意识更强，而且更准确，因为它的背后是海量的潜意识信息库和计算机般的超强计算力，因此潜意识不会做那种付出了巨大努力却收效甚微，或一点收获都没有的事情，也就是说潜意识不会做"赔本买卖"，不会做得不偿失的事情。

所以，当它判断某个欲望根本不可能实现时，或者实现这个欲望需要付出的代价太大难以承受时，它就会果断地放弃这个欲望，并将其置于关闭状态，直至这个欲望变得可能实现时，再重新开启欲望开关。

正因为如此，当他漂流到小岛上，主观意识经过冷静的分析判断，做出"生存下去，等待救援"的决定，然后潜意识"接收"到这个决定信息后，便根据自己的海量信息库，经过"成本核算"，最后得出结论：一年之内，主人不可能有酒喝，即使我（潜意识）再折腾、折磨主人，也喝不到酒。

于是潜意识便将主人的喝酒欲望置于关闭状态——既然"根本不可能"，那就干脆别费那个劲了。

为什么一个平时一根接一根吸烟的人，坐飞机时几个小时甚至十几个小时都可以不吸烟，道理是一样的，并不是他们强忍着不吸，而是他们压根就没犯烟瘾，或者即使犯了烟瘾也是一闪而过，瞬间就消失了。但如果飞机在飞行途中临时降落，他们会第一时间找地方吸烟。

还有关在监狱里的"酒鬼"，很多人想知道他们犯酒瘾时怎么办？或者好奇他们犯酒瘾时是什么样子？现在你知道了吧，进了监狱，他们就不犯酒瘾了。

但他们出来后的第一件事就是找酒喝。

2. 生存本能战胜潜意识

生存是人类的第一需求，吃和睡是人类的两大生存本能，所以，潜意识在支配人的行为时，会按照生存优先原则，优先"安排"生存需求。

举个例子，假设一个酒民在长期饮酒过程中，形成了晚餐时必须喝酒的习惯（饮酒模式），这个习惯已经保持了很多年。但有一天为了突击一个紧急任务，他一夜没睡，第二天还要继续工作，直到第二天下午 5 点，任务终于完成。这时吃晚饭（喝酒点）有点早，加之昨晚一夜没睡，现在又困又乏，所以他决定先找个地方睡一会儿，然后再起来吃晚饭（喝酒）。但因为实在太困了，结果一觉醒来已经晚上十点多了。我们的问题是，为什么他刚才睡觉时没有犯酒瘾？晚上6~9点可是他每天雷打不动的喝酒时间呀，平时他每天都在这个时间喝酒，可是今天却没有犯酒瘾，这是为什么呢？

这是因为，虽然喝酒是潜意识中的一大需求（欲望），但别忘了睡眠是人类的生存需求，所以当睡眠和喝酒这两个需求同时出现时，潜意识会优先安排生存需求——睡眠，与此同时，抑制喝酒需求或将潜意识中的喝酒需求置于关闭状态。

为什么抽烟人睡觉时不犯烟瘾，道理也一样。潜意识不会在同一时间支配你做两件互相矛盾的事情，它可以让你一边散步一边听音乐，但不会让你在吃饭的时候犯困，或犯困的时候想吃饭。所以，在你需要睡眠时，它会抑制你的吸烟欲望，或将你潜意识中的吸烟欲望置于关闭状态。

同样的道理，当医生警告病人再抽烟喝酒就会使病情恶化，或者影响治疗而危及生命时，病人主观意识上对生存的渴望，对失去生命的恐惧，和对自己过去无节制地抽烟喝酒的懊悔，以及短时间内激烈的思想斗争，会触发他潜意识中的生存本能。最后潜意识根据自己的海量信息库，判断出此时身体已经出现最严重的生存危机，再不戒烟戒酒就会危及生命，这时它就会迅速而强力地抑制患者潜意识中的抽烟喝酒欲望。比如中风患者被医生警告后，会大幅减少饮酒量，平时每顿喝半斤，现在每顿只喝一二两；或直接将潜意识中的喝酒欲望置于关闭状态。比如癌症患者确诊后，马上就把平时一直戒不了的烟和酒都戒了，这时并不一定是他们主观意识上戒烟戒酒的愿望多么强烈，更多的是潜意识在发挥作用，又或者是双重作用的结果，就是我们平时说的"没心思再抽烟喝酒了"——烟瘾（心瘾）酒瘾（心瘾）瞬间消失了。

3. 动力足够大，覆盖潜意识

潜意识的力量固然巨大，但当一个人做某件事情的主观动力足够大时，是能够战胜潜意识的。

举个例子，一个酒民参加公司的内部高级会议，这次会议的议题很重要，所以专门安排在一个酒店里召开。一整天的封闭式会议，从早上一直开到第二天凌晨，午饭和晚饭都是在酒店餐厅统一就餐，酒水也都是免费供应，会场纪律也没有禁止喝酒这一条，但是却没有人喝酒，大家似乎都忘记了喝酒这回事，而且其中参加会议的几个人（包括这位酒民和其中一位领导），平时可都是"酒仙"级别的，此时大家却都心照不宣似的谁也不喝，也没有人提喝酒的事。难道大家都没有犯酒瘾？是什么原因让一次"很好的酒局机会"，变成了只吃饭不喝酒的真正"饭局"？

再举一个我亲身经历的例子，有一次我参加一个在北京举行的高级学术研讨班，时间是五天四夜，学员有七八十人，来自全国各地，每天上午、下午、晚上都有课，可以说几乎全天都在听课、学习。

那时的我还是个酒民，学员里面还有很多像我一样爱喝酒的人，但这期间我们没有一个人喝酒，没有人在餐厅喝，也没有人出去喝，甚至五天四夜下来，没有听到任何人说"酒"这个字。

我们沉浸在学习中，一起互动、一起讨论，心思和精力全部用在了学习上，压根就没动过喝酒的念头，这是为什么呢？是我们忘了喝酒这件事？可是餐厅吧台上摆满了酒，餐厅里免费供应酒，还有其他人（外单位）正在喝酒，却没有触发我们的酒瘾，难道是潜意识里认为"根本不可能"，所以干脆就不想？可是会场纪律没有不让喝酒啊！（现在回想起来，如果当时喝酒的话，还真没人制止，因为这种学习班是完全自发地自我管理）

为什么我们没有犯酒瘾？平时一顿不喝都不行，这次却能连续五天四夜滴酒不沾，而且丝毫没有感到难受，也没有戒断反应，这是为什么？

原因就在于，不管是参加高级会议，还是高级学术研讨班，当事者都非常重视此事，做这个事情的动力能完全覆盖掉潜意识中的喝酒欲望。

① 在目前自己的所有事情中，这件事情排在了第一重要位置。

② 这个事情重要到什么程度？这么说吧，这件事情的成功与失败，将直接关系到自己未来在单位的职务，或者将决定自己能否在单位继续任职。也可以说自己未来的职业生命，甚至自己的人生目标能否实现，就取决于这件事情能否成功（至少当时是这么认为的）。所以，从自己决定参加此次会议或研讨班的那一刻起就暗下决心，绝不允许自己失败，绝不让其他任何事情影响自己现在正在做的这件事情。

③ 虽然会场纪律没有明文规定不允许喝酒，但大家心里都明白，喝酒的后果很严重，不是喝酒违反纪律后果很严重，而是喝酒会影响自己的学习效果。

④ 正因为事情如此重要，所以大家都全力以赴、集中注意力于当前事情，心无旁骛。

这些因素都属于主观意识范畴，大多数时候，潜意识不受主观意识控制，但当主观意识足够强大时，潜意识就会被主观意识强行压制。在上述场景中，为什么大家都不犯酒瘾呢？因为此时主观意识太过强大，而这些强大的主观意识集合在一起，就形成了一个完全可以覆盖掉喝酒潜意识的总动力——全力做好眼前的事情，其他一切都为这个事情服务。于是，主观意识上做好这个事情的需求和欲望，大大超过了潜意识中的喝酒需求和欲望，潜意识就"配合"当事者专心致志地做好眼前的事情，而将潜意识中的喝酒欲望置于关闭状态。

不喝酒是高级正能量

现在回想起来，我参加的那个高级学术研讨班，为什么大家都没有喝酒，也没有犯酒瘾，除了这些重量级的主观意识外，还因为我们在这五天四夜中，每时每刻都充满了正能量，而我们所有人的正能量叠加在一起，就形成了一股巨大的正向能量场，这个正向能量场充满了我们每一个人的内心，也充满了我们所处空间的每一个角落，哪里还有酒"场"的容身之地！

前面我们说过，虽然主观意识控制不了潜意识，但主观意识可以影响和改变潜意识，比如，当主观意识整体上（长期、大量正向刺激）偏正向时，潜意识也会偏正向，反之，当主观意识整体上（长期、大量负向刺激）偏负向时，潜意识也会偏负向。

我们那次学术研讨班培训，一直都处在一种正能量的环境和氛围中，包括我们的心境，都是正能量满满。从这个角度来说，平时喝酒时的那种能量看似热烈，但其实是负能量（如果一定要说是正能量，那也是最低级的正能量）。

不喝酒，是高级正能量！

4. 轻松戒酒法，清除潜意识

在一些特定情况下，主观意识可以战胜潜意识，比如前面我们说的几种情况。但需要说明的是，上述战胜潜意识不等于说潜意识中的欲望没有了，人们之所以在这些情况下不犯酒瘾，是因为潜意识中的喝酒欲望被暂时抑制了，或暂时置于关闭状态。而酒瘾的根源——潜意识中的错误认知并没有消除，只要错误认知还在，喝酒的欲望就永远存在。

所以，这些特定情况下的潜意识被战胜，是暂时的，是有条件的，当条件变化或消失时，潜意识中的喝酒欲望就会"满血复活"。如孤岛上的饮者归来，他第一时间要做的事就是喝酒。

既然瘾是潜意识中的欲望，而欲望的根源又来源于潜意识中的错误认知，那么只要我们将潜意识中的错误认知清除，就能彻底战胜潜意识，而这也正是轻松戒酒法的原理——潜意识中的欲望没了，你自然也就不会再喝酒了。

第8章
怎样阅读"轻松戒酒法"

这一次戒酒很轻松，轻松得我都有点不敢相信了，现在我的确已经是个非酒民了，不得不说，轻松戒酒法真的太神奇了。

——戒友留言

1. 阅读速度不要太快

经常有戒友问，阅读这本书需要多长时间，我的建议是 5~20 天，为什么时间差别这么大？这里需要做一个解释，"5~20 天"指的是从开始看书到看完这本书的时间跨度，而不是累计的时间长度。我们把时间跨度定在这样一个范围，是从整体阅读效果和不同读者的阅读条件差异综合考虑的，戒友阅读时可以根据自己的实际情况灵活掌握。

每个人的阅读习惯、阅读能力和可供阅读的时间都是不同的，有时差距还很大，所以阅读本书时，根据个人实际情况，每天读几页、几节或几章都可以，但不管读多少，阅读时都要认真、仔细，要精读不要泛读，要一句一句地读，要边读边思考，总的时间跨度把握在 5~20 天读完为好。

● 对那些戒酒决心大、戒酒愿望强烈的戒友，可以一口气读完本书，时间充裕的可 3~5 天读完，对大多数戒友来说，用半个月左右的时间看完这本书最合适。

● 对那些工作繁忙或不习惯连续长时间看书的戒友，也可把看书时间拉长，但要把握好节奏，切忌时间过长，时间过长会影响阅读效果，最好在 10~20 天看完，最长不要超过 30 天；

● 对那些平时读书少或不习惯读书的戒友，阅读本书时就要刻意放慢速度，给自己一个适应的过程，比如开始时读慢一些，后面快一些，边看书边思考，重点是读懂，阅读过程中也可以反复阅读，直到弄懂为止。时间可以把握在 15~30 天；对阅读确实有困难的戒友，时间延长到 1~2 个月也是可以的。

从"看书去心瘾"角度来说，读书慢一些，时间长一些，对酒瘾（心瘾）的清除能更彻底一些。

对那些"内心想戒酒，但戒酒决心不是很大"或戒与不戒左右摇摆、犹豫不定的戒友，随着看书的进程，戒酒决心会越来越大，直至像其他人一样——当你看完最后一页书，喝掉最后一杯酒时，你的心瘾没了，喝酒的欲望消失了，你自然也就戒酒成功了。

总的来说，阅读速度不要太快，也不要太慢，太快不利于理解、思考和沉淀，太慢影响对酒瘾一鼓作气、一击而破的"作战"效果，所以，我们建议用 5~20 天的时间读完本书。

（1）慢工出细活，慢读效率高

播音员语速一般是每秒 4 个字，如果我们把读书过桯中的思考、勾勾画画等用时也计算在内，那么读完一本一二百页的小型图书，大约需要 10 个小时，读完一本二三百页的中等图书，大约需要 20 小时，读完一本三四百页的图书，大约需要 30 小时。这期间我们还要吃饭、睡觉、工作，所以一天是读不完一本书的，除非你只是读，既不圈点也不勾画，既不思考也不批注，但这样读书的效果肯定是不好的。

所以，我们要求阅读本书时，不必为了追求阅读速度而赶时间，当然也不要故意拖延时间，可根据自己的阅读习惯、时间等实际情况灵活掌握，总体把握在 5~20 天为佳。

俗话说磨刀不误砍柴工，既然你已经下定了戒酒决心，那么这一次索性就一次性干净利索地把它彻底戒掉。不要着急，请遵照书中的指令，认真、仔细地把书看完。如此，当你看完最后一页书，喝掉最后一杯酒时，你就是个快乐的非饮酒者了。事实上，此时你就已经戒酒成功了。

（2）读懂最重要

读书速度太快，也许你一字不落，但肯定会有不懂、不明白、不理解的地方，结果却被你一时兴奋一带而过。

有时候读书太快，反而欲速则不达。

什么叫会读书我们暂且不说，但可以肯定的是，心浮气躁赶任务，简单粗暴嫌啰唆，挂一漏万，不求甚解，统统都叫不会读书。

（3）放慢速度，随时有灵感的火花

我们主张慢读还有一个原因，就是给自己留出思考的时间。

不知你有没有这样的体会，慢读时，大脑时不时会蹦出一个与喝酒有关的想法或问题，这时请你思考这个问题，会让你对酒精、酒瘾、戒酒的认知更加清晰而深刻。

2. 高效读书的几个技巧

（1）舍得勾画

在书上圈点勾画重点词、句、段落。

阅读时圈点勾画重点词、句、段落，既可以强化阅读效果，帮助理解和记忆，又能为日后温习提供记忆线索。再读或翻阅时，如果没有时间重读全文，圈点勾画的地方可起到提示的作用。

事实上，读书时圈点勾画不但不会耽误事，反而能提高阅读效率。

边读书边圈点勾画，是最简单也是最有效的读书方法。

● 读书要敢于圈点勾画，切不可书看完了，书上干干净净一个字没有。

● 对重点内容可圈点勾画，也可在书的空白处抄写重点词句。

● 圈点勾画时，甚至可以"力透纸背"。

（2）敢于批注

有的人看完书，书上还干干净净，这样不写不画地读书，中间没有停顿，就少了思考，看似书读得很快，但其实效率并不高。古人云："不动笔墨不读书"，我们也常说"好记性不如烂笔头"，一边读书，一边思考，一边勾、画、批、注、抄，手脑并用，是读懂、读通、读透一本书的好方法，是高效读书的好技巧。

阅读过程中，自己的所思、所想、所悟，或灵感、启发、决心，都可以写下来，可以是一句话，可以是一个词，甚至有时就一个字，只要是你此时的心中所想，都可以用笔在书的空白处记录下来。

开始阅读前，也许你觉得没有什么可写可画的，那是因为你还没有拿起笔来，一旦你手上有了笔，你的灵感就会随时闪现，这时你会发现，原来读书还有这么多乐趣。实话告诉你，善读书者都是这么干的。

也正因为如此，才有了"不动笔墨不读书""抄书一遍胜读十遍"的说法。

动笔墨不是为动笔墨而动笔墨，动笔墨是为了更好地理解、思考。动笔墨有助于把书"吃透"。

所以，是时候给自己准备一支笔了。

（3）勤于思考

我们之所以读书、学习，有时不是为了记住书中的内容，而是为了使用书中的知识。读书从精神层面来说是为了净化、升华我们的心灵，从实用角度来说，是为了解决我们在生活、工作中遇到的实际问题。

托尔斯泰说："知识，只有当它靠思考得来，而不是凭记忆得来的时候，才是真正的知识。"读书最重要的是思考。阅读时跟着书中的节奏，边读书边思考，理解书中的内容，是我们看书的目的。看书过程中遇到一些对自己有所触动的思想、观点，在思考的同时，要多与生活实际相联系。

看书的过程中，当你在思考某个问题时，当你理解了某个知识点时，当你对某个知识点深有感触或有所感悟时，在那一刻，你的脑电波（大脑皮层神经细胞的化学信号）对大脑潜意识的刺激，超过仅仅记住但没有理解时的 100 倍。

（4）坐在桌前阅读效果好

坐在桌前阅读容易集中注意力，所以一般人们在非休闲阅读（也可称为严肃阅读或专业阅读）时，都是先将书、笔准备好，然后端坐于桌前，再开始阅读。有些朋友有躺在床上看书的习惯，虽然这种方式很舒适，也很利于"脑洞大开"，但躺在床上看书有个弊端，就是没法勾画、批注，除非你在床头准备好笔。

当然，休闲书不在此列。

只要坐在桌前身姿端正地读书，并随时圈点勾画，那么一切碎片化的时间就都可以用来阅读。当每一分钟都可以读书时，你就不会觉得没时间读书了，也不会觉得读书浪费时间，觉得读书累了。

再有，读书时，尤其是我们这样的专业书籍，要一句一句地读，遇到重点语句或段落，即使已经懂了，但仍然可以重复读，多读几遍理解会更深刻，甚至有时重点词句可以反复勾画、批注、思考、理解。总之，阅读这类书籍一定要精读，不要泛泛而读。虽然我们不要求你一定要做读书笔记，但准备一支笔，随时勾画、批注，随时在书上空白处写下你的所思、所想、所悟，还是很有必要的。（在书上勾画、批注也可看作是读书笔记的一种简便形式）

你现在正在阅读的这本书,不仅是一本普通意义上的专业书,更是一本要为你解决实际问题的工具书,我相信当初你购买此书时也是这个目的,现在你能读到这里,说明你的初衷没有变。在这里我想说的是,如果你的阅读习惯良好或者你的阅读能力比较强的话,你尽可以按照以前的阅读习惯阅读本书,但如果你平时读书不多的话,为了我们的共同目标——读完这本书后,一次性地彻底把酒戒掉——我希望你从现在开始,适当调整一下自己的读书方法。

什么意思呢?我的意思是,请你首先仔细阅读本章内容,然后按照本章提供的读书方法和技巧,继续读完本书后面的章节。如果你觉得前面的一些章节读的不是很顺畅,或者你觉得有必要的话,也可以按照本章提供的方法和技巧,把前面的内容重新再读一遍。俗话说磨刀不误砍柴工,我们这样要求的目的只有一个——既然我们已经下定决心要戒酒,那么就索性一次性地把它彻底戒掉。

3. 遵照书中指令

我们说了,本书是一本能让你戒酒的书。再确切点说,只要你按照书中的逻辑顺序,遵照书中的指令,从头到尾把书看完,不知不觉中你的心瘾就没了,喝酒的欲望消失了,你自然也就不会再喝酒了。所以我们说,当你看完最后一页书,喝掉最后一杯酒时,你就是个快乐的非饮酒者了!

有这么神奇吗?是的,就是这么神奇!

当然,你尽管放心,书中的指令不会是这样的:

坚持住,不要喝酒!

想喝酒时就喝水。

想喝酒时就吃瓜子,或者吃口香糖。

想喝酒时就出去运动,转移注意力。

也不是这样的:

看到烟酒店要绕着走。

朋友叫喝酒不要去。

尽量远离过去的那些酒友。

远离酒场饭局,不要参加聚会。

更不是这样的:

坚持！

坚持！

坚持！

只要坚持住，你就成功了！

而是这样的：

看书期间，应避免在网上搜索、浏览有关喝酒、戒酒的信息，以免错误的戒酒方法或各种不良信息干扰你的思维，影响阅读效果。只要你愿意，待看完书之后，再浏览不迟。当然，那时你对这些信息又是一种不同的看法了。

要相信，不要质疑，因为你还没有戒酒成功，而我和其他使用轻松戒酒法的人都已经戒酒成功了。

敞开心灵，用一种开放的心态阅读本书。

和这样的：

我们要求大家在阅读过程中，一定要把自己的心态归零，在戒酒这件事情上，敢于承认自己知之甚少。千万不要"想当然"，不要认为"这个我懂""这个我大概知道"就不再去阅读，不再去思考，或者挑着看、挑着读，这都不是读书的好方法。读书要认真，一句话都不要落下，该画重点就画重点，该在书上写下你的感悟、决心、誓言，那就写下来。这样我们才能更好地理解书中的内容，提高阅读效率。

还有这样的：

在阅读过程中，如果出现某些语句或内容，你觉得前面已经读过类似的文字，那么请你依然要仔细阅读，不要疑惑，更不要自作主张地略过。有关酒精、喝酒、戒酒的错误认知，在你大脑潜意识中已经累积了几十年，清除它需要足够的信息量。请跟上书中的节奏，认真阅读书中的每一句话。

读到重点语句或段落时，可以反复多读几次，这对你有好处。

记住，慢工出细活，精读效率高。读一遍书所用的时间总比读两三遍所用的时间少。

书中有些话在你还没有看完本书之前，可能会让你反感或不舒服，也请你不要抗拒，而是用你的理性去思考。这就相当于你正在享受"美食"，吃得不亦乐乎时，如果有人对你说"这些都是垃圾食品"时的反应是一样的。

以及这样的：

或许你已经喝了很多年酒，但我可以肯定的是你从没有用心地、仔细地品尝过酒的味道，那么从现在开始，就请你喝下每一口酒时，用心地体会它们的味道，看看它们到底是苦的还是甜的？是香的还是辣的？

轻松戒酒后，不必因为戒酒而刻意改变你的生活，顺其自然即可，因为你已经是个快乐的非饮酒者了，你和其他从来不喝酒的人没有什么区别。

轻松戒酒后，你可以参加任何酒场饭局，不管是作为主人还是客人。

就是这样的一些指令，请你一条都不要违反。我不得不再次重复一遍，我们这样要求的目的只有一个——让你一次性彻底地把酒戒掉。

4. 关于"轻松戒酒法"的几个表述说明

为方便理解，书中在不同场景或情境下，有时将"饮酒者"表述为"酒民"或"喝酒的人"，将"非饮酒者"表述为"非酒民"或"不喝酒的人"。在此需要说明的是，我们所说的"饮酒者""酒民""喝酒的人"意思一样，均指有酒瘾的喝酒者。而"非饮酒者""非酒民""不喝酒的人"均指没有酒瘾的人，其中"非饮酒者"和"非酒民"更多的时候特指使用轻松戒酒法戒酒成功的人，"不喝酒的人"则指从来不喝酒的人。

那些"逢场作戏""偶尔喝酒但没有酒瘾"的人，不在本书讨论范围之内，这样的人的确存在，但非常少。不过需要提醒大家的是，"逢场作戏"的偶尔喝酒者，大多数最终会演变为饮酒者——有酒瘾的人。

书中凡提到"酒"处，如未说明是啤酒、红酒或其他酒时，均指白酒。

5. 敞开心灵，以开放的心态阅读本书

● 敞开心灵，不要抗拒，不要质疑。

● 保持开放、理性、积极的心态阅读本书。

● 相信科学，选择科学戒酒，拒绝盲目戒酒。

● 敢于承认自己酒精依赖，敢于承认自己有酒瘾。

● 本书的核心是"认知重建，去除心瘾"，所以阅读过程中遇到重复的语句

或内容时，仍然要仔细阅读、理解，切不可自作主张地略过。

●书中有些话在你还没有看完本书之前，可能会让你反感或不舒服，请你不要抗拒，而是用你的理性去思考。

第三部分

• • •

戒酒戒的是心瘾

第9章
以前你为什么戒不了酒

当你端起一杯酒时，其实你并不知道自己为什么要这样做，你什么也没想，只是要喝酒，要在固定的时间喝下固定数量的酒。仅此而已。

1. 戒酒戒的是心瘾

我们知道，酒瘾包括生理瘾和心理瘾（心瘾），生理瘾占酒瘾的 0.1%~10%，心瘾占 90%~99.9%。生理瘾很轻微，我们几乎感觉不到它的存在，生理瘾引起的身体不适，有时甚至还不如一只蚊子的叮咬。对生理瘾，我们不需使用任何产品，也不需要采取任何方法，只要我们停止喝酒 24~48 小时，体内酒精就基本代谢掉了。

所以在戒酒这件事情上，需要我们用点心思的是心瘾。

嗜酒者停酒（戒酒）后出现的各种戒断症状和不良反应，要么是由心瘾直接导致，要么是由心瘾引发，继而引起生理和心理上的连锁反应。传统戒酒方法把这些戒断症状和反应统统都算到生理瘾上，这是不对的，也是不公平的。

部分重度或超重度酒依赖者，用意志力强行戒酒时，出现的发冷出汗、抖动震颤、幻听幻觉等戒断反应，并非由生理上的酒精戒断直接导致，而是酒瘾得不到满足时的紧张、焦虑、恐慌等各种心理反应和情绪交织在一起，而引起的生理上的连锁反应，与生理性酒精戒断并无直接关系。

使用轻松戒酒法断酒（戒酒）后，绝大多数一般性酒依赖者不会出现明显的身体不适，只有部分重度酒依赖者（过去长期大量饮酒，酒精对大脑和中枢神经系统已经造成严重伤害）断酒后可能会出现轻微的心慌心悸、失眠多梦等戒断反应，但也很快就会消失。还有少数超重度酒依赖者，因为酒精对大脑和中枢神经系统造成的伤害实在太大了，断酒（戒酒）后一些人可能会出现发冷出汗、恶心呕吐等戒断症状，极少部分人会出现"抖动抽搐、震颤谵妄"等现象，但持续时间不长，两三天就会大为减轻，最多一个星期症状就完全消失了。

而像痛苦、焦虑、抑郁、烦躁、恐惧等这些心理层面的戒断反应则不会出现。道理很简单，心瘾没了，怎么会出现心理戒断反应呢？

2. 酒瘾的触发机制

喝酒的人，什么时候犯酒瘾，什么时候不犯酒瘾，取决于他的饮酒模式。酒民的饮酒模式各不相同，每个酒民的饮酒模式早已都被固化到了他的潜意识里。十几年甚至几十年，反反复复地喝酒，各种场景下的各种信息，包括喝酒的时间、地点、人物、物品、情绪、氛围，以及每一次喝酒时所说的话、内心的感受，都会被潜意识捕捉并存储起来。所有这些有关酒的信息，形成了每个酒民所特有的饮酒模式，这些饮酒模式就成了该酒民的酒瘾触发机制。酒瘾的触发机制大体如下：

- 时间触发——到了自己的"喝酒点"，触发酒瘾。
- 物品触发——看到酒或与酒有关的物品，触发酒瘾。
- 酒友触发——遇到或想到某个酒友，触发酒瘾。
- 场景触发——看到别人喝酒或遇到饭店等喝酒场所，触发酒瘾。
- 情境触发——在某种特定情境下，如被别人邀请喝酒，触发酒瘾。
- 情绪触发——出现某种情绪，如高兴、放松、喜悦、兴奋、激动，或者压力、紧张、痛苦、忧愁、愤怒、空虚、无聊等，触发酒瘾。

3. 99% 与 1%

酒民大多是年轻的时候染上酒瘾的，那时他们身强体壮，年轻气盛，健康意识淡薄，觉得疾病是一件很遥远的事情，所以喝起酒来毫无顾忌，从不在意酒精对身体的伤害，事实上他们那时根本就没有想过酒精会伤害身体这件事。可以说酒民都是不小心染上酒瘾的，没有哪个酒民刚开始学喝酒时，就对喝酒行为进行利弊分析，权衡轻重后才选择喝酒。每个酒民都是糊里糊涂地掉进酒精陷阱里，不知不觉中就已经离不开酒了。

酒民到一定年龄，或喝酒到一定年限，很多人都会产生戒酒的念头，也有很多人尝试过戒酒。酒民早期时的戒酒动因往往不是出于健康考虑，大多是意识到喝酒耽误工作、喝酒误事才想到戒酒的。

喝酒人都有这样的体会，中午喝了酒，下午就要睡觉，白白浪费了半天时间。不过这还算是好的，误事但没坏事，怕就怕中午喝了酒，下午还继续"工作"，结果因为酒精麻醉而言行失控，说错话、办错事，"工作"还不如睡觉。而且等到傍晚时分酒醒之后，心情更糟糕，情绪低落，懊悔自责，感觉这酒喝的一点价值都没有，白白地浪费了时间，耽误了工作，虚度了光阴，天天这样沉醉在酒乡中，醉生梦死，浑浑噩噩，对不起自己，也对不起家人。

酒民晚上喝了酒，第二天一上午甚至一整天都会不舒服，头疼难受，浑身疲乏无力，心情也是糟糕到了极点，后悔昨晚喝酒，于是下决心今晚绝不再喝了，可是到了晚上就控制不住自己，不由自主地又去喝酒了。

这个时期酒民的戒酒想法并不坚定，戒酒决心不强，容易"戒了喝，喝了戒"，反反复复。

酒民戒酒动力最强的时候是在喝酒的最高峰期，或者说是喝酒的最疯狂期，这个时期对应的年龄段是 45~59 岁。为什么我们说这个时期是酒民喝酒的最高峰期呢？第一，这个时期单次饮酒量增大，饮酒频次增多，日饮酒总量达到最高峰；第二，这个时期潜意识中对酒的欲望（也就是酒瘾）达到最高峰——每次都想喝的更多，于是每次都喝到实在喝不动了才罢休。

实际上这个时期的酒依赖者，被潜意识中的强烈欲望驱使着，已经不是普通意义上的喝酒、嗜酒，而是酗酒、纵酒，甚至是滥酒、乱酒了。当然喝酒的时候是意识不到这些的，正沉迷于酒中的人永远不会认为自己是在酗酒、纵酒（事实上，他们连自己嗜酒都不敢或不愿承认，最多说自己爱喝酒、好喝酒、喜欢喝酒），只有等他真正戒酒成功，回归到正常人的生活状态后，再回过头来看自己的过去，才会大彻大悟——原来自己喝酒的那些年，每天都是在浑浑噩噩、醉生梦死中度过的，而自己却不知道。

不识庐山真面目，只缘身在此山中。现在终于醒悟了，往日不堪回首啊。

这个时期酒瘾最大，喝酒也最疯狂，但往往越是这样，酒民醒悟的也越快，戒酒的决心也越大。这个时期的戒酒动力更多的是出于对健康的考虑，要么是因为喝酒身体出了状况，要么是进入中年后健康意识增强，意识到了喝酒的危害，要么就是身边人因为喝酒而患上恶性疾病，自己有所触动，所以下了决心戒酒。

这个时期不管是因何种原因戒酒，一定都是经过深思熟虑的，在这个时期只要做出了戒酒的决定，就都会全力以赴，认真对待。为此，他们会想尽办法与酒魔做斗争，他们会根据自己的认知或喜好，选择使用各种戒酒产品、戒酒方法。为了戒酒，他们可以说是煞费苦心，有的人不参加一切酒会，与过去的酒友不见面，见了酒馆、饭店、烟酒店绕着走；有的人把自己锁在家中的小屋里，连续一个月不出屋，吃饭靠人从窗口递；还有人用锁链把自己拴起来，就怕控制不住出去买酒、喝酒。可是不管自己下了多大决心，用了什么办法，忍受了多少痛苦，最后的结果却只有一个——戒酒失败，继续喝酒，继续暗无天日、醉生梦死、浑浑噩噩的酒徒生活。

为什么下了这么大决心，付出这么多努力，却还是戒不了酒？原因很简单，戒酒方法没有用对。我们讲治病治本，对症下药，要想治好病，不先弄明白这个病的症结所在，不先找到病根、弄清楚其发病机理就盲目下药，"头痛医头，脚痛医脚"，又怎么治得好病呢？

传统戒酒法都是告诉我们这样戒酒：

第一步，放下酒杯，停止饮酒，戒酒开始；

第二步，戒酒过程中，要尽量避开各种诱惑，如卖酒的地方、喝酒的地方，尤其是过去的酒友。酒场饭局能不参加尽量不参加，以免受到诱惑；

第三步，酒瘾来袭时，转移自己的注意力，比如喝水、喝茶、出去散步，或者看书、听音乐、找朋友聊天；

第四步，只要忍的时间足够长，酒瘾就会随着时间的延长慢慢减小，直至消失，然后你就戒酒成功了。

这"戒酒四部曲"看起来挺有道理，但却只有第一步能实现。有人说过："戒酒很简单，我都戒了100次了，无非再增加1次。"第二步不现实，为戒酒就不要正常生活了吗？第三步实现不了，喝酒的人犯酒瘾时，心中只有酒。第四步同样也无法实现，因为心瘾不会自动消失。

不错，戒酒的目的就是停止饮酒、不再喝酒，但关键是停多久，一周？一月？一年？还是一辈子不再喝酒？我们的目标肯定是永远不再喝酒，但怎样才能做到永远不喝酒？一顿不喝都没有问题，一两天不喝酒问题也不大，三五天不喝酒也勉强能做到，但能坚持一周不喝酒的人就很少了。

传统戒酒法能坚持一年以上不喝酒的人不超过1%，看看身边的人就知道了，嚷嚷戒酒的人不少，可是真戒了的有几个？永远不喝酒，几人能做到？

凡事要讲科学，不可盲目。传统戒酒法最后都会归结到意志力上，而我们又明明知道单纯靠意志力戒酒很难成功，为什么还要执着于意志力呢？

我们再换个角度来看，传统戒酒法成功率只有1%，所以你用传统戒酒法戒酒失败不是很正常吗？传统戒酒法的失败率是99%，那么你属于那99%是不是也很正常吗？99%的人都失败，为什么偏偏你就能成功？所以，我们为什么还要执拗于意志力戒酒？为什么不用科学的态度进行理智地判断和选择？

4. 心中无酒才是真的戒了酒

传统戒酒法，不管用哪种方法，只要是没有触碰到"心瘾"这个戒酒关键点，最后就会归结到意志力上，仍然需要用意志力抵抗酒瘾——心中的喝酒欲望。

主张意志力戒酒的人，他们认为酒瘾会随着时间的推移而越来越小，那么只要坚持的时间足够长，酒瘾就会慢慢地消失，但不幸的是，这是一厢情愿的想法，生理瘾可以随时间自动消失，但心瘾不会，只要你不主动去消灭它，心瘾就会跟随你一辈子。或许坚持三年、五年、十年，酒瘾会比现在小很多，但谁能坚持这么久？不要说三年、五年，就是一年、半年又有谁能坚持的了？而且，酒瘾（心瘾）还有一个特点，在戒酒初期，你每想它的一次"好"，它就会比原来更强一点，你想的次数越多，它就会越强，因此随着时间的推移，心瘾不但不会减小，反而会愈加强烈，直到某一时刻，你的意志力彻底崩溃。

所以，还是那句话，看看我们身边的人，有谁靠意志力戒酒成功了？

如果不改变观念，还执迷于靠意志力戒酒，就会掉入"戒酒——喝酒——再戒酒"的陷阱中，循环往复，不能自拔。有的酒民戒了喝，喝了戒，戒酒几十次甚至上百次，哪一次不是信誓旦旦的开始，灰头土脸的结束！

及早改变观念，抛弃掉意志力戒酒的幻想，采取科学态度，选择正确的戒酒方法，方为明智之举。

对大多数一般酒精依赖者而言，酒瘾的99%都是心瘾，破山中贼易，灭心中魔难，这也是为什么传统戒酒法戒不了酒的原因。传统戒酒法戒的是生理瘾，也就是酒瘾的1%那部分，而占到酒瘾99%的心瘾那部分，却没有触碰到。

只要心瘾在，喝酒的欲望就在，喝酒的欲望在，就随时可能会复饮。

酒瘾（心瘾）是潜意识中的喝酒欲望，每天只要到了"喝酒点"，就条件反射地想要喝酒，此时酒民的全部心思都在酒上，心中的愿望只有一个——喝酒！

如果这时被告知不能喝酒了，情绪马上变得消沉低落、心神不宁、焦虑不安，甚至会沮丧暴躁、乱发脾气。这时不喝酒的人通常会安慰说："不喝就不喝了吧！"这真是站着说话不腰疼，饱汉不知饿汉饥，不喝酒的人不知犯酒瘾的滋味，在他们眼里，少喝一顿酒就像少吃一个馒头一样简单。他们哪里知道，酒瘾岂是主观意识能控制得了的，到了"喝酒点"却不让喝酒，那是万万不行的。犯酒瘾时什么都可以不做，唯独不能不喝酒。为了喝酒，最喜欢的事情可以放弃，最重要的事情也可以不做，甚至会不顾及自己的尊严和人格。

酒瘾一犯，满脑子想的都是酒。

戒酒，戒什么？戒酒戒的是心瘾，不去除心瘾就戒酒，那种百虫噬骨般的痛苦，那种炼狱般的煎熬，只有戒过酒的人才知道。

戒酒，戒什么？

戒酒戒的是心瘾，心中无酒才是真的戒了酒。

第 10 章
错误的戒酒方法

我摆脱了酒魔的控制，内心十分愉悦。之前我用"干戒法"，一点都没有戒酒后的正面感受，但这次是真正的体会到了。

——戒友留言

喝酒到了一定年限，尤其进入中年以后，健康意识强了，对酒的危害也有了新的认识，所以很多人就想到了戒酒，也有很多人正在尝试戒酒，虽然最终真正戒酒成功的很少，但仿佛尝到了戒酒的甜头一样，越是戒过酒的人戒酒意愿越是强烈。虽然他们屡战屡败，但每次失败后，休整（积蓄再次戒酒的决心和勇气）一段时间，他们还会接着再戒。但终究因为戒酒不得法，每次戒酒都以失败告终。如此戒了喝、喝了戒，反反复复，苦不堪言，最后陷入"戒酒——喝酒——再戒酒"的困境中不能自拔。

每次戒酒失败，心情都会非常痛苦，沮丧、失落、内疚、自责，甚至自我否定，觉得自己太没毅力了，什么事情都做不好，连个酒都戒不了，把戒酒失败的原因归结为自己意志力不够。每一次复饮后，都要再过很长一段时间，有的几个月，有的可能要再喝很多年，才会鼓起勇气再次戒酒。

使用传统戒酒法戒酒的人，往往第一次戒酒时都很高调，他们会告诉身边人"我戒酒了"，甚至会非常自信地向家人、朋友、同事郑重宣布："我戒酒了！"但过不了几天就又悄悄地喝上了。有过这样几次"轰轰烈烈开始，灰头土脸结束"的教训，下次再戒酒时就不再大张旗鼓了，而是悄无声息地进行了。

所以我们很少听说身边人有谁在戒酒，而其实他们只是在暗暗使劲、偷偷戒酒，毕竟每次"戒酒"（停酒）也就是一两天，想不让别人知道也很容易。

事实上，喝酒人只要喝酒到一定年限，有谁没戒过酒呢？只是没成功而已。所以你完全不必自责，因为反反复复戒酒的，不止你一个人，而是一大批人。

1. 意志力戒酒

所有人都认为戒瘾要靠意志力，"戒烟靠意志力""戒酒靠意志力""减肥靠意志力"，似乎意志力无所不能。可是你看看身边的人，有几人靠意志力戒断成功了？

意志力，是人有意识（主观意识）地控制自己的思维、情绪和行为的力量，是一个人平衡自己的欲望和行为的能力。

在大众的认知里，做任何事情都需要意志力，越难的事情越需要意志力，在戒酒这件事情上，大家一直在说的也是意志力，而且在轻松戒酒法出现之前，还没有发现一种不需要意志力就能成功戒酒的方法，人们也没听说过，更没有见过不依靠意志力就能戒酒成功的人，所以人们就想当然地认为戒酒离不开意志力。

凡事都要靠意志力，这句话本身没有错，我们不否认做很多事情都需要意志力，而且越难的事情越需要强大的意志力，有些事情必须具有超强的意志力才能完成，但戒酒这件事情除外。

单纯依靠意志力戒酒，很难，这是不争的事实。

我们反复强调，以前戒不了酒不怪你，你无须懊悔，也不必自责，更不要怀疑自己的意志力，你的意志力没有任何问题，以前戒酒失败只是因为你没有用对方法，方法不对努力白费嘛。我们也反复地告诉酒民，以前你用的那些传统戒酒法的成功率只有1%，所以你戒酒失败不是很正常吗？

如果用某种方法做某件事情的成功率只有1%，99%都是失败的，那这种方法的有效性便值得考量。如果这种方法是无效的，那为什么你还要选择这种方法呢？

在戒酒这件事情上，意志力真的管用吗？通常我的回答是："意志力戒酒的成功率是1%，你说管用不管用？"

意志力戒酒，俗称"干戒"，是不使用任何其他辅助手段，完全依靠个人意志力来抵抗酒瘾，最终达到戒酒目的。意志力戒酒很好理解，也非常符合大众思维，只要是戒过酒的人几乎都"干戒"过，酒民第一次戒酒也往往都是"干戒"，此法无效时才去考虑其他办法。

人们之所以选择意志力戒酒，原因有二：第一，决定戒酒时，自然而然想到的就是意志力；第二，选择意志力戒酒的人并非完全盲目，他们也有计划，他们的内心想法是，只要坚持的时间足够长，我就能成功。最难的无非就那么几天，也许 3 天，也许 5 天，也许 10 天，最多半个月，所以，只要我能挺过开始时的这几天，以后酒瘾就会一天比一天小，直至消失。这个设想看起来很不错，也不可谓不悲壮——只要我用意志力抵抗住酒瘾，那么我就一定能等到酒瘾消失的那一天。

但实际情况又如何呢？要得到这个问题的答案很简单，也不需我们做实验或问卷调查，现在只需你停下来思考一下，想一想你身边的人，看看有没有靠意志力戒酒成功的？或者你听说过有多少人是靠意志力戒酒成功的？我倒是见过也听说过太多依靠意志力戒酒的酒民，他们把自己折磨得痛苦不堪，最后的结局还是回到原来的老路——继续喝酒，而且酒瘾比原来还大。

事实上，意志力戒酒忍个一两天一般问题不大，但大部分人顶不过 3 天，90% 的人坚持不了 1 周，95% 的人超不过 1 个月。意志力戒酒的短期（1 个月内）成功率在 5% 以内，长期（1 年以上）成功率不超过 1%。

为什么意志力戒酒这么难，成功率这么低？原因很简单——心瘾未去。我们知道，酒瘾包括生理瘾和心瘾，生理瘾只占酒瘾的很小一部分，而且只要停止饮酒一定时间，生理瘾就会自动消失，但心瘾却不会，心瘾不会随着时间的延长自动消失。而且心瘾是你越喝不到酒就越想喝，越喝不到酒欲望越强烈，直到再次端起酒杯。停止饮酒后，生理瘾没了，但心瘾还在，只要心瘾在欲望就在，你就随时有复饮的可能。戒酒 3 年、5 年甚至 10 年后又复饮的，大有人在。

意志力戒酒坚持到后期时，那种想喝又不能喝、想投降又不甘心的矛盾，那种"这次戒酒是不是时机不成熟""我究竟要不要戒酒""我还要不要坚持""要不下次再戒""其实喝点酒也没什么不好"的内心纠结，到后期时真的就如百虫噬骨般，每一时每一刻都在折磨着你，直到你的意志力在某一时刻瞬间崩溃，彻底放弃戒酒，重新回到酒民行列。

趋利避害是动物的本能，人也是如此，人会在痛苦和快乐之间本能地选择"快乐"，在难和易之间本能地选择"易"。依靠意志力戒酒时，因为潜意识中的错误认知没有被清除，人的潜意识就一直认为喝酒是"快乐的""轻松的"，戒酒是"痛苦的""艰难的"，所以在停酒后的煎熬过程中，当面临复饮还是继续戒酒的选择时，人本能地选择复饮，因为复饮比继续戒酒"快乐"；当面临坚持戒酒还是放弃戒酒时，人本能地选择放弃，因为放弃戒酒比坚持戒酒容易。最终，主观意识上的戒酒意志败在了潜意识中的喝酒本能。

心瘾源于心中的欲望，欲望源于我们脑海中的错误认知，当我们的潜意识中还存在"酒是好东西"的印象，当我们在潜意识中还认为"喝酒有好处"时，即使你已经停了酒，也无论你坚持了多久，都不能称为戒酒成功，因为你随时都会坚持不住，随时都会再次开始喝酒。真正的戒酒成功，是心中不再有喝酒的欲望，而且能够发自内心地说："我此生不可能再喝酒了。"

这也是轻松戒酒法与传统戒酒法的根本区别，轻松戒酒法不会要求你在酒瘾（心瘾）还没有消除之前就停酒（戒酒）。正因如此，我们说本书不是一本学术书，也不是一本理论书，更不是只会告诉你"只要坚持不喝酒你就能戒酒"这样的废话书，它是一本精心策划、巧妙设计的心病疗愈书，也可以将其称为"戒酒药丸书"。

轻松戒酒法能让我们从根本上看清酒精的真相，明白酒瘾的本质，能让我们改变过去的错误认知，重新建立新的认知。

轻松戒酒法，看书的过程就是心瘾消除的过程，心瘾没了，潜意识中的喝酒欲望就没了，这时不但你潜意识中的"喝酒"本能不存在了，潜意识中反而又多了一个"不喝酒"的本能，那么这时再停酒（戒酒）就不需要额外的意志力了，你的戒酒之旅就会变得轻松、快乐了。

事实上，除了"干戒"属于意志力戒酒，其他的传统戒酒法，如下面我们要说的控酒法、逐步减量戒酒法等，本质上都属于意志力戒酒，或者最后都会归结为意志力。比如，几乎所有的传统戒酒法，除了阐明自己的方法之外，还要求戒酒者在戒酒时要做到以下这些：

● 多吃水果。
● 多喝水，清淡饮食。
● 吃饭时用茶水或饮料代替酒。
● 多准备一些零食，犯酒瘾时就吃东西。
● 避免与过去的酒友接触，以免受到诱惑。
● 尽量不参加聚会、应酬，以免控制不住自己。
● 告诉家人和朋友你戒酒了，让他们监督或陪伴你。

这不还是意志力戒酒吗？试想，这7条中哪一条不是一个新习惯？哪一条不需要用意志力去养成？谁能全部做到？即使有人一时做到了，又能坚持多久？

戒酒，我们要的不是一时，而是一世。我们要的不是一时不喝酒，而是此生不再喝酒。

2. 控酒法

控酒法是减少自己的日常饮酒量，把每次喝酒的数量控制在自己认为的"安全范围"内，比如原来每顿喝半斤，现在每顿只喝二两或每顿只喝一杯，每次喝酒控制自己只喝这个量并一直坚持下去。他们的想法是，既然做不到完全戒酒，又不能再像原来那样肆无忌惮地喝，那么就采取一个平衡办法——少喝一点，这样既减少了酒精的伤害（他们这样安慰自己），又兼顾了自己的酒瘾，而且这样也能长期坚持下去。

这种减量控酒的方法，实际上不能称为戒酒，戒酒指的是从此不再喝酒，是滴酒不沾，而且这个方法的两个出发点——"少喝点酒对身体危害不大""少喝能长期坚持下去"根本不成立。

首先，"少喝点酒对身体危害不大"是不成立的。

酒精对身体的伤害是一个由量变到质变的累积过程，而量变到什么程度会产生质变，并没有一个确定的量值，量变到质变具有随机性，随着量变的累积，质的突变随时会发生。而且饮酒量与酒精伤害之间的关系，并不是线性增长关系，虽然还称不上几何级增长，但也绝不是"饮酒量为原来的一半，酒精伤害就是原来的一半"这么简单。

况且，滴酒也是害。

其次，"少喝能长期坚持下去"是不成立的，一般人也做不到。

喝酒人平时的饮酒量，既不是自己给自己设定的，也不是别人给自己规定的，而是长期大量饮酒自动形成的，可以说是自己用酒浇灌出来的，这样一个"来之不易"的"成果"怎么可能让你想减就能减呢？如果都能这样随心所欲，想多喝就多喝，想少喝就少喝，那就不叫"瘾"了，世界上就不存在"酒鬼"了，也没有戒不了酒一说了。以下场景喝酒人应该都熟悉，当自己一个人在家里喝酒时或者和家人、朋友一起喝酒时，长辈们经常会跟我们说："少喝点吧！"每次出去喝酒，临出门时妻子也总会嘱咐一句："少喝点啊！"那么请问我们各位饮者，你遵从过一次吗？没有，一次都没有。是我们故意不听话吗？不是，是我们身不由己，我们喝酒已经上瘾了，喝多喝少真的不是我们自己能控制的，有时候真的是少一点都不行。

长期大量饮酒，身体早已适应了一定量（自己的酒量，也是自己的饮酒模式）的酒精在体内的存在，而这个量也早已深深地刻到了饮酒者的潜意识中。每次饮酒都必须满足这个量，达不到这个量就会时时处于一种不满足的状态。而饮酒者采用控酒法戒酒时，把自己的饮酒量减少了一大半，这就相当于把自己置于一种时刻都在犯酒瘾的状态，试想，每天都处于这样一种状态中，你能坚持多久？

事实上，绝大多数人是坚持不了多久的。原来每顿喝半斤，现在却只能喝二两，或者原来一天喝两顿，现在却只能喝一顿，因为没有喝够量，酒瘾就一直不能平复下去，心里就会时时都在矛盾纠结——"要不再多喝点""还要不要坚持""这酒戒的对不对""要不再喝一阵，下次再戒吧"，直到某一天的某一刻，意志力瞬间崩溃，你做出了本次戒酒以来最重要也是最坚决、最果断的一个决定：放弃戒酒。你宽慰自己说："没必要这么麻烦，该怎么喝还怎么喝吧，这次戒酒时机不成熟，下次再戒。"本次戒酒宣告失败。这是控酒法防线崩溃的第一种方式——彻底开戒，即完全恢复到过去的饮酒模式，该喝多少还喝多少。

从此，便又开始了与酒瘾相安无事、和平共处的日子。

控酒法防线崩溃的第二种方式——变相开戒。单次饮酒量虽然还保持着当初设定的那个"安全饮酒量"，但不知不觉中饮酒频率却增加了，一天一次酒变成了一天两次，或者一天两次酒变成了一天三四次，这样算下来每天的总饮酒量不但没少，还变相地增加了。

这时，若有人跟他说："你不是在戒酒吗？少喝点吧。"他一般是这样回答的："我现在喝得不多，一次就喝一小杯（或二两）。"压根不提虽然每次一小杯，但次数多了。酒民就是这样，像鸵鸟一样地欺骗自己，也欺骗着别人。

同时，控酒后的单次饮酒量会遵循控酒法防线崩溃的第一种方式——彻底开戒的规律，会在某一天的某一时刻突然恢复到过去的饮酒量。最后的结果，不但单次饮酒量恢复到原来的量，饮酒频次还增加了，这样一来每天的总饮酒量更高了。

酒这个东西就是这样，每次戒酒失败都会比以前喝得更凶，这也是传统戒酒法越戒酒量越大的原因。

不管是物质性成瘾，还是行为性成瘾，只要成瘾就无法自我控制。人是不能自由掌控对某种瘾物的使用数量和使用频率的，否则就不叫瘾了。瘾，要么不戒，要戒，只有一刀切。一刀切说起来简单，关键是怎样切，是盲目地上来就切，还是先做好准备再切？是只切表面，还是连根拔掉？

把饮酒量控制在自己认为的安全范围内，以前喝半斤，现在喝二两，这个想法固然好，既能过酒瘾又不太伤害身体，可以说"想得非常美"，可是却无法实现，最终结果是恢复到原来的状态，该怎么喝还怎么喝。

有一种情况能够实现控酒。大家知道，心梗、脑梗与抽烟、喝酒有直接关系，甚至对某些患者来说，心梗、脑梗的罪魁祸首就是抽烟、喝酒，所以患病后医生总是嘱咐："不要抽烟了，不要喝酒了。"但很多人对烟酒难以割舍，于是他们就采取了一个折中的办法。就拿喝酒来说吧，他们听了医生的话后，既不完全戒酒，也不像原来那样放肆地喝酒，而是每次只喝一二两或一小杯，多了不喝。这样既考虑到了自己的病，又"听了医生的话"，还安抚了家人的情绪，也照顾了自己的酒瘾。这时如果你劝他们"干脆戒了得了"，他们会说："我喝得不多，一次就一小杯，多了绝对不喝。"

作为一个非酒民看到他们这样，我真是哭笑不得——"只喝二两，多了绝对不喝"，安排的多好啊，既满足了自己的酒瘾，又听了医生的话，还哄了家人高兴。不过笑归笑，能让一个生了病的酒民如此煞费苦心，可见酒精的魔力有多大。

少喝酒，伤害就小吗？

每天喝酒一二两，看着确实不多，若分配到每天的两餐或三餐中就更少了。原来喝半斤或一斤，现在喝一二两，在心理上没有了负担，感觉对身体的损害大大降低。但事实上不管喝多少，酒对身体都是有伤害的，一次喝酒的伤害可能比较轻微，但日积月累，就会对身体造成大的伤害。饮酒对肝脏的伤害最大也最直接，肝脏是人体的代谢器官，也是人体最大的解毒器官，我们摄入的酒精90%都要通过肝脏来分解代谢，酒精本身对肝脏的伤害是毋庸置疑的，而酒精的肝脏代谢产物乙醛更是一级致癌物，造成肝脏病变的罪魁祸首就是乙醛。每天一二两，看似不多，但天天如此，日积月累就多了。

3. 逐步减量戒酒法

逐步减量戒酒法（减量戒酒法）是逐步减少单次饮酒量和饮酒频次，最后达到完全断酒（戒酒）的目的，这也是很多酒民经常采用的戒酒方法。减量戒酒对意志力的要求更高，比"说不喝就一点不喝"的纯意志力戒酒更加让人感到痛苦、煎熬。没有超强的意志力，想要用这种办法实现戒酒目的，基本不可能。采用逐步减量戒酒法的人，他们的想法是"只要我一点一点地减少饮酒量，身体对酒精的依赖就会越来越小，酒瘾就越来越小，等我把饮酒量减到零时，我的酒瘾也就变为零，这样不就戒酒了吗？"果真如此吗？事实上，饮酒量和酒瘾之间完全不是这样的逻辑关系，它们之间是一种恶性循环的交互上升关系，你的日常饮酒量越大酒瘾就越大，酒瘾越大饮酒量就越大，饮酒量和酒瘾之间只会交互上升，不会出现饮酒量越小酒瘾就越小，不喝酒酒瘾就消失的现象。

酒瘾（心瘾）一旦形成，饮酒量就基本固定了（日常饮酒量，饮酒模式之一），不能"打折扣"，否则它就让你痛苦、难受、不舒服，直到你满足它。减量法戒酒让你时时处于一种犯酒瘾状态，并且随着饮酒量的减少，生理上的酒精缺失感会越来越大，心理上的不满足感会越来越强烈，酒瘾也就越来越大，就越想喝酒。减量法戒酒让你无时无刻不在抵抗酒瘾，无时无刻不在做思想斗争——"我到底要不要戒酒""我还能坚持多久""要不要再喝点"……最终放弃抵抗，完全恢复到原来的饮酒状态和饮酒模式。

减量法戒酒，越减越痛苦，越减越难以坚持。

酒瘾只会越来越强，不会因为你喝得少而减弱，而且喝得越少，戒断反应就越强烈。

心瘾是潜意识中的喝酒欲望，这个欲望不仅包括潜意识中的"喝酒的好处"，喝酒后的身心"放松"，还包括饮酒者的饮酒模式，每天喝几次，什么时间喝，每次喝多少，甚至喝一场酒的所用时长，这都是欲望，都是瘾。如果试图改变这个长期大量饮酒而形成的、属于每个饮酒者自己所特有的固定饮酒模式，不管你是改变饮酒量，还是改变饮酒频次，又或是白酒换啤酒、啤酒换红酒，这都不行，只要改变饮酒模式，心理上就会不适应、不舒服，直到你再恢复到原来的饮酒模式。

减量法是最残忍的戒酒方法，其初衷是认为凡事都要讲究循序渐进，不可能一下子就达到目标。一开始谁也做不到一点都不喝，但是可以慢慢来，每次减一点，一次比一次喝得少，直至最后一点不喝，这样就能达到戒酒目的。这个思路也很符合我们平时的做事规律，但"瘾"却是个例外，瘾在形成时可以遵循循序渐进的规律，但瘾消除时却不遵守这个规律。酒瘾会随着酒龄的延长而越来越大，不会因为停止饮酒而逐渐变小，除非通过某种手段将其一次性彻底铲除，方能一劳永逸，永不复发。

逐步减量戒酒，看起来很符合逻辑，因此很多戒酒的人都会想到这种方法。但这个方法却是无效的，不但无效，还会让瘾越来越大。不管你是逐步减少单次使用量，还是逐步减少频次，或者二者兼而有之，其结果都是每次减少的量越多，或者每两次喝酒间隔的时间越长，身体上的戒断反应就越强烈，心理上对酒的渴望就愈迫切。而且时间越长越难坚持，直到后期一门心思只想喝酒。

正因为减量法戒酒过程太痛苦，很多人戒酒失败后便对戒酒心生恐惧，不敢再次轻言戒酒，少的再喝几个月，多的又喝好几年，甚至十几年后，才敢鼓起勇气再次戒酒。还有人经历过这次痛苦后，认为戒酒太难了，或者认为酒根本就不可能戒掉，对戒酒彻底绝望，从此不再戒酒，成为终身饮酒者。

4. 选择性戒酒

有的酒民认为在家里可以不喝酒，一个人可以不喝酒，跟亲朋好友也可以不喝酒，但需要应酬时还是得喝点酒，比如一些重要场合需要喝酒、业务往来需要喝酒、节日庆典需要喝酒等。他们认为这些属于特殊情况，应该喝酒，因此，他们虽然决定戒酒了，但还有所保留，选择性地戒酒。他们给自己设定戒酒条件，规定什么情况下喝酒，什么情况下不喝酒，比如给自己这样规定：

●一个人不喝。
●在家里不喝。
●社交场合喝，其他场合不喝。
●遇多年未见的朋友时喝，其他不喝。
●与工作、业务有关喝，其他不喝。
●遇重大活动、重大事情时喝，其他不喝。

选择性戒酒如果真能执行的话，尤其对那些一个人也喝酒的酒民来说，饮酒频次会大大减少，总的饮酒量也会少很多，但可惜无法执行。比如，为了遵守自己制订的"只在社交场合喝酒"的规定，他们会逐渐找到各种理由，将自己的"社交场合"从原来的每周一次，变成每周数次或每天一次。

选择性戒酒和我们前面说的控酒法、逐步减量法，本质上都属于"减量戒酒"，但减量戒酒不能达到戒酒目的，原因很简单，它打乱了酒民的饮酒模式——酒民长期大量饮酒，什么时间喝酒，什么时间不喝酒，哪些情况下喝酒，哪些情况下不喝酒，以及每次喝多少，这些都已经刻到酒民的潜意识里了，不是主观意识能改变的。

有酒民只要吃饭时就要喝酒，不喝酒宁可不吃饭，妻子经常劝他少喝点，有时也会面带愠色："别喝了！就不能不喝吗？"为此俩人经常怄气，于是下次他见到自己喜欢的菜或者菜品丰富时，就说："这么好的菜不喝点酒简直是浪费！不喝酒都对不起这菜。"等到下次菜少或菜品简单时，又说："什么菜都没有，还不让我喝点酒啊！"

选择性戒酒很难长久坚持，用不了多久酒民就开始给自己改规则了，反正规则也是自己定的。

选择性戒酒，喝着喝着规则就变了，喝着喝着就恢复原样了。

网上有一篇酒民写给老婆的戒酒保证书，是这样写的：

自喝酒以来，纵横酒场二十余载，喝倒三千，喝哭若干。如今已过了喝酒的黄金年龄，酒量骤减。无论白酒、红酒、啤酒，一杯说话走嘴，两杯走路闪腿，三杯半夜找水，四杯四处"捉鬼"。酒后声音大，脾气差，胡言乱语，谁都不服，只扶墙。

因此我决定从今天开始戒酒，除了下面几种情况外绝不沾酒：

●有朋自远方来，这是接风洗尘，得喝。

●有朋友去远方旅行，这是践行，得喝。

●有老朋友邀请，这是叙旧情，得喝。

●有新朋友认识，这是有缘相识，得喝。

●有亲朋好友过喜事，这是捧场，得喝。

●有不开心的事，这是借酒浇愁，得喝。

●有人请客极力相邀，要给面子，得喝。

●有事请人喝酒，要陪好，得喝。

保证除以上八条外，其他时候绝不喝酒。

这虽然是个笑话，但也说明了选择性戒酒行不通。除非你喝酒还没有上瘾，只要上瘾了，戒酒就只能一刀切。又要戒酒，又要过酒瘾，哪有这等"美事"？

其实我们可以把这个戒酒保证书改一改：

●有朋自远方来，这是接风洗尘，得喝，喝什么？我喝茶。

●有朋友去远方旅行，这是践行，得喝，喝什么？我喝茶。

●有老朋友邀请，这是叙旧情，得喝，喝什么？我喝茶。

●有新朋友认识，这是有缘相识，得喝，喝什么？我喝茶。

●有亲朋好友过喜事，这是捧场，得喝，喝什么？我喝茶。

●有不开心的事，这是借酒浇愁，得喝，喝什么？我喝茶。

●有人请客极力相邀，要给面子，得喝，喝什么？我喝茶。

●有事请人喝酒，要陪好，得喝，喝什么？我喝茶。

当然，我们可以喝茶，也可以喝水。自己的健康自己做主。

或者，难道我们找不到不喝酒的理由吗？

不喝酒需要理由吗？那些从来不喝酒的人每次都要给自己找理由吗？

5. 转移注意力，远离诱惑源

不喝酒的人给喝酒的人出主意，想喝酒时就去散步或运动，跑步、健身、游泳、爬山、钓鱼都可以，也可以逛公园、逛书店、看展览，去博物馆参观。有的说想喝酒时就读书、听音乐，还有的说犯酒瘾时就去冲凉水澡。总之，戒酒期间用运动、读书、学习、娱乐或其他兴趣爱好来转移对酒的注意力。

他们还告诉戒酒者，远离过去的酒友，不要去与酒相关的地方，碰到烟酒店绕着走，碰到喝酒的人或与酒有关的场合立马离开，避免诱惑。

对这些建议，你的回答通常是沉默，因为你知道这些办法没有用，而你又无言以对，怪只能怪他们不喝酒，又怎知喝酒人的无奈和苦衷。

不喝酒的人对酒瘾没有体会，不知道什么叫身不由己，也不知道喝酒人犯酒瘾时的心情是怎样的，他们更不知道喝酒人犯酒瘾后心里只有酒，哪里还有心思做这些？犯酒瘾时只想喝酒，如果有人跟你说"做点别的事情转移注意力，别去想它就行了。"你只想说要不你来试试？躲得了一时，躲得了一世吗？

不喝酒的人给喝酒的人出的戒酒"妙招"还有很多，如戒酒期间要多喝水，多吃水果，饮食要清淡；戒酒时通知家人和朋友，得到他们的帮助和鼓励，让他们发现自己喝酒时把酒拿走，等等。

事实上，转移注意力、远离诱惑源，这些方法不仅不能帮助酒民戒酒，反而给戒酒增加了难度——本来只做戒酒一件事就已经够难了，这下可好，还要同时做这么多事，而我们知道，人的意志力是有限的。

所以，这些戒酒"好主意"是行不通的，第一，没有人能做得到；第二，刻意地转移注意力、远离诱惑源，只会增加牺牲感，反而加大戒酒难度；第三，戒酒哪有这么麻烦？把心瘾去掉一切都解决了！

使用轻松戒酒法戒酒，不但不需要转移注意力、远离诱惑源，反而还要求你不必因为戒酒而刻意改变原有的生活方式，烟酒店、商场、超市，你尽可以去；酒场饭局、社交应酬，想参加你尽管参加；过去的酒友，该见面尽管见面。你不需有任何顾虑，因为你是个非饮酒者了，你和那些从来不喝酒的人已经没有任何区别了，从来不喝酒的人还怕见到酒吗？

事实上，非饮酒者对酒已经心如止水，酒再"美"、再"醇"、再"香"，也都与他无关。所以那些你曾经因酒而经常光顾的地方，只要你愿意，你尽管去，你不需要躲避任何与酒有关的人、事、物。或许专门到那些我们曾经非常熟悉的地方逛逛，回忆自己沉迷于酒的那些年、那些事，回想自己过去每天把这种叫作酒的液体拼命地往肚里灌，是多么荒唐、可笑，或许这样你会更加坚定自己戒酒决定的明智和正确。

6. 以后再戒

每次都说"以后再戒""下次再戒"，直到有一天，猛然一回首，发现又喝了好多年。自欺欺人，明日复明日，明日何其多。

无效的戒酒方法还有很多，如监督法、惩罚法、保证书法、结伴戒酒法、自我恐吓法等。除此之外，还有人用过这样一些方法：

- 针扎法：想喝酒时就用针扎自己手腕。
- 弹皮筋法：想喝酒时就用手腕上的皮筋弹自己。
- 扇耳光法：想喝酒时就扇自己耳光。
- 骂自己法：想喝酒时就骂自己没出息，连个酒都戒不了，还能干什么事。

这些戒酒方法与其说是方法，不如说是酒民的无奈之举，现有的戒酒方法和戒酒产品都用遍了，却没有一个管用，自己又下决心一定要戒酒，没办法只好自己"发明创造"。所以我们也反复强调，即使我们戒酒成功了，也不要歧视那些仍然沉迷于酒中的人，并不是他们不想戒酒，而是戒不了，他们是可怜人，他们值得我们同情，他们需要我们的帮助。

从当初年少无知学喝酒，到后来无所畏惧地在酒海中恣肆徜徉几十年，再到喝酒最疯狂时，或许我们从没有想过有一天还会戒酒，或许我们曾经戒酒很多次，但都没有像今天这样，对戒酒一事看得如此透彻。

当我们意识到喝酒已经对身体造成伤害，或者意识到喝酒已经对我们的家庭、工作、事业造成了影响时，又或者因为喝酒我们的身体已经出现状况时，我们开始反思自己。随着年龄的增长，我们有了健康意识，少了青涩少年的"无知"，少了莽撞青年的"无畏"，多了对人生的思考，多了对成败的感悟，多了对生命的敬畏，我们开始醒悟，开始关注一直被我们忽略的身体，这时我们忽然发现，过去我们是多么的自私——喝了这么多年酒，身体为我们的任性，为我们的无知，为我们的恣意妄为，默默地承受了多少压力！我们的肝脏加班加点、没日没夜地工作，只因我们每天摄入大量对身体无用的酒精。现在我们终于醒悟了，我们觉醒了，我们决定戒酒，我们要抛弃酒精——这个我们身体根本不需要的东西，我们要与酒瘾大毒虫，不，大恶魔，彻底决裂！

思考

如果现在有 100 个人决定在同一天戒酒，戒酒期限至少 1 个月，100 个人分为 5 组，每组 20 人，分别采用下面 5 种方法戒酒：

第一组，意志力戒酒法；

第二组，逐步减量戒酒法；

第三组，选择性戒酒法；

第四组，远离诱惑源，转移注意力戒酒法；

第五组，恐吓法，每天看各种喝酒导致恶性疾病的图片。

那么请问：

1. 哪组能戒酒一周以上？哪组能戒酒一月以上？哪组能戒酒一年以上？

2. 最长的能戒酒多少天？最短的能戒酒多少天？他们为什么戒不了酒？

3. 除了这 5 种方法之外，你觉得还有什么方法能戒酒？

4. 你觉得戒酒前先清除心瘾重要吗？

戒酒方法不对，

酒瘾就像洪水猛兽，势不可挡；

若击中其要害，

酒瘾就是个纸老虎，不堪一击！

第11章
轻松戒酒法与传统戒酒法的区别

> 我很佩服我自己，不是因为我有毅力，而是我有知错就改、悬崖勒马的理性和魄力。
>
> ——戒友留言

1. 操作不同

传统戒酒法核心：重点杀死"小毒虫"——生理酒瘾

轻松戒酒法核心：重点杀死"大毒虫"——心理酒瘾

2. 成功标准不同

传统戒酒法：没有戒酒成功的定义和标准。

轻松戒酒法：以看透酒瘾的本质、没有喝酒的欲望为判断标准。

3. 是否明白染上酒瘾的原因

传统戒酒法：不明白，以为是自己主动选择成为酒民。

轻松戒酒法：明白，酒民不是自己主动选择成为酒民的，是不小心掉入酒精的陷阱而不能自拔。

4. 酒瘾大小与戒酒难度

传统戒酒法：酒瘾越大，戒酒越难。

轻松戒酒法：无论酒瘾大小，都能轻松戒酒，而且酒瘾越大越容易。

5. 思维不同

传统戒酒法：是交易，牺牲喝酒的"好处"以换取健康。既然是交易，那么随时可以再次反向交易——牺牲健康，换取"好处"。

轻松戒酒法：是回归，回归正常人的非饮酒状态。通过阅读、理解和思考，看清酒精的真相，明白酒瘾的本质，然后对饮酒做无用丢弃。

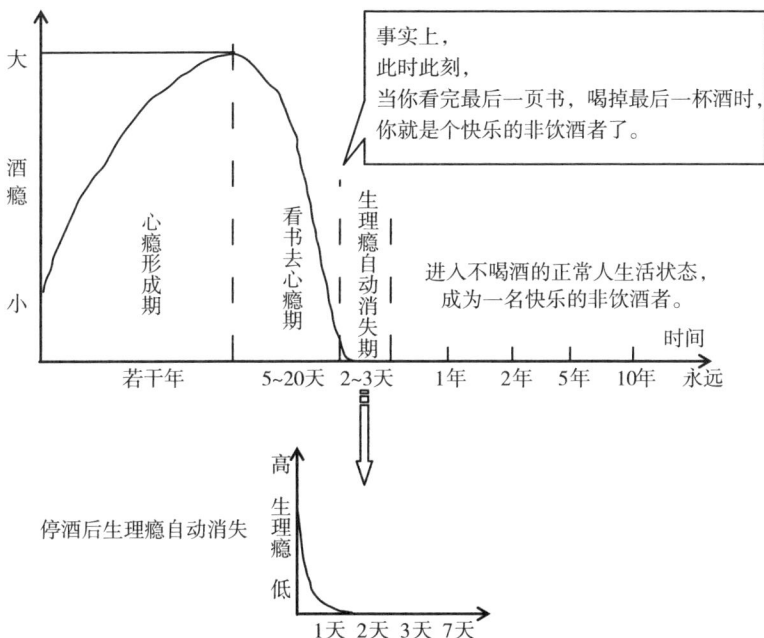

事实上，
此时此刻，
当你看完最后一页书，喝掉最后一杯酒时，
你就是个快乐的非饮酒者了。

轻松戒酒法示意图

传统戒酒法：只清除生理酒瘾，不清除心瘾。

轻松戒酒法：只需清除心瘾，生理酒瘾会自动消失。

传统戒酒法：未去心瘾就停酒，以为熬过一段时间就能成功。

轻松戒酒法：先去心瘾再停酒。边喝酒边看书、学习、思考，重建对酒的认知。

弄清酒瘾的本质，对戒酒不再畏惧，心中没有了喝酒的欲望，然后再停酒（戒酒）。停酒之时，就是戒酒成功之日。

改变观念，戒酒很简单

戒酒，戒什么？

戒酒戒的不是生理瘾。酒精进入人体后，吸收得快，代谢得也快，只要停止饮酒1~2天，最多3天，体内酒精就代谢干净了，生理瘾就自动消失了。

戒酒，戒什么？

戒酒戒的是心瘾。心瘾不会自动消失，只要你不主动清除它，它就会永远跟着你。只有把心瘾清除干净，你才能真正摆脱酒瘾束缚，才能真正戒酒成功。心瘾没了，戒酒就是一件水到渠成、自然而然的事情了。

先去心瘾再戒酒，戒酒就像在林中漫步一样简单。

如果不改变观念，还执迷于靠意志力戒酒，那么你很可能会掉入"戒酒—喝酒—再戒酒"的陷阱中不能自拔。

雨后走在田间泥泞的小路上，肯定不如走在公园的石板路上舒服。痛苦还是享受，全在于自己的选择。

改变观念，戒酒很简单！

先去心瘾再戒酒，戒酒就是一瞬间！

6. 复饮后的心态不同

传统戒酒法：一次戒酒失败，往往需要很长时间才能鼓起勇气再次戒酒，这段时间可能是几个月，也可能是几年。

轻松戒酒法：因为戒酒非常轻松，所以假如他不小心复饮了，那么他也会很快做出再次戒酒的决定——重读本书。当然，只要认真阅读并完全按照书中的指令去做，每个人都能戒酒成功并永不复饮。

7. 戒酒后的生活状态不同

传统戒酒法：最后都归结为靠意志力戒酒，意志力戒酒在戒酒期间，有很多"不敢"——不敢看到别人喝酒，不敢参加酒场饭局，不敢与朋友聚会，不敢去烟酒店，不敢看到酒，不敢帮别人买酒、带酒，在酒场上不敢领杯、接酒，怕受到诱惑，控制不住自己，甚至不敢"想酒"，有意避免想与喝酒相关的事，强迫自己忘记过去喝酒的日子。

轻松戒酒法：与从未喝过酒的人一样，这些"不敢"都不存在。

8. 戒酒后的心态不同

传统戒酒法：我再也不能喝酒了！（被迫放弃，沉重、无奈）

轻松戒酒法：我再也不需要喝酒了！（主动丢弃，自由、快乐）

传统戒酒法：谢谢，我戒了！

轻松戒酒法：谢谢，我不喝酒。

第12章
认知重建去心瘾

戒酒，戒什么？

戒酒戒的是心瘾。心瘾没了，你自然不会再喝酒了。

1. 关于认知的认知——这一点很关键

认知有两层含义，一是指人们对某一事物的认识过程，是人的大脑对人体通过感觉、知觉所获得的外界信息，以及大脑记忆中存储的信息（包括潜意识信息和显意识信息）进行"综合加工"，而获得对某一事物的认识的过程；二是指一个人对某一事物发自内心的、确信无疑的认识和真实看法。

知，本质也。我们经常说看问题要看本质，看本质有助于我们对事物做出正确判断。有人习惯追根溯源，务本求真，透过现象看本质，有人看待事物常常流于表象，所以在对某一事物的认知上，不同的人就会有不同的认知，有正确的认知，必然也有错误的认知。

文化背景和成长环境的差异，年龄、经验、阅历和知识累积的差异，以及对外界事物的感知、觉悟的差异，决定了不同的人对同一个事物的认知差异。对同一事物的认知差异有大有小，有时是同向差异，有时则完全相反。认知又有高低深浅之别，所以对某一事物的认知，也可以分为高级（深度）认知、普通（大众化）认知和初级（低级、浅层）认知三个层次。

比如，同样是医院，在孩子的认知里，去医院就是打针，医院是痛苦的地方；在成人的认知里医院是治病救人的地方，他们脑海中可能会浮现出白衣天使救死扶伤的画面；上了年纪的人可能会联想到生老病死、人生归宿这样严肃的问题；而有的人则可能会触景生情，感慨人生，思考生命的价值、人生的意义等更高级的问题。所以，你看，同样是医院，不同的人就有不同的认识和看法，不同的认知和看法又会触发出不同的情绪和反应。正是不同认知的日积月累，潜移默化地形成了不同人的不同的思想和思维。

走在大街上，前面出现一座正在建设、即将完工的大楼，楼顶有四个大字：金领大厦。看到这四个字，有人的第一反应是"人才""知识"，有人的第一反应是"房地产"，有人的第一反应是"在这里买一处房子多少钱？"而有人的第一反应是"这楼真高！"

我们回到问题本身，接着说酒。

孩童时代，我们都不喝酒，可为什么长大后却有人喝酒有人不喝酒？有人天生不能喝酒，一喝就脸红，却偏偏爱喝酒，每次喝的虽然不多，可是顿顿不离酒，而有人天生酒量大，却偏偏不喝酒。这是为什么呢？为什么最初都不喝酒，后来却有人染上了酒瘾？

这与一个人对酒的认知有关系，有一个从小到大对酒的认知变化过程。儿时，大人不让喝，于是小孩子就认为酒不好，因为这时候在小孩子眼里大人说的话都是对的，而且酒闻起来味道也不好，所以小孩子都不喝酒。后来小孩子发现大人不让我们喝酒，可是他们自己却在喝，而且喝得还很舒服、很享受，于是小孩子就得出结论——酒是好东西，大人在骗我们。再后来小孩子出于好奇，偷尝了大人喝的酒，发现又苦又辣，还呛嗓子，于是小孩子通过实践检验得出结论：酒确实不是好东西，显然不如糖果好吃。

小孩子不喝酒，除了他们主观上认为酒不好喝外还有一个原因，就是平时我们吃东西时的苦、辣、呛等这些让人不适的感受，是身体在警告我们，这些东西对身体是有害的或者是有毒的，请停止食用。这是人体的一种自我保护功能，虽然小孩子在主观上不一定有这样的认识，但人与生俱来的先天潜意识一定是这样认为的，所以小孩子本能地排斥酒、拒绝酒。

随着年龄增长，一部分小孩子在想：大人能喝酒为什么我们不能喝酒？其他小孩能喝酒，为什么我不能喝？于是不断地尝试，不断地"检验——确认——检验——确认"，与此同时，环境中各种酒的信息也在不断地刺激着孩子们的大脑，最终伴随一个懵懂少年的成长，"酒是好东西""喝酒有好处"的错误认知，也深深地根植在了他们的潜意识中。

一个当初不喝酒的小孩子，就这样慢慢地染上了酒瘾，虽然此时他不一定就真的开始喝酒了，但他潜意识里对酒的最原始心瘾的雏形，却已经形成了。

在怎样看待喝酒这件事情上，喝酒人和不喝酒人的认知是不一样的。不喝酒的人，有的认为酒有什么好喝的，他们不理解喝酒人为什么天天要喝酒，觉得很无聊；有的认为喝酒是因为压力大，借酒浇愁；有的认为喝酒是为了助兴，有的认为喝酒是社交应酬，有的认为喝酒是习惯，唯独没有人明确地肯定他们只是上瘾了！

当然这也不能怪他们，不喝酒的人理解不了喝酒的人为什么要喝酒，就像不抽烟的人理解不了抽烟的人为什么要抽烟一样。他们不喝酒，对酒的认知仅停留在表面，他们没有酒瘾，更不知酒瘾为何物，也就只能臆测罢了。

还有人对人为什么要喝酒，则人云亦云，最典型的例子就是对中国古代酒诗的错解错读、误解误读。别人说"对酒当歌，人生几何"是诗人在感叹"人生苦短，要及时行乐"，他们就也这么认为；别人说"白日放歌须纵酒，青春作伴好还乡"是诗人在鼓励人们"遇到高兴事就要纵酒高歌，开怀畅饮，不可辜负了大好时光"，他们就也这么认为；别人说"李白斗酒诗百篇"是说"李白喝一斗酒能做出很多好诗"，他们就也这么认为。殊不知这些解读本身就是错误的，要么是对原文的断章取义，要么就是望文生义。很多人甚至不知道这些酒诗的上下文和创作背景，不理解错才怪呢。

当然，喝酒人很欢迎这样的解读，因为这不正是他们喝酒的理由吗？大诗人李白都说了"人生得意须尽欢，莫使金樽空对月"，我们还有什么理由不喝酒呢？这些对古代酒诗的错解误读，不知助长了多少喝酒人在虚幻的"酒文化"中自我陶醉，越陷越深。

如果说酒诗是古代诗人在借酒抒情，借物咏志，那么现代人对酒的一些"诗意描写"就完全是无病呻吟了，他们就像小学生写作文一样，为描写而描写，为诗意而诗意，为美词而美词。

"人生的酸甜苦辣，成功与失败，都在酒里！"

"我端起一只高脚玻璃杯，轻轻摇晃着杯中的红色液体，一缕醇香、浓郁、绵长的香气，悠悠然飘入我的鼻腔，沁入我的心扉！"

"我举起酒杯，轻轻地闭上眼睛，让这醇香的液体慢慢地滑过我的舌头，润过我的喉咙，流过我的食管，进入我的胃里。这时，好像有一股暖暖的气息在我的腹间游动，我似乎感觉到了酒液穿过我的小肠壁，进入我的血管，然后随血液向我全身各处流动。

我感觉到酒液到达了我的心脏，到达了我的大脑，到达了我的肝脏……哦，美酒，让我无法抗拒的美酒，它已浸入我身体的每一部分，在我的身体各处游动，轻柔地浸润着我身体的每一个细胞。"

"酒之美，是山川之美，是大地之美，是河流之美；酒之美，是乡情之美、亲情之美、友情之美、爱情之美；酒之美，是夜之美，是孤独之美，是忧伤之美。"

"酒是热情的火焰，是广阔的海洋，是宽广的人心。"

"他们尝过人生的苦和乐，得意与失意，他们以酒寄托情怀，酒就是他们的人生，酒就是他们的生命，这是一种何等的豁达、洒脱和勇气。"

说这些话的人，要么没喝过酒，要么没戒过酒。

事实上，喝酒人真没想那么多，他们只是酒瘾犯了，他们身体需要补充酒精，精神需要酒精来满足。犯酒瘾时他们想做的仅仅是摄入酒精，摄入酒精后才能满足，直到下次再犯酒隐。

喝酒人喝酒时要么自己喝，要么与其他人一起喝，至于美酒、诗意、情怀、人生，他们还真没那么想，最多喝酒喝到火候（酒精麻醉到一定程度）时来两句祝酒词："对酒当歌，人生几何！譬如朝露，去日苦多。慨当以慷，忧思难忘。何以解忧，唯有杜康""人生得意须尽欢，莫使金樽空对月。天生我材必有用，千金散尽还复来。烹羊宰牛且为乐，会须一饮三百杯。岑夫子，丹丘生，将进酒，杯莫停，与君歌一曲，请君为我倾耳听""白日放歌须纵酒，青春作伴好还乡"，以激励自己或他人继续喝酒，不醉不休，一醉方休。

人的思想和行为受制于认知，认知是人心理活动的决定因素。

认知决定了思想和行为。

人对事物认知的四层境界

第一层境界　不知道自己不知道（占总人数的 95%）

　　　　——自以为是，以为自己什么都知道，其实并不知道或知道的很少。

第二层境界　知道自己不知道（占总人数的 4%）

　　　　——有自知之明、敬仰之心。开始心态归零，重构自己的知识体系。

第三层境界　知道自己知道（占总人数的 0.9%）

　　　　——精通某个事物的运行规律，不断地提升、完善自己的知识体系。

第四层境界　不知道自己知道（占总人数的 0.1%）

　　　　——认知的最高境界。

我们这里所说的认知差异，不是指一个人的综合认知力高或低，也不是说一个人的知识储备量多或少，而是指不同的人对某一具体事物（或者称为细分行业）

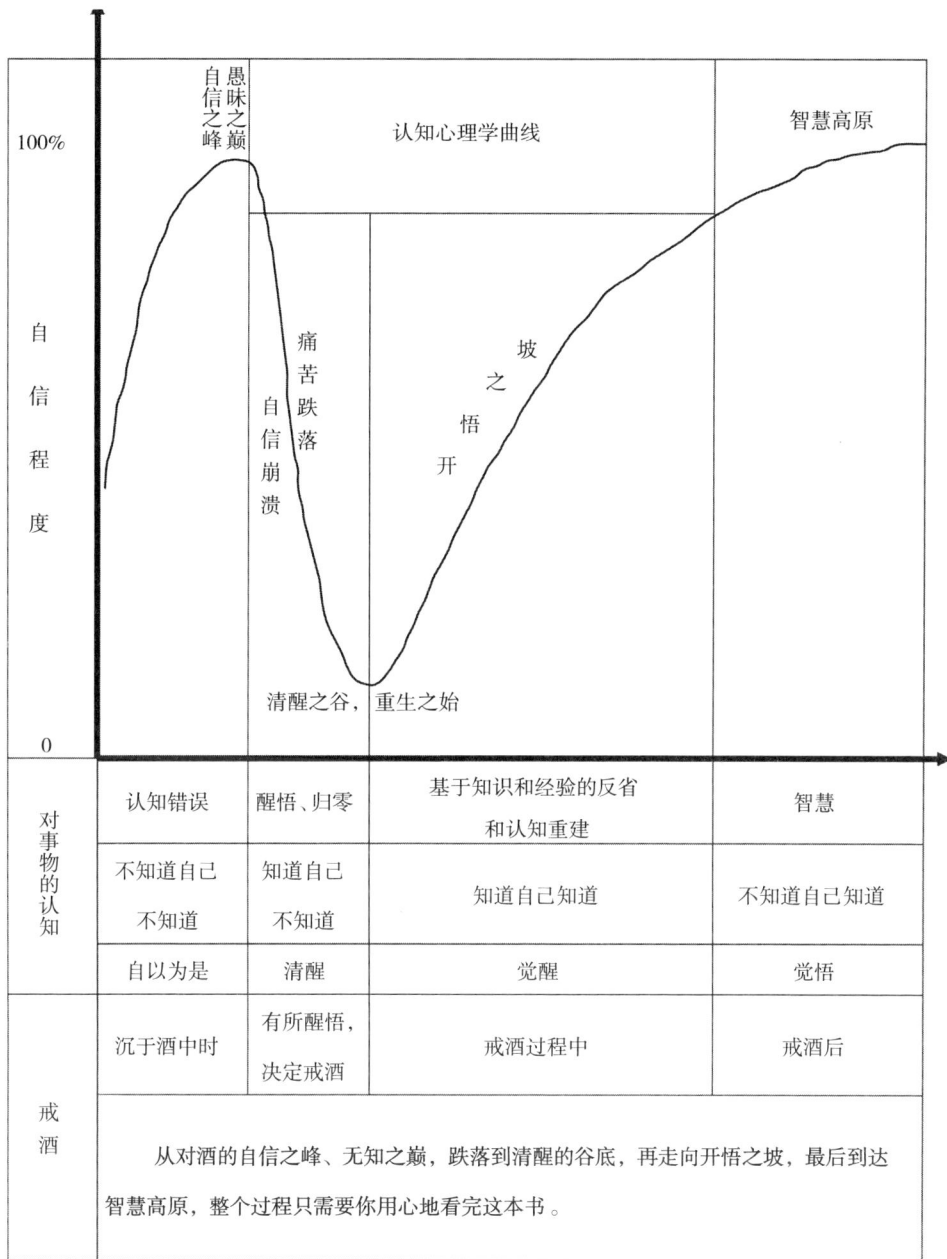

认知心理学曲线图

的认知是有差异的，这种差异有时大有时小，有时甚至截然相反。尺有所短，寸有所长，世界上的事物千千万，没有人能够掌握所有知识，术业有专攻，任何人都不可能样样精通，必然是有人擅长这个，有人擅长那个，人外有人天外有天，三人行必有我师，说的就是这个道理。比如有人说戒酒太难了，而我却说天底下最容易的事情就是戒酒，我这样说仅代表我在这一领域付出了足够多的时间，进行了长时间深入的研究和探索，当然前提条件是我本人已经取得了成功（戒酒成功），而且帮助了很多人成功戒酒。

所以，我们既不要因为自己在某个领域掌握了某项专长就盲目自大，目中无人，也不要因为自己有短板、有缺陷，就自怨自艾，觉得自己不如别人。记住，只要是在我们自己擅长的领域，哪怕是再小的一项技能，只要我们真正地掌握了，只要我们在这一领域付出过足够多的时间、足够量的心血，并取得过成功，那么我们就可以称自己为这一小细分领域的"师傅"。同时更要记住，在我们不擅长的那些领域，尤其细小的领域，我们一定要有清醒的认识，在这一细小领域，必然有"师傅"，必然有专家、学者、专业人士。切不可在自己的非擅长领域班门弄斧，以免贻笑大方，留下笑柄。

俗话说"无知者无畏"，的确如此，人往往因无知而无惧，因无知而自以为是。"无知"这两个字看起来很扎眼，也很敏感，人们都不愿意承认自己无知，更不愿意被人看作无知，其实，只要我们以一种正常、理性的思维，一分为二、实事求是地看待这个问题，我们就会坦然地接受和面对自己的无知。为什么这么说呢？因为，事实上每个人都有无知的地方，即使你知识再渊博，也有不懂的东西。古语道，金无足赤，人无完人，尺有所短，寸有所长，在我们短板的地方，我们完全可以坦然地承认自己的无知。孔子曰"知之为知之，不知为不知，是知也"，只有知道自己的无知，才能不断地成长，完善自己，才能日益精进，最终实现自己的人生价值。

就拿喝酒这件事情来说吧，尽管我们是无意之中不小心染上酒瘾的，但假如当初我们学喝酒的时候，就确确实实地知道喝酒的害处，我们还会一次次地尝试喝这种又苦又辣又呛的东西吗？如果那时我们知道有朝一日还会戒酒，也知道戒酒这么难，我们还会付出那么多金钱和时间，一次次地尝试、学习，最终把自己培养成一个酒精依赖者吗？当然不会。

我们这里所说的认知层次，指的是在自己并不擅长，也并未取得过成功的某一细小领域或单一事物上，人们通常会有的认知过程，而不是指整体素质上的综合认知度。综合认知度另当别论。

在戒酒这件事情上，请戒友们一定要注意，要戒酒就要首先敢于承认自己在戒酒这件事情上懂的很少，道理很简单，因为至少目前你还没有戒酒成功，而他们（使用轻松戒酒法的人）已经戒酒成功。

当然，在戒酒这件事情上，你只需要花费几十个小时的时间，用心地看完本书，那么你对酒精、酒瘾、戒酒的认知，就会像认知心理学曲线所表示的那样，发生翻天覆地的变化。

自然，戒酒成功后，你也是这一细小行业里的"师傅"了。

2. 认知重建去心瘾

为什么以前你总是戒不了酒？因为心瘾未去，心瘾不去就随时可能会复饮。那么怎样去除心瘾呢？坐等其自动消失？不行。反复告诫自己"酒不是好东西，喝酒没好处"？不行。警告自己"再这样喝下去，迟早会生病"？这些都不行。

虽然主观意识上你对喝酒这件事情有了一定的正确认识，但潜意识却没有改变，你的潜意识依然认为："酒是好东西""喝酒有好处"。虽然主观上你在不停地警告自己不能再喝酒了，可是你心中的那只把头埋到沙子里的"鸵鸟"却在不停地劝你："喝吧，没事，至少这一次没事。"

于是你天天发誓"明天戒酒"，却又在天天喝酒，我们的喝酒人生就是这样一天天地走过来的。

我们知道，心瘾的本质是潜意识里的错误认知，由于过去长期大量的信息灌输，以及每一次喝酒时酒精麻醉给我们造成的"身心放松"的假象，还有一些所谓"酒文化"的误导，使我们不管是在主观意识上，还是在潜意识里，都认为"酒是好东西""喝酒有好处""戒酒很难"，所以我们一直在喝酒。

即使有朝一日我们主观意识觉醒了，我们决定戒酒，但由于主观意识无法战胜强大的潜意识，以致我们戒了喝，喝了戒，反反复复，一直到现在都没能摆脱酒瘾的控制。

那么如何才能清除心瘾，战胜潜意识呢？清除心瘾、战胜潜意识最好的方法就是阅读轻松戒酒法。

轻松戒酒法通过巧妙的阅读结构和知识层次设计，阅读过程就是心瘾消除的过程，当你一边阅读一边思考时，酒瘾的骗局被一层层地剥开，真相被一点点地还原，你的思维就在这种潜移默化中发生着改变。你潜意识中的那些错误认知，会逐渐地被新的、正确的认知所取代，你心中对酒精的渴望和欲念会慢慢消散，当你看完最后一页书时，你会发现在不知不觉中心瘾没了，此时再喝掉你的最后一杯酒，然后戛然而止，从此，不再喝酒成为你的本能！

如此，先去心瘾再停酒（戒酒），不管你以前的酒瘾有多大，不管你的酒量是半斤、一斤还是两斤，也不管你的酒龄是十年、二十年还是三十年，你都不会有任何不舍，你会为自己终于摆脱了酒精的控制而由衷地感到高兴。

就拿我自己来说吧，我的酒量虽然不大，但却是重度酒精依赖，每次喝酒至少半斤，每天最少喝一次。在我喝酒最疯狂的那些年，虽然每次基本上还是喝半斤，但喝酒频次却增加了，每天要喝 2~3 次酒。但在我最终戒酒成功时，我的饮酒量从每天 1~2 斤瞬间减少到零，而我却没有任何痛苦、不舒服的感觉，也没有任何沮丧、焦虑或失落感，我只感到浑身轻松。现在我几乎想不起过去喝酒的时候是什么样子了，好像我从来没有喝过酒一样，我甚至已经忘记了我曾经是个"酒鬼"。

我经历过两件神奇的事情，第一件事是 2016 年 4 月 17 日，读完亚伦·卡尔的《这书能让你戒烟》，我轻松而彻底地戒掉了陪伴了我近 30 年的烟；第二件事是 2019 年 10 月 10 日，读完本书初稿时，我轻松而彻底地戒掉了同样陪伴了我近30 年的酒。

从这一天起，无论参加任何酒场饭局，也不管我在酒场饭局中充当何种角色，我已视酒如无物，酒已激不起我心中半点涟漪。

从这一天起，我知道，此生我不可能再喝酒了。

松松戒酒法让戒酒成为一件很轻松、很享受的事情，戒酒后你会发自内心地感受到非饮酒者的快乐和幸福。

戒酒是一种责任，对自己的责，对家人负责；戒酒是爱的表现，爱自己，爱家人。

现在就让我们跟随书中的节奏，通过系统阅读轻松戒酒法，揭开酒瘾的骗局，还原酒精的真相。当我们真真正正发自内心地认识到，喝酒不是"享受"，喝酒的那些所谓"好处"都是鸵鸟式的自欺欺人，喝酒时的"放松"也不是真正的放松，而是酒精麻醉给我们造成的假象时；当我们真真切切发自内心地认识到喝酒不但不能帮助我们解决任何问题，反而会给我们带来很多麻烦，是喝酒让我们的生活变得一团糟时；当我们真真实实发自内心地认识到酒精不但伤身还伤脑，酒精不但消磨我们意志、摧残我们的精神，还改变我们的人格时，我们就彻底地清除了潜意识中的喝酒欲望，同时在大脑中形成"酒不是好东西""喝酒没好处"的新的潜意识。

那么，当你像以前一样到了饭点或喝酒点，或者遇到与酒有关的物品、情境、情绪等酒瘾触发机制时，你潜意识里的本能反应（或者说条件反射）就不是喝酒了，当然也不是"不喝酒""不能喝酒"或"我已经戒酒"，而是没有什么特别的反应，就像那些从来不喝酒的人一样。

至此，你已经从根本上改变了对酒精、酒瘾、戒酒的认知，当你看完最后一页书，喝掉最后一杯酒时，你就是个快乐的非饮酒者了。

至此，你的心瘾没了，喝酒的欲望消失了，以后任何时候你都不会再喝酒了。

至此，不喝酒已成为你潜意识里的本能。

如此，你还害怕戒酒吗？

如此，你还害怕以后没有酒的日子吗？

如此，你还害怕戒不了酒吗？

第13章

酒精的"魔性"

戒酒戒的不是酒，是心瘾；心瘾由心而生，由心而灭。

我以前看过一个短视频，两个俄罗斯大叔在喝酒，某中一人年龄看起来有七十多岁（后来知道实际年龄是55岁）。视频中，大叔家徒四壁，条件非常简陋，喝的酒是中国的二锅头，没有下酒菜，当然，这对喝酒人来说很正常。他们喝酒不是细品慢酌，而是一口闷，二两的小瓶二锅头一口就喝了，确切地说是一抬手一仰脖就倒进去了。视频中，我特别注意到大叔喝酒时的几个连续动作——一边拧酒瓶盖一边盯着镜头，他面色青白、目光涣散、眼睛浑浊。打开瓶盖后，一只手握着酒瓶，略侧身、前倾、低头，然后静止了几秒，像是在运气又像是在暗暗地下着什么决心，这时就见他猛地呼出一小口气（是的，短促而有力地吐出一口气），然后迅速仰头张嘴，瓶口对着喉咙"咕咕咕"一口气灌了下去。然后他用手擦了下嘴巴，捂了一下鼻子，再深呼吸大喘一口气，表情很是痛苦，又好像很满足，一副如释重负的样子，又有一种完成了一项任务后的轻松感。

有网友猜测说他们是为了视频效果才一口一瓶的，还说通过他们的表情看得出他们喝酒不是自愿的，但作为一个曾经的"酒鬼"，我敢肯定他们平时喝酒就是这个样子，不难推断，他们喝酒应该有30多年了吧，一般欧洲人酒量大，长期大量喝酒，他们早已不是一般的酒精依赖了。我见过喝酒一次"吹"一瓶的，但这么"痛苦"地喝酒还真少见，这是典型的超重度酒精依赖——身体对酒精极度排斥，心理上对酒精极度渴望，最后就有了这种扭曲、痛苦的样子。这样喝酒，生理上感觉是痛苦的，但心理上却是满足、放松的。抽烟人也有这种情况，身体不舒服或生病时，烟瘾小的烟民就不抽了，但烟瘾大的人即使感冒生病了也要抽。而实际上，感冒时抽烟特别难受，但是难受也要抽，生理上虽然不需要了，心理上还需要。

没有任何一种生物会吃让自己感到痛苦的食物，除了人类。有人说苍蝇吃腐食，它们不痛苦吗？当然不痛苦，腐食在苍蝇眼里一定是美味，所以它们才吃得那么香，如果吃起来很痛苦，你认为它们还会追着臭味跑吗？

苦、辣、呛、臭等这些让人感觉不舒服的味道，是身体在警告我们这些东西对身体有害，不能吃。这种反馈机制是人类几百万年进化而来的自我保护功能，是为了让人类能分辨出哪些食物可以吃，哪些食物不可以吃。

两个俄罗斯大叔喝酒的视频得到了很多网友的评论，现在就让我们来看看网友是怎么评论的。当然这些网友里面有人喝酒，有人不喝酒，酒依赖程度，有人轻些，有人重些。

网友评论摘选：

● 有人说，人生在世不抽烟、不喝酒活着有什么意义？有人说喝酒是为了应酬。这些观点都是错误的，人生在世有意义的事情很多，要自己慢慢去发掘，仅追求感官刺激那是低级趣味。有人不抽烟、不喝酒也能事业成功，而且人际关系良好，倒是有人喝酒发酒疯，不受人待见。

● 喝酒那么痛苦，何必呢！

● 感觉这不是喝酒，这是遭罪啊！

● 看他喝酒很痛苦，不是很享受的样子。

● 我看到的是穿肠的毒药。

● 甲：都家徒四壁了，还天天喝！乙：就因为天天喝才家徒四壁！

● 严重酒精依赖症！

● 眼神里面透露着卑微、不安，还有一点恐惧，唉！

● 这是一个严重酒精中毒患者，神志不清，智商堪比幼儿。

● 酒精让他变成了糟老头子。

● 这个俄罗斯大叔看着落魄、颓废，精神状态不佳，健康状况堪忧，像一个酒精依赖者，不应该再这样喝酒了。

● 别让他喝了，他年纪大了而且手都抖了，真可怜。

● 很不幸，我也患上酒精依赖症，很讨厌酒，可是很无奈。每次喝多了，第二天醒来，女儿都会说看我的眼睛像个傻偏。

● 我亲眼见过不到 60 岁的老头，大清早挂着拐在小卖部门口，让老板送他两瓶二锅头，一口一瓶，后来，没几年他就走了。

● 连味道都没尝一下，这哪叫喝酒？

● 一看就是无药可救的"酒鬼"。

......

总结网友们的评论，在正常人眼里嗜酒者的形象是这样的：

1. 精神萎靡、颓废；
2. 酒精中毒，喝傻了；
3. 比正常人老得快；
4. 家徒四壁也要喝；
5. 无可救药的"酒鬼"；
6. 不怕喝多，就怕喝少；
7. 眼神中透露出的是卑微、恐惧、可怜。

酒精的魔性，现在你知道了吧？

😊 开心一刻

这是几个网友的对话：

"一根黄瓜、一根葱也算是俩菜？"
"蚂蚱腿都算，你说呢？"
"你怎么不说苍蝇腿、蚊子腿呢？"
"当年我们就着瓜子，也喝了八两酒。"
"我们用筷子沾盐水都能喝二两。"
"以前认识一个老头，一顿半斤酒，不吃饭，光几瓣蒜都能喝半斤。"
"对酒蒙子来说，酱油都算个菜。"
"有酱油就不错了，以前两个"酒鬼"在地上铺点沙子，然后画两条鱼，喝口酒就擦掉一点，两个人还吵着要吃鱼头，喝得不亦乐乎。"

第 14 章
戒酒是选择一种健康的生活方式

戒酒前，全世界都是喝酒的人，

戒酒后才发现，原来天天喝酒的人并不多。

——戒友留言

---

1. 选择健康的生活方式，什么时候都不晚

中国大约八成男性喝酒，二成女性喝酒，总体上来看中国人一半喝酒，一半滴酒不沾。这一半喝酒的人中，又有大约一半的人经常喝酒。所以中国经常喝酒的人有 3 亿~4 亿，其中 1 亿~1.5 亿人每天喝酒。

抽烟、喝酒的习惯，一般都是年轻时染上的，有人是从小受家庭环境影响，有人是上学时要酷或跟着身边人"有样学样"，还有人是参加工作后受社会环境影响。尤其是抽烟，很多人都是小时候学的。

戒酒，你不是失去一项权利，而是丢弃一个不好的习惯。

戒酒，不仅是不再喝酒了，而是选择一种健康的生活方式。

戒酒，你除了收获健康，还会收获清醒和自由。戒酒后你会"多出"很多时间，可以多做很多事情。你会有充沛的精力和勇气，去实现自己的那些因为喝酒而耽误了很多年的梦想。

人往往就是这样，拥有时不知道珍惜，一旦失去才知道它的宝贵。就说健康吧，年轻时什么病也没有，身体倍棒，吃嘛嘛香，于是仗着年轻气盛，初生牛犊不怕虎，拿抽烟喝酒不当回事，对不良嗜好、不良习惯满不在乎，觉得疾病离自己很远，于是抽烟、喝酒、熬夜、打游戏，暴饮暴食，肆无忌惮、为所欲为。年轻时没有健康意识，从来不去想这些不好的生活习惯对身体会有什么损害。随着年龄增长，直到有一天疾病找上门来，或者生命受到威胁时，才知道健康是多么重要。

所以为什么医生一句话就能让人戒烟、戒酒，其实，这哪里是医生的一句话啊，是到了生命的边缘，终于意识到了健康的重要性，终于在生命受到威胁的最紧迫时刻或在生命的最后关头，平生第一次在烟、酒与生命之间，做出了坚决、果断而正确的选择。

可话又说回来，为什么要到这个时候才选择呢？

事关健康，侥幸不得。平时这也不在乎，那也无所谓，有个小灾小病也不当回事，一旦发生重大疾病，悔之晚矣。人到了一定岁数才明白，原来健康与疾病都是必然，可以这么讲，健康是过去良好的生活习惯和饮食习惯累积起来的必然，以前的好习惯累积出了现在的好身体；疾病是过去不好的生活习惯和饮食习惯累积出来的必然，以前不好的习惯累积出了现在不好的结果。

过去我们一直以为，世界上有两种人，一种是身体健康的，另一种是患有疾病的，而我们属于健康的，这种错觉让我们放纵自己很多年——因为自己身体健康，就以为会一直健康。说到这里，让我想起自己年轻时胡吃海喝，暴饮暴食，经常跟朋友们说的一句话："找的胃是铁打的。"现在想想，这是多么无知、狂妄、可怕啊！

随着年龄的增长，酒龄的延长，身体出现了或大或小的状况，这时才明白小时候经常听上岁数人说的那句话——"年轻时什么都不在乎，等你上岁数了，病就该找你了。"的确是这样啊，那时候听了这话不往心里去，现在才知道真是这么回事，那时怎么就不明白呢！尤其是看到或听到身边人因为喝酒而疾病缠身，再对比那些不喝酒而身体健康的人，此时教训就摆在面前，不能不让人感慨万千，后悔自己喝了这么多年酒。人也只有在这个时候才真正明白，拥有一个健康的身体是多么重要。

于是，有心之人在感慨之余，开始认真思考"喝酒"这件事情了，有人由此产生了戒酒的想法并开始尝试戒酒，虽然最终成功的人很少。

事实上，经常喝酒的人到了一定年龄，很多人内心是想戒酒的，只是苦于想戒而戒不了，也就只能继续喝吧。

但健康与不良习惯之间的抉择，终究是我们要面临的一个问题，总有一天我们要解决它，那么怎么办？等待"明天"吗？消极等待赌的是疾病到来的时间，幻想疾病永远都不来。当然这是不可能的，以侥幸心理对待不良习惯是掩耳盗铃、自欺欺人。所以与其消极等待，不如主动出击、积极应对，这样我们就不是赌运气，而是把主动权掌握在自己手里。

事实上，不管过去我们如何不爱惜自己的身体，但是从现在开始，如果我们能够按部就班、循序渐进按以下建议做，也会有好结果的。

①改掉坏习惯。

②逐步养成几个好习惯。

③把住"病从口入"关。

④做好"健康口入"关。

⑤懂点科学养生。

⑥好心态，正能量。

如果我们能按部就班地执行，你觉得结果会如何？是不是会有一个很好的回报在等待着我们？

戒友们，过去放纵、不自律的生活，累积出了现在不太好的身体，就让我们从现在开始，用积极、自律的生活，来积累出我们未来的好身体吧。

朋友们，行动起来吧，做正确的事，永远都不晚！让我们用 10 年、20 年、30 年的时间，把过去被我们挥霍的 10 年、20 年、30 年再补回来！

2. 养生先从戒烟戒酒开始

有人从年轻时就开始严格自律，不抽烟不喝酒，生活作息有规律，而有的人从小就染上很多恶习，抽烟又喝酒。而我们知道，抽烟、喝酒对身体的伤害是累积性的，是一个量变到质变的过程，年轻时身体素质好，抵抗力强，一时半会显不出什么问题，但一旦过了 50 岁，身体机能开始下降，多年抽烟喝酒累积起来的伤害就开始显现了，年轻时"积攒"下的各种毛病就开始找上门来了。

年轻时没有健康意识，觉得疾病离自己很远，现在考虑疾病是"杞人忧天"，所以就什么都不在乎，肆无忌惮地糟蹋自己的身体，无所顾忌、为所欲为。但随着年龄的增长，我们对人生有了新的认识，对生命有了新的思考，加上自己的身体可能多多少少都有一些情况，尤其是经常看到、听到身边有人因为抽烟喝酒而染上疾病，这时才发现以前觉得离自己很远的事情，现在就实实在在地在自己身边发生着，于是猛然醒悟，原来岁月真如白驹过隙，倏忽之间，以前属于"别人的养生"，不觉间已然来到自己面前。

人到了一定年龄，才明白健康的重要性。

说到这里，我们不妨把这个问题展开谈一谈，我们来谈一谈健康与寿命的问题。

寿命的影响因素有很多，但归纳起来，在同等外在条件下，人的寿命主要取决于 3 个方面——**遗传基因、生活方式和心态。**

遗传基因是长寿的先天因素，具有长寿基因的人抵抗疾病的能力和对抗外界毒素侵害的能力强。就拿喝酒来说吧，基因不同，酒精对人体的伤害就不同，大多数亚洲人，尤其是东亚人，天生带有乙醛脱氢酶基因缺陷，肝脏分解酒精的能力弱，所以同样是喝酒，欧美人比亚洲人受到的伤害小。

生活方式是指人在道德、审美、价值观和思维支配下的一系列行为习惯的外在表现，主要包括生活习惯和饮食习惯。人的寿命大部分是由生活方式决定的，生活方式好坏直接关系到一个人的健康状态和身体素质。

在人寿命的决定因素中，生活方式可占到 70% 的比重。好的生活方式能全方位地呵护人体健康，减少外界物质对人体的侵害，预防和抵御疾病的发生，降低罹患恶性疾病的概率，从而延长寿命。而不健康的生活方式，尤其是抽烟喝酒以及胡吃海喝、暴饮暴食等不良饮食习惯，会加速人体器官老化和人体机能衰退，降低人体免疫力，增加罹患恶性疾病的风险，影响人的寿命。

除了遗传基因和生活方式影响人的寿命外，健康、乐观的心态，对人的寿命影响也至关重要。知足常乐的人生态度，遇事知进退的处事方式，心平气和的脾气，豁达开朗的性格，积极向上的人生观，这些都会对人的寿命产生积极的影响。

在基因、生活方式和心态这 3 个影响人寿命的因素中，如果说生活方式占 70% 的话，那么我们是不是就可以这样说——尽管基因对人的寿命影响至关重要，但人的寿命决定因素却是生活方式。天生就有长寿基因固然好，但仍需好的生活方式做保障。反之，纵使先天长寿基因不足，但只要我们有一个好的生活方式，也可以延缓身体的衰老，减少恶性疾病的发生，从而增加寿命。

生活方式才是寿命的决定因素！

这里有个概念需要说明，说到长寿基因，并不是说人类有一种基因专门用于调控寿命。人类身上有很多基因会影响寿命，包括优势基因和缺陷基因，这些基因综合起来，决定了一个人的寿命。我们就把其中的优势基因统称为长寿基因。

长寿基因不足，可以通过生活方式和心态调整来加以弥补。就拿抽烟喝酒来说吧，多年抽烟喝酒的恶习已经对我们身体造成了很大的伤害（有的伤害是可逆的，有的伤害是不可逆的），但事情既然已经发生了，我们也不必懊悔自责，更不要自暴自弃，只要我们积极面对，不妨先从戒烟戒酒开始，坚决而果断地将自己的坏习惯改掉，再逐步养成一些好的习惯，同时再给自己树立一个积极向上的心态，那么在一定程度上就可以弥补我们过去因放纵自己而对身体造成的伤害，从而延长寿命。

总之，人的寿命是由多种因素综合决定的，这些因素之间可以相互作用。这种作用既有正向的，也有反向的，正向作用是良性循环，反向作用是恶性循环。我们还拿抽烟喝酒来说，抽烟喝酒不仅是抽烟伤肺、喝酒伤肝那么简单，抽烟喝酒还会影响一个人的精神状态。如果你注意观察就会发现，不抽烟不喝酒的人，即使天生不爱运动（喜静），他们也能每天保持一定的活动量，比如办公室坐久了，会时不时起来活动活动，下班了也会走走路，爬爬楼梯，回到家弄弄卫生，做做家务，陪陪孩子，总之他们总有事做。

反过来你看那些抽烟喝酒的人，起码有一点是肯定的——抽烟破坏了他们的食欲，喝酒改变了他们的作息，长此以往导致他们作息不正常，饮食不规律。你再看他们每天的精神状态，那真是能坐着绝不站着，能躺着绝不坐着；能坐车绝不走路，能坐电梯绝不爬楼梯。

试想，这样的生活和饮食习惯，长年累月累积下来，能不生病吗？一些高血压、高血脂、高血糖的三高人员和患有心脑血管疾病的人，难道不应该从自己的生活习惯、饮食习惯上找找原因吗？

抽烟喝酒的人不仅精神面貌差，身体素质普遍偏低，而且他们免疫力也较弱。你会发现这样一个现象——抽烟喝酒时经常感冒，戒烟戒酒后不易感冒了。

如果后天条件相同，也就是生活方式、心态都一样，那么基因就是决定人寿命的主要因素，反之，如果基因相同，那么决定寿命的就是后天的生活习惯、饮食习惯和心态了。

纵容自己的不良行为习惯，抽烟喝酒、暴饮暴食，基因再好也没有用，反之，即使基因不好，如果我们能从行为上严格要求自己，首先把好病从口入关，养成良好的饮食习惯，把抽烟喝酒这些恶习去掉，再辅以良好的心态，那么身体就会慢慢地好起来。

世上虽然没有后悔药，但亡羊补牢还是要有的，只要能幡然醒悟，这种悔过自新的力量也是非常巨大的。不必过于自责，人非圣贤，孰能无过？只要有朝一日我们能彻底警醒，只要我们能快刀斩乱麻，干净利索地把自己过去的那些恶习丢弃掉，那么一切都还来得及。

我们无法改变自己的基因，但我们可以改变自己的生活方式。为了自己，现在就行动起来吧，10年后的你会感谢今天的你，为自己做出了此生最明智的选择，也是最果断而正确的决定。

关于人类的极限寿命，有多种测算方法，其中一种是生长期测算法。科学家们总结出了一个规律，哺乳动物的寿命是其生长期的 5~7 倍，而人的生长期是 18~20 年，由此得出人类的极限寿命是 90~140 岁。还有一种人类自然寿命测算方法——细胞分裂法，人体细胞一生可以分裂 50 次，分裂周期是 2.4 年，所以人类的寿命应该在 120 岁左右。

综合这些测算方法，可以得出一个普遍结论，人类的极限寿命可以达到 120 岁。120 岁是人类的自然寿命或者说是理论上的可实现寿命。

古代人的寿命很低，一次感冒可能就会使人失去生命。随着医疗水平的提高，现在人类的寿命一直在增长，中国人的平均寿命已经达到了 77 岁（男性 74 岁，女性 79 岁），到 2030 年，预期平均寿命可以达到 79 岁，中国香港的人均寿命已经达到了 84 岁（男性 82 岁，女性 88 岁），而我们的邻国日本的人均寿命也达到了 83 岁。

人类的寿命还有很大上升空间。对我们每个个体来说，寿命能达到多少固然和基因有关系，也和环境、医疗水平等其他外在条件有关系，但有一点我们不能忽略——或许一个好的生活习惯不能决定一个人的寿命有多长，但一堆坏的生活习惯大概率能决定一个人的寿命有多短。

我们改变不了基因，但我们可以改变习惯。

在影响人寿命的因素中，基因的作用到底有多大，没有统一标准，有人说能占到 30%，有人说最多不超过 7%，没有定论，比较普遍的说法是 10%~20%。但总的来说，不管基因在人的寿命决定因素中占比高还是低，我们都可以不用去管它，因为基因无法改变。我们唯一可做的是改变自己的生活方式，包括生活习惯和饮食习惯。

好的习惯要保持，不好的习惯要尽早改变。而且要马上付诸行动，说到做到，不要仅仅停留在口头上或者明日复明日地等待，一味地拖延只会让事情越来越糟糕。在改善生活习惯和饮食习惯的同时，再给自己树立一个乐观豁达、积极向上的心态，只有如此，我们的身心才会和谐，才会越来越向好的方向发展。只有把这些最基本的都做到了，我们才有资格说："其余的就看运气吧。"

养生，就让我们先从戒烟戒酒开始吧！

不戒烟酒，何谈养生！

3. 看看网友们怎么说

曾经看过一篇网文，主题是讲现代社会社交应酬离不开烟酒。文末一网友留言说"就因为自己不抽烟、不喝酒，所以客户找不到、生意做不成、朋友也没有"，其他网友纷纷对此留言进行评论：

● 这跟抽烟喝酒有什么关系，客户找不到，生意做不成，是你自己的问题。实力如果够强，就算你不去找他们，他们也会来找你合作，与烟酒无关。

● 我同学是干销售的，之前经常陪客户喝酒，也签了一些单子，但后来他身体出了点状况，觉得再这么喝下去肯定会出大问题，但不喝酒怎么签单呢？这个问题苦恼了他很久。直到有一天他发现，一位前辈不抽烟不喝酒，但比他接的单子多多了，他很迷惑，于是就向前辈请教。前辈跟他说，虽然在饭局上他不抽烟不喝酒，但他很殷勤，端茶、倒水、招呼大家吃菜等"勤务"工作都由他来干，气氛搞得还很活跃。至于签单嘛，自然是先跟客户谈好了，然后他会单独约客户吃饭、喝茶，客户想喝酒他也会陪着去。他喝他的酒，我喝我的茶，感觉我们之间除了生意之外，反而建立起了一种朋友一样的友谊。

● 我老公也不抽烟，逢人只会发烟。他现在生意做得挺好，朋友很多，生意伙伴也很多！

● 我们好几个领导都不抽烟、不喝酒。

● 这都是借口，我叔叔不抽烟、不喝酒，生意照样做得大、做得好。

● 我老公做生意，谈事从来都不喝酒。生意能不能做成、有没有客户，和抽烟喝酒有什么关系？抽烟喝酒也许是一种社交手段，但绝不是必须的。

● 我老公不抽烟、不喝酒，大学毕业四年，从腼腼腆腆话都不会说，到去年年底得了部门销冠，只能说一切都要靠自己努力，我很佩服他。听他说，现在的客户普遍年轻化，抽烟的客户也不多了。

● 谈生意主要看价值，你能给别人带来价值，喝什么都无所谓。如果是大生意，可能恰恰因为你喝酒，对方觉得你不靠谱，反而不与你合作。

● 成功与否，靠的是你的能力、智商和修养，而不是抽烟喝酒，不要把抽烟喝酒这种不好的行为当成借口。

● 不抽烟做不成生意？别逗了，那些做大生意的，很多都是不抽烟、不喝酒的。他们不仅不抽烟、不喝酒，唱歌、跳舞、打麻将，他们通通不会，但这一点都不妨碍他们做事情。他们把业余时间都用在了工作上。我们村有一个大老板，做生意几十年，不抽烟、不喝酒，但现在已经是几十亿身家，业务范围遍布全国，涉及建材、旅游、餐饮、化工、制造等很多领域，企业职工有好几千人。

● 现在有档次的人喝酒都少了，他们都知道爱惜自己的身体，观念在改变。

● 我也是做销售的，不会抽烟，往往客户递烟我直接拒绝，但是我觉得客户对我的好感不会下降。

● 不抽烟、不喝酒代表极度自律，这种人内心极为强大，一般都能成大事。

● 不抽烟不喝酒的人最好打交道，他们待人有礼貌，心胸豁达，不容易动怒，说话做事都比较理性，比如那些大公司的高管；反倒是酒桌上喝的醉醺醺的，一言不合就打起来的多的是。

● 我就是一个不抽烟、不喝酒的男人，可我很阳光，人脉相当好，过得也不比别人差，旅游、摄影才是我最喜欢的业余爱好！比抽烟、喝酒的人社交也不差，而且身体比他们更健康！

● 我们董事长烟酒不沾，照样把生意做成了几十个亿。

看了这些留言，你感觉如何？

扩展阅读

老君五戒

道者，自然也，"人法地，地法天，天法自然"，道是内在、本源、规律，是中国传统哲学的最高范畴。"道法自然"是道家的核心思想。

道，自天地之始、混沌之初，即存在于山川河流、宇宙万物之中。道，自人类诞生始就被不断地诠释、传承。至三皇五帝，至夏、商、周，至春秋战国，道家思想不断地发展、完善，直至老子著《道德经》，道家思想达到了一个新高度，道家思想流派开始统一化、系统化、组织化。

《道德经》赏析

五色令人目盲；五音令人耳聋；五味令人口爽。

驰骋畋猎令人心发狂；难得之货令人行妨。

是以圣人为腹不为目，故去彼取此。

（选自《道德经》第12章）

【释义】

缤纷之色，使人迷乱；迤逦之音，使人昏聩；口腹之欲，使人不知原味。

犬马之娱，使人心狂气傲；珍异之物，使人歧途不轨。

所以，圣人但求吃饱，不求吃"好"，更不追求物欲享乐，因此圣人才能够摒弃身外之物，而保持"无欲一身轻"的气定神闲之态。

相传老子西游，一日行至函谷关。函谷关关令尹喜，晨观天象，突然看到紫气东来，知有圣人将至，便出关相迎，果然见一老者骑着青牛自东方而来。

但见来者：

皓首白须，

似一股清风，

又似一团清气，

自东向西悠然而至。

再看：

两道白眉，

似瀑布自脸颊垂下；

长长的白胡须被风一吹，

向前飘起，

指向西方，

似有一种力量在召唤。

怎一个仙风道骨了得！

老子，姓李，名耳，西周陈国苦县（今河南鹿邑县）人，曾任周朝守藏室之史（官吏名，可理解为国家图书馆馆长之职）。老子博学多才，是我国古代伟大的哲学家和思想家，也是世界文化名人，道家学派创始人，被尊为道教始祖，尊称道德天尊、太上老君。

来者便是老子。

尹喜迎上前向老者施礼，知眼前之人为老子，大喜过望，遂请老子入函谷关多留几日，歇息歇息再走。老子说："我要去西方布施传道，最后还要去天竺国呢，时间紧任务重，我还是赶紧赶路吧。"尹喜本就学识渊博，好结圣贤，今一听老子要到西方那些尚未开化之地传授他的"道"之智慧，便非常诚恳地挽留道："您得天地之智慧，如今一别不知何时再能相见，敢请您到府上一叙，在下当洗耳恭听您的教诲。"老子道："不敢当，不敢当，便到府上一叙。"尹喜大喜，恭迎老子进关，还专辟一室供自己向老子请教学习之用，并行拜师之礼，正式拜老子为师。

老子于此逗留三月有余，并在这里写下了流传千古、蕴含中国哲学智慧的五千言道教哲学经典——《道德经》。

著书毕，老子继续西行，尹喜问老子还有何事相嘱，老子说："戒酒者，非身病，非法礼，皆不得饮。"（老子说道：关于戒酒的事，我再重复一遍，除了因生病需以酒服药，以及祭祀用酒外，其他时候都不要饮酒）并于行前将《戒经》一部传于尹喜，是为"老君五戒"，也是后来的道教五戒：

第一戒杀；

第二戒盗；

第三戒淫；

第四戒妄语；

第五戒酒。

老君五戒是道教戒规的根本，明清时又有初真五戒：

第一不得杀生；

第二不得荤酒；

第三不得口是心非；

第四不得偷盗；

第五不得淫邪。

初真五戒是道者的基本戒规，是入道者必须遵守的。道教主张修道之人不要饮酒，《劝道歌》曰："乱性多因纵酒。"道教重要经典《太平经》对饮酒全方位地进行了分析：

"今天地且大乐岁，帝王当安坐而无忧，民人但游而无事少职，五谷不复为前，无有价直。天下兴作善酒以相饮，市道尤极。"

"凡人一饮酒令醉，狂脉便作，买卖失职，更相斗死，或伤贼；或早到市，反宜乃归；或为奸人所得，或缘高坠，或为车马所克贼。推酒之害万端，不可胜记。"

"念四海之内，有几何市，一月之间，消五谷数亿万斗斛，又无故杀伤人，日日有之，或孤独因以绝嗣，或结怨父母置害，或流灾子孙。"

"从今已往，敢有市无故饮一斗者，笞三十，谪三日；饮二斗者，笞六十，谪六日；饮三斗者，笞九十，谪九日。"

【释义】

如今恰逢天下太平、百姓安康，帝王可以安坐江山而不必有什么忧愁，百姓也是生活富足没有什么负担，粮食也不像以前那样短缺。但是如今天下却兴起了大肆造酒、狂喝滥饮之风，尤以聚众饮酒为甚。

人一旦喝醉了酒，便会气血上涌、血脉偾张、颠倒昏狂，这样还怎么谈生意做买卖？更有严重的打架斗殴，致伤致残，甚至闹出人命。有人早早就到了单位，却因为喝酒什么事也做不成。有人因喝酒而上当受骗，有人因喝酒而失足坠亡，有人因喝酒而出车祸。说起酒的危害，实在太多了，说也说不完。

想想全国这么大的市场，一个月得消耗多少粮食啊！而且一点好的作用也没有，只是无端地伤害身体，这样的事天天都在发生。有的人因酒孤苦一生连后代都没有留下，有的人因酒而与父母兄弟结怨生隙，实在让人心寒，有的人因为喝酒而给子孙后代留下祸患。

现在我们定个规矩，从今以后，除了因病需用酒服药或祭祀用酒外，敢有大庭广众之下聚众饮酒一斗者，鞭打 30 下，拘役反省 3 天；饮酒二斗者，鞭打 60 下，拘役反省 6 天；饮酒三斗者，鞭打 90 下，拘役反省 9 天。

《太平经》此论述总的意思是告诫人们，酒有以下祸患：浪费粮食、伤害身体、耽误工作、影响家庭。

常言道："酒能乱性"，又说酒是"迷魂狂药，烈于砒霜"。酒使人心性迷乱、心智丧失，酒能使人做出不合常规的事来。酒让人颠倒昏狂、沉沦堕落，酒让人沉溺其中、不思进取，酒对人的精神和意志的毒害，比砒霜还要厉害！

第15章
测测你的酒精依赖度

戒酒是一种责任，对自己负责，对家人负责；戒酒是爱的表现，爱自己，爱家人。

1. 轻度酒精依赖

（1）隔三岔五喝酒。

（2）每次饮酒量白酒半斤以下，或啤酒小于4瓶。

（3）酒龄5年以内。

（4）不独自饮酒，但酒场必喝。

（5）酒后话多，易激动，有言语冲突、摔东西或打架斗殴现象发生。

（6）有因为喝酒耽误工作的现象。

（7）饮酒量慢慢变大，饮酒频次逐步增多，身体对酒精的耐受性越来越强。

符合3条以上，属轻度酒精依赖。

2. 中度酒精依赖

（1）每天必喝。

（2）每次饮酒量白酒0.5~1斤，或啤酒4~8瓶。

（3）酒龄5年以上。

（4）有酒必喝，有场必应，经常组织酒局。

（5）渴望喝酒，喝酒前很兴奋，不允许喝酒时沮丧、闷闷不乐。

（6）酒后与家人争吵，对配偶、子女有暴力行为。

（7）喝酒成为生活中的重要内容。

（8）吃饭必喝酒，不喝酒宁可不吃饭。

（9）经常劝不喝酒的人喝酒。

（10）有机会负责组织或安排活动时，喝酒是必备曲目。

（11）其他爱好越来越少，慢慢地喝酒成为唯一"爱好"。

（12）体力越来越差，越来越不爱运动。

（13）脾气暴躁、多疑，易与人发生争执，常因小事而大发雷霆。

（14）去超市采购时常忘记要买的物品，唯一忘不了的是酒。

（15）身体对酒精的耐受性增强，不再吐酒。

（16）已有酒精性脂肪肝。

符合 5 条以上者，属中度酒精依赖。

3. 重度、超重度酒精依赖

（1）日饮酒量累计白酒 1 斤以上，或啤酒 8 瓶以上。

（2）酒龄 10 年以上。

（3）每天必喝，独自饮酒已成为习惯，喜欢一个人躲在小酒馆里自斟自饮。

（4）喝不到酒时就焦虑烦躁、坐立不安、心神不宁，喝到酒后症状马上消失。

（5）经常空腹喝酒，喝的多吃的少，身体越来越羸弱。

（6）有抢酒行为，尤其是俩人喝酒剩最后二两时。

（7）独自饮酒时，阶段性地只喝一个牌子的酒（以低档酒为主）。

（8）因为喝酒经常与配偶争吵，对家人蛮不讲理、大吵大闹、无事生非，扔东西、摔物品，暴力频繁。

（9）酗酒已严重影响到家庭、工作和生活。

（10）以前的兴趣爱好基本都停止了，不愿参加其他娱乐活动，除了酒对其他事情没有兴趣。

（11）早晨起来的第一件事就是先喝一杯，睡前也要喝，不喝酒睡不着觉。

（12）身上装着酒，边干活边喝酒。

（13）天天喝酒，整天醉醺醺，不注意个人形象，对周围事物、家人漠不关心。

（14）有藏酒或背着家人偷偷喝酒的行为。

（15）不分对象、场合，不管跟谁一起吃饭，也不管对方是否喝酒、时间是否允许，反正自己是要喝酒的。

（16）不喜欢在食堂、快餐店吃饭，因为不方便喝酒。

（17）在不便于喝酒的地方，用矿泉水瓶装酒喝。

（18）感冒生病了也要喝酒。

（19）对自己身体、家庭事务、工作职责等麻木、放任、漠视，失去危机意识。

（20）多次戒酒失败，对自己感到失望，对戒酒绝望。

（21）神经麻木，反应迟钝，脾气暴躁，性格改变，思维混乱，智力、记忆力下降，对外界信息已经基本没有了感知或者反应迟钝，甚至错误。

（22）肝脏的解毒、排毒功能下降，身体对酒精的承受力开始变弱，出现中度以上酒精肝或脑萎缩症状。

（23）出现抑郁、焦虑、狂躁等精神障碍。

（24）一旦停止饮酒，就会出现手抖、幻听、心悸、震颤、谵妄、抽搐、意识不清等戒断症状。

（25）面部臃肿、松弛，皮肤暗淡、无光泽，眼底浑浊、眼神迷离、目光呆滞，走路歪斜、颤顿，左摇右摆，站立不稳。

（26）经常喝酒断片，忘了喝酒时和喝酒后发生的事。

符合 7 条以上者，属重度酒精依赖；符合 10 条以上者，属超重度酒精依赖。

第 16 章

猿猴酿酒的传说

戒酒，是为了享受真实而美好的生活。

很久很久以前的一座山上，有很多猴子，因为猴子爱吃水果，所以群猴聚集的地方植被都很茂密，不但野果数量多、种类多，而且肉多果甜。同人类一样，每年冬季来临前，聪明伶俐的猴子都要在树洞或岩洞中储存大量的水果，留待漫长的冬季食用。有时水果储存的多了，猴子吃了一冬还没有吃完，到了春天，有新鲜水果吃了，没吃完的水果就被猴子遗忘在一旁。时间一长，这些糖分含量很高的水果便开始腐烂、发酵。发酵后的水果散发出阵阵香气，一日恰巧一樵夫经过，被这种香气所吸引，顺着香气寻找，樵夫发现了猴子"酿"的酒。就这样，酒这种物质便被人类无意中发现了。

这固然是传说，但也不无道理，有时我们走在街上经过垃圾桶旁被人丢弃的腐烂水果堆时，不就能闻到一股酸酸的、甜甜的味道吗？而且现在我们人类的果酒酿造方法——在水果中加入酵母菌发酵从而酿出水果味的酒，其实这与猿猴"酿酒"的方法没什么区别——原始森林中，猿猴储存了一大堆野果，野果表皮上天然附着着一些野生酵母，这些自带酵母的野果经过天然发酵，然后就酿出了"猿酒"。

"猿酒"在历史上多有记载，如明代的《蓬拢夜话》《紫桃轩又缀》，清代的《粤东笔记》等都有"猿酒"的记载。

从此这种让人欢喜让人忧，让人又爱又恨，集"美酒"与"狂药""天使"与"恶魔"于一身的"怪物"，便开始横行天下。几千年来，不知演绎出了多少或好或坏的世间故事，制造了多少或感人或悲怆的人间悲喜剧。

关于酒的起源，还有一种说法，在远古时期的原始森林中，树上成熟的果实掉落到地上，这些腐烂的水果，经附着于果实表皮和弥漫于空气中的酵母菌天然发酵而生成酒，于是水果变成"酒果"，猴子吃"酒果"后，会呈现出"言行失控""胡言乱语"的醉酒状态，有时"酒果"吃多了也会酩酊大醉，倒在地上沉沉睡去。人类就是通过观察和分析猴子的这种"喝酒"现象最后发现了酒。

与此同时，人类也发现了一个利用猴子"好酒"的弱点来捕捉猴子的办法。猴子聪明伶俐，平时居于深山密林，在树木间攀缘跳跃，人类很难捕捉到它们。唐人李肇所撰的《国史补》中有一段精彩描写，记载了人类是如何捕捉机敏伶俐的猴子的："猩猩者好酒与屐，人有取之者，置二物以诱之。猩猩始见，必大骂曰：'诱我也！'乃绝走远去，久而复来，稍稍相劝，俄顷俱醉，因遂获之。"说的是，猴子喜欢喝酒和穿木屐，如果有人想捉它，就可以用这两样东西来引诱它。猴子刚开始看到时，一定会大骂说："滚，别想诱惑我！"随后便跑远，但它禁不住诱惑，过不了多久就又回来了，这时再稍稍地哄哄它、劝劝它，它就开始喝酒了，不一会就喝得酩酊大醉，最后乖乖地被人捉住。

关于酒的起源，还有一种说法是人类在储存谷物时，因为保存不善导致谷物受潮而发霉、发芽、糖化，最后生成酒，从此人类发现了谷物酿酒技术。

传说归传说，但有一点是肯定的，那就是古代的酒不管是果酒还是米酒，不管是"猿猴酿酒"还是人类因谷物发霉而"偶然得酒"，在古代大部分时期，酒都是用水果或谷物经发酵酿造而成。酿造酒的度数都很低，一般就10度左右，最多不超过20度，所以才有了武松的"十八碗"，李白的"三百杯"！到了元代时，蒸馏分离技术传入中国，从此有了高度白酒。

将水果或谷物发酵后酿出的果酒和米酒，再加一道工序——蒸馏，就可以从果酒和米酒中提取出含有酒精和各种醇、酯、醛、酸类物质的液体，这种液体叫作蒸馏酒，通过调整蒸馏酒的沸点和蒸馏技术，就可以得到不同香型、不同度数的白酒。白酒的度数一般为30~70度。

蒸馏酒是在酿造酒的基础上，利用酒精的沸点是78℃，而水的沸点是100℃的差别，把酿造酒加热到78℃以上，就可以将酒精分离出来，而得到高度数的蒸馏酒。然后再通过勾调、勾兑等工艺，就可以调配出各种度数的白酒。

中国自古就是农业大国，所以在中国的酿酒史上一直都是以米酒、黄酒为主，果酒为辅，白酒工艺传入中国后，也一直都是粮食白酒为主，水果白酒则很少见。

第四部分

喝了这么多年酒，
你不一定认识它

第 17 章
认识酒精

仔细想想，酒精占据了我们几乎所有的精气神。

1. 乙醇

乙醇，俗称酒精，无色透明液体，低毒，微甘，具有一种特殊的香味，并伴有刺激的辛辣味，常温下易燃、易挥发，分子式为 C_2H_5OH。乙醇能以任意比例与水互溶，乙醇蒸气与空气可形成爆炸性混合物。

乙醇的应用非常广泛，主要用于化工业、食品工业、农业、橡胶业，以及油漆涂料、造纸、香料和化妆品等行业，在医药卫生和国防军事上也有广泛应用。

乙醇在食品行业上的应用主要是制造酒精饮料。酒精饮料对人体的伤害主要来自两方面，一方面来自乙醇的直接伤害，乙醇刺激口腔、食管、胃、肠，使这些部位产生病变，同时乙醇还损伤人体中枢神经系统；另一方面来自乙醇的代谢产物乙醛的间接伤害，乙醛是有毒物质，对肝脏和人体的其他器官、组织都有伤害。

2. 酒精的分类及用途

按酒精中的杂质含量或乙醇纯度，酒精可分为工业酒精、食用酒精、医用酒精和无水酒精。工业酒精按乙醇含量一般分为 95% 和 99% 两种，食用酒精的乙醇含量通常为 95% 以上，医用酒精的乙醇含量一般为 70%~75%。乙醇含量大于99.5% 的酒精为无水酒精。

（1）工业酒精

工业酒精有两种生产方式，一种是发酵法，另一种是化学合成法。

发酵法是利用玉米、木薯、高粱等淀粉类原料，或者利用蜜糖等糖质类原料，还有的是利用木屑、农作物秸秆等纤维类原料，经水解、发酵等一系列酿造工序，制造出工业酒精。

化学合成法主要是乙烯水化法。乙烯水化法是利用乙烯（主要来源于石油裂解气）和水在催化剂作用下发生化学反应，制取工业酒精。

工业酒精有毒。工业酒精中含有甲醇、醛类等杂质，甲醇、醛类都是有毒物质，尤其甲醇的毒性很强，饮用少量含有甲醇的工业酒精即可引起中毒反应，超过一定剂量会导致死亡。我国明令禁止利用工业酒精制造各种酒类。

（2）食用酒精

食用酒精是用谷物、薯类、甘蔗等淀粉、糖类或纤维素含量高的农作物作为原料，经蒸煮、糖化后，放入发酵罐里发酵，再经过过滤、蒸馏等工序，而得到的供食品工业使用的酒精。食用酒精的主要成分为乙醇和水，其中乙醇含量为95%，除此之外还含有醛、酯、酸、醇四大类主要杂质，以及钾、铁、铅、镉等元素。

（3）医用酒精

医用酒精是用淀粉类植物经糖化、发酵、蒸馏制成，用于医疗上的灭菌杀毒。医用酒精的乙醇浓度不能太高，也不能太低，太低了消毒杀菌效果差，太高了又会在病毒、细菌表面形成一层保护膜，杀毒灭菌效果也不好。所以医用消毒酒精的乙醇含量一般为70%~75%，这个范围杀菌的效果最好。

（4）无水酒精

无水酒精，即无水乙醇。无水乙醇并非完全无水，而是指乙醇含量较高的乙醇水溶液，浓度一般为99.5%。无水乙醇是一种重要的化学原料，广泛用于生产药物、化妆品、香料、卫生用品、油漆、涂料、燃料、洗涤剂、杀虫剂等。

3. 白酒的分类

关于酒的起源，除了猿猴酿酒的传说外，人们更倾向于仪狄造酒和杜康造酒之说。仪狄，夏禹时期的一位掌管造酒的官员，传说仪狄在夏朝开创初期，就将三皇五帝时期散落于民间的各种酿酒方法收集在一起，进行归纳总结，最后统一成一种造酒方法，使之流传于世。杜康，又名少康，夏朝第六位君主，也是夏朝的一位中兴之主。杜康善酿酒，汉《说文解字》载："杜康始作秫酒"（秫，高粱），因此后世尊其为酒神、酿酒始祖，一来二去人们就以"杜康"借指酒，杜康成为酒的代称，曹操的"何以解忧，唯有杜康"更是成为后世广为人知的一句酒诗。

如果说酒源起于夏朝，那么商朝就是酒的大发展时期。3000多年前的商朝不仅有我国最早的甲骨文，也是中国历史上第一个酒文化高峰期，所以自古就有"商人好酒"之说。到了商朝后期，饮酒之风更烈，上至王公贵族，下到中上层平民，整个社会都弥漫在浓浓的酒气之中，终至纣王纵酒失国。

据《史记·殷本纪》记载，商纣王以酒为池，悬肉为林，为长夜之饮。后世用"酒池肉林"形容生活糜烂、腐化堕落、荒淫无度。

到了汉唐时期，随着酿酒业的逐步发展，饮酒之风上升到了一个新的高度，进入了一个全新的发展阶段。尤其唐代经济繁荣，文化昌盛，整个社会从上至下盛行饮酒之风，酒的品质、价格也适应了各个阶层的需求，达官贵人喝清酒，普通大众、底层平民、潦倒文人喝浊酒。《三国演义》主题曲中有"一壶浊酒喜相逢，古今多少事，都付笑谈中"，杜甫《登高》中有"艰难苦恨繁霜鬓，潦倒新停浊酒杯"，浊酒，即浑浊的酒，没有过滤的酒。与浊酒相对的就是清酒，李白《行路难》中有"金樽清酒斗十千，玉盘珍馐直万钱"。

《三国演义》主题曲中有"白发渔樵江渚上，惯看秋月春风。一壶浊酒喜相逢。古今多少事，都付笑谈中。"渔樵，渔人和樵夫，说明普通人都喝浊酒。

元代时，蒸馏酒技术传入中国，自此开始有了白酒，白酒也称"烧酒"，《本草纲目》记载："烧酒非古法也，自元时创始，其法用浓酒和糟入甑，蒸令气上，用器承滴露。"（甑，蒸馏器）

白酒发展至今，种类繁多，按不同的划分方法，有各种不同的类型。

（1）按香型分类

酱香型：以高粱、小麦等为原料。常见的风味特征描述：酱香突出、酒体醇厚、优雅绵甜、丰满圆润、芳香浓郁、余味悠长。

浓香型：以高粱为原料。常见的风味特征描述：纯正协调、窖香浓郁、淡雅醇厚、绵甜甘冽、香醇爽口、悠柔丰腴、尾尽余香。

清香型：以高粱等谷物为原料。常见的风味特征描述：清香优雅、纯正协调、清爽细腻、芬芳浓郁、醇甜柔和、后味爽净。

米香型：以大米为原料。常见的风味特征描述：自然清雅、米香纯致、甘爽醇郁、入口绵柔、落口香甜、回味悠长。

其他香型。

（2）按原料分类

谷物酒：以高粱、小麦、玉米、大米等谷物为原料酿制的白酒。

果酒：以水果为原料酿制的酒，如葡萄酒、李子酒、苹果酒、香槟酒等。

薯干酒：以甘薯、木薯、马铃薯等薯类作物为原料酿制的白酒，也称瓜干酒，有的地方叫红薯酒、白薯酒。因薯干酒所用原料的淀粉和糖类含量高，易于蒸煮、糖化，出酒率高，所以薯干造酒的应用比较广泛。

其他原料：以淀粉、糖分含量高的农副产品（如谷物糠、甘蔗等）为原料造酒，这样的酒相对来说酒质差，价格低廉。

（3）按生产方式分类

固态法白酒：以谷物为原料，在蒸煮、糖化、发酵、蒸馏过程中，采用固态基质、固态配料、固态流转的方式酿制的白酒。

液态法白酒：采用液态配料、液态糖化，发酵和蒸馏也在液体状态下进行的全液态方式制成的白酒。我们平时说的酒精酒、勾兑酒，就属于液态法白酒，即以食用酒精为基础酒，经加香调配、勾调勾兑而成的白酒。

固液法白酒：采用固态法与液态法相结合的方式（30% 固态法白酒 +70% 液态法白酒），以固液发酵或固液勾兑为基础，再经加香调配、勾调勾兑而制成的白酒。这种方法生产的白酒，既具有固态法白酒的风味，又提高了酒的出酒率和生产效率，因此，固液法白酒非常受酒品制造者的欢迎，被称为造酒新工艺或新型白酒。

（4）按糖化发酵剂分类

按糖化发酵剂（酿造用曲）分类，白酒可分为大曲酒、小曲酒和麸曲酒。

酒糵，一般写作酒曲，通俗理解就是发霉或发芽的谷物，或者是发霉或发芽的谷物中的微生物霉菌。

这些发霉谷物中的微生物霉菌分泌的淀粉酶，能把酿酒原料中的淀粉转化为糖分，糖分再在酵母菌的作用下，发酵分解为乙醇，也就是酒精。制作大曲的原料主要是大麦、小麦和豌豆，制作小曲的原料主要是稻米。

（5）按酒度分类

按酒度（酒精含量）分类，白酒可分为高度酒（50 度以上）、中度酒（40~50度）和低度酒（39 度以下）。

（6）按酒质分类

按酒质分类，白酒可分为高档酒、中档酒和低档酒，当然，也可以按照价格和包装将白酒分为高档酒、中档酒和低档酒。

4. "勾兑酒"的说法不准确

不得不说，现实生活中，我们很多人不具备基本的健康知识，抽烟的人不知道尼古丁是什么，喝酒的人不知道酒精是什么。

有些人，整天把粮食酒、勾兑酒挂在嘴边，却不知什么叫勾兑，认为用酒精（食用酒精）勾兑出来的酒就是勾兑酒。

有人把勾兑酒当作劣质酒的代名词，甚至把勾兑酒等同于"假酒"，却不知任何酒都需要勾兑，勾兑是制酒的必要工艺。

（1）酒都需要勾兑

因为造酒原料和生产工艺的原因，刚生产出来的酒（基酒）中除了主要成分乙醇和水外，还含有一些杂质和微量成分。

不同的原料来源，不同的生产车间，不同的生产批次，不同的年份，酒中的微量成分会有很大差异。这些微量成分的差异（种类、数量、比例等）决定了酒的口感和风味，其中有的微量成分有助于提升酒的口感和风味，而有的微量成分会降低酒的口感和风味。勾调、勾兑的目的就是通过降低或调整那些影响酒的口感和风味的微量成分的比例和数量，从而使酒的色、香、味，达到一种整体上的平衡状态，或勾调出某款酒特有的风味。

事实上，只要是蒸馏酒，在未勾兑之前酒精含量都是很高的，一般为 70 ~ 85 度，这叫基酒或原浆酒。不同生产车间、不同生产批次的基酒，其香气、口感、风味是不一样的，所以需要勾兑。

（2）勾兑是一种技术

有的酒，尤其是一些劣质酒，一开瓶就有一股扑鼻的呛味，喝到嘴里明显感觉又苦又辣，有时还有一种说不清的怪味，这些不正常的味道，一般都是由于酒中的微量成分数量或比例不当造成的。按道理来说，只要对酒中的醛、酯、酸、醇等物质调配得当，或者通过使用人工添加剂，就能把酒的酸、甜、苦、辣等味道调配到恰当的范围。比如在酒中添加酯类物质，一可以增加酒的甘甜和香气，二可以压制酒的辣味、苦味（这也是为什么有时候喝酒猛一喝感觉又苦又辣，但仔细品味又感觉有一种甘甜的味道）。同时，酒的甜味和香气增加后，还可以掩盖酒中的异味等。

道理听着简单，但实际操作起来却非常复杂，需要勾调师高超的技术和技巧，如果勾调不当或者勾兑工艺落后，就会使酒品出现苦、辣、酸、涩、呛、怪等口感或味道。

（3）粮食酒和酒精酒

粮食酒，顾名词义，就是用高粱、小麦、玉米、大米等粮食酿造的酒。日常生活中，为了体现粮食酒与酒精酒的区别，通常把粮食酒叫作纯粮酒。

什么是酒精呢？首先我们回顾一下什么是食用酒精，食用酒精是用谷物、薯类、甘蔗等作为原料，经过蒸煮、糖化、发酵、蒸馏等工序，生产出来的供食品工业使用的酒精。食用酒精主要供食品工业使用，本质上相当于食品工业的一种原材料，所以食用酒精的制造标准比较一致，市场价格比较固定，当然价格也比较低廉。

酒精酒是以食用酒精为原料，经勾调、调配制成的饮用酒。

正因为任何酒都需要勾兑，所以将平时我们所说的勾兑酒称为酒精酒（用食用酒精勾兑而来的酒）更恰当。

第 18 章
你真的知道酒的味道吗

每个酒民的人生第一口酒都是苦的、辣的。我们是从什么时候开始把喝这种又苦又辣的东西当作"享受"的？答案：自从我们喝酒上瘾之后。

我曾经不止一次问过喝酒的人："酒是什么味道？"每次得到的回答都惊人地相似。

"酒是什么味道？"
"……"
"我告诉你吧，酒是苦的。"
"怎么可能？我喝了一辈子酒，怎么会是苦的？"
"如果不是苦的，那是什么？"
"……"

喝了这么多年酒，你真的知道酒的味道吗？

如果我问你酒是什么味道，你一定不屑于回答，喝了这么多年酒，还不知道酒的味道吗？不就是有时候有点甜，有时候又有点苦，有时候是香的，有时候又是辣的，对吧？这个说法不错，高兴时酒是香的、甜的，是"香醇美酒"，不高兴时酒是苦的、辣的，所以有人说"人生就像一杯苦酒"。如果我问你具体怎么辣？辣在哪里？嘴唇、舌头还是喉咙？食道、胃还是肠道？具体描述一下这种辣的感觉是什么样的？我再问你，酒真的甜吗？到底是苦的还是甜的？你仔细品尝一下，到底是苦的还是甜的？

其实很多事情都是这样，我们很容易被自己的大脑所欺骗，很多时候容易"想当然"，我们想当然地以为，自己喝了这么多年酒，怎么会不知道酒的味道？

关于这个问题，我们曾经做过一个测试，在街上随机走访路人，看看他们在现场不接触酒的前提下，谁能说出酒（白酒）的味道，我们要验证一下，是喝酒的人说得准确，还是不喝酒的人说得准确。

我们将调查对象分为三类：经常喝酒的人、偶尔喝酒的人和从不喝酒的人。测试开始前几乎所有人都对这个实验嗤之以鼻，说："这还用问吗，当然是那些天天喝酒的人最知道酒是什么味道了。"但是，测试结果却出乎所有人的意料，恰恰是那些天天喝酒的人不知道酒的味道，他们既没有像社会信息灌输的那样说酒香、醇、甜，也没有像小孩子那样说酒苦、辣、呛，他们乍一听到这个问题一脸茫然，虽然天天在喝酒，当被问到酒是什么味道时，他们还是一下子愣住了。而从来没喝过酒的人则说："酒的味道应该还不错吧，要不那么多人爱喝呢。"他们没喝过酒，他们想当然地以为，喝酒的人是因为酒的味道好才喝酒。也有人说："我虽然没喝过酒，但我闻过，酒呛鼻子，还有一股化学品的味道，很难闻。"

最后的结果是，经常喝酒的和从来不喝酒的人都说不出酒是什么味道，回答最准确的是那些在酒场上偶尔喝一点酒的人，他们能准确地说出酒的味道："闻着有一股刺鼻的呛味，喝到嘴里有点苦，往下咽的时候有点辣。"当被问到"好酒"和"赖酒"有什么不同时，他们这样回答："在我看来，好酒赖酒都一样，主要成分都是酒精。根据我的体会，好酒赖酒的区别仅在于它的苦味、辣味、呛味，有的轻一些，有的重一些。"我想他们能有这样的客观认识，能一针见血地看透事物的本质，必然是因为他们喝酒没瘾，所以偶尔在酒场上喝酒时，别人喝得五迷三道，他们却始终清醒。"众人皆醉，唯我独醒"，他们在以一种观察者的心态看别人喝酒，他们也一定不止一次地思考过："这酒到底是个什么东西，能让人如此癫狂？"

在酒场上他们是最清醒的，他们把一切都看在眼里，所以看待酒他们是最透彻、最理性的。

的确如此，只要用心体会我们喝下的每一口酒，从入口到咽下，生理上的感受其实并不好，入口时又苦又辣，往下咽时偶尔会呛嗓子，有时还会忽然飘来一股难闻的化学品味道。不管是"好酒"还是"赖酒"，只要你用心仔细品尝，都有这样的一种感受，区别仅在于有的酒轻一些，有的酒重一些。

为什么天天喝酒的人，反而不知道酒的味道？或者明明这个东西不好喝，甚至很难喝，可还是要一口一口地往肚里灌；有时明明喝到嘴里感觉不舒服，却还是要强迫自己咽下去；明明是一副硬着头皮才喝下去的样子，喝完后却显得很陶醉、很享受；明明辣的龇牙咧嘴，却还说"好酒，好酒"。这是为什么呢？我们是从什么时候开始把喝这种又苦又辣的东西当作"享受"的？我们又是从什么时候开始把这种难以下咽的东西称为"美酒"的？从什么时候开始酒在我们心目中成了好东西？从什么时候开始我们已经离不开酒了？答案是：自从我们喝酒上瘾之后。

不管酒量大还是酒量小，没有人生来就喜欢喝酒，每个酒民的人生第一口酒都是苦的、辣的，在我们喝酒还没有上瘾时，酒既不"美"也不"香"。但自从喝酒上瘾之后，这一切都变了，我们对酒的关注点已经不在于酒本身，也不在于酒好喝不好喝。"我们喝的不是酒，是寂寞""我们喝的不是酒，是心情""我们喝的不是酒，是感情"，这里的"寂寞""心情""感情"还可以替换为很多词——情怀、故事、友谊、人生、生活。这虽是"酒话"，却也说明了喝酒人的关注点已不是酒，而是喝酒这件事，至于酒是什么味道，他们并不关心，他们关心的是按时向身体里灌入一定量的酒精，完成喝酒这个行为。

即使那些说酒好喝，评判某酒香、醇、甜，喝一口酒连呼"好酒！好酒！"的人，不喝酒的人可能会赞其懂酒、会品酒，而事实上他们同样也不过是酒瘾而已。他们喝酒时夸酒、赞酒，表达的是他们那一刻的心情，确切地说是酒瘾得到满足的心情，而不是酒本身。

假设我们可以控制那些平时只喝"好酒"不喝"赖酒"的"高手"，让他们连续几天喝不到任何酒，待到他们望眼欲穿、痛苦难捱的时候，再拿出"赖酒"，你觉得他们喝不喝？其实这完全不用实验，一想就知道，这时即使你给他们"最赖的酒"，他们也会抢着喝，而且一样也会喝得很享受，至于酒的味道，他们早已不在乎。或许他们喝这些酒时，或眉头紧锁，或龇牙咧嘴做痛苦状，但这丝毫不影响他们边喝边连呼"好酒！好酒！"

2021 年春天，一个春风和煦的傍晚，我和几个朋友在河畔烤串饮酒。席间，一位资深酒友和另一个朋友大谈"好酒"，这时我才注意到桌上放着两瓶酒，细看之下，一瓶"好酒"，一瓶"赖酒"。说实话，听着他们对话，我很有一种后悔的感觉，后悔自己以前没有好好对比一下"好酒"和"赖酒"的味道有什么不同。实事求是地说，如果让我重新回到以前喝酒的时候，我真得好好品品呢（当然这是不可能的，因为我已是个非饮酒者了）。于是，我起身拿起这瓶"好酒"，仔细端详了好一阵，然后和这位资深酒友有了下面这段对话：

我：好酒什么味道？

酒友：好酒挂杯，比如你从高处往杯里倒酒时，能拉成一条线。

我：好酒什么味道？

酒友：好酒倒在杯子里，能高出杯沿而不溢。

我：好酒什么味道？

酒友：好酒倒在杯子里有酒花，经久不散。

我：好酒什么味道？

酒友：好酒不上头。

我：好酒什么味道？

酒友：好酒入口醇厚，入喉清澈甘洌，下咽时有一种酣畅淋漓的感觉。

我：好酒什么味道？

酒友：酱香型酒好喝。

我：好的，就按你说的，酱香型酒好喝，那么是不是即使是酱香型酒，也有高、中、低档之分？或者说也有好赖之别？现在我们假设有两瓶酱香型酒，一瓶高档的，一瓶低档的，那么你觉得这两瓶酒的味道有什么区别？

酒友：好酒入腹后，有一种饱满、厚重的感觉，很舒服。

我：好，现在大家喝酒气氛正热烈，如果我们交替着喝这两瓶酒，其实味道也喝不出有什么区别，是这样子吗？

朋友：是的，这时正忙着聊天，顾不上品酒的味道。

我：如果这时有人偷偷把你的"好酒"换为"赖酒"，你也发现不了，是吗？

酒友：是的。

我：如果此时有人问你"这酒怎么样？"你一定也会说"好酒，好酒！"是这样吗？

酒友：是的。

这段对话很出乎我的意料，最后我也没有问出好酒到底是什么味道。但从中我们却可以看出一个道理：酒好、酒赖其实是心理作用，或者说我们喝酒不是因为酒好，而是因为我们有酒瘾。

第 19 章
酒瘾的骗局

你不是享受喝酒的感觉，你是忍受不了不喝酒的滋味。

喝酒的人，每次到了自己的喝酒点，如果能正常喝到酒便什么事也没有，如果喝不到酒，就会痛苦难受、空虚无聊。此时只要喝上酒，症状马上消失，直到下一次再犯酒瘾。"犯瘾—喝酒—再犯瘾—再喝酒"，循环往复，日复一日，年复一年，喝酒人的时间和精力就这样被酒精耗散了。

表面上看，喝酒可以解除痛苦、缓解压力，排解空虚无聊，可是你想过没有，这些紧张、压力、空虚、无聊是从哪儿来的？或者说为什么你一不喝酒就感到痛苦难受、空虚无聊，而不喝酒的人就不会？因为酒瘾。因为你有酒瘾，所以当你想喝酒而喝不到时，就会出现诸如痛苦难受、空虚无聊、焦虑不安等戒断症状，不喝酒的人没有酒瘾，自然不会有戒断症状。

但酒瘾是从哪儿来的？凭空产生的吗？当然不是！

事实上，正是当初的第一口酒让你沾上了酒瘾，从此离不开酒。也正是后来的一次次喝酒，才导致你的酒瘾越来越大，以致现在一次不喝都不行！

没有一次次的上一顿，就没有你没完没了的下一顿，也就没有你今天反反复复、欲罢不能、欲戒还喝的酒瘾。

所以，你每次犯酒瘾时的痛苦难受、空虚无聊（酒精的戒断反应），都是以前喝酒造成的！

或许你会说，不是犯酒瘾才感到空虚无聊，不犯酒瘾有时也会空虚无聊。没错，人都会有空虚无聊的时候，但正常人不会因为空虚无聊而想到喝酒，而你只要空虚无聊就会想到喝酒（其实就是犯酒瘾了），当然你不一定马上就去喝酒，你会在心中默默地计划"晚上好好喝点"，潜意识里还会暗下决心"晚上一定要多喝点"，你甚至会盼着早点下班，条件允许的话，你还会比平时提前去吃饭——以便早点开始喝酒。

所以你不是为了缓解压力，排解空虚无聊而选择喝酒，而是一遇到紧张压力或空虚无聊，你就不由自主地想喝酒，至于酒醒后更空虚、更无聊，你根本想不到这一层，此时你只想喝酒。

关于此，其实在前面章节我们已经说过了，这属于情绪触发酒瘾（心瘾），是饮酒模式的一种。

酒民每一次喝酒，都是为了缓解上一顿酒所带来的生理上的酒精缺失感，和心理上的空虚感，同时也为下一顿酒做好了准备——用下一顿酒来满足这一顿酒所制造的生理上的酒精缺失感和心理上的空虚感。

喝酒的唯一目的和"功效"是减少或缓解戒断症状。

每一次饮酒，既是上一次饮酒导致的结果，也是下一次饮酒的诱因。

每一次饮酒，原因只有一个——缓解上一次饮酒所制造的空虚和不安，结果也只有一个——用下一次饮酒来缓解本次饮酒所导致的痛苦和难受。

事实上，先制造痛苦再缓解痛苦，是瘾症的共同特点。它们先是千方百计地诱惑你，让你对它们产生依赖，进而让你离不开它们，以此来制造痛苦，再让你不断地摄入它们来缓解痛苦，然后给你一种假象，好像是它们帮你减少或消除了痛苦，让你产生摄入它们是"享受"的错觉。

这就如同为了享受憋一大口气再吐出来的那种畅快感，于是就天天憋气；为了享受挠痒痒的那种舒服感（实际上是轻微的疼痛掩盖了痒的感觉），而故意让蚊子叮咬自己；为了享受火的温暖，而故意把手放冰水里冻2分钟，再拿出来在火上烤；为了享受大病初愈的身心愉悦，而故意把自己弄出病来一样，这是多么荒唐可笑。

你一定有过这样的感受，正在伏案工作时一只苍蝇在眼前飞来飞去，让你心烦意乱，你终于忍无可忍起身把它打死了，此时，你感到世界如此的安宁，你的心情一下子平静了下来。可是世界本来就是如此，是那只苍蝇扰乱了你内心的宁静。

现在你明白了吧，所谓的"喝酒是享受"，是先通过一次次的喝酒练习，让自己对酒精上瘾，从而产生不喝就难受的戒断症状，然后享受解除戒断症状的乐趣。所以喝酒人所谓的喝酒乐趣、享受、精神慰藉都是假象，是酒瘾的骗局。

那个漂流到荒岛上的"酒鬼"，假设有一天他突然发现了一箱前主人留下来的"赖酒"，这种"赖酒"以前他绝对不喝，现在你认为他会喝吗？他会把这些以前看都不看的"劣质酒"倒进海里吗？你猜得一点没错，这时他潜意识中关闭了许久的喝酒欲望会瞬间被触发，他一定会欣喜若狂，不但很快把这一箱酒喝完，还会四处寻找，翻遍整个小岛，看主人会不会在别的地方也藏着酒。如果这时他发现了一套主人留下的酿酒设备，他一定会在第一时间学会使用这套设备自己酿酒，尽管那种塑料壶装的散酒，以前他是从来不喝的。

为什么会这样？是酒瘾，而与"酒好""酒赖"无关。

酒瘾犯了，忍的时间越长，喝第一口酒时感觉越爽，这是因为时间越久，心理上对酒精的渴望就越强烈，得到满足时就感觉特别畅快，就像饿得越久吃饭越香一样。事实上这不是爽，而是不再难受。

吃饭时喝酒的人，不是为了享受喝酒或者认为喝酒有好处才喝酒，而是不喝酒他们就无法像正常人一样吃饭。

社交场合喝酒的人，不是因为社交需要才喝酒，而是不喝酒他们就无法集中精力于社交（看着别人喝而自己不能喝，便心不在焉，如坐针毡）。

一个人独自喝酒，并不是为了享受自斟自饮的意境，而是不喝酒他就无法安心地独处，就会感觉孤独寂寞、空虚无聊，不喝酒他就会无所事事。

不喝酒的人不会因为喝不到酒而空虚无聊、无所事事，他们总是有事情做。生活本来就是这样嘛，需要我们做的事情很多，我们经常听不喝酒的人说家里家外有忙不完的事情，可是却很少听嗜酒者这样说。

如果你仔细观察那些爱喝酒的人，说他们"每天泡在酒里"一点都不为过，你看他们每天不是在喝酒，就是在醒酒；不是酒后耍酒疯，就是酒醒后懊悔自责，要么就是天天发誓"明天开始戒酒"。嗜酒者的心思都在酒上，他们生活的中心就是喝酒，不喝酒就会感到"无所事事"。

回想自己当年还是"酒鬼"的时候也是如此，那时沉湎于酒中，意识不到这些问题。还觉得自己每天过得很充实，觉得自己的生活比不喝酒的人更丰富多彩，有时甚至自我感慨：这才叫人生，这才是生活！

当然这是喝酒时的心里感觉，酒醒后也会后悔，但后悔归后悔，那时无论如何都想不到喝酒与消耗时间、荒废人生这一层关系的。

现在知道了，喝酒时的那种感觉，不过是生理上神经麻醉和心理上酒瘾得到满足，双重作用的"效果"而已。不过是酒精制造的假象，酒精麻醉给自己造成的幻觉，酒瘾的骗局罢了。

正所谓"当局者迷，旁观者清""不识庐山真面目，只缘身在此山中"。

戒酒吧，朋友们，戒酒后，你会恍然大悟的！

这一切都是因为酒瘾，是酒瘾导致他们不喝酒就无法正常吃饭，不喝酒就无法正常社交，不喝酒就无法安静地独处。

只有喝酒的人才会不喝酒就难受，不喝酒的人不存在这个问题。

喝酒人不是因为喝酒而放松，而是不喝酒他们就不放松；喝酒人不是因为喝酒而快乐，而是不喝酒他们就不快乐。

喝酒人每天喝酒的唯一原因是上瘾。

你不是享受喝酒的感觉，你是忍受不了不喝酒的滋味。

这就是酒精的魔力，酒瘾的骗局。

第 20 章

多巴胺欺骗

戒酒，你不是放弃了一位朋友，你是消灭了一个敌人。

多巴胺是大脑分泌的一种神经传导物质，能帮助神经细胞传递与人的情感、情绪、情欲有关的信息，如开心、快乐、愉悦等，所以多巴胺也被人们形象地称为"快乐物质"。多巴胺是瑞典科学家阿尔维德·卡尔森发现的，他的研究成果使人们认识到，帕金森症和精神分裂症等疾病的起因，是因为人的大脑中的某个部位缺乏多巴胺，由此进一步证明精神分裂症等精神、情感类疾病，是可以通过药物治疗（辅助）的。基于卡尔森教授在神经信号传导上的巨大成就，他获得了 2000 年诺贝尔生理学或医学奖。

不管是抽烟、喝酒等物质性成瘾，还是吗啡、杜冷丁等药物性依赖，都与多巴胺有关。这些物质能使大脑分泌多巴胺，使人产生快乐、愉悦感，多巴胺分泌的越多，人就越感到快乐、愉悦。长期反复使用，人就会对这种物质产生依赖，就是我们平时说的上瘾。一旦停止使用或减少使用量，就会产生紧张焦虑、空虚不安的戒断症状，只要恢复使用，症状马上消失。

科学家曾用小白鼠做过一个有关多巴胺的试验：

科学家在小白鼠大脑中分泌多巴胺的区域植入电极，然后训练小白鼠按电极开关，每按一次开关，小白鼠大脑的那个部位就被电击一次，小白鼠大脑就会分泌多巴胺，小白鼠就会得到快感。多次训练后小白鼠就学会了自己去按开关，把开关换个地方，小白鼠仍然能找到，把开关用东西遮盖住，小白鼠也能找到，在开关前设置障碍，小白鼠会想法翻越障碍，给开关下面垫上烧热的铁丝网，也阻止不了小白鼠去按开关，脚都烧焦了，小白鼠依然义无反顾。

在这个试验中，电击发生时小白鼠得到了一时的快感，可是快感很快就消失了，于是小白鼠就不停地去按开关。最终小白鼠得到了什么？它得到的仅仅是在欲望的驱使下不停地去按开关，而且按开关的频率越来越高，需要的电流强度也越来越大。

小白鼠除了为这个快乐的错觉而疲于奔命外，其他什么也没有得到，人类的抽烟、喝酒行为不是跟小白鼠按开关行为很相似吗？

多巴胺虽然号称"快乐物质"，但从刺激强度来说，多巴胺带给人的快乐、愉悦感，比酒精对大脑的麻醉作用要轻微得多，而且每一次饮酒时，随着饮酒的进程，酒精对大脑的麻醉作用很快就能覆盖掉多巴胺对大脑的刺激作用。在前面章节中我们也讲到，多巴胺欺骗、酒精的陷阱、社会信息灌输、自我欺骗，这四大因素对心瘾形成的贡献值是不一样的，其中酒精麻醉对心瘾形成的贡献值最大，其次是社会信息灌输，然后是自我欺骗，最后是多巴胺，多巴胺对心瘾形成的贡献值最小。

接下来我们重点说说心隐形成的三个主要因素：

● 酒精的陷阱
● 社会信息灌输
● 自我欺骗

第21章
酒精的陷阱

那不是放松，那是酒精麻醉；

那不是睡着了，那是酒精中毒。

经常有人说"喝酒能让人放松""喝酒有助于睡眠""喝酒能排忧解愁"，然而事实果真如此吗？酒精真的能让人放松吗？是神经麻醉，还是精神放松？是因为麻醉而暂时忘记忧愁，还是"借酒浇愁愁更愁"？

喝酒的这些所谓"好处"是不喝酒人的臆测，还是以讹传讹、人云亦云？喝酒人是为这些所谓"好处"而喝酒，还是被酒魔控制身不由己？

现在我们就来看看，我们是如何被酒精欺骗的，酒精是如何在伤害我们的同时，还让我们对它感恩戴德的。

1. 是麻醉还是放松

首先我们来看看食物在人体内的消化吸收过程。食物经口腔、食道进入胃，胃的主要功能一是贮存食物，二是将贮存的食物初步消化为食糜，然后将食糜送入小肠。小肠是食物的主要消化器官，食物的消化吸收主要在小肠内完成：

食物中的糖类在小肠内被分解为葡萄糖，然后被小肠吸收，进入血液；

食物中的蛋白质在小肠内被分解为氨基酸，然后被小肠吸收，进入血液；

食物中的脂肪在小肠内被分解为脂肪酸、胆固醇等可溶于水的小分子物质，然后被小肠吸收，进入血液；

水、无机盐、维生素，不经消化直接被小肠吸收。

食物经小肠消化吸收后进入大肠，食物到达大肠时可吸收的营养就很少了（实际上这时已经是食物残渣了，只能再吸收一部分水分、无机盐和维生素），大肠的主要功能是贮存食物残渣，并分泌大肠液保护肠黏膜和润滑粪便。

由此我们可以发现一个规律，进入人体的食物，除水、无机盐和维生素外，通常都要经肠胃消化后才能被人体吸收，但还有个例外，就是酒精，酒精不用消化就可直接进入到血液中，并只需几分钟就随着血液的流动遍布全身各处。酒精具有亲神经性，到达大脑后，在大脑中不断蓄积，很快大脑中的酒精浓度就达到血液中酒精浓度的 10 倍。

酒精是一种亲神经物质，同时也是一种神经抑制剂，能对人体神经系统产生麻醉和抑制作用。酒精到达大脑后，初始时少量酒精的刺激作用，使大脑异常活跃，人会变得格外兴奋。但持续的时间很短暂，随着进入大脑的酒精数量增多，酒精开始对大脑皮层产生麻醉作用，人很快就从开始饮酒时的神经兴奋状态进入麻醉状态，这时思维变得迟钝，对外界敏感度降低，于是就给人一种"放松"的错觉，让人误以为喝酒能使人"放松"。平时人们所说的"喝酒能解乏""喝酒能缓解疲劳""喝酒能减轻压力""喝酒能排解忧愁"与"喝酒能使人放松"道理一样，都是酒精麻醉制造的假象。

随着饮酒的进行，酒精开始对整个中枢神经系统发挥抑制作用。

人体神经系统由中枢神经系统和周围神经系统组成，中枢神经系统包括脑和脊髓，是神经系统的主要部分，周围神经系统包括脑神经（脑发出的神经）和脊神经（脊髓发出的神经）。

脑包括大脑、小脑和脑干。大脑主要包含大脑皮层（大脑表面的沟回），大脑皮层是中枢神经系统的最主要部分，是控制和调节人体的生理、心理、思维、情感活动的最高级中枢，它包括躯体运动中枢、语言中枢（说话、阅读、写作、思考）、视觉中枢、听觉中枢、躯体感觉中枢等。小脑的主要功能是调节和控制肌肉张力，使身体保持平衡。

脑干上与大脑、小脑相接，下与脊髓相连，脑干的主要功能是控制和调节呼吸、循环和心跳等人体基本生命功能，因此被称为人体的生命中枢。脑干受损意味着生命危险，脑干死亡代表躯体死亡。脑干不受主观意识控制，所以人昏迷或失去意识时，还能自主呼吸，心跳也不会停止。

曾经有人做过一个 3 只小狗实验：把小狗的大脑切除，心脏还在跳动，呼吸也在继续，但小狗没有了知觉；把小狗的小脑切除，小狗失去身体平衡能力，动作不协调，腿抬得高，步子迈得大，显得十分笨拙；把小狗的脑干切除，心跳和呼吸停止，小狗直接死亡。

酒精对人体中枢神经系统的抑制作用也是这样一个规律：初期抑制大脑，使人语言和行为失控；进而抑制小脑，使人失去平衡，走路歪斜，摇摇晃晃；最后抑制脑干，致人"昏睡"（实为中毒昏迷），威胁人的生命。

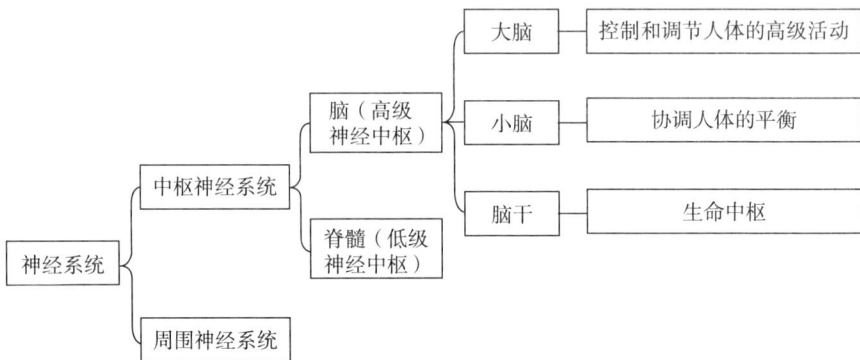

神经系统的构成

当然酒精对大脑、小脑、脑干的抑制作用是同时进行的，从你喝下的第一口酒开始，酒精就对它所到达之处的神经开始发挥作用了，只是开始时小脑和脑干的被抑制状态不明显。

人体的神经系统是一个复杂的控制系统，它控制着人体各器官、系统的活动，也左右着人的思维、心理和情绪。

中枢神经系统包括脑和脊髓，脑包括大脑、小脑和脑干。按道理来说，大脑包括在中枢神经系统之内，但在本书中为阅读和理解方便，我们有时将"中枢神经系统"表述为"大脑和中枢神经系统"，这样略带重复的表述是为了让读者看到这句话时，能在大脑中同时反应出"大脑"和"中枢神经系统"这两个概念，因为按照我们大众的认知和理解习惯，如果我们仅表述为"中枢神经系统"，很可能人们想不到"大脑"，或者忽视或弱化"大脑"。比如在阐述酒精麻醉这个概念时，如果我们仅表述为"酒精对中枢神经系统产生抑制作用，使人的自我控制能力降低"，读者看到这句话时就不如看到"酒精对大脑和中枢神经系统发挥抑制作用"这句话更能使人直接联想到大脑，因为在我们大众认知里"大脑是控制一切的"，中枢神经系统的概念相对比较模糊。

尽量不让读者在阅读过程中分心，分心会影响阅读效果，这是我们的编写原则之一。总之，我们做这一切的中心目标只有一个——让读者顺利地完成阅读，高效地清除心瘾，一次性地把酒彻底戒掉。

2. 酒精对大脑和中枢神经系统发挥作用的 4 个阶段

酒精对大脑和中枢神经系统的抑制作用，可以分为酒精刺激期、酒精麻醉期、酒精麻痹期和酒精酒精中毒期 4 个阶段：

第一阶段：酒精刺激期。饮酒刚刚开始，表现为兴奋、喜悦、欢快、自信。人比平时更爱说、能说了，而且说起话来很有一种幽默诙谐、能言善辩的味道。此阶段语言表现为"花言巧语"。

第二阶段：酒精麻醉期。饮酒"渐入佳境"，表现为放松、活跃、慷慨激昂，自控力开始下降。此阶段语言表现为"豪言壮语"。

第三阶段：酒精麻痹期，就是我们平时说的"喝好了"，表现为反应迟钝、口齿不清、动作不协调、身体平衡能力下降。酒民每次饮酒量与最大身体承受量相当时就是这样的状态。此阶段语言表现为"胡言乱语"。

第四阶段：酒精中毒期，就是我们平时说的"醉了"，表现为面色苍白、表情呆滞，严重时昏昏欲睡、血压下降、体温降低、脉搏减弱，再进一步就是失去意识，甚至休克、死亡。此阶段语言表现为"不言不语"。

需特别说明的是：

● 本章以及本书中，凡是说到饮酒"若干"时，并非确切数量，而是约数，很多时候我们仅是以此举例来说明某一道理。

● 本章以及本书中，凡未说明白酒度数时，均默认为 40 度。

另外，还有两个问题需要特别解释一下，就是关于酒量与醉酒、酒量与酒精依赖度之间的关系问题。

首先我们来看酒量与醉酒的关系。

我们知道，酒量是指一个人的日常饮酒量，也就是平时每次喝酒时的固定饮酒数量（饮酒模式），而不是指身体的最大酒精承受量。因此就会出现这样一种现象，有的人酒量大于最大酒精承受量，有的人酒量小于最大酒精承受量，当然大部分人的酒量与他的最大酒精承受量基本相当。也就是说，相同酒量的人，同样都喝够自己的量，但他们呈现出的醉酒状态不一定相同。

比如有酒民甲、乙、丙三人，他们经常一起喝酒，三人的酒量差不多，基本就是半斤，因此他们平时喝酒都是 250 毫升小瓶酒，每人一瓶，也不需你谦我让，大家自斟自饮。但他们之间有个不同的地方，就是最大酒精承受量不一样，甲的最大酒精承受量为 7 两，乙的最大承受量为半斤，丙的最大承受量为 3 两。现在他们三人一起喝酒，都喝够自己的量（也就是半斤），我们来看看结果如何。

甲半斤酒下肚，言行举止变化不大，表面上看不出醉酒的样子（实际上已处于醉酒状态，只是相对较轻而已），这也恰好印证了他的最大酒精承受量大于半斤，但是他喝完半斤酒后就不喝了。乙喝到半斤时，醉态明显，最大的变化是言语增多，面色潮红，人变得异常活跃，就是平时我们说的"喝好了"那种状态，说明他的最大酒精承受量刚好是半斤，不能再喝了。不过还好，不用别人劝，这时他自己就停下来了。而丙呢，其实在他喝到 3 两酒时就已显醉意（相当于甲喝 7 两、乙喝半斤时的状态），所以当他喝到半斤酒时就明显醉了，动作迟缓，站立不稳，说话语无伦次，反应迟钝，目光呆滞，实际上这已经是"大醉"状态了。

　　所以你看，三人酒量相同，醉酒状态却不同，说明了什么？说明酒量相同的情况下，最大酒精承受量决定了不同的醉酒状态。

　　有人喝酒"适可而止"，有人即醉即止，有人每次都要喝到大醉才停下来，追求彻底喝醉后的沉沉昏睡状态（实际上这是酒精中毒后的昏迷），我们平时说的"每喝必醉"指的就是这种人，每次喝酒他们都是不醉不休。

　　说了酒量与醉酒，我们再来看看酒量与酒精依赖度的关系。
　　假设有一个群体，所有人的最大酒精承受量都是半斤，那么在平时喝酒时，大部分人喝到半斤左右时就不喝了，说明大部分酒民的酒量与自身最大酒精承受量相当。但还有两种情况，一种是喝到三四两时就不喝了（虽然他的最大酒精承受量是半斤），另一种则必须要喝到六七两才肯罢休（虽然他的最大酒精承受量也是半斤）。这三种人属于三种不同的饮酒模式，一段时期以来，他们一直都是这么喝酒的。那么，从酒精依赖程度来说，这个群体里面喝三四两的可以算作中度酒精依赖，喝半斤的属于重度酒精依赖，喝六七两的就属于超重度酒精依赖了。当然，如果身体的最大酒精承受量是半斤，却只喝一二两，那么这就应该属于轻度酒精依赖了。

　　由以上分析可知，一个酒民的酒量（日常饮酒量）大小，是由他身体的最大酒精承受量和他的酒精依赖程度共同决定的。

　　下面我们就以一个酒量和身体最大酒精承受量均为半斤（即酒量与最大酒精承受量相当）的酒民为例，说明在一次饮酒过程中，酒精对大脑和中枢神经系统发挥抑制作用的 4 个阶段。

第一阶段：酒精刺激期

　　刚开始喝酒，比如刚喝一两时，大脑皮层突然受到酒精的刺激，人会一下子兴奋起来，话开始变多，人也开始活跃起来。这一阶段，我们把它叫作酒精刺激期，也可以叫作兴奋期。但这个兴奋期时间不长，随着饮酒的进行，酒精便由对大脑皮层的刺激作用转为麻醉作用。

第二阶段：酒精麻醉期

进入第二阶段，酒精开始麻醉大脑神经。随着饮酒量的增加，比如喝到二三两时，酒精开始对整个大脑和中枢神经系统发挥抑制作用，这时人的身体和精神彻底"放松"，喝酒前的紧张、压力、烦恼、忧愁一扫而光。

继续饮酒，气氛开始热烈起来，此时，有人开始慷慨激昂、豪言壮语，有人口若悬河、夸夸其谈。话痨、说教、喧闹是这个阶段的典型特征。

喝酒的人几口酒下肚，话也多了，胆子也大了，人也放开了，有人说这是酒的功劳，是酒让人放松，但酒精不是兴奋剂，它是一种典型的神经抑制剂，它能抑制中枢神经系统的活动，给人造成"放松"的假象。

酒后的"放松"不是真的放松，是麻醉！

酒精麻醉人的大脑，使人暂时忘记压力、烦恼，产生放松、愉悦的错觉。每次喝酒时的那些美好感觉，都会被潜意识捕捉到并存储起来。这些美好的感觉反反复复地刺激大脑，在大脑中不断地被存储、记忆、累积，最后我们的潜意识中就形成了"喝酒能使人放松""喝酒能使人减轻压力""喝酒能让人忘记烦恼忧伤"等错误认知。随着饮酒的一次次进行，这些错误认知被一次次地累积、强化，最后在我们的潜意识里就形成了喝酒的欲望，这就是心瘾。

第三阶段：酒精麻痹期

继续饮酒，喝到四五两时，酒精对大脑的抑制作用逐步从麻醉转向麻痹，此时人胆子也大了，话也敢说了，开始"胡说八道""胡言乱语"，语言完全失去控制。这个阶段，说话不经过理性思考，在感性和本能支配下口无遮拦。"酒后吐真言"是这个时期的典型特征。

人喝酒后开始话多，絮絮叨叨，喋喋不休，别人早就不耐烦了，自己还在那滔滔不绝。对不喝酒的人来说，就是在看一群小丑的"表演"，但喝酒的人意识不到这些，他们不知道自己在不喝酒人眼里是这样的，反而陶醉于自己的口才，得意于自己的"善谈"。

戒酒后回过头来再看，才知道自己喝酒时的模样，其实喝酒人都这个样子，喝了这么多年酒，哪个嗜酒者没有过惨痛的教训？哪个没有过不堪回首的往事？就说"酒后吐真言"吧，喝了酒平时不敢说的话说了，不敢做的事做了，不知得罪了多少人、坏了多少事。酒醒后又后悔莫及，于是对自己发誓："以后喝酒一定要少说话，不能乱讲话。"结果下次还是照样。

戒酒后回过头来再看自己贪恋杯中物时的这副德行，醉酒时的言行举止，其实一点都不怪不喝酒的人对我们的责怪和蔑视！

酒精麻醉，言行失控，这么简单的道理，现在才明白。痛之，悔之，诫之！

饮酒在继续，饮酒量在增加。喝到半斤以上时，酒精开始对大脑、小脑和整个中枢神经系统产生麻痹作用。这个阶段，人意识混沌，反应迟钝，头脑不清，失去自控力，丧失警惕性。这个阶段言行失控，语言和行为容易带有攻击性、挑衅性。寻衅滋事、打架斗殴往往发生在这个时期。

第四阶段：酒精中毒期

继续饮酒，比如喝到六七两时，人早已进入昏昏沉沉的醉酒状态，意识开始模糊，思维开始混乱，说话语无伦次，口齿不清，"大舌头"，站立不稳，走路 S 形。此时大脑失去自主意识，自我控制能力丧失。一般来说，大多数人不会喝到这个程度，但也有一部分人，即使如此也要硬撑着强迫自己继续喝，比如那些平时爱喝大酒、每喝必醉的人。实际上这是两种不同的饮酒模式，并不是他们主观意识上选择及时停止或者选择强迫自己继续喝，而是潜意识在控制着他们这样做。明明已经喝多了，却还强迫自己继续喝的人，是他们潜意识在追求一种"更高级"的醉酒状态——昏睡，或者说他们潜意识要的就是这种丧失自主意识的"昏睡"状态。事实上，这看似是"昏睡"，实则是酒精中毒，是酒精中毒导致的昏迷状态。

继续喝酒，比如喝到八九两时，中枢神经系统中的酒精浓度急剧上升，这个时候有时人会突然安静下来，变得忧郁、恍惚，接着会出现呼吸和循环障碍，憋喘难受、血压下降、心率加快、皮肤湿冷、体温降低，这实际上已经是重度酒精中毒的表现了。重度酒精中毒意味着控制呼吸和循环的生命中枢脑干已经被酒精重度抑制，此时患者思维停顿，意识丧失，如果不能得到及时妥善处置，就会导致呼吸循环衰竭，直至昏迷、休克，危及生命——呼吸中枢被重度抑制导致窒息，心跳中枢被重度抑制（严重麻痹）导致心脏骤停。

酒精不但抑制人的生理和心理活动，还会抑制身体的一些基本功能，比如抑制咽反射。咽反射是让人在咽喉有异物时，通过干呕的方式将异物排出来，防止异物阻塞咽喉引起窒息，这本来是人体的一种自我保护功能，但如果人在醉酒昏沉或昏睡的时候呕吐，呕吐物就有可能卡住咽喉，而此时如果人的咽反射功能恰好因为酒精抑制而无法正常工作，就会造成窒息，危及生命。

以上是酒精对大脑和中枢系统发挥作用的 4 个阶段。

酒精刺激、酒精麻醉、酒精麻痹、酒精中毒这 4 个阶段之间并没有明显的界限，每一次喝酒，从开始时酒精刺激大脑皮层使人产生短暂的兴奋，到酒精麻醉整个大脑使人产生"放松"的错觉，再到酒精麻痹大脑、小脑和整个中枢神经系统导致醉酒，最后到人体的生命中枢脑干被重度抑制，引起酒精中毒，危及生命。在这个过程中，饮酒者的酒后状态变化从兴奋到放松，从放松到醉酒，从醉酒到不省人事，是一个渐进的过程。

严格来说，并不是醉酒了才叫酒精中毒，更不是昏迷不醒了才叫酒精中毒，事实上，酒精对人体的伤害从第一口酒就开始了，从开始到结束的整个饮酒过程就是酒精中毒的过程。如果一定要给出一个具有现实指导意义的衡量尺度，我们可以把酒精初始时对大脑皮层发挥刺激作用转为对整个大脑发挥麻醉作用时的那个点，作为酒精中毒的起点。为了便于理解，我们可以以最大酒精承受量（注意不是酒量）的 40% 作为酒精中毒开始的界限。比如一个人的最大酒精承受量为半斤，那么从他喝到二两酒时起，酒精中毒就开始了，我们可以称为轻度酒精中毒。喝到半斤左右时叫作中度酒精中毒，七两左右时叫作重度酒精中毒，再多喝就可以叫作超重度酒精中毒了。

从这个角度来说，酒精对大脑和中枢神经系统产生抑制作用的 4 个阶段——酒精刺激（轻微抑制）、酒精麻醉（轻度抑制）、酒精麻痹（中度抑制）和酒精中毒（重度抑制），对应的也可以看作是酒精中毒的 4 个阶段——轻微酒精中毒、轻度酒精中毒、中度酒精中毒和重度酒精中毒。

事实上，酒民每一次饮酒，都是一次酒精中毒。比如前面说的那个最大酒精承受量为半斤的酒民，如果他的酒量也是半斤，那么他每喝一次酒都是一次中度酒精中毒，因为他每次都要喝够量——半斤酒。

当然，每个人的体质不同，酒精中毒程度也是不同的。

我们也可以把一次性大量饮酒导致中枢神经系统紊乱的酒精中毒叫作急性酒精中毒。把酒精对人体内脏器官、心脑血管，以及大脑和中枢神经系统的长期累积性侵害叫作慢性酒精中毒。

酒后放松不是真的放松，是酒精麻醉！
酒后昏睡也不是真的睡了，是酒精中毒！
不是酒壮英雄胆，是神经麻痹，丧失警惕！

第22章
为什么有人"海量"，有人一喝就醉

乙醛为乙醇背了两个锅，一个是喝酒脸红的锅，一个是喝酒致癌的锅。

有人天生酒量大，"千杯不倒"，有人天生酒量小，一喝就醉；有人越喝脸越红，有人越喝脸越白；有人刚开始很能喝，但喝着喝着突然就"不行"了，这是为什么？

醉酒是怎么回事？人为什么会醉酒？醉酒的机理是什么？为什么有人酒量大，有人酒量小？为什么有人喝酒脸红，有人喝酒脸白？是脸红的人能喝，还是脸白的人能喝？以前我们没有想过这些问题，但现在要戒酒了，我们就需要把这些问题搞清楚，只有搞清楚了这些问题，才能弄清酒精的真相，明白酒瘾的本质，我们潜意识中的那些错误认知才能被清除，喝酒的欲望才会消失。

1. 乙醛中毒

上一章中我们讲了乙醇会导致酒精中毒，而实际上乙醇的肝脏代谢产物乙醛，同样会导致酒精中毒，某种程度上来说，乙醛中毒甚至比乙醇中毒的危害更大。因个人体质不同，有的人更容易发生乙醇中毒，而有的人更容易发生乙醛中毒，主要与肝脏的乙醇处理能力有关。

进入人体的乙醇，90% 由肝脏分解代谢，其余 10% 一部分由呼吸和皮肤排出，一部分由肾脏排出。肝脏是人体最大的解毒器官，人体从外部摄入的毒素、外部侵入人体的毒素，以及人体内部产生的毒素，都要经过肝脏分解代谢，排出体外。肝脏对乙醇的分解代谢是通过两种酶来完成的，一种是代谢乙醇的乙醇脱氢酶，另一种是代谢乙醛的乙醛脱氢酶。进入肝脏的乙醇首先由乙醇脱氢酶代谢为乙醛，再由乙醛脱氢酶将乙醛代谢为乙酸，乙酸再氧化分解为二氧化碳和水，排出体外。

乙醇在肝脏内被分解代谢为乙醛，乙醛是一种有毒物质，毒性非常强，它的毒性仅次于甲醛，其毒性是乙醇的几十倍。

酒后难闻的"酒臭"味其实是乙醛的味道；乙醛有毛细血管扩张功能，所以会导致脸红；乙醛会刺激脑血管，使脑血管出现收缩和舒张障碍，所以酒后会头痛；乙醛会麻醉小脑，所以饮酒后会感觉头重脚轻，失去平衡；乙醛在肝脏和大脑中大量蓄积，严重时会使人昏迷、休克，甚至会出现呼吸衰竭而导致心脏骤停，危及生命。饮酒后的许多症状都是由乙醛造成的，我们称之为乙醛中毒。

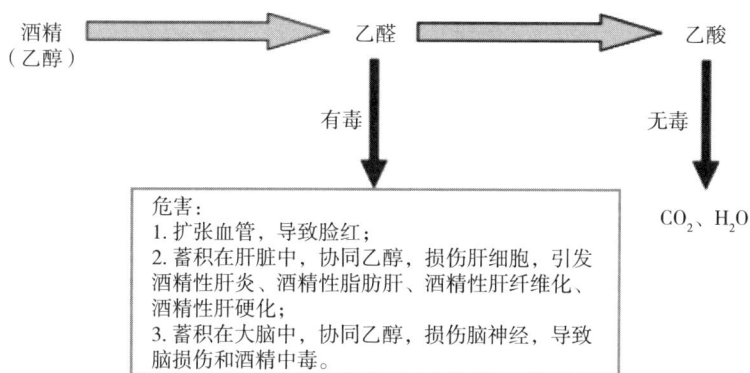

酒精
（乙醇）　　　　→　　　乙醛　　　→　　　乙酸

有毒　　　　　　　　　无毒

危害：
1. 扩张血管，导致脸红；
2. 蓄积在肝脏中，协同乙醇，损伤肝细胞，引发酒精性肝炎、酒精性脂肪肝、酒精性肝纤维化、酒精性肝硬化；
3. 蓄积在大脑中，协同乙醇，损伤脑神经，导致脑损伤和酒精中毒。

CO_2、H_2O

每一次饮酒，进入肝脏的乙醇首先被代谢为乙醛，然后乙醛代谢为乙酸，乙酸氧化分解为二氧化碳和水。如果体内的乙醛脱氢酶数量少或缺乏活性，乙醛在肝脏和血液中存在的时间会延长。乙醛对人体的最大伤害是对肝脏的伤害，长期大量饮酒，会引发酒精性肝炎、酒精性脂肪肝、酒精性肝纤维化、酒精性肝硬化，甚至肝癌。

我们平时所说的酒精中毒，通常是乙醇和乙醛共同作用的结果，区别在于由于体质不同，有的人偏乙醇中毒多些，有的人偏乙醛中毒多些。总的来说，如果一个人体内的乙醇脱氢酶数量少或活性低，那么他就容易乙醇酒精中毒，如果一个人体内的乙醛脱氢酶数量少或活性低，那么他就容易发生乙醛酒精中毒。就醉酒状态而言，越喝脸越红的人乙醛中毒占主导，越喝脸越白的人乙醇中毒占主导。

2. 酒量大小取决于人体中的乙醛脱氢酶

进入人体内的酒精（乙醇）90% 是由肝脏来分解代谢的，所以人的酒量大小取决于肝脏对酒精的分解能力，而肝脏对酒精的分解能力又是由两种酶——乙醇脱氢酶和乙醛脱氢酶的活性和数量决定的，因为进入人体内的酒精是靠这两种酶来完成分解代谢任务的。除极小部分人体内的乙醇脱氢酶比较特殊（数量特别少或特别多）外，绝大多数人体内的乙醇脱氢酶的数量和活性都基本相当，区别主要在于乙醛脱氢酶。人体内的乙醛脱氢酶存在遗传性个体差异，这种差异有的表现在乙醛脱氢酶的数量上，有的表现在乙醛脱氢酶的活性上，有的在数量和活性上同时存在差异。

酒量大小的关键取决于人体内乙醛脱氢酶的数量和活性。一个人的酒量大，说明他体内的乙醛脱氢酶数量多、活性强，能够把乙醛及时、快速地分解掉，使乙醛不易在人体内蓄积，从而使他能喝更多的酒。而酒量小的人体内的乙醛脱氢酶数量少、活性差，对乙醛的分解速度慢、效率低，造成乙醛在体内大量蓄积，从而容易醉酒或导致乙醛中毒。所以，喝同样的酒，酒量大的人和酒量小的人，他们体内的乙醛含量和血液中的乙醛浓度差别很大，酒量小的人血液中的乙醛浓度甚至比酒量大的人要高出数十倍。从这点来说，天生喝不了酒的人，千万不要勉强自己喝酒，或者试图通过练习提高自己的酒量，因为对他们来说，酒精的伤害实在是太大了。

基因决定了人体中的乙醛脱氢酶数量和活性，所以，酒量大小是基因决定的，能喝酒的人天生就能喝，不能喝的再练也喝不了多少。

有酒民朋友问：如果说酒量不是练出来的，那为什么我的酒量越来越大了？这是因为长期持续饮酒，酒精反反复复地刺激、麻痹大脑和中枢神经系统，导致大脑和中枢神经系统对酒精的耐受性越来越强，对酒精中毒后各种不良反应的承受力越来越强。通俗地说就是反应迟钝了，让你误以为酒量越来越大，但基因决定了你的酒量增大幅度是有限的。另外，随着酒龄的增长，人的酒瘾会越来越大，对酒精的心理渴求越来越强烈，每次喝酒都想比上一次喝的更多（潜意识里想摄入更多的酒精），以追求比上一次更"好"的感受，这也使得你的酒量越来越大。

但随着酒龄的延长，到了某个时间节点，人的酒量又会变小，这里有3个原因，第一，多年的酒精伤害，导致肝脏对酒精的分解代谢能力越来越弱；第二，多年的酒精伤害，造成身体对酒精的承受力越来越弱；第三，随着年龄增长，身体的各项机能开始退化，对外界不良侵害的抵抗力降低。所以，综合这三方面因素，喝酒人一般在45岁前后就会出现一个矛盾现象——酒瘾越来越大，酒量却越来越小，感觉越来越喝不动了。

3. 脸红人能喝还是脸白人能喝

（1）喝酒为什么脸红

喝酒为什么脸红？人们想当然地以为是乙醇造成的，而事实上却不是这样，导致喝酒脸红的不是乙醇，而是乙醇在肝脏内的代谢产物乙醛。

正常情况下，进入人体的乙醇随血液流经肝脏时，先由肝脏中的乙醇脱氢酶将乙醇代谢为乙醛，紧跟着再由乙醛脱氢酶将乙醛代谢为无害物质乙酸，乙酸最终氧化为二氧化碳和水排出体外。

在这个过程中，如果肝脏中缺少乙醛脱氢酶或者乙醛脱氢酶活性不足，那么来不及代谢的乙醛就会在人体内大量蓄积。乙醛的毒性很强，它的毒性作用的最突出表现就是扩张血管，而脸部毛细血管丰富，皮肤又薄，所以乙醛脱氢酶缺乏或活性差的人，喝酒就容易脸红，严重者全身皮肤都会发红，尤其是皮肤白的人特别明显。

本质上，"喝酒脸红"是乙醛中毒的表现。

（2）"亚洲红脸症"

喝酒脸红跟人种和遗传基因有很大关系，白种人很少有喝酒上脸的，而黄种人喝酒上脸的人却很多，尤其是东亚人在这方面表现最为突出，因此喝酒脸红在美国被称为"亚洲红脸症"。

大多数亚洲人体内的乙醛脱氢酶都存在先天基因缺陷，要么乙醛脱氢酶数量缺乏，要么活性不足，对乙醛的分解效率低，造成肝脏不能及时地把乙醇的代谢产物乙醛快速代谢掉，致使乙醛在人体内大量蓄积，导致人喝酒脸红。日本、韩国存在乙醛脱氢酶基因缺陷的人大约有三分之一，中国则有将近一半的人体内的乙醛脱氢酶存在基因缺陷。在我国，南方人存在乙醛脱氢酶基因缺陷的人比北方人多，女性存在乙醛脱氢酶基因缺陷的人比男性多。所以一般来说，北方人比南方人能喝，男人比女人能喝。

欧美人体内的乙醛脱氢酶能够充分满足乙醛代谢的需要，达到了一种供需平衡的状态，甚至供应量还会超过需求量。因此，欧美人喝酒时，进入体内的酒精经过肝脏时所产生的乙醛，都能被及时、快速地分解为乙酸，也就不会出现乙醛在体内大量蓄积，毛细血管也就不会被扩充，所以欧美人喝酒不脸红。

据遗传学家分析，"亚洲红脸症"中所谓的"基因缺陷"是人类长期进化过程中产生的保护性退化基因，它让人类天生自带"戒酒基因"，提醒我们排斥它、远离它、厌恶它。它让喝酒脸红的这一类人群远离酗酒，以便更好地学习、工作、生活。

（3）脸红的人和脸白的人都不是最能喝的人

还有一种人，越喝脸越白，开始喝酒时貌似很厉害，但喝到一定程度突然就不行了，并且马上醉倒，状况出现的非常快。这是因为他们体内没有（或极少）乙醇脱氢酶，这样进入肝脏的乙醇就不会代谢为乙醛，也就不存在乙醛在体内蓄积问题，所以他们喝酒脸不红，给人感觉很能喝的样子。但也正因为他们的肝脏不能分解乙醇，也就只能靠体液来对乙醇进行稀释了，结果造成血压下降，而人体为了让血压保持在一定水平上，就会对毛细血管进行收缩，而毛细血管收缩会导致脸部血液供应不足，所以就会越喝脸越白。同时，因为乙醇得不到分解，体内蓄积的乙醇就会越来越多，随着饮酒的进行，当体液中的乙醇浓度上升到一个临界点时，酒精对大脑和中枢神经系统的抑制作用达到了顶峰，饮酒量达到了饮酒者的"酒量"最高点，此时就会发生急性酒精中毒（乙醇中毒），人会突然醉倒，严重时甚至会昏迷、休克，这是很危险的，所以喝酒越喝脸越白的人，一定要多加小心。

喝酒脸红的人、脸白的人都不是最能喝酒的，那么什么样的人才是最能喝的呢？答案是喝酒出汗的人，一喝酒就满头大汗的人都有好酒量。这是因为他们体内的乙醇脱氢酶和乙醛脱氢酶数量多、活性高，所以，即使他们喝大量的酒，他们体内的乙醇脱氢酶也能够把流经肝脏的大量乙醇及时、快速地分解代谢为乙醛，而乙醛脱氢酶又能够把这些乙醛及时、快速地分解代谢为乙酸，大量无害的乙酸最后氧化分解为二氧化碳和水排出体外。同时，乙酸氧化分解时能够产生热量，使身体发热，因而会出现边喝边出汗的现象。这样的人酒精代谢非常快，他们不停地喝酒，不停地出汗。如果是喝啤酒会不停地上厕所，俗称"酒漏子"。他们千杯不倒，万里挑一，大诗人李白估计就是这样的角儿。

4. 喝酒对人体的伤害与人种有关

中国人中有近一半的人，体内的乙醛脱氢酶缺少，或因基因缺陷导致乙醛脱氢酶活性差，造成酒精的肝脏代谢产物乙醛不能被及时、快速地代谢为无害物质乙酸，造成乙醛在人体内大量蓄积。血液中乙醛浓度迅速上升，短期来说乙醛抑制大脑和中枢神经系统，导致醉酒或酒精中毒，长期来说乙醛伤害肝脏、肾脏、胰腺等人体内脏器官，甚至导致肝癌、胰腺癌、高尿酸血症等疾病的发生。

而大多数欧美人体内的乙醇脱氢酶和乙醛脱氢酶都很正常，所以同样是喝酒，中国人受到的伤害和致癌风险比欧美人大，这也是为什么很多欧美国家，尤其是北欧人、俄罗斯人酒量大，嗜酒、酗酒的人很多，但他们因喝酒而患病的人却并不比中国人多。

据统计，全球 50% 的新增肝癌病例来自中国，我国的肝癌发病率是美国的 5 倍，除发病率之外更值得我们注意的是，中国人肝癌发病年龄早，高发年龄在 50 岁左右，而美国人患肝癌的平均年龄是 60 岁，其中白人患肝癌的平均年龄则达到了 70 岁。

同样是喝酒，中国人比欧美人更易受伤害的原因，除了中国人体内的乙醛脱氢酶存在基因缺陷外，还有一个重要原因——肝炎。

中国是乙肝大国，世界上三分之一的乙肝患者在中国，约有 6% 的中国人是乙肝病毒携带者。对肝炎患者来说，肝功能本来就已经受损，乙醇脱氢酶和乙醛脱氢酶数量和活性降低，肝脏对酒精的分解代谢能力下降，肝脏作为人体最大也是最重要的解毒器官，90% 的酒精分解任务仍然需要它来承担。可是我们也知道，酒精的肝脏代谢产物乙醛是一级致癌物，所以，对乙肝患者来说，即使少量饮酒对肝脏的伤害也是巨大的，这也是中国人患肝癌比例高于欧美人的原因之一。

谁最好？

我们假设乙醇脱氢酶为 A，乙醛脱氢酶为 B，从酒精对身体的伤害来说，下面几种人，哪一个最好？

（1）A、B 都正常。这样的人能喝，酒量大。

（2）A 正常，B 数量不足或缺乏活性。这样的人酒量小，喝酒上脸，容易醉。

（3）A 正常或超高，B 无或超低。这样的人喝一点酒就满脸通红，甚至全身皮肤发红。"酒精过敏"的人就是这样的，他们沾酒就醉。

（4）A、B 都超低。这样的人有些酒量，但酒量不大，喝到一定程度突然就喝不动了。

（5）A、B 都超高。这样的人就是我们说的喝酒"海量"。

答案："A 正常或超高，B 无或超低"者最好，因为他们的肝脏对乙醛的代谢能力很低，一喝脸就红，属于天生喝不了酒的人，所以他们从来不喝酒，自然也就不会被酒精伤害，而且他们永远不会掉进酒精的陷阱里。在生理和心理上，他们都对酒精有"天然免疫力"。

第 23 章
酒精对人体的伤害

戒酒后，身体的恢复立竿见影。

戒酒后，身体每天都向好的方向发展。

人们普遍认为，喝酒的人都知道喝酒对身体不好，真的是这样吗？

事实上并不是这样，就拿吸烟来说吧，因为烟盒上都印着两行字——"吸烟有害健康，尽早戒烟有益健康"，人们就想当然地认为抽烟的人都知道吸烟对身体不好，但真实情况却是吸烟的人"看不见"这两行字，而且吸烟的人、不吸烟的人和已经戒了烟的人，对这两行字的感觉是不一样的。不吸烟的人总以为吸烟的人都知道烟的危害，认为他们之所以明知道吸烟不好却还在吸烟，是因为他们没把健康当回事。

但实际情况却不是这样的，就拿我自己来说吧，我也是看了《这书能让你戒烟》之后才"觉醒"的，在这之前，当我还是个烟民的时候，我对吸烟的危害知之甚少，或者说只知皮毛。

在这之前你若问我吸烟真的会得肺癌吗？为什么吸烟会得肺癌？吸烟对健康还有什么影响？这些我是回答不上来的。对吸烟是心脑血管疾病、动脉硬化的重要致病因素，吸烟会增加脑卒中的风险，吸烟会伤害大脑、损伤脑神经，吸烟还会伤害呼吸道、消化道，影响生殖健康等则一概不知。我的脑子里只有"吸烟会得肺癌"这样一个模糊概念，甚至你问我癌症是什么，我都是不知道的。至于烟盒上的那几个字，在我眼里也就是几个字而已，甚至我从来都没有认真看过那几个字。

我是这样，其他烟民又何尝不是如此呢？所以，这些警示标语对吸烟者来说其实是起不到警示作用的，如果管用，就没有人吸烟了，或者说吸烟的人也早就戒烟了，烟民对这些温馨提示采取的态度——视而不见。不过实事求是地说，烟盒上的警示语对预防青少年吸烟，肯定是有积极作用的。

有人说医生的健康意识强，为什么有些医生也抽烟？是的，对吸烟的危害医生比我们了解得多，但了解归了解，想戒和能戒却是两回事。

　　成功戒烟之后，我才真正意识到吸烟的危害，才明白吸烟不能存在侥幸心理，因为烟草对人体的伤害是一个量变到质变的累积过程，烟民平时吸的每一口烟，都会让疾病离自己更近一步（尽管一口烟导致的这"一步"很小）。

　　抽烟人不知烟的危害，同样，喝酒人也不知道喝酒对身体的危害。不信的话，回想一下你自己以前喝酒的时候，是否经历过这样的场景：

　　看见有人一口一杯地喝酒，有时连干三杯，或者一次能喝一斤白酒时，你的感受是什么？你心里想的是什么？你想到他身体的承受力了吗？想到他的健康了吗？想到这么多酒下肚，身体怎么受得了？没有，这些你都没有想，你想的是："这个人真能喝！太厉害了，我要是有他这样的酒量就好了！"是不是这样？是不是除了佩服就是羡慕？至于健康，从没想过。

　　事实上，对大多数酒民来说，在产生戒酒念头之前，对酒的危害知道的很少，大部分人对酒的危害仅仅有个模糊的概念，比如"喝酒会伤肝""喝酒可能会得肝癌"，但如果你问他酒精为什么会伤肝？是怎样伤肝的？肝癌是一种什么样的疾病？酒精除了伤害肝脏还会伤害什么？停止喝酒后肝功能能恢复吗？这些他们是不知道的。更不要说喝酒还会伤肾、伤胃、伤心、伤脑、伤血管了，这些很多人根本不知道。直到产生了戒酒念头之后，才了解得多一些。

　　酒精对肝脏和大脑的伤害最大。

　　酒精由口腔、食道入胃，再由胃、小肠吸收进入血液循环系统。在这个过程中，酒精在胃部停留的时间短，在小肠停留的时间长，大约有20%的酒精是由胃部吸收的，80%的酒精是由小肠吸收的。

　　酒精是小分子有机物，不经过消化就能被人体直接吸收，饮酒后10~20分钟即可被人体吸收50%，30~60分钟被吸收90%，同时血液中的乙醇浓度达到最高，2~3小时后人体摄入的酒精全部吸收进入血液循环系统，然后随着血液流动遍布全身各处。

　　大脑是人体最重要的器官，重量占体重的2%，人体15%的血液是供应给大脑的，大脑的耗氧量占人体总耗氧量的20%，所以大脑是人体中血液供应最充足、组织代谢最旺盛的器官。正是由于大脑的这种特性，加之酒精是一种亲神经物质，所以进入血液后的酒精30秒就能到达大脑，很快大脑中的酒精浓度就达到血液中酒精浓度的10倍，大脑所受的酒精伤害可想而知。

　　肝脏是人体最大的解毒器官，随食物摄入的毒素、人体内部产生的毒素等都必须经过肝脏分解代谢，然后排出体外。

人体摄入的酒精 90% 都需要经过肝脏分解代谢，所以饮酒量越大，肝脏的解毒负担就越重。

一、伤肝

酒精进入肝脏后，肝脏首先将乙醇代谢为乙醛，再将乙醛代谢为乙酸，乙酸氧化分解为二氧化碳和水排出体外。对每一个单独的个体来说，肝脏对酒精的分解速度是固定且有限的，如果短时间内摄入的酒精超过肝脏的分解能力，则会产生 3 个后果：一是导致未及代谢的乙醇在肝脏内蓄积，二是导致未及代谢的乙醛在肝脏内蓄积，三是导致未及代谢的乙醇和未及代谢的乙醛进入血液循环系统，或在身体其他部位蓄积，伤害人体组织和器官。

乙醛的毒性非常大，在肝脏中蓄积的乙醛会破坏肝脏细胞膜，伤害肝细胞，使肝细胞坏死、肿胀。长期持续饮酒，酒精对肝脏的伤害不断累积，就会形成酒精性脂肪肝、肝炎，甚至肝纤维化、肝硬化、肝癌。

虽然如此，对喝酒人来说值得庆幸的是，人体肝脏的再生能力很强，长期饮酒引起的酒精肝是可逆的，只要停止饮酒 4~6 周，大部分患者的肝功能都能得到明显改善，停酒 2~4 个月，轻度酒精肝可以实现逆转。中度酒精肝戒酒半年左右，肝功能也能逐步恢复。即使重度酒精肝甚至肝纤维化早期，只要及时戒酒，并配合医疗手段和饮食调整，肝功能也有望恢复，但发展到肝纤维化后期，肝功能就很难恢复了，发展到肝硬化时，就完全不可逆了。

但需要我们格外注意的是，由于肝脏没有痛感神经，当肝脏发生病变时，身体感觉不到疼痛，所以人们往往会掉以轻心，有时即便查出了酒精肝，甚至医生都已经警告了，但因为身体没有明显的不适而未引起重视，或者认为脂肪肝不算什么疾病，于是就抱着一种无所谓的态度，吃喝照旧，没有节制。尤其是喝酒的人，想戒酒又戒不了，有时干脆就像鸵鸟一样，无视疾病的存在，觉得反正再喝一次也没事，至于戒酒，那是明天考虑的事。就这样"明日复明日"，一天天喝下去，等到感觉到疼痛（肝脏病变严重时累及到肝包膜，而肝包膜有丰富的痛感神经）时，往往病情已经很严重了。

1.肝脏的六大功能

肝脏是人体最大的内脏器官，重量可达 1.5 千克左右，约占人体体重的 2%。肝脏位于人体右上腹部肋骨下缘部位，用手可以触摸到。肝、心、脾、肺、肾为人体的五脏，肝为五脏之首，它就像是人体的"化学加工厂"，身体的很多化学反应都是在肝脏里进行的，只有肝脏健康了，机体才能够正常运转。

肝脏是人体最大的解毒器官，也是最大的消化器官，它每天承担着繁重的劳动，为我们的身体"加工"各种营养物质，维持和调节人体内环境的生态平衡，同时还要帮我们抵挡有毒有害物质的侵袭。因为肝脏没有痛觉神经，所以它每天只知道默默地工作，不声不响，任劳任怨，被酒精伤害时早期也没有什么症状，身体也感觉不到异样，若症状轻微很容易被人忽视，但我们千万不要因此就忽略它，我们该做的是更好地爱护它。

肝脏是生命之本，健康之源。为了健康，请呵护好你的肝脏。

（1）代谢

我们每天吃的食物中的营养物质，如糖类、脂肪、蛋白质等，经肠胃消化吸收后进入血液循环系统，随血液流经肝脏时，在肝脏内进行进一步的分解或合成代谢，从而为人体维持各项生命活动提供营养和能量。

（2）解毒

肝脏是人体最大的解毒器官，解毒是肝脏的最重要功能之一。人体中的毒素包括外部侵入人体的毒素和人体自身产生的毒素两类。外部侵入毒素包括随食物摄入的毒素、呼吸道吸入的毒素、皮肤吸收的毒素和药物中的毒素等，人体自身产生的毒素包括食物在肠胃中发酵产生的毒素、肠胃中死亡细菌产生的毒素、人体新陈代谢过程中产生的毒素，以及肝脏在分解、合成等代谢过程中产生的毒素，如乙醇的肝脏代谢产物乙醛等。这些毒素都要经过肝脏分解代谢，然后随人体排泄物排出体外。如果肝脏发生病变，解毒功能就会降低或丧失，机体就会受到有毒物质的侵害。

为保护我们的身体不被有毒物质侵害，请首先保护好我们的肝脏。

（3）分泌胆汁

胆汁的作用主要是促进脂肪类食物的消化和吸收，胆汁由肝脏分泌后先储存在胆囊中，人体进食时，胆囊中的胆汁通过胆管输送到小肠，帮助消化脂肪。一个成年人每天可以分泌 1000 毫升胆汁，如果肝脏出现病变或胆管被堵塞，胆汁就会因为不能外泄而在血液中蓄积，皮肤、白眼球、尿液的颜色就会变黄，最后导致一些黄疸性疾病，如胆汁淤积性肝炎、胆汁性肝硬化等。

（4）免疫防御

肝脏有很强的细菌吞噬能力，侵入人体的细菌，以及人体自身的细菌，随血液流经肝脏时，就会被肝脏的吞噬细胞吞噬，保护人体不受细菌感染。肝脏受到伤害发生病变，防御能力就会下降，人体就容易被感染，这也是肝功能不好的人容易患病的原因。从这个角度来说，肝脏是我们的"健康卫士"，我们理应好好地呵护肝脏。

（5）凝血功能

凝血是肝脏的功能之一，当人体皮肤不慎受伤出血时，肝脏就会产生凝血因子，使伤口部位局部血凝，阻止继续出血。

（6）激素调节

调节人体激素水平的平衡，如甲状腺激素、胰岛素、雌激素、抗利尿激素等。

2. 乙醛是伤害肝脏的主要物质

酒精进入血液循环系统后，随着血液流向全身各处。这其中约有10%的酒精由呼吸、汗液、尿液直接排出体外，90%的酒精由肝脏分解代谢。肝脏是人体的解毒器官，承担着绝大部分的酒精分解代谢任务。

肝脏对酒精的分解代谢，是依靠肝脏内的两种酶——乙醇脱氢酶和乙醛脱氢酶来完成的。进入肝脏的酒精，先由乙醇脱氢酶将乙醇代谢为乙醛，再由乙醛脱氢酶将乙醛代谢为乙酸，乙酸再氧化分解为二氧化碳和水排出体外。在这个过程中，乙醇在肝脏中的最后分解物乙酸、二氧化碳和水对身体是无害的。也就是说，酒精经过肝脏时，会有两种物质对肝脏造成伤害，一种是酒精中的乙醇，另一种是乙醇的肝脏代谢产物乙醛，而最主要的伤害来自乙醛。与乙醇相比，乙醛的毒性更大，导致酒精性肝炎、肝纤维化、肝硬化、肝癌的罪魁祸首就是乙醛。2017年世界卫生组织国际癌症研究机构公布的116种一类致癌物清单中，乙醛位列第一位，可见其危害之大、毒性之强。

乙醛对肝脏的伤害包括两个方面，一是乙醇分解为乙醛后，乙醛未及分解为二氧化碳和水之前造成的乙醛伤害；二是亚洲人的乙醛脱氢酶基因缺陷，使得乙醛在肝脏内不能被完全分解代谢，导致乙醛在肝脏内长期大量蓄积而造成的乙醛伤害。长期持续饮酒的最大恶果就是乙醛在肝脏内的蓄积。

乙醛的致癌性体现在两个方面，一方面是诱发基因突变导致癌症发生，另一方面是杀死肝细胞诱发酒精性慢性肝炎，而酒精性慢性肝炎恰是肝纤维化、肝硬化、肝癌的初始阶段。

长期持续饮酒的肝病患者中，一半以上的人有酒精性脂肪肝，近五分之一的人有肝硬化。长期持续饮酒者，只要每日饮酒量达到50～100克（也就是1~2两白酒），肝脏患病的风险就比正常人高10~50倍。

3. 不要忽视酒精肝

酒精性肝病的发展分为5个阶段：酒精性脂肪肝、酒精性肝炎、肝纤维化、肝硬化和肝癌。

（1）酒精性脂肪肝

长期持续饮酒导致脂肪在肝脏堆积而引起的肝损伤和肝脏病变，称为酒精性脂肪肝，也称酒精肝。

酒精性脂肪肝在肝部疾病中很常见，酒龄达到 5 年以上大多会有脂肪肝，喝酒时间越长、饮酒量越大患酒精性脂肪肝的概率越大。得了脂肪肝，身体感觉不到明显的不适，如果不去医院检查，酒民一般意识不到自己患上了脂肪肝。有时即使查出来患有脂肪肝，因为身体症状不明显或比较轻微，也很容易被人忽视或引不起酒民的足够重视。

酒民不重视的另一个原因是，他们想当然地认为脂肪肝不过是肝脏"肥胖"而已，或望文生义地认为脂肪肝不过是肝脏上堆积的脂肪多了点，没什么大不了的。事实上，第一，脂肪肝不仅是脂肪在肝脏的堆积，医学上脂肪肝是指脂肪在肝脏的堆积而引起的肝损伤和肝脏病变；第二，脂肪肝不仅是脂肪在肝脏表面的堆积，更主要的是脂肪已经堆积到了肝细胞的内部，所以，与其说脂肪肝是肝脏"肥胖"导致的，不如说是肝细胞"肥胖"导致的。

酒民不重视脂肪肝还有一个原因，那就是正因为喝酒的人很多都有脂肪肝，当医生建议其戒酒或限酒时，有些轻度脂肪肝患者就会不拿医生的话当回事，他们的逻辑是：喝酒人哪个没有脂肪肝？脂肪肝不就是肝上长了脂肪嘛，脂肪肝离肝硬化、肝癌远着呢，于是就一如既往地继续喝酒。

正常情况下，肝脏上的脂肪总量占肝重的 5%，超过 5% 为轻度脂肪肝，超过 10% 为中度脂肪肝，超过 25% 为重度脂肪肝。有的脂肪肝患者肝脏上的脂肪总量能达到肝重的 40%~50%，有的甚至达到 60% 以上。

酒精性脂肪肝常常伴随着不同程度的肝肿大，成人正常肝脏重量一般为 1000~1500 克（一般男性为 1100~1500 克，女性为 1000~1400 克），而有的酒精肝患者肝重可达 2000~2500 克，甚至达到 3000~4000 克。

任何疾病都有一个由轻到重的发展过程，酒精性脂肪肝也是如此，只要不停止饮酒，病情就会进一步发展，如果不以为然或抱着侥幸心理继续饮酒，任其发展，很可能会导致严重的后果。相反，因为肝脏的自我修复和再生能力非常强，只要停止饮酒，酒精性脂肪肝一般都能得到恢复。

（2）酒精性肝炎

肝炎，通常是指由细菌、病毒、寄生虫、化学毒物、药物、酒精等因素引起的肝脏炎症的统称。根据致病因素不同，肝炎可分为很多种类，如病毒性肝炎、脂肪性肝炎、药物性肝炎、酒精性肝炎等。

酒精性肝炎初期症状不明显，但肝脏却已经发生病变。随着病情发展会伴有一些消化道症状，如恶心、呕吐、腹胀、乏力、腹泻、体重减轻、食欲减退等。严重者出现消化道出血、肝肿大等症状，或出现急性肝炎、肝功能衰竭等急症。

只要停止饮酒，酒精性肝炎的症状可得到缓解，肝功能可以逐步恢复。酒精性肝炎越早期越容易恢复，但如果对其置之不理，不积极治疗，待到肝纤维化或肝硬化时，再想恢复肝功能就困难了。

（3）肝纤维化

肝纤维化是指肝脏受损、肝细胞坏死或肝脏发生炎症时，肝脏进行自我修复、愈合导致的纤维化，我们也可以把肝纤维化形象地理解为"纤维结缔组织"或"愈合疤痕"。长期持续饮酒，肝脏反复受损，肝纤维化不断累积，最后导致酒精性肝纤维化。

从肝纤维化到肝硬化是一个慢性、渐进的过程，也是一个量变到质变的过程，肝纤维化累积到一定程度就是肝硬化，或者说严重肝纤维化就是肝硬化。

肝纤维化是肝硬化的过渡阶段，是肝硬化的必经之路。俗话说要防患于未然，防止肝纤维化就能防止肝硬化。不过话虽这么说，我们为什么非要等到疾病发展到如此严重时才开始预防呢？为什么我们不及早预防？如果我们能及早果断戒酒，不是更好吗？

（4）肝硬化

肝硬化按致病因素可分为病毒性肝硬化、代谢性肝硬化、胆汁淤积性肝硬化、酒精性肝硬化、化学毒物性肝硬化和药物性肝硬化等。酒精性肝硬化是长期持续饮酒导致酒精性脂肪肝、酒精性肝炎、肝纤维化，继而造成肝硬化。

因为肝硬化很难逆转，尤其是中晚期肝硬化基本是不可逆的。喝酒的人预防肝硬化的最好办法就是在肝损伤不可逆之前尽早停止饮酒，同时调整自己的饮食结构，清淡饮食，再配合以相应的医疗辅助手段，同时借助于肝脏强大的再生和自我修复能力，使肝脏功能得到恢复。

（5）肝癌

从酒精性脂肪肝到酒精性肝炎，再到肝纤维化、肝硬化，这是酒精性肝病由轻到重的一个发展过程。在肝硬化之前的每个阶段，越早停止饮酒对肝的损伤越小。对已经染上酒精肝的酒民朋友们来说，戒酒是最正确的选择，虽然脂肪肝不一定就会发展成肝硬化、肝癌，但一定不要拿自己的健康赌概率，其他一切事情失败了都可以重来，唯有健康不可以。

不心存侥幸才是预防疾病的理性心态。

● 肝脏是人体最大的消化器官，位于腹部上方偏右。成人肝脏重量约 1.5 千克，约占体重的 2%，大小约为 25cm（左右）× 15cm（前后）× 5.8cm（上下）。

● 58% 的肝癌是喝酒导致的。

● 男性癌症发病率排第一位的是肺癌，第二位是肝癌。

● 人体摄入的酒精，5% 由呼吸和皮肤排出，5% 由尿液排出，90% 由肝脏分解代谢。

● 40% 的脂肪肝是喝酒引起的酒精性脂肪肝。

● 每日饮酒 20~50 克，持续饮酒 5 年以上，就可能导致脂肪肝。

● 肝脏处理酒精的速度为 6~10 克 / 小时。

● 多喝一次酒，肝脏就多受一次伤。

● 喝多少酒才有益健康？答案是不喝酒才有益健康。

二、伤脑

酒精会损害脑细胞，伤害脑神经。长期持续饮酒，酒精不断地刺激、麻醉脑神经，使大脑长期处于慢性酒精中毒状态，对神经系统造成难以逆转的伤害。

这里我们需要做一个说明，凡是书中说到酒精伤害时，如果未具体指明是乙醇伤害还是乙醛伤害，那么均指乙醇和乙醛的共同伤害，比如当我们说到"酒精伤肝"时，就是指乙醇和乙醛对肝脏的共同伤害，说到"酒精伤脑"时，就是指乙醇和乙醛对脑细胞的共同伤害。

1. 伤害大脑

脑包括大脑、小脑和脑干，大脑又分为两个半球——左半球和右半球。大脑是脑的主要部分，大脑表面有很多沟回，沟回的表层为大脑皮层。大脑皮层上有许多分管不同功能的区域。大脑皮层的神经细胞有 140 亿个，表面积约 2200 平方厘米。

大脑是人体的最高神经中枢，负责处理所有生命活动：语言、书写、计算、听觉、视觉、呼吸、消化、循环、运动、情感表达等基本生命活动，以及认知、学习、观察、思考、理解、记忆、思维、判断、逻辑推理、分析决策、形象思维、创新创造等高级生命活动。大脑就是人体的"CPU"。

酒精能杀伤脑细胞、损害脑组织，长期大量饮酒，脑细胞数量就会慢慢减少，脑组织体积也会随之逐渐缩小，使人智力衰退，记忆力、理解力、判断力下降，严重时出现脑功能障碍并引起酒精性脑萎缩。

酒精对大脑的伤害就像温水煮青蛙，平时感觉不到，也少有人能意识到——

大多数人都知道酒精伤肝，却不知道酒精对人体的伤害除了肝还有脑，而等我们意识到或在医院检查发现时，酒精对大脑的伤害可能就已经到了非常严重的程度——脑萎缩。而实际上，脑萎缩从很早就已经开始了，或者说从我们开始嗜酒起，我们的大脑细胞就在减少，脑组织体积就在缩小，只是我们意识不到罢了。

轻度脑萎缩症状不明显，容易被人忽略，但对于中、晚期脑萎缩，根据萎缩程度不同，会有以下症状：

1. 记忆力下降。丢三落四，不记人、不认路，方位感差，去过的地方也会忘记，熟悉的地方也会迷路；经常找不到东西，叫不出朋友的名字；想不起事，记不住事，脑中刚出现一个想法，转眼就想不起来了。

2. 智力下降。计算能力、认知能力、思维能力、分析能力、决策能力降低；无法按正常思维感知、认知外界事物，对事物的综合判断能力降低；有时喃喃自语或有一些强迫性行为，或不由自主地做一些强迫性动作。

3. 工作能力下降。处理事物能力不如从前，工作效率降低；对新工作畏惧，热情低，进入状态慢或感到吃力、不能胜任；不爱与人交往，丧失主动性。

4. 运动障碍。运动失调，走路不稳，身体灵活性降低，经常出现手里的东西滑落或抓不住东西的现象；经常穿反衣服。

5. 语言障碍。反应迟钝，神情呆滞；说话不利落，有时语无伦次，说前忘后，前言不搭后语；有时声音嘶哑或发不出声音。

6. 痴呆。大脑萎缩晚期的症状是痴呆。这里需要注意的是，酒精性脑萎缩导致的痴呆，容易被误解为人体正常衰老的老年痴呆。

关于酒精伤脑而导致的人在性格、脾气、智力、思维，以及精神和意志上的改变，我们将在后面的章节中进一步说明。

2. 伤害小脑

小脑位于大脑的后下方，也就是后脑的位置。小脑主要负责躯体、四肢的动作协调和运动平衡能力。

长期持续饮酒会导致小脑萎缩，出现机体运动障碍，走路不稳，摇摆歪斜。小脑萎缩严重者不会说话，不会走路，甚至无法站立，只能依靠轮椅或长期卧床，生活不能自理。

3. 伤害脑干

脑干位于大脑的下方，与脊髓相连。脑干是人体的生命中枢，控制人体的呼吸和心跳，调节血液循环。如果说大脑是人体的"CPU"，那么脑干就是人体的"司令部"，脑干受到伤害，呼吸和循环就会出现障碍，严重时会导致昏迷、失去意识，甚至呼吸和心跳停止，危及生命。

三、伤心脑血管

1. 酒精与高血压、高血脂、动脉硬化

酒精能促进血液中甘油三酯的合成，随着血液中甘油三酯含量的增高，很容易导致高脂血症的发生。长期高血脂会使血管壁上的脂肪堆积过多，导致高血压。

通俗来说，酒精促使血管中的脂肪含量增高，长期大量饮酒，血管中的脂肪不断地在血管壁上沉积，导致血管壁增厚，使得相对变细的血管中血流压力增大，最后造成高血压。

戒酒，是高血压患者控制血压和预防其他心脑血管疾病的必要措施。戒酒后，如果再配合以清淡饮食（清淡饮食不是吃素，而是荤素搭配合理，少油、少盐、少糖、少调味品），慢慢地不但高血脂、高血压会改善，其他心脑血管疾病也会有一定程度的改善。

长期大量饮酒导致高血压、高血脂，而长期高血脂则会促使动脉血管壁增厚，使动脉血管变细、变脆、变硬，弹性变小，最后导致动脉硬化发生。这时如果还不停止饮酒，症状就会逐步加重，这样就很容易诱发冠心病、脑梗死、脑出血等心脑血管疾病的发生。

2. 酒精与脑出血

脑出血，俗称脑溢血。大脑动脉硬化，血管变得脆弱，这时如果再遇到某些诱发因素，就容易导致血管破裂，血液溢出。溢出的血液在脑内淤积，压迫脑组织，危及生命，或留下后遗症。脑出血发病突然，死亡率高，诱发因素很多，与喝酒有关的有：

● 长期持续饮酒导致高血压、高血脂、动脉硬化，容易发生脑出血；
● 饮酒后，在酒精刺激下心跳加快、血压升高、血流加速、血管扩张，容易发生脑出血；
● 酒后情绪激动，容易发生脑出血。

3. 酒精与心脏病

酒精对心脏的伤害作用有：

● 酒精对血管的扩张作用，导致血液运行速度加快，心脏负担增加，长此以往，导致心脏扩大，心功能不全；
● 长期大量饮酒，酒精长期不断地伤害心肌细胞，造成心肌收缩力下降，导致发生酒精性心肌病。酒精性心肌病目前无法治愈，只能进行心脏移植。
● 冠状动脉硬化、冠状动脉内血栓、心肌损伤、心功能下降等，会诱发心绞痛、心肌梗死等心血管疾病。

四、伤胰腺

酒精除了损伤肝、脑外，对胰腺的伤害也很大，如诱发胰腺癌。胰腺癌被称为"癌中之王"，但很多人对该病知之甚少。

胰腺位于上腹部深处，肚脐上方，胃和肝后面的腹后壁处。胰腺是个小器官，在人体的众多器官中非常不起眼，可是胰腺虽小，作用却非常大，它肩负着人体的两个重要功能。

1. 胰腺的两大功能

（1）内分泌功能
胰腺的内分泌功能，一是分泌胰高糖素，起升高血糖的作用；二是分泌胰岛素，起降低血糖的作用。由此我们也可以看出，胰腺的内分泌功能起平衡血糖的作用，让人体血糖位于合理范围内。

（2）外分泌功能
分泌胰液，帮助消化食物中的糖、脂肪、蛋白质等物质。

2. 胰腺癌的三个特点

（1）难以发现
由于胰腺位置隐蔽，难以触摸，胰腺上神经又不丰富，所以胰腺"生病"时症状不明显，造成胰腺癌早期很难被发现，一旦发现大多是晚期。胰腺癌的发病率和死亡率都非常高。

（2）难以治疗
胰腺本身神经并不丰富，但胰腺周围的血管和神经却非常丰富，而且在胰腺周围有人体的两个重要内脏器官——肝和肾，难以进行手术切除。

（3）容易转移

胰腺周围血管丰富，造成胰腺癌非常容易转移。

基于以上原因，胰腺癌被称为"癌中之王"。长期持续饮酒会增加患胰腺癌的风险，尤其是又抽烟又喝酒的行为，会使患胰腺癌的风险进一步提高。

五、伤肾

肾脏位于腹后脊柱两侧，左右各一。肾脏的功能是通过尿液排出人体的代谢废物和毒素，同时维持电解质平衡和机体的酸碱平衡。身体的代谢物排不出去，对生命就会构成威胁；机体的电解质平衡、酸碱平衡被打破，机体功能就会失调，代谢就会紊乱。

肾脏就好比是人体的体液净化器。如果说肝脏是解毒的，那么肾脏就是排毒的，排出身体的代谢废物，排出身体不需要的水分，排出多余的电解质。对侵入身体的有毒物质，肝脏通过分解代谢来对付它，而肾脏则是将其直接排出体外。比如进入人体的酒精，90% 由肝脏代谢后排出体外，5% 经由肾脏随尿液直接排出体外。单说酒精对肾脏的伤害，从酒精进入人体，再到排出体外，酒精对肾脏产生了两方面的毒害作用，一方面是乙醇在肝脏代谢时产生的乙醛对肾脏造成的伤害，即乙醛伤害；另一方面是这5% 经由肾脏排出体外的酒精对肾脏造成的直接伤害，即乙醇伤害。

酒精还会促进尿酸的生成，引起高尿酸血症。高尿酸血症会诱发痛风、肾结石、慢性肾功能衰竭等肾脏疾病，还会引起高血压、糖尿病等。

酒有利尿作用，大量饮酒后，因口渴会不断地喝水，喝水过多也会增加肾脏的负担。再者，人们习惯饮酒时大吃大喝，但大鱼大肉这些高蛋白食物，在体内消化时会产生大量的尿酸、尿素氮等代谢产物，造成机体的氮平衡紊乱。这些都会加重肾脏负担，增加肾脏疾病的风险。

六、对其他器官的伤害

酒精除了伤害人体主要器官外，对其他组织和器官也会造成伤害。事实上，从酒精入口经喉咙、食道到达胃部，在胃部和小肠被吸收进血液后，酒精和酒精的肝脏代谢产物乙醛，就开始随着血液遍布全身组织和器官。所以，从酒精入口的那一刻起，酒精对人体器官和组织的伤害就开始了。

现在就让我们来看看酒精是如何伤害我们身体的其他组织和器官的。

酒精进入口腔。所有人都知道酒是辣的，但白酒的辣不是味觉，而是痛感，是酒精正在刺激和伤害口腔黏膜细胞而产生的一种刺痛、烧灼感。酒精长期反复地灼伤口腔黏膜、食道黏膜，会导致慢性咽炎、食管炎。经常喝酒的人，很多都有牙龈出血、口腔溃疡的问题，这跟酒精对口腔黏膜长期反复的刺激有很大关系。咽炎、食管炎反复发作，会进一步诱发口腔癌、咽癌、喉癌、食管癌。酒龄越长、酒量越大，口腔、喉咙和食道被刺激的频次越多，伤害的程度越深，患病的风险就越高。又抽烟又喝酒的人患口腔癌、咽癌、喉癌的风险更大。

酒精进入胃部。酒精入胃后会刺激胃黏膜，经常喝酒的人，胃黏膜被长期反复地刺激，易导致胃炎、胃溃疡等胃病。胃病反复发作，容易引发胃癌。

酒精进入小肠。经常喝酒的人，酒精反复刺激小肠和结肠黏膜，易引发肠炎，还会诱发腹泻，频繁腹泻则会导致营养不良。

长期大量饮酒，会干扰性激素分泌，导致性能力下降，欲望降低，并且危害生殖健康。女性长期持续饮酒，会导致月经紊乱，影响怀孕。

说到这里，我们不得不说说酒后"睡眠"。事实上，酒后"睡眠"不是真的睡眠，而是酒精麻醉。至于醉酒后的"酣睡"，毫不夸张地说，那是酒精中毒后的昏迷。所以，喝酒不但不能帮助睡眠，反而会影响睡眠。饮酒后看似酣睡了一晚上，其实是一个从醉酒到醒酒的过程，醒来之后浑身难受，再加上内心懊悔、痛苦，于是辗转反侧，难以入眠。等到真的睡着时（这时才是真睡眠），天都快亮了。所以晚上喝酒，尤其是大酒、醉酒，即使第二天酒醒了，也会影响白天的工作，少则半天，多则一整天，都是在迷迷糊糊中度过的。

喝酒后，为什么第二天感觉身体很疲惫？

● 热量消耗大，喝一次酒相当于散失掉每天所摄入食物热量的 1/3~1/2；

● 酒精麻醉全身神经，麻痹大脑和中枢神经系统，导致全身乏力；

● 半夜或凌晨酒醒后，辗转反侧，难以入睡，影响睡眠质量；

● 酒精刺激肠胃，扰乱人体进食生物钟，导致喝酒时人进食较少；

● 酒醒后懊悔、痛苦、自责，导致情绪低落、心情不佳。

七、现在戒酒，正是时候

亲爱的戒友们，我们已经沉沦于酒中很多年，难道我们要一辈子这样吗？这种醉生梦死的日子何时是个头？这种浑浑噩噩的日子难道你还没有过够？为什么不现在就停止饮酒呢？

现在就停止，一切都还来得及，我们人体的自我修复能力是非常强大的，越早戒酒，对身体的恢复越有利。退一步讲，只要停止饮酒，至少我们的身体就不再受酒精的进一步伤害了。

亲爱的戒友们，为什么我们不让自己的每一天都是清醒的？为什么我们不把时间和精力用到工作和事业上，用在陪伴家人上，用在兴趣爱好上？而偏要把大把的时间白白地消耗在酒里？

酒精伤害着我们的身体，损害着我们的肝脏，麻痹着我们的神经，酒精时刻把我们置于危险之中。酒精伤害我们的大脑，降低我们的智力，损害我们的形象。

酒精让我们失去的太多太多。

八、戒酒后，身体开始逐渐恢复

① 1 天不喝酒，体内酒精消失殆尽。

② 2 天不喝酒，肝脏开始自我修复，身体的疲惫、乏力感大大减轻，精神状态开始变好。

③ 3 天不喝酒，体内酒精排除干净。你会感到浑身轻松，心情也轻盈起来了，开始爱走路了，不怕爬楼梯了。睡眠逐渐正常了，以前睡觉总是半夜就醒，醒后再难入睡，现在可以一觉到天亮，一整天的精神状态都非常好。

④ 1 周不喝酒，精神面貌焕然一新，容光焕发，充满活力，以前那个无精打采、萎靡不振的人已经消失得无影无踪。人比以前勤快多了，什么事都愿意做了，回家也爱干家务了。此时，无论生理上还是心理上，你都是一个非饮酒者了。

⑤ 半个月不喝酒，有助于血压、血脂、尿酸下降，肠胃功能开始变好，饮食规律。以前不爱吃蔬菜，觉得蔬菜清汤寡水，喜欢油腻，爱吃大鱼大肉，戒酒后正好反过来了，开始爱吃水果，蔬菜吃起来也津津有味。

⑥ 戒酒 1 个月，肝功能继续恢复，血压、血脂、尿酸继续下降，因过去饮酒而导致的各种疾病风险开始降低。体能恢复正常，身体素质整体变强，走路都感觉有劲了，也能集中精力地做事情了，以前的自信又重新回来了。戒酒成功的幸福和喜悦时时在脸上荡漾。

⑦ 戒酒 3 个月，肝功能明显改善，头脑清醒，精力旺盛，工作效率大大提升。由衷地感到——做回一个非饮酒者真好。

⑧ 戒酒半年，肝功能逐渐恢复正常，肤色变好，以前苍白的脸开始变得红润，体重减轻，将军肚逐渐消失。脾气变好，能够心平气和、不紧不慢地说话了。人变得理智，遇事不慌不乱，能平和、平静、平稳地处理各种事情，开始进入正常人的生活状态。整个人精气神十足。

⑨ 戒酒 1 年，思维清晰，精神饱满，日常处理事务的能力和抗压力大大增强，每日心情愉悦。心脑血管疾病风险下降 50%。

⑩戒酒 5 年，酒精导致的恶性疾病风险下降 50%。

⑪戒酒 10 年，患心梗的风险恢复到和非酒民一样。

⑫戒酒 15 年，患脑梗的风险恢复到和非酒民一样。

轻松戒酒后，家庭越来越温馨，爱越来越多了。你将拥有自信、开朗、乐观、积极的人生。

第五部分

你是怎么
染上酒瘾的

第24章
社会信息灌输

太不公平了，大人们有很多事情都不让我们做，可是他们自己却做得不亦乐乎，比如抽烟、喝酒，还有打游戏、玩手机。

——一个孩子的心声

心瘾形成"五部曲"

第一步：儿时，目之所及，各种精美的酒包装，各种美好的"酒画面"，以及家人的"言传身教"，让我们觉得"酒可能是个好东西"；

第二步：年少时，来自各种渠道的"酒信息"，长期大量地对我们狂轰滥炸，围绕家庭的各种喜庆、热闹的喝酒场景，让我们觉得"酒果然是个好东西"；

第三步：大学时，极具感染力的中国古代酒诗，极具诱惑力的现代"酒文化"，让我们领略到不曾感受过的酒之"高大上"，我们确信"酒真的是个好东西"；

第四步：大学毕业，走向社会，日常生活、工作中的婚丧嫁娶、迎来送往，让我们对"酒文化"有了进一步的理解和体会，我们终于相信了原来人们所说的"喝酒是必备技能"是真的；

第五步：我们终于学会了喝酒，也终于掉进了酒精的陷阱，在酒精的陷阱里，我们越陷越深，待到明白它的危害时，却已酒魔缠身、欲罢不能了。

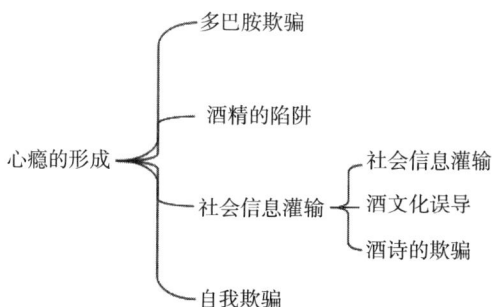

我们当初为什么学喝酒？是酒的味道好？还是喝酒对身体有好处？都不是，每个酒民当初学喝酒时，谁也没有想过酒有多么好才去喝它，也没有认为喝酒对身体有什么益处，或者对我们有其他帮助才去喝酒。当初学喝酒时，我们也没有想过酒到底是什么，我们只知道乙醇有杀菌消毒的作用，却不知道它在人体内的肝脏代谢产物乙醛是一级致癌物。我们从没想过喝酒还会上瘾，更没想过有朝一日我们还会面临戒酒这个问题。直到有一天，当我们真的发现自己已经喝酒上瘾了时，却已经离不开酒了。

我们沉迷于酒中，为了酒，我们放弃了以前的爱好，为了酒，工作、生活中的事情我们都可以先不做，唯独不能不喝酒。染上酒瘾后，我们每天在酒精的麻醉中度过，对生活变得麻木不仁，对工作不是主动出击去发现问题、解决问题，而是被动应付或者干脆"视而不见"，最后事情变得越来越糟糕。

酒精伤害我们的大脑，使我们智力降低、记忆力下降；酒精改变我们的性格，让我们变得感情淡漠、脾气暴躁；酒精麻痹我们的神经，让我们言行失控，丧失警惕性；酒精消磨我们的意志，摧残我们的精神。

事实上，喝酒的这些祸端只有戒酒后我们才能意识到，在我们还沉迷于酒中之时，想不到酒精除了伤害身体，还有这么多坏处。这也难怪，每次喝酒的时候，在酒精的麻醉作用下，我们的自我感觉可是超级好呢（其实是酒精麻醉大脑和中枢神经，使人感到身心"放松"），哪里还会想到喝酒的弊端呢！

我们稀里糊涂地染上了酒瘾，然而这并不怪我们，在我们从小到大的生活中，酒是一种正常流通的商品，有时还是一种贵重的礼品，甚至在我们的深层意识里，酒是一种高级、神圣之物：

● 古代祭祀离不开酒，现代庆典喝酒是必备曲目。
● 古代将士出征前要喝壮行酒，凯旋要喝庆功酒。
● 朋友远游要喝践行酒，有朋自远方来要喝接风酒。
● 我们人生的第一场酒，是父母为我们举办的百日宴、生日酒。

从小到大，我们身边到处是烟、酒，我们时刻处在烟、酒的包围之中。商场、超市里，烟酒永远都是摆在最醒目、最方便拿取的地方。我们的日常消费品，什么东西最显"高档"？除了女人用的琳琅满目的化妆品，就是男人喝的各种各样的酒。

孩童时代，我们对酒一无所知，即使家中有人喝酒，我们自己也没想过要喝酒。第一，在我们的印象里，喝酒的都是大人，小孩子不喝酒；第二，大人经常告诫我们"小孩子不能喝酒"，虽然我们没有想过为什么大人能喝而小孩子不能喝，但是我们还是遵守照办，因为我们相信大人的话，大人不会骗我们。

如果我们每天处在一个喝酒的环境里，结果又会怎样？假设孩子的爸爸爱喝酒，在他的眼中，爸爸是这样的：

● 爸爸喜欢酒。

● 爸爸每天都喝酒。

● 没有酒时，爸爸很着急，有时妈妈不让他喝酒还会生气。

● 爸爸喝时，看起来还很享受的样子。

● 爸爸喝酒时，有时会说"好酒，好酒"。

● 爸爸有时劝别人喝酒，有时还和别人抢酒（所以酒应该是好东西）。

如果孩子从小生活在这样一个环境里，每天被一个爱喝酒的爸爸"熏陶"。那么，当他从一个对这个未知的世界充满了好奇的小孩，成长为一个懵懂的少年时，如果这时有人给他倒了一杯酒，他会做出怎样的选择呢？他会拒绝吗？或者他会先端起杯来尝一尝再决定喝还是不喝吗？我想不管他做怎样的选择，至少他不会像以前儿时那样坚决而果断地说："我不喝！"

如果我们从小生活在这样一个环境里，每天被这样的信息刺激，那么我们又会是什么样子呢？小孩子好奇心强，自控能力弱，也许我们早就开始尝试喝酒了吧！

环境影响是当初染上酒瘾的重要因素，如果你注意观察会发现，一个家庭里，往往大人爱喝酒，孩子们也爱喝酒，"老子是'酒鬼'，儿子也是'酒鬼'"的故事，恐怕我们不止一次听说吧。的确是这样，你可以留意一下身边那些爱喝酒的人，往往他家里人也爱喝酒，而那些不喝酒的人，往往家里人也都不喝酒。

为什么会出现这种情况呢？其实道理也很简单，人生下来就像一张白纸，你往上面画什么他就是什么。我们每个人都是从小一点点长大，对外部世界的认知也都是从零开始一点一点累积起来的，所以，生活环境必然会潜移默化地影响我们大脑中的知识储备，影响我们的思想。

更主要的是，这些环境信息会在我们的潜意识中留下印记，成为我们潜意识中的一部分。我们知道，潜意识的力量是巨大的，而对潜意识影响最大的首先就是语言和文字，其次是环境。事实上，自出生到现在，我们身体每天 24 小时所感知到的周围环境里的所有信息，都会叠加到我们的潜意识中。这些信息既包括我们主观意识到的，也包括我们主观没有意识到的。主观意识到的影响是有限的，主观没意识到的才是大量的。比如当我们走过一条街，街道两旁我们看到的、听到的信息，只占我们身体感知到的所有信息中很小一部分，而绝大部分信息我们主观意识并没有感受到。也许我们的眼睛只是不经意地一扫，主观意识上可能我们没有感知到任何信息，但这一扫"映入"我们潜意识里的信息，或者说被我们潜意识捕捉到的信息，或许就是一个很大的数量。

我们的周围环境就是如此在影响着我们主观意识的同时，更无时无刻不影响着我们的潜意识。所以，如果我们从小生活在一个喝酒的环境中，尽管那时我们还没有开始喝酒，但很可能就已经是个"准酒民"了。因为在我们的主观意识和潜意识里，都已经对酒产生了好感，虽然行为上还没有开始喝酒，但主观意识上可能我们早已有了"酒虽然闻着呛，但看大人们喝酒很享受的样子，应该味道还不错""我现在不能喝酒，是因为我还没有长大，等我长大了就可以喝酒了"这样的认识，而与此同时，在我们的潜意识里，也早已烙下了"酒是好东西""喝酒有好处"的印记。

我们慢慢地长大，潜意识中"酒是好东西""喝酒有好处"的印象越来越被强化，我们对酒除了好奇，心理上更多了一层欲望，我们想尝一尝、试一试。终于有一天，我们迈出了喝酒人生的第一步。第一次喝酒，虽然酒的味道一点都不好，又苦又辣又呛，但潜意识中"喝酒有好处"的欲望在主导着我们的行为，我们一遍遍地尝试，有时甚至心里还有些不服气——他们能喝，为什么我不能喝？

最后我们终于学会了喝酒。

就这样，不知不觉中，我们一点点地染上了酒瘾，沾上了喝酒的陋习。

现在，我们喝酒时不再感到苦和辣了，这是为什么？是我们身体对酒精适应了？是我们能够承受酒的苦和辣了？是酒瘾盖过了酒味？还是心理上的欲望超过了生理上的痛苦？应该是兼而有之。

随着年龄的增长，进入我们脑海中的酒的信息也越来越多，这时我们才发现，原来在我们的身边，人情往来、婚丧嫁娶、开业庆典，以及各种各样的餐饮聚会，酒都是必备饮品，喝酒是必备曲目。这时我们才发现，原来酒是生活中很常见的物品，喝酒是一件很平常的事情，由此我们就更加坚定了喝酒的选择是正确的。

随着我们参加或见识的酒场饭局次数的增多，主观意识上对酒也越来越有"好感"，这些更加强大了的主观意识又反过来作用于潜意识，使我们潜意识中"酒是好东西""喝酒有好处"的印象进一步强化，最终潜意识里对酒的欲望超越主观意识的控制。这样的结果就是，即使我们主观意识不想喝酒，或者我们主观意识想要控制自己少喝酒，或者想要摆脱它，但此时它已经不受控制了，主观意识已经无法控制潜意识中的喝酒欲望了。

　　这种渴望喝酒的欲念就是心瘾，心瘾一旦形成，它就像一匹脱缰的野马，而酒民就像被这匹野马的缰绳死死缠住一样，被它拖着开始在酒海中恣意驰骋。

　　潜意识不以人的主观意志为转移，心瘾形成后，潜意识就开始主导我们的喝酒行为，喝酒也就成了我们潜意识中的本能反应。

　　随着年龄的增长，我们接触的社会环境在扩大，对外界事物的关注点在增加，接收到的来自社会各种渠道的对酒的赞美和有关酒的"美好"信息越来越多，"美酒""琼浆玉液""适量饮酒，有益健康""无酒不成席""酒是粮食精，越喝越年轻""小酒怡情，大酒伤身""美酒加咖啡，一杯又一杯""酒逢知己千杯少""感情深一口闷，感情浅舔一舔"等，这些信息不停地向我们灌输，不停地刺激着我们的大脑，尤其"喝酒才是男人""男人世上走，不能不喝酒"这样的信息，使正在渴望长大的我们对"男人就得喝酒""喝酒是成熟的标志"深信不疑。

　　过去很多时候，我们都是被动喝酒，从此，我们开始主动喝酒了。

　　随着眼界的开阔，外界向我们灌输和我们所接触到的酒的信息也随之"上升了一个档次"，从这个时候开始，披着华丽外衣、误导性极强的所谓"酒文化"，开始"粉墨登场"了。

　　中国古代不管是文臣武将，还是达官贵人，抑或书生秀才，很多都喜欢喝酒。虽然酒在古代属于奢侈品，普通百姓很难喝到，能喝到酒的都是有钱人，但古代读书人要么本身就是有钱人家，要么即使是穷苦人家，但读到一定程度（比如秀才）就有了收入来源（享受国家福利待遇、当私塾教师等），因此古代读书人一般都有条件喝酒。"学而优则仕"，读书人做官后，喝酒就更有条件了。所以在古代的文人士大夫阶层中，酒离生活很近，酒也最能反映古代文人士大夫阶层的精神风貌，也因此中国古代的诗词、名著等文学作品中，总是充满着一股"酒气"。

　　《红楼梦》中共出现饮酒场面 152 个（次），书中"酒"字出现了 580 次，喝酒的名目繁多，五花八门，各种时令酒、节日酒、生日酒、满月酒、寿星酒、宴客酒、婚嫁酒、贺喜酒、答谢酒、谢师酒、乔迁酒、践行酒、送别酒、接风酒、洗尘酒、祭奠酒等，以及赏花酒、赏月酒、赏灯酒、赏雪酒、赏戏酒等。《水浒传》中出现 600 多次饮酒，"酒"字在书中出现了 2000 多次。《三国演义》中出现 300 多次饮酒场面，《西游记》中出现 100 多次。

　　正如一位朋友所说："以前我没大留意，这几天教儿子背诗词，才发现时不时就有酒的描写。"

　　由于中西方文化的差异，西方人虽然也喝酒，酒依赖者也很多，但在西方人眼里，酗酒、醉酒都是典型的"酒鬼"形象，所以在西方文学作品中，嗜酒者总是以神魂颠倒、神志不清、暴力犯罪、家庭不和睦等负面形象出现。西方文学作品中的主要角色如果是"酒鬼"的话，这个"酒鬼"在作品中的最后结局大多是两种，一种是戒酒——痛下决心与酒绝缘，从此过上美好生活。要么与心爱的人牵手成功，要么经过一番奋斗事业成功，总之结局都非常美好。另一种是不可救药，一辈子就这样浑浑噩噩、自甘堕落，最后的结局要么流落街头，成为一个酗酒的流浪汉，在一个大雪纷飞的夜晚冻饿而终，要么不知所踪。

所以，从文化角度来看，酒在西方文化中是一种"低级趣味"的含义，最多是一种"道具"，没有掺杂精神文化元素。

而中国的文学作品中，好酒是真性情，是豪爽、义气、仗义，喝酒是强悍、粗犷、力量，纵酒是高兴、快乐、喜庆，醉酒是压力、困难、责任、忧愁、宣泄、无奈。文人喝酒是风雅、风流、风采，是苦闷彷徨、怀才不遇、郁郁不得志，等等，总之，中国文学作品中，嗜酒者很多时候都是以正面形象出现。

大学毕业后，我们满怀着希望，带着风发蓬勃的青春朝气走向社会，我们喝酒的场合和缘由也由过去学生时代的单一变得更加广泛、繁杂，人情往来、工作应酬、结朋交友，以及各种餐会、聚会、酒局、饭局，酒无不在发挥和体现着它的"道具"和"形式"功能。

从此，我们彻底地掉进了酒精的陷阱，跌入了酒海的万丈深渊，酒瘾"大毒虫"深深地驻扎到了我们的心间。

"喝酒能使人放松""喝酒有助于社交应酬""男人世上走，不能不喝酒"，这些都是酒精的陷阱、酒瘾的骗局。任何时候都请你记住：第一，酒精是麻醉剂；第二，大多数人不喝酒，他们身体更健康，家庭更幸福，事业更成功。

在我们喝酒上瘾之前，参加酒场饭局或许是为了社交应酬，但现在我们知道了，自从喝酒上瘾之后，我们不管是独自喝酒，还是和朋友一起喝酒，或者是在酒场饭局上喝酒，单从喝酒这个行为本身来说，我们喝酒的真正目的，其实就是为了满足自己的酒瘾，而绝不是为了喝酒的那些"好处"，比如社交应酬。

再明确点说，你可以为了社交应酬而参加酒场饭局，但你一定要明白，参加酒场饭局时喝酒是为了满足自己的酒瘾，而不是为了社交应酬。事实上，根本不存在不喝酒就无法社交应酬一说，这只是喝酒人给自己找的理由罢了。

道理很简单，要是真的不喝酒就无法社交应酬，那为什么还有那么多人不喝酒呢？要知道中国14亿人中，有一半的人是从来不喝酒的，经常喝酒的只有3亿多人。

如果喝酒如此重要，重要到不喝酒就会影响工作或事业，可是那些从来不喝酒的人，也没有耽误工作或事业啊。他们为什么不喝酒呢？原因只有一个——他们没有酒瘾。

没有酒瘾的人什么样？没有酒瘾就是别人喝酒，自己喝水或喝茶；没有酒瘾就是自己不喝酒，但照样可以参加酒场饭局，而且比喝酒的交际能力还好；没有酒瘾就是自己不喝酒，但照样可以举办酒局饭局，而且比喝酒的人办得更好。

在没有酒瘾的人眼里，喝酒不但不能给自己的身体带来任何好处，相反，只会给自己的身体带来坏处。

虽然喝酒的人也知道喝酒对身体不好，但因为他们有酒瘾，他们就给自己找各种理由喝酒，或者像鸵鸟一样欺骗自己，"再喝一次没事""再喝一段时间就戒了""以后戒""下次戒"，等等。而没有酒瘾的人，他们知道喝酒对身体不好，所以他们就像不喝其他对身体有害的东西一样，自然选择不喝酒。

诱导或误导我们喝酒的社会信息，还包括一些自欺欺人或以讹传讹的酒的"名言警句"，如"酒是粮食精，越喝越年轻""适量饮酒，有益健康"等，一些不明真相的人对这些"名言警句"津津乐道，尤其在劝人喝酒时。

还有一种有关酒的社会信息，欺骗性非常大，也非常具有迷惑性，就是中国酒诗。诗歌是世界的，世界上很多国家都有诗歌这种文学体裁，但唯独酒诗是中国特有的，而且酒诗在中国诗词中还占有很高的地位，几千年来不仅喝酒的人争相传诵，甚至不喝酒的人读起这些酒诗来，比喝酒的人还"如醉如痴"，比如在一些朗读类节目中，很多不喝酒的人朗诵李白的《将进酒》时，声情并茂、慷慨激昂，"入戏"之深比喝酒人更甚。

这些朗朗上口的中国古代酒诗对饮酒之风的传播，起到了一种推波助澜、更上一层楼的"拔高"作用，一些文学作品对中国古代酒诗的过分渲染，或错误解读，以及一些人对中国古诗中酒诗的断章取义、误解误读、错解错读，不知误导了多少人，尤其使我们的青少年，从小就对酒"神往"。

听 100 遍父母"小孩子不要喝酒"的叮嘱、唠叨，也抵不过书中一首"李白斗酒诗百篇，长安市上酒家眠。天子呼来不上船，自称臣是酒中仙"的酒诗力量大。"美酒加咖啡，一杯又一杯"，当年唱遍了大江南北。现在回想起来，这些酒诗、酒歌在我们年轻幼小的心灵中起了多么大的"启迪""引领""强化"和"教化"作用啊！

　　我们就是这样被来自社会各种渠道的各种信息，长期、大量地灌输和欺骗，最后在我们的主观意识（尤其是潜意识）里，形成"酒是好东西""喝酒有好处"的错误认知，这些错误认知最终形成潜意识中的喝酒欲望——心瘾。

第25章

"适量饮酒，有益健康"是真的吗

一次，同事问我是不是戒酒了，我说是的，他说："为啥要戒了呢？少喝点就是了。"是啊，我曾经也这样想，直到遇到轻松戒酒法，我才大彻大悟。

——戒友留言

"适量饮酒，有益健康""酒喝多了不好，少喝点对身体有好处"，这样的话我们经常能听到，还有人说："酒能软化血管，每天少喝点酒能活血化瘀，减少患心脑血管疾病的风险。"其实喝酒的人并不这样认为，反而是不喝酒的人经常这样讲。

1. 不喝酒的人比喝酒的人更相信"适量饮酒，有益健康"

事实上，喝酒人从来都不是因为喝酒的好处才喝酒，他们喝酒时也从来没有想过喝酒的好处或坏处，他们之所以喝酒纯粹是因为酒瘾，是酒瘾驱使他们每天喝酒。每天到点就喝酒，就像其他人到点就吃饭一样，早已成为他们潜意识里的本能反应。

所以"适量饮酒，有益健康"的说法不会出自喝酒人。如果你劝一个喝酒人戒酒，他可能会给你摆出很多喝酒的理由，比如："在中医里酒是药引子""就这一个爱好了，不戒""男人不喝酒，活着还有什么意思"等，但他永远不会拿"适量饮酒，有益健康""少喝点酒对身体有好处"等观点来反驳你。原因很简单，"适量"和"少喝点"是他们最避讳的字眼，喝酒人要喝就喝个够，少喝点还不如不喝。可能你会说，也有人确实认为喝酒有好处才开始学喝酒的。不错，不排除有这样的人，尤其是在"红酒诱惑"面前，有人的确是抱着这样的想法开始学喝酒的。但不要忘了这时他们还没有上瘾，等他们上瘾了以后，这时你若再问他们为什么要喝酒？他们会顾左右而言他，不会和你正面讨论这个问题，更不会说"少喝点酒对身体有好处"这样的话。

"适量饮酒，有益健康"，反倒是不喝酒的人喜欢这样说。

这也难怪，不管是喝酒的人还是不喝酒的人，普遍都缺乏酒的科学知识，很多人甚至连酒的最基本常识都没有，尤其是在现在这个信息爆炸的时代，各种信息鱼龙混杂，真假难辨，当大家都在说"适量饮酒，有益健康""少喝点酒对身体有好处"时，对喝酒人来说，他们本能地屏蔽这样的话，就像他们屏蔽"喝酒会伤肝""喝酒会增加心脑血管疾病的患病风险"一样。但不喝酒的人天天被灌输这样的信息，时间长了自然就信以为真了。

他们自己相信了不要紧，他们还会不辨真伪、不加深究地告诉别人。比如不喝酒的人一般都是劝人"少喝点"，而不直接劝人戒酒，有时他们甚至还开导戒酒者——"戒酒倒不必，少喝点就是了""没必要说不喝就一点都不喝，适量饮酒有益健康嘛"，等等。

"适量饮酒，有益健康""少喝点酒对身体有好处"的说法就这样以讹传讹地流传开来了。

当然，如果不喝酒的人有朝一日也学会了喝酒，那么他们也就和其他喝酒人一样，既不会想喝酒有什么好处，也不会想它有什么坏处，自然也不会再说"适量饮酒，有益健康"了，喝酒只是满足自己的酒瘾罢了。

2."适量饮酒，有益健康"的说法是错的

"适量饮酒，有益健康"这句话不知何时由何人发明的，也不知流传了多少年，误导了多少人，现在谎言终于被戳穿了。2018 年 8 月，世界著名权威医学杂志《柳叶刀》刊文证实，饮酒没有安全界限，"适量饮酒，有益健康"的说法是错的，最安全的饮酒量是 0，最健康的饮酒方式是滴酒不沾。

《柳叶刀》是英国著名医学杂志，创办于 1823 年。"柳叶刀"顾名词义，状如柳叶的手术刀。杂志英文为 The Lancet，尖顶窗的意思，以此命名医学杂志的寓意是"照亮医界的明窗"。

一直以来，《柳叶刀》发布的一些医学研究成果在医学界都是非常权威的，这次关于饮酒与健康的研究，数据来源遍布全球，来自全世界的 195 个国家和地区参与了这项研究，研究数据从 1990 至 2016 年，时间跨度长达 27 年，样本量更是高达 2800 万人。这是迄今为止关于饮酒与健康的研究中，样本数量最大、数据最全面、评估最准确、结论最权威的一次研究。

研究者通过对 2800 万饮酒者的性别、年龄、酒龄、饮酒频次、饮酒量等数据进行分析研究，对酒精与消费、酒精与死亡、酒精与残疾和疾病、酒精与健康之间

的关系进行综合评估,最后得出这样一些结论:

● 酒精是一个全球性的健康问题。

● 酒精的那一点点好处跟它的害处比,微不足道,不值一提。酒精带给健康的任何益处,都抵不过它给身体带来的伤害。

● 酒精摄入量与酒精对健康的危害不是线性关系,也就是说,即使大幅减少酒精摄入量,但酒精对健康的危害也减少不了多少,即,即使适量饮酒,酒精的伤害依然很大。

● 饮酒导致的癌症等疾病风险的增加,远远超过它的益处。

● 全球每年有 3200 万人因各种原因死亡,其中 280 万人是因为饮酒。

● 饮酒是全世界范围内导致中青年男性(15~49 岁)死亡的头号凶手。

● 随着年龄的增长,50 岁以后因酒致癌的风险会越来越大。

● 所谓的安全饮酒量根本不存在,最安全的饮酒量是 0,最健康的饮酒方式是不喝酒。

3. 没人能做到"少喝、适量"

所谓"适量饮酒,有益健康",那么这个适量又是多少呢?关于此,说法不一,有的说啤酒每天不要超过 1 罐,白酒每天不要超过 50 毫升;还有的说,每天酒精摄入量男性不超过 25 克,女性不超过 15 克,也有的说男性每天不超过 20 克,女性不超过 10 克。20 克、10 克是什么概念?如果我们忽略酒精、酒、水之间的比重差异,那么 20 克酒精就相当于 50 克 40 度白酒,也就是 1 两,10 克酒精相当于 20 克 50 度白酒,也就是不到半两。试问,一个平时每顿喝半斤八两的人,现在只让他喝一两或半两,他能做得到吗?

当然没有人能做得到,实际上这样的"适量饮酒"已经属于戒酒范畴了,属于传统戒酒法中的控酒法。关于控酒法前面我们已经讲过,是将自己的日常饮酒量减少到一个自认为的"安全范围"内,比如原来每天喝两顿,现在只喝一顿,原来每顿喝 8 两,现在只喝一杯,原来每顿喝半斤,现在只喝一二两。

这种戒酒方法,看似很"巧妙"——既能喝到酒,又能减少酒精对身体的伤害,但天下哪有这等好事?事实上,因为每次都喝不够量,甚至"浅尝辄止",所以酒民们每次都喝不过瘾,最后的结果就是让自己时时都处于一种生理上的酒精缺失感和心理上的不满足感(空虚感)状态,时时都在"要不再多喝点""要不别戒了""就多喝这一次"中纠结。因为酒瘾得不到满足,他们心里就老想着酒,每天都需要用意志力与时时来袭的酒瘾对抗,试想,每天这样强忍硬扛,谁能坚持得住?又能坚持多久呢?

每个酒民都有属于自己特有的饮酒模式,饮酒模式是酒瘾(心瘾)的一部分,在酒民的所有饮酒模式中,酒量是最重要的一个。酒民每一次喝酒,首先追求的是喝到酒,光喝到酒还不够,还必须要喝够量,就是俗话说的要"喝好"。第一喝到酒,第二喝够量,二者缺一不可。"喝酒喝不够,还不如不喝",只有这两个目的都达到了,酒瘾才能得到满足。

对喝酒人来说,要么一点不喝,要喝就得喝个够,谁也做不到"少喝""适量"。请看看你的周围,哪个喝酒人能做到少喝、适量?坚持一次两次也许还行,时间长了根本做不到,很快就会恢复到原来的状态。

当然,有一种情况例外,那就是医生要求戒酒。此时往往是身体出现了急病、重病,身体已经不允许再喝酒,再喝可能就会有生命危险。这时病人也是真心想戒酒,可是又舍不得(戒不了),于是就采取折中的办法,给自己定一个"安全饮酒量",比如每天只喝一杯或半杯,或每顿只喝一两或二两,这样既照顾了身体,又兼顾了酒瘾,还"听"了医生的话,在他们看来,如此"三全其美",岂不妙哉!但此时,主导他们这样做的,也不是"适量饮酒,有益健康"思维,而是"只要不多喝,少喝点没事"的自欺欺人的侥幸心理。

一般来讲,除了患上重大疾病,任何成瘾类物质,只要上了瘾,就做不到"适量",所以单从"瘾"这个角度来说,"适量饮酒"也是不成立的。哪一个酒精依赖者刚开始学喝酒时不是从少量开始,然后一点点多起来的?所以,"适量饮酒"根本就是个伪命题。

喝酒除了做不到"适量"外,酒瘾还有个特点,就是每次喝酒都想得到比上一次更好的感受,每次喝酒都想比上一次喝的更多,以满足自己一次比一次大的酒瘾(尽管这种增大主观上不一定能察觉到),所以喝酒上瘾后,如果你想加量很容易,减量却很难。

4. 酒依赖的四大循环交互上升规律

嗜酒者最早都是从少量饮酒开始的,嗜酒者一开始都是轻度饮酒者。从轻度饮酒者到重度酒依赖,遵循以下循环式交互上升规律:

规律1:越喝酒瘾越大,酒瘾越大喝的越多。

规律2:喝的越多,酒醒后越空虚难受,越空虚难受就越想喝,喝的就越多。

规律3:每次喝酒,潜意识里都想比上一次喝的更多。第一,因为酒瘾更大了;第二,为追求比上一次更好的感受(比如酒后"放松",酒后"昏睡"等)。

规律4:越喝酒肝脏里的乙醛蓄积越多,乙醛蓄积的越多,肝脏受到的伤害越

大，肝功能就越差；肝功能越差，对酒精的分解代谢能力就越低，乙醛蓄积的就更
多，肝功能就更差。

5. 白酒啤酒，各有所爱

酒瘾跟喝酒时间长短、饮酒量大小有直接关系，喝酒时间越长、饮酒量越大，
酒瘾就越大。

二三十岁的年轻人喝啤酒的多白酒的少；三四十岁后，喝白酒的人多了，喝
啤酒的人少了，这一年龄段的人觉得"啤酒不过瘾"，而且这个时候往往喜欢白酒
与啤酒混着喝，或者喝完白酒再来点啤酒；四五十岁的人，基本上都喜欢喝白酒，
而且只喝白酒，不会白酒与啤酒混着喝，也很少有人喝完白酒再来点啤酒的。五十
岁以上的人很少有喝低度白酒的。

6. 酒瘾更大了

采用传统法戒酒时，因为主观意识上的"戒酒"与潜意识中的"渴望喝酒"
是对立的，所以每次戒酒失败后复饮，酒瘾都会报复性地反弹，如同戒烟失败后吸
烟量会加大一样，戒酒失败后饮酒量也会比以前加大。潜意识中"酒是好东西""戒
酒很难"的印象也会进一步强化。

所以每次戒酒失败后，酒民都会有一段时间的"补偿性"喝酒——比以前喝
得更疯狂，更肆无忌惮，仿佛有个声音在耳边督促着："把戒掉的那些酒补回来！"
于是饮酒量比戒酒前增加了，酒瘾也比以前更大了。

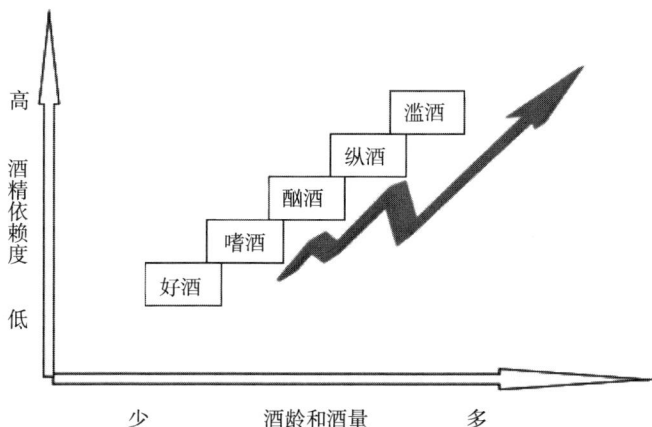

嗜酒者"进步"阶梯

好酒：喜欢喝酒，来者不拒，只要有喝酒的场合就喝；

嗜酒：沉湎于酒，经常一个人喝，重度酒依赖；

酗酒：嗜酒如命，喜欢一个人喝，像是在借酒浇愁；

纵酒：酗酒无度，顿顿喝，晚上睡前也要喝点，有意地放纵自己喝酒；

滥酒：早晨就开始喝，随时随地喝，喝酒已经成为无意识行为。

每一个"酒鬼"都不是凭空产生的，都是从最开始时的喝一点到经常喝酒，再到好酒，最后嗜酒、酗酒，直至纵酒、滥酒的程度。

到了嗜酒阶段，酒成了他的人生最爱，当喝酒成为一个人的人生最大"爱好"时，一个真正的"酒鬼"就诞生了。

"酒鬼"的生活中心是酒，当有一天喝酒从他的人生最大"爱好"变成他的唯一"爱好"，当健康、家庭、事业乃至生命都阻挡不了他喝酒时，这个普通"酒鬼"就变成了一个嗜酒如命、纵酒无度的大"酒鬼"。

美好的人生就这样被酒精控制着，终日沉迷于酒中，每天与酒为伴，这难道不是人生的最大悲哀吗？

如果你劝一个酒鬼戒酒，通常他的回答非常干脆："不戒，就这点爱好了，再戒了活着还有什么意思。"相信这句话很多人都听过，真的是让人无言以对啊。但仔细想想，其实他们说的也是实话，嗜酒的人随着酒精依赖程度的加深，慢慢地酒会成为他生活的中心，以前的爱好会越来越少，最后就只剩下喝酒这一个"爱好"了，当然舍不得丢掉了。

假设有人能做到"适量饮酒"，再假设少量饮酒对身体的伤害也确实"小"，但我们要知道，酒精对人体的伤害是一个持续的累积过程，是一个量变到质变的过程，虽然短期之内的"适量饮酒"不会给我们的身体造成很大的伤害，但只要不停止饮酒，终有一天，一次次的"小伤害"会累积成"大伤害"。

更何况，"适量饮酒"的"小伤害"不一定就真的小，饮酒量与酒精对人体的伤害之间并非线性关系，1两酒的伤害绝不是2两酒伤害的一半，而是大于或远远大于2两酒伤害的一半。2两酒的伤害也绝不是8两酒伤害的1/4，而是大于或远大于8两酒的1/4。

第 26 章
测测你的安全饮酒量

不存在安全饮酒量，无论任何人，最安全的饮酒量是 0，即不喝酒。

第六部分

"酒文化"有文化吗

第 27 章
汉字中的酒

> 戒酒后你就知道了，不喝酒的感觉真好，无酒的生活真美。

酒，从水从酉，是老、成熟的意思，指庄稼熟了，引申为谷物发霉、粮食发酵。酿酒即指用谷物或水果经发酵而造酒。

汉字中从酉旁的字有 500 多个，这些字多与酒、造酒、饮酒有关，如：酒、酝、酿、酤、酌、酬、醉、醺、酩、醒等；或与发酵法制取食物有关，如：酱、醋、酥、酪、酩、醍、醐等；还有一些是近代发现的化学物质，如：醇、酊、酮、酰、酯等。

酉，象形文字本意为盛酒的器具，形为喝酒的酒杯"酉"，或贮酒的酒坛"酉"，后来引申为酒，成为酒的本体字。

象形文字时期，人类的语言和行为比较简单，那时的象形文字基本都表示物品和动作，文字不需要太多，但随着人类语言和行为的不断丰富，象形文字不够用了，于是就出现了表音字和表意字。

西方字多为表音字，如"Hello""Very good"等，这些词句也许你不知道它的意思，但看着就会读，听着就会写。而汉字主要是表意字，即看到字就基本知道大概意思，如"日"+"月"="明"，"木"+"木"="林"，"水"+"酉"="酒"。

与酒有关的表意字还有醒、酗、醉等。

醒：酉 + 星 = 醒

酉，酒。星，由昼而夜，或由夜而昼。

酉（酒）与星合在一起，就表示天黑时醉酒，神志不清，天明时酒醒，神智也清醒了。

酗：酉 + 凶 = 酗

酉，酒。凶，灾祸，伤害。

酉与凶搭配，表示沉迷于酒会使人失智、失慧，招致祸患。

醉：酉＋卒＝醉

酉，酒。卒，一指完毕，终结，引申为死亡；一指仓促，突然。

酉与卒放在一起，表示过量饮酒会危及生命。

　　说到与酒相关的字，我们不得不说说"医"字。

　　医，繁体字为"醫"，可见中医药很早就与酒（酉）结缘。《本草求真》中说："用为向导，则其势最速，辛则通身达表，引入至高颠顶之分。甘则缓中，苦则降下，淡则通利小便而速下也。"酒在中医药上的使用，一是利用其"辛、甘、大热"之性，助药力、引药上行，加快药效发挥；二是利用酒精对血管的扩张功能，让药物成分更快地散布到全身各处，提高人体对药物的吸收效率，也就是我们说的"药引子"；三是利用酒精的溶解、消毒和防腐功能，使中药中的各种有效成分溶于其中；四是利用其强烈的刺激性气味和对神经的麻醉作用，来掩盖某些植物类药物的苦味和某些动物类药物的腥味。

第28章
中国古代酒文化与现代酒桌文化

"男人世上走，不能不喝酒"？你看看那些不喝酒却照样活得有声有色、风生水起的人就知道了。

1. 中国古代酒文化

酒的起源有多种说法，有说起源于远古时期猿猴藏果而得酒，有文字记载的是夏禹时期仪狄造酒。如果以文字记载为准，那么仪狄就是中国最早的造酒人了，这样算来，中国酒的历史至少有 4000 年。

杜康三滴血造酒

我国民间也有杜康造酒之说，杜康，即少康，夏朝第六代国君。一次杜康去视察粮仓，发现从粮仓中渗出一些液体，仔细察看，原来是粮仓漏雨，雨水浸泡了粮仓中的谷物（我们知道造酒就是把粮食和水放在一起发酵嘛）。杜康很好奇，先是闻了闻，感觉味道还不错，用手指蘸着尝了尝，味道很鲜美，就又用碗喝了一口，哇，真好喝，酸酸的、甜甜的、绵绵的，还有一股辣辣的、呛呛的味道，从喉咙咽到胃里，有一种沁人心脾的感觉，顿觉毛孔扩张、浑身发热，于是喝完了这碗，再来一碗，一碗一碗又一碗，最后杜康把自己给喝醉了。

醉后沉睡的杜康在梦中遇到了一位神仙一样的白发老者，老者跟他讲：你刚才喝的那个液体是粮仓里的谷物经雨水浸泡天然发酵而来，味道自然差些，如果通过人工方式来制作，味道会比这个天然的更好喝。杜康问老者如何制作，老者告诉杜康：你以水为源，以粮为料，把水和粮食泡在一起，泡到第九天的酉时（也就是我们现在的傍晚 5~7 点），你到村头的十字路口等 3 个人，让他们每人挤一滴血，滴到你造的那个液体里面，就可以得到非常美味的饮料了。不过有个前提条件，就是你要等的这三个人，前两个人没有要求，但第三个人必须是傻子。

醒来后，杜康感觉很奇怪，但又实在忘不了白天喝的那种神奇的液体，于是杜康就按照老者说的，把粮食泡到水里，先让其自然发酵，等到第九天酉时的时候，他就带着液体走到村头路口的一棵大树下等这三个人。不久，就看到从远处摇头晃脑走来一人，走近一看原来是个书生在一边走一边吟诗，杜康迎上前施礼后说明来意，书生一听要制作饮料，好啊，没问题，就刺破自己的手指，挤出一滴血到杜康带来的液体里。过了一会儿，就听哗楞楞一阵马蹄声响，放眼望去，是一位带刀武士雄赳赳气昂昂、威风凛凛地纵马而来，杜康立刻迎上前去，说明来意，武士二话不说，拔出佩刀，划破自己的手指，挤出一滴血滴到杜康带来的的液体里。

杜康送别武士，开始等第三个人。可是左等右等，这第三个人，也就是梦中老者说的傻子，却始终没有出现。眼看酉时将过，杜康心里这个急啊，这时不知怎的，杜康猛一回头，发现树后面不远处有一个人正卧在地上酣睡，杜康心想怎么没注意后面还有个人呢，边想边走近一看，杜康大喜过望，原来这正是一个傻子。只见这个傻子破衣烂衫，半卧半躺，口眼歪斜，嘴角还流着哈喇子，浑身脏兮兮，眼神混沌沌，见到杜康只顾嘿嘿地傻笑，杜康也不客气，走近身来，拿起傻子的手，不由分说地刺破手指，挤出一滴血，再看时辰，恰好是酉时之末。

至此，书生、武士、傻子三人三滴血采集齐了，也都滴到液体里了。果不其然，待到晚上杜康再喝这个液体，果然不一般，鲜美至极，简直是人间美味。杜康想，先别急着喝醉，得先给这个饮料起个名字，叫什么好呢？三个人三滴血，三滴，好，这边放个三点水；酉时找着的，这边就来个"酉"，名字出来了，三点水加个"酉"，这不就是"酒"字嘛。名字有了，那念什么呢？发酵九天，第九天找到的三个人集三滴血，就念"jiǔ"吧。就这样有了我们现在的这个酒字。

这就是杜康三滴血造酒的传说，也因为有了书生、武士和傻子的三滴血，才有了后世饮酒的三层境界，或者说是喝酒的三个阶段：

第一阶段，大家从见面寒暄到宾主落座，每个人都表现的温文尔雅、彬彬有礼。刚开始喝酒时，也都是你谦我让，双手举杯，文质彬彬，优雅如绅士。说话时也是谦逊有礼、客客气气。祝酒词出口成章，对不同的人有不同的祝酒词，精准到位，恰到好处，这是书生的那滴血在发挥作用。

第二阶段，酒过三巡，精神放松了，话也开始多起来，胆子也大了，人也放开了，开始大呼小叫、豪言壮语，有的开始捋胳膊挽袖子，"东风吹战鼓擂，今天喝酒谁怕谁，喝！""宁可胃上烂个洞，不让感情裂条缝，干！"。有的开始高声叫阵，"三伏天下雨雷对雷，朱仙镇交战锤对锤，今天喝酒我们杯对杯，干！"，开始时还一口一口地喝，现在是一杯一杯地干了，"感情深一口闷，感情浅舔一舔，干！"，这是武士的那滴血在起作用。

第三阶段，超量饮酒，丑态百出，仪态尽失。此时醉眼蒙眬、站立不稳、东倒西歪，说话语无伦次，言行失去控制。再进一步，一个个倒的倒、躺的躺、卧的卧，嘴歪眼斜、疯疯癫癫，这是傻子的那滴血在发挥作用。

杜康三滴血造酒的故事版本很多，但不管是哪个版本，中心脉络都是三个人、三滴血、三层境界。其实这也是古人以此来劝诫人们，喝酒要适量，酒过三巡就应适可而止，退出酒场。也就是饮酒最好把握在书生的那滴血阶段，切不可喝到武士的那滴血阶段，万万不可喝到傻子的那滴血阶段。当然，因为认知的局限，古人哪里知道喝酒上瘾后，任何人都做不到适可而止，喝酒人是不喝则已，要喝就得喝个够。

所以，古人劝诫归劝诫，要说酒过三巡适可而止，恐怕没有多少人能做到，不过这也难怪，即便是现在，只要是有酒瘾的人，又有谁能做到"适量饮酒"呢？只要端起酒杯，哪个不是喝到"武士的那滴血"阶段，甚至"傻子的那滴血"阶段才肯罢休？

不管是远古时期的"猿猴酿酒"，还是夏禹时期仪狄"作酒而美"，或者是后来杜康"作秫酒"，这个时期的酒都是发酵酒，酒的度数不高，与现在的啤酒度数差不多，大多在 10 度以下，正因为如此，才有了"汝阳王三斗始朝天""焦遂五斗方卓然""李白斗酒诗百篇"和"会须一饮三百杯""虏酒千杯人不醉"、景阳冈武松打虎"十八碗"等诗词或故事。

古代酒都是发酵酒，发酵酒与蒸馏酒不同，发酵酒里面会混有固体沉淀物，所以那时候的酒看起来很浑浊，有时还带有各种颜色，饮酒时需要用筛子或纱布将杂质过滤掉再喝。《三国演义》主题曲"一壶浊酒喜相逢"，称酒为"浊酒"，《水浒传》中英雄好汉们喝酒说"筛酒"，到酒馆中喝酒说"筛一壶酒来""筛一碗酒来"，"筛"就是现在"过滤"的意思。

直到元代有了蒸馏提纯技术以后，才出现了我们现在的这种高度白酒，从这时候起人们喝酒时再不用"筛酒"了。

古代粮食产量低，造酒又很费粮食，所以古代能喝得起酒的只有少数人，寻常百姓家除了祭祀活动时可以喝到酒，平时是很难有酒喝的。陶渊明归隐田园后经济拮据，就经常没有酒喝，这时如果有人请他喝酒，他就非常高兴，每次都开怀畅饮，一醉方归。

古人非常重视喝酒的礼仪规矩，讲究酒德、酒礼。周公在《尚书·酒诰》中对饮酒做出规定："饮为祀"（只有祭祀时才可以喝酒）、"无彝酒"（平时不要喝酒）、"执群饮"（聚众饮酒者都要管控起来）、"禁缅酒"（禁止沉湎于酒）。孔子在《论语·乡党》中记有："唯酒无量，不及乱"（喝酒多少没有标准，但任何时候都不要喝醉）。

古代饮酒礼仪包括四步：拜、祭、啐、卒爵。先拜谢并对主人表示敬意，接着把酒倒出一点酒在地上，祭拜天地神明，然后浅尝一口，品品酒味，并咂嘴称赞以让主人高兴，然后举杯仰饮而尽。

主人向客人敬酒称作"酬"，客人回敬主人称作"酢"，客人之间相互敬酒称为"旅酬"，客人间依次敬酒称为"行酒"。敬酒时，敬酒人和被敬酒人都要离席起立，称为"避席"。

古人喝酒讲究高雅文明，敬酒以三杯为度，酒过三巡，大家可以开怀畅饮，但也绝不可以毫无顾忌、任意胡为，酒后不失礼为古人喝酒底线。

除此之外，规定饮酒禁止苦劝、恶谑、喷秽、争执、装醉、彻夜饮酒等，敬酒时还要说祝酒词，文人雅士喝酒要猜灯谜、行酒令、吟诗作对。

说到猜酒行令、吟诗作对，大家千万不要误以为那些流传甚广的古代酒诗，都是古人饮酒时所作，古人喝酒时猜灯谜、行酒令、吟诗作对，或许就像《红楼梦》中香菱、芳官她们斗草一样，趁着酒兴嬉戏玩耍而已，当不得真。

《红楼梦》中有一段酒后斗草描写，说当下又值宝玉生日已到，原来宝琴、平儿、岫烟生日都在同一天，于是摆酒设宴，花团锦簇，好不热闹。席间，大家划拳行令，众人猜酒助兴。饮酒嬉戏中湘云似是自愿自罚，又恰娇弱不胜，不觉醉卧芍药花丛中睡着。众人酒罢于园中玩了一回，每人采了些花草来兜着，便坐在花草堆中斗草：

这一个说"我有观音柳。"那一个说"我有罗汉松。"那一个又说"我有君子竹。"这一个又说"我有美人蕉。"这个说"我有星星翠。" 那个又说"我有月月红。"这个又说"我有《牡丹亭》上的牡丹花。" 那个又说"我有《琵琶记》里的枇杷果。"豆官便说"我有姐妹花。" 众人没了，香菱便说："我有夫妻蕙。"豆官说："从没听见有个夫妻蕙。"香菱道："一箭一花为兰，一箭数花为蕙。凡蕙有两枝，上下结花者为兄弟蕙，有并头结花者为夫妻蕙。我这枝并头的，怎么不是？"豆官没的说了，便起身笑道："依你说，若是这两枝一大一小，就是老子儿子蕙了；若是两枝背面开的，就是仇人蕙了。你汉子去了大半年，你想夫妻了，便扯上蕙也有夫妻，好不害羞。"香菱听了，红了脸，忙要起身拧他，笑骂道："我把你这烂了嘴的小蹄子！满嘴里胡说了。"豆官见他要勾来，怎容他起来，便忙连身将他压倒，回头笑着央告蕊官等："你们来帮着我拧他这诌嘴。"两个滚在草地下。众人拍手笑说："了不得了！那是一洼子水，可惜污了他的新裙子了。"豆官回头看了一看，果见傍边有一汪积雨，香菱的半扇裙子都污湿了，自己不好意思，忙夺了手跑了。众人笑个不住，怕香菱拿他们出气，也都哄笑一散。（摘选自《红楼梦》）

当然"斗草"中众丫鬟们的文化底蕴和文才修养，自然无法与那些才子佳人相提并论，但从中却可见，无论是大观园中的丫鬟小姐，还是古代的诗词大家，喝酒时吟诗作对，不过是酒精麻醉作用下的嬉戏娱乐而已，至于喝酒能激发人的灵感，或古人喝酒时吟诗作对是在创作诗文作品，实在是现代人想多了。

或许对古代文人来说，除了吟诗作对以助酒兴外，在喝酒时将自己已经创作完毕或正在创作中的诗文词句，趁着酒兴在大家面前吟诵吟诵，让大家评判评判，看看大家怎么说，听听大家的"酒后狂言"，也许会受到一些启发，然后带着大家的意见再回去改。这或许是他们喝酒时的一点私心，抑或是古代文人热衷于饮酒、热衷于饮酒时吟诗作对的原因也未可知。但可以肯定的是，古今中外，大作、名作一定都是作者在清醒状态下创作的，在喝酒的时候或醉酒状态下，绝无可能创作文学作品，即使是打油诗、顺口溜，也没听说有谁是在喝酒或醉酒时创作的。我想曹操的《短歌行》，李白的《将进酒》等这样的名篇大作，必然是经过作者千锤百炼而来，绝不是一挥而就，更不可能是喝酒或醉酒时的"一时灵感所致"。所以从这点来说，"李白斗酒诗百篇"其实说的是李白能喝酒，而且经常喝酒时吟诵自己的诗篇，而不是被人们以讹传讹的李白喝大酒后作诗百篇。

现代人会作诗的不多，但会写文章的人很多，试问谁能在喝大酒或喝醉酒的情况下写出一篇好文呢？

"推敲"的由来

诗人贾岛一日正骑着毛驴走在街上，忽然想起自己的那句琢磨了很长时间的诗来——"鸟宿池边树，僧敲月下门"，到底是"敲"门好呢，还是"推"门好呢，一直拿不定主意。于是贾岛就在驴背上琢磨起来，时不时还做出"推""敲"的动作。

这时韩愈恰巧从此处经过，不觉间贾岛撞进了韩愈的队伍，被带到了韩愈面前，韩愈听了事情经过，经过一番"推敲"，便对贾岛说："还是敲字好，敲字能形象地衬托出月夜的寂静。"

贾岛在其《题诗后》中写道："两句三年得，一吟泪双流"，韩愈有名句"书山有路勤为径，学海无涯苦作舟"，这都说明古人作诗与写文章一样，哪有什么"信手拈来"，全都是厚积薄发、下苦功夫而得来。

2. 现代酒桌文化

前面我们向大家简单展示了中国古代酒文化，下面就让我们来看看现代酒桌文化（我们以敬酒、劝酒为例）。

且看敬酒：

敬酒是酒场上参加酒宴者对其他参加者进行祝福而邀请对方一起饮酒，或提议为某个事由而邀请对方一起饮酒。敬酒可一对一敬酒，也可逐次向在座的每个人敬酒。敬酒时一般是先按职位高低、宾主身份或年龄大小为先后顺序，向部分或全部人敬酒，然后可再按顺序（一般按顺时针顺序，当两人同时敬酒时，另一人可逆时针方向进行）逐个敬酒，俗称"打圈"。

酒桌座次：领导、长辈、主人或贵宾坐主位，主位左右按职位、年龄、辈分等依次落座。

敬酒礼节：领导、长辈、主人或贵宾相互敬完后，才轮到自己敬酒；敬酒时要站起或离座近前，双手举杯；碰杯时，如自己是下属、晚辈或宾客，则酒杯要比对方低，且不能比对方喝的酒少；领导或长辈可一人敬多人，对领导或长辈可多人敬一人；对领导、长辈或贵宾，可多次敬酒；碰杯、敬酒时，要有说辞或祝福语。

敬酒中的讲究：上级给下级集体敬酒，是一种姿态和权威的展示；上级给某个人单独敬酒，这时别人不要跟进，往往是领导有某种"深意"在里面；下级给上级敬酒，是一种敬畏、感谢、恭维的表达；同级敬酒，可随意一些，说点喜庆的祝酒词或开开玩笑都可，目的是烘托气氛；业务往来敬酒学问就大了，跟什么人喝什么酒，怎样安排陪酒，喝酒过程中如何劝酒，都是"学问"。

再看劝酒：

"少来点"
"就一点"
"就一点点。"

"一杯"
"就一杯。"
"半杯"
"意思一下。"
"要不你来点啤酒"

"不喝，你就不够哥们！"
"是朋友不？是朋友就喝了这杯！"
"是男人不？"

"是男人就把这杯干了!"

"你不喝就是瞧不起我!"
"这样,我干了,你喝半杯行不?"
"你说不能喝酒谁信呢?"
"喝酒上脸才最能喝呢!"

而古人是如何劝酒的呢?

唐僧:"酒乃是僧家第一戒,贫僧自幼不会饮酒。"
皇上:"此乃素酒。"
　　　"只此一杯,以尽朕送别之意。"
　　　"御弟此去山遥路远,日久年深,御弟饮下这杯酒,宁爱本乡一捻土,
莫恋他国万两金呐!"

——电视剧《西游记》片段

"酒文化只存在于中国古代,现代没有酒文化,只有酒桌文化。"或许这样说有些片面,但现代酒桌文化盛行却是事实。

我们只希望现代酒文化能真正地"有文化"起来。

戒酒后,只要我们愿意,我们依然会参加酒场饭局,尽管我们不喝酒,但对其他饮酒者,我们倡导文明饮酒、理性饮酒,拒绝纵酒、劝酒、拼酒,我们期待未来逐步形成一个符合新时代文明需要的现代酒文化。

这是我们的共同愿望。

第29章
戒酒后能轻松参加酒场和饭局

不要担心，轻松戒酒后，任何社交场合，你都能轻松自如，坦然面对，因为你已经是一个快乐的非饮酒者了。

一、不去心瘾就戒酒，最痛苦的就是参加酒场饭局

戒过酒的人都有这样的体会，靠意志力戒酒时，参加酒场饭局是一件非常痛苦的事情，现在回想起来依然历历在目。宴会开始前大家见面寒暄，彬彬有礼，互道平日里的思念之情，都说难得今日相聚，待会儿一定好好喝点儿。宴会开始后你谦我让，你敬我、我敬你，推杯换盏，觥筹交错，好不热闹。作为刚刚向大家宣布已经戒酒了的你，这个时候还可以以茶代酒或以水代酒，与大家互致问候。待到酒过三巡，场面开始热闹起来，这时你才发现自己已经被冷落到了一旁，进程还没过三分之一，而你的痛苦才刚刚开始。别人趁着酒兴，借着酒精的麻醉，开始勾肩搭背，称兄道弟，说话声音提高了几个分贝，说话内容也从家长里短上升到了星辰大海，从国际到国内，从时政热点到八卦新闻，指点江山，纵论天下！一旁的你耐不住寂寞，受不了"冷落"，你想插话，但你的分贝量不够，少了酒精的刺激，你说话的音量吸引不了别人的目光，说话的气势也引不起别人的注意，即使偶尔被别人听到了也没有人回应。大家都在忙着说，要么正苦口婆心地教育别人，要么正被别人苦口婆心地教育；要么正在拉着别人"深情"地倾诉，要么正在"耐心"地听别人诉说。没人看得见你，也没人顾得上理你，你只能就这么看着大家热血沸腾地说啊说啊，喋喋不休，没完没了。你想插话，根本插不上，因为你没有喝酒，你的话太理智，大家都在慷慨激昂，都在拍胸脯作保证，没人听你的理性分析。时不时也会有人过来拉住你问："兄弟你说是不是？你说我说的对不对？"你忙不迭地回答："是是是，对对对。"当你正要说点正题时，却发现对方已经转身跟别人碰杯去了。

你倍感不喝酒的被歧视感，只能这么傻呵呵地看着，走也不是留也不是，尴尬无聊，如坐针毡，度日如年。你想举杯，奈何杯中无酒，你想往杯里倒点酒，可

是今天一入场你就已经声明戒酒了，总不能出尔反尔、言而无信啊。此时你多么希望有个人过来劝你开戒、劝你喝酒啊，这时要是有个人劝你喝酒，你一定不会断然拒绝，你会稍微客气一下后立马接住："好，喝就喝，今天豁出去了！"然后一口干掉一大杯（哪怕平时都是小口喝酒），再倒上一大杯，然后欣然入场。可是没人给你这个台阶，大家都在忙着喝酒、说话、吹牛，没人记得你的存在，你只能盼着宴会早点儿结束。

好不容易宴会结束了，大家意犹未尽，"今天你没喝好""下次多喝点"。依依惜别，互道珍重，"路上慢点，到了家打个电话""到家了发个微信"。每次喝酒也总会有一两个喝得最多的，临别时对每个人都不放心，跟每个人都问一遍："你没事吧？你没事儿吧？"至于你呢，这会儿终于被宴会主人或最后一位宾客发现了，对方快步上前，轻轻握握你的手，嘱咐道："下次你得喝啊。"然后自顾自走了，留下你一个人在那里发愣，你在想：这是嘱咐还是责怪？也难怪啊，整场酒，整整一个晚上，自己什么也没干，没喝酒，没说话，也没有照顾别人，我是来干什么的？是啊，你是来干什么的？转身再一看，人都走了，闹来闹去这场酒，最后一个走的人是你，不知道的还以为你是宴会主人呢！

有了这样一次痛苦的经历，你还敢再戒酒吗？戒酒后，你还敢再参加酒场饭局、餐会聚会吗？肯定是不敢了，一朝被蛇咬，十年怕井绳，这样的一次戒酒经历，恐怕会成为你的终生梦魇。

直到遇到轻松戒酒法。

轻松戒酒法能让你在任何社交场合，不管是酒场饭局，还是聚餐宴会，都能轻松自如，坦然面对。虽然不喝酒，但你比喝酒的人更从容，原因很简单，因为你已经是个快乐的非饮酒者了，你和其他从来不喝酒的人已经完全一样了，他们在这些场合是什么样的，你就会是什么样。

意志力戒酒时，参加酒场饭局为什么会痛苦难捱、尴尬无聊？原因只有一个，那就是酒瘾。因为你有酒瘾，酒场上你的注意力都在酒上，确切地说你全程都在做思想斗争，"喝还是不喝？""开戒还是不开戒？"一会儿"不喝！坚决不喝"，一会儿"要不喝点？就喝这一次"，一会儿"忍住，一定要忍住"，一会儿又"算了，喝吧，何必这么难为自己呢，下次再戒"。全程都处在这样一种矛盾纠结状态中，你说能不煎熬吗？

而从来不喝酒的人或者说没有酒瘾的人（包括使用轻松戒酒法戒酒成功的非饮酒者）就不会这样，在他们眼里，酒场饭局、餐会聚会跟其他活动没有什么区别，作为宴会参加者或主持者，他们除了照顾别人吃饭、喝酒外，还要操心很多事情，需要留意身边人或者全场人员不要因喝酒引发矛盾、冲突，酒场滋事、酒后驾驶等，都需要他们操心留意。除此之外，他们更关心的是本次活动的意义。

等你轻松戒酒成功后你会发现，一个不喝酒的饭局主办者或服务者，在整个活动过程中是最清醒、最理智的，也是最忙碌的。你会发现，在酒场饭局上，为大家做好服务工作，添茶倒水，甚至添酒、倒酒，也是一件很有价值、非常有意义的事情。你会发现，在酒场饭局上，跟其他不喝酒的宴会参加者沟通、聊天或者谈一些工作上的事情，比喝酒、吹牛更有意义得多，收获也更多。你会发现，利用酒场饭局上的间隙或自由活动时间，给家人或朋友打个电话问候一声，或者通过电话沟通处理一些工作上的事情，也是一件非常自然而愉快的事情。

事实上，从来不喝酒的人或者说没有酒瘾的人，在参加酒场饭局时正是这么做的，你完全不用担心他们没有事情做，他们愿意做和需要他们做的事情很多，而且他们发自内心地认为这比喝酒、吹牛更充实、更有意义。而喝酒人是意识不到这些的，他们只顾在酒精的麻醉中自我陶醉，在酒精麻醉的虚幻中"自我感觉良好"了。

不喝酒的人，在酒场饭局中是一种坦然和主动的姿态，如果一个人在酒场饭局中感到尴尬、无聊，看着别人喝酒、吹牛，自己插不上话，感觉被人冷落，那么他一定是个喝酒的人，这次因为某种原因而不能喝酒，可能是生病或吃药，也可能是开车，而最大的可能是正在戒酒（意志力法），不管什么原因，反正他们都有酒瘾，心里特别想喝酒，却不得不控制自己不喝，所以才会百无聊赖、浑身不自在。

我曾经也有过这样一次刻骨铭心的经历，那是 2016 年的夏天，我正在靠意志力戒酒，刚戒大概三五天吧。有一次和同事一起出去办事，中午对方招待，酒桌上一共七八个人，大家都喝酒，只有我和同事不喝。正是这次饭局让我知道了什么叫如坐针毡、坐立不安，什么叫百无聊赖、度日如年。期间我思想斗争了很久，矛盾再三，有好几次真想拿过酒瓶来说："今天难得一聚，看大家喝得高兴，酒我不戒了，来，跟大伙一块好好喝几杯。"然后给自己倒上，加入他们喝酒的队列中去。当然最终还是忍住了，一入场就已经声明自己戒酒了，再这么做也太没意志力了吧，要么一开始就喝，要么今天就滴酒不沾，坚决不喝。

于是，痛苦、尴尬、无聊，一直到宴会结束。

依靠意志力戒酒的人，在酒场上的感受是：世上最痛苦的事情，莫过于"众人皆醉，唯我独醒"。在一个快乐的非饮酒者眼里却是：世上最幸运的事，莫过于众人皆醉而我独醒！

当你看完最后一页书，喝掉最后一杯酒时，你就是个快乐的非饮酒者了。

二、先去心瘾再戒酒，参加酒场饭局更从容

你猜得没错，因为是靠意志力戒酒，所以我 2016 年的那次戒酒最终还是失败了。但同样是戒酒后的一次饭局，这一次我的感受就与那一次截然相反。

我们暂且将这一次饭局称为第二次饭局，相应的 2016 年那次为第一次饭局，后文中所说的 2019 年的那次为第三次饭局，这是我使用轻松戒酒法戒酒前后的三次典型饭局。

第二次饭局是我组织的，那是 2018 年的秋天，因为工作关系，当时我刚到一个新环境，在那里我结识了几个新酒友，可以这么讲，我们几个都是大"酒鬼"，而且酒量不相上下，但各自的饮酒模式差别较大，我的饮酒模式是每天最少一顿，晚上必喝，平时每顿喝半斤，少一点都不行，多的时候每顿七八两。另一个朋友是位老兄，酒量跟我差不多，但他是每餐必喝，只要吃饭就得喝酒，而且只喝酒不吃饭，菜也吃得很少。

这位老兄还有个习惯很特别，就是爱"抢酒"，我以前只见过"我先来仨"的，还没见过"抢酒"的。"我先来仨"，喝酒人一般都知道是什么意思，说的是"不用别人劝，自己先来仨"的一种喝酒行为，比如自己喝酒迟到了，还没等别人说罚酒，自己就主动端起杯："对不起，来晚了，我自罚三杯"，说罢咚咚咚一口一杯，三杯酒喝了；比如酒桌上说错话或犯了其他错（是否故意的就未可知了），自己"自罚三杯"，也是未及别人反应，咚咚咚三杯酒喝了；比如给别人敬酒或接别人敬酒时说："我喝仨，您随意"，还没等别人反应过来，他已经三杯酒下肚，留敬酒人在那不知所措，喝多少呢？一杯？三杯？不过，确如他所说"您随意"，喝多少他不介意。看见了吧，喝酒人不用劝，他自己就会喝好的，想喝酒还怕没有理由？有时没理由就是理由，酒桌上"你先来仨"需要理由，"我先来仨"不需要理由。有人主动提议要"来仨"，你会拦下来问理由吗？

有时想，喝酒真的不用劝，不好酒的人，要么劝了也没用，要么让人左右为难，不喝驳你面子，喝了又难受。

其实劝酒的最原始出发点是怕别人喝不好（喝不够量），而只有好酒的人才存在喝好喝不好这个问题，不好酒的人不存在，对他们来说不喝是最好的，所以劝

酒主要是劝那些好酒人，而好酒人不用别人劝，他们自己就会喝好。

　　那么抢酒是什么意思呢？抢酒指的是几个人一起喝酒，剩最后一点酒时，他会以各种理由把这点酒倒在自己杯里，或者各种理由从别人杯里往他杯里倒，别人来不及反应和制止，他就已经倒完了，你说这不是抢酒是什么？

　　为什么抢酒，原因不是酒少，也不是没喝够，主要是他抢酒抢习惯了，即使喝够量了也要抢。更确切点说，这种抢酒行为已经是他酒瘾的一部分了，这是他长期形成的属于他自己特有的一种饮酒模式，是他无意识状态下的潜意识行为。抢酒行为发生时，他自己是意识不到的。

　　前面说的那位老兄就爱"抢酒"，初次被他"抢酒"会让你目瞪口呆，那可是明目张胆地抢啊，尤其是当他把你杯子里的最后那点酒倒在自己杯子里的时候，你简直不敢相信自己的眼睛！

　　别人是各种理由劝别人多喝，这老兄是各种理由劝别人少喝或不让别人喝，他的目的也很明确——这酒我来喝。在整个饮酒过程中，他会有两次抢酒行为，第一次是当酒瓶里还剩最后二三两酒时（正好一杯），他会突然把这二三两酒倒在自己杯里，然后很负责任地跟大家说"我没事，我多喝点，你们少喝点"；第二次是最后一杯酒（每人杯中酒的数量不等）时，他会趁你不注意，拿起你的酒杯就倒他杯子里了，然后跟你说："你不能再喝了。""少喝点，你下午还有事。"或者"不能再让你喝了，再喝你就多了。"等。

　　喝酒人都知道，对一个真正的"饮者"来说，喝酒时的最后一杯酒和最后一口酒，是最重要的，不管他前面喝了多少。

　　每个人的酒量不一样，饮酒模式也各不相同，在整个饮酒过程中，不管是自己主动喝，还是被别人劝着喝，喝酒人"心中都有数"，他们能够有意无意地掌控自己的总饮酒量和饮酒进度，这其中就包括最后一杯酒。

　　最后一杯酒既不能喝多，也不能喝少，喝多了醉酒或难受，喝少了不过瘾、不尽兴，就是我们说的没喝好、没喝够。所以，最理想的状态是喝掉最后一杯酒后，正好达到自己平时的饮酒量，即喝够量。当然，自己一个人或两个人喝酒时，这个饮酒量很容易把控，也就是很容易做到饮酒量等于酒量。但当很多人一起喝酒时，由最后一杯酒所代表的"喝够量"，在一定程度上就是一种心理作用了（饮酒量不一定等于酒量）。

　　大家一起喝酒时，如果说最后一杯酒还存在一定的生理依赖成分，但最后一杯酒的最后一口，则完全是一种心理作用了。

每个喝酒人的最后一口酒都是有计划的，你看吧，每次到最后一杯酒时，不管举杯多少次，只要没有人说"来，干了"，任何人都不会把剩下的酒一次喝完，总会在杯子里或多或少留一些，因为最后大家一起干杯时杯子里要有酒。所以，最后一杯酒时，每次举杯，有的人喝一口，有的人喝一半，有的人喝一点意思意思（目的是保证最后一口酒是一大口，他的饮酒模式是这样的），有的人干脆不端杯了："你们喝，我最后一口。"

按正常程序，喝了最后一口酒，心理上才会觉得这次酒喝好了，自己也才会有酒后的满足感。如果喝不到这最后一口酒，你想会怎样？有时就差那么一点点，就过不了瘾（心瘾），过不了瘾心里就不舒服，总觉得少了点什么。从这个角度来说，最后一口酒是本次喝酒的最后一个仪式，这个仪式是给大家的，也是给自己的，代表的是这次喝酒圆满成功，期待下次再喝。

我和这位老兄虽然相识时间不长，但大家都知道，对爱喝酒的人来说，只要有酒，这都不是问题，何况我们很投缘，也很谈得来。很快我们就成了朋友，从这时起我们时常一起喝酒，从 2018 年春天一直喝到夏天，直到 2018 年 7 月 1 日这个特别的日子，我把喝了近 30 年的酒戒了。听说我戒酒了，他是一百个不相信的，不相信我这个"大酒鬼"会戒酒，更不相信我能戒得了酒，他这种不屑一顾的口气当然在我的意料之中，不过我倒很想让他们见识见识什么叫轻松戒酒，于是，就在我这次戒酒满一个月时（2018 年 8 月 2 日），我主动邀请大家喝酒，一是老朋友很久没聚了，二是我想让他们看看我是不是真的戒酒了，同时也想检验一下自己是否还有酒瘾，是否还可以和"大酒鬼"一起喝酒而心不动。结果整场酒下来，我除了说话就是倒酒，要么就是招呼大家别光顾着喝酒多吃菜（说实话，以前喝酒时我没有照顾别人的习惯），对酒，我真的是已经心如止水了，一场酒下来，波澜不惊，一点酒瘾都没犯，就跟自己从来没喝过酒一样。

这是我的第二次具有代表性的戒酒饭局，为何与第一次不一样？因为这一次我用的是轻松戒酒法。

三、酒场上，不喝酒的人更主动

同样是参加酒场饭局，从开始到结束的整个过程中，喝酒人和不喝酒人的心理状态是不一样的，喝酒人心里想的是酒，而不喝酒人心里想的却是人和事。

比如同样是被邀请"晚上聚聚""晚上一起吃个饭"，喝酒人的第一反应或脑中第一时间浮现的场景一定是喝酒，而不喝酒人的第一反应绝不会是喝酒，他的第一反应是聚会、活动、吃饭、聊天等，或者"可以和谁谁见面了""可以和谁谁谈个什么事情""大家聚一聚也挺好，好久没联络了"等，因为在他们的潜意识里，喝酒就是聚会，但在喝酒人的潜意识里，聚会就是喝酒。

只有喝酒的人才会一说吃饭就下意识地想到喝酒，在不喝酒人眼里，无论是酒场还是酒局都是"饭局"，就是大家一起吃饭。在他们的思维里，既然是吃饭，那么就会有人喝水，有人喝茶，有人喝饮料，当然也会有人喝酒，这再正常不过了。在他们的思维里，大家一起吃饭就是图个高兴，既然你爱喝酒，那我就为你安排，我还可以陪你喝。

陪你喝，你自然是喝酒，那我喝什么？当然是水或者饮料了，重点在陪，不在喝。不喝酒的人没有酒瘾，对他们来说"以茶代酒"或"以水代酒"是一件非常自然的事情，在他们心中不存在"以水代酒合适不合适"的问题，只有喝酒人才会有这个顾虑。

2019年的冬天，我真正轻松戒酒后不久，有一次和好久不见的老同学一起吃饭。吃饭时他们喝酒我喝水，轮到我"打圈"时，我端起水杯（没有喝茶，所以是水杯）跟大家挨个敬酒，一圈打毕，这时老同学突然对我说："看得出来你是真不馋酒了。"他说这话时我并没有反应过来，过了一会我又想起他说的话，就问他："你怎么看出来我不馋酒了？"他说："因为你用水'打圈'时，没有不好意思！"噢，原来是这样，我还真没想到这一层，可是他说的一点没错。

什么叫非饮酒者？这就叫非饮酒者！

其实也很正常，那些从来不喝酒的人不就是这样的嘛！

交易是价值的交换，成交是互为所需。能否合作成功，或者说真正决定你业务（生意、合作等）成交的，是你给对方提供的价值，如果你给对方提供的价值不是对方需要的，或者达不到对方的期望值，或者你本身不具备与对方期望值相匹配的实力或潜力，那么即使你再能喝，喝得再多也没有用。事实上，一桩生意的成交，从来都不是喝酒喝出来的。真正的谈判或销售高手常常是滴酒不沾的人。

销售冠军的"过来人语"

●做生意不一定非要会喝酒，不会喝酒但生意做得大的人很多。

●你总是顾虑"如果我不喝酒，客户不跟我签单""如果我陪不好酒，客户跟别人签单怎么办？"这其实还是酒瘾在作怪，回想一下，这种顾虑是不是都是在你将要去喝酒或到了酒场上之后才有的？现在你没有这种顾虑，因为现在你没犯酒瘾。

●趁你现在还没有犯酒瘾，请用你的理性思维换位思考一下，如果你是甲方，
你怎么看待对方喝不喝酒这件事？请仔细思考：

（1）如果你喝酒，对方不喝酒，最终会影响你与对方签单吗？

（2）如果你不喝酒，而对方喝酒，会影响你选择对方为合作伙伴吗？

（3）双方无论喝酒与否，会影响你们最终合作吗？

（4）你选择或不选择对方为合作伙伴，看重的是什么？是不是对方的产品或
对方为你提供的价值？所以，最终决定你们合作成功与否的，是对方的产品或对方
可为你提供的价值，而不是喝酒！

●一个愉快的合作谈判包括两个部分，一是对方可提供的产品或价值，二是
商务接待。商务接待包含的内容很多，根据接待规格的高低会有不同的安排，
其中必不可少的一项就是就餐和宴请，这其中喝酒又是必备曲目。单就喝
酒这一项来说吧，对方人员中想喝酒的自然会喝酒，因为他有酒瘾，不喝
酒的自然也不需要你来劝酒或陪酒。如果你有酒瘾，那么你们就一起喝酒，
如果你没有酒瘾，那就他们自己过酒瘾，你只要倒酒勤快点就行了。

●你可以请客户喝酒，别人也可以请，最后决定成交与否的是产品或价值。

●其实客户在吃饭（喝酒）前，就已经决定与你合作了。

●如果客户在吃饭（喝酒）之前还没有决定与你合作，自然也不会因为酒喝
得好就决定与你合作，或者因为你不喝酒就决定不与你合作。

●假如你是甲方，先不论最终生意能否谈成，单说第一印象，你是愿意与一
个身体略显虚弱、精神稍显萎靡的人谈生意，还是更愿意与一个阳光自信、
精神饱满的人谈生意？我相信一定是后者吧。（事实上，喝酒人尤其是嗜
酒的人，与不喝酒的人在精神面貌上给人的第一印象明显不同）。

●生意或商业的本质是价值的交换。一桩生意中，如果一定要说你的个人行
为表现在其中起了作用，那也一定是你的个人品质，而绝不是你会喝酒。

你之所以有这些顾虑，归根结底是因为酒瘾。不是你想陪对方喝酒，而是你
自己想喝酒，这是根本原因。

生意场上，不喝酒的才最“可怕”，不喝酒的才是高手。

在不喝酒人眼里，酒场饭局不过是工作之余的一项活动，不过是工作完成或
告一段落后的一种休息、娱乐，不过是取得重大成功或阶段成功后的庆功会，不过
是生意或其他合作谈判间隙的一次常规宴请，不过是合同签订或合作成功后的庆祝
宴会，不过是重大节日或重大事件的庆典喜宴。

不喝酒的人，在酒场饭局上，不管他们是主还是宾，是管理者还是一般参与者，

他们对整个酒场局面都能够坦然面对、从容应付，因为他们不喝酒，所以他们能够做到游刃有余。他们始终保持着清醒，他们是场面的主导者。

酒场上，不喝酒人的关注点在人和事上，喝酒人的关注点却在酒里。在喝酒人的认知里，酒场饭局是这样的：

人在江湖走，哪能不喝酒？

喝酒可以联络感情，可以结识新朋友；

现在外面办事离不开酒；

所以我必须喝酒。

（其实这些理由都是喝酒的借口）

在不喝酒人的认知里，酒场饭局是这样的：

人在江湖走，哪能没有朋友？

参加酒场饭局，可以联络感情、结交朋友；

现在的社会离不开酒场饭局；

所以有酒场饭局时我一定要参加（但我不喝酒）。

看到了吧，喝酒人参加聚会是冲着酒去的，酒是他们关注的焦点，不喝酒人参加聚会是冲着事情去的，事情才是他们参加宴会的目的。如果这样来认识酒场饭局、餐会聚会，那么酒场饭局、餐会聚会就不仅是喝酒了，而是真正的餐会、聚会，这样认识是不是就轻松多了？

不管是餐会聚会，还是酒场饭局，该参加要参加，该举办要举办，而且喝酒是必备曲目，但我不喝酒，没有人规定参加餐会聚会、酒场饭局的人就一定要喝酒。

更主要的是，我是个非饮酒者了。

宴会中不喝酒不妨碍你成功，非饮酒者能更轻松、更主动地参加或举办各种餐会聚会、酒局饭局。而且还能办得更好，因为从始至终他们都是清醒、理智的，他们的一言一行从始至终都在自我把控中。

现代人有"不喝酒就无法社交应酬"的说法，不是嗜酒者的认知偏差，就是沉迷于酒中的人为自己找的冠冕堂皇、自欺欺人的喝酒理由。而这种说法大行其道，则是长期、大量社会信息灌输和商业行为引导的结果。

仔细观察你会发现，爱喝酒的人组织活动或安排社交应酬时都是喝酒，他们从来不会选择茶馆、咖啡厅等这些更休闲、氛围更好的地方，而不喝酒的人则会根据不同情况灵活选择，他们维系和处理人际关系的方式更广泛。

喝酒人所谓的社交应酬，常常被人形象地称为"混迹于酒场"，换句话说他们社交应酬都是在酒场上。而不喝酒人的社交场所可选择的地方很多，可以是办公室，可以是茶馆、咖啡馆，甚至图书馆，也可以是体育场所等，当然也可以是餐厅、酒馆、酒吧、饭店，完全可以根据自己和对方的喜好选择。

其实这并不奇怪，看看那些自律性超强的高端人士，你就知道了。

一个不争的事实是，越是喜欢喝酒的人，越热衷于酒场饭局，其实这都是酒瘾惹的祸，是酒瘾控制着他们不辞辛苦地奔波于各种酒场，流连于各种酒桌、饭局，却打着"社交、应酬"的旗号。

有嗜酒者每天流连于各种酒场，说"哪个酒都得喝，没办法，不喝不行。"真是这样吗？你若问他在外面喝酒，是奔着人去的，还是奔着酒去的？他们一定会说是奔着喝酒的人和事去的，而事实上他们既不是奔着人也不是奔着事，他们是奔着酒，或者说是奔着有人能跟他一起喝酒吹牛才去的。

另一个事实是，中国 80% 的男性、20% 的女性喝酒，总体上中国人有一半喝酒，一半不喝酒，而这一半喝酒的人中，又有一半经常喝酒，其中有 1 亿多人每天喝酒。也就是说，经常喝酒的人大约占到总人数的 25%。

由此我们可以得出一个结论，经常喝酒的人（有酒瘾）还是少数（25%），而大多数人（75%）不喝酒或不经常喝酒（没有酒瘾或酒瘾轻微）。

那么，是不是我们还可以由此得出这样的结论：

● 人是可以不喝酒的，因为大多数人都不喝酒；
● 不喝酒是一件很正常的事情，因为大多数人都不喝酒；

既然如此，你为什么选择喝酒，而不是选择不喝酒呢？你为什么选择少数人的选择，而不是多数人的选择呢？

我们还有什么理由说"现在的社会离不开酒""男人世上走，不能不喝酒"呢？这样说你将那些从不喝酒的人置于何地？你将那些很少喝酒的人置于何地？要知道他们才是大多数。

我们再放眼世界，纵观周围，你会发现大部分不喝酒的人，他们的身体都比较健康，家庭、工作、事业都比较安稳、顺利，再反观那些贪杯的、嗜酒的人，又有几个家庭是和睦的？有几个工作是顺利的？有几个是事业有成的？

所以，那些"不能不喝酒"的理由，那些所谓的"喝酒好处"，不过是嗜酒者为了能心安理得地喝酒，而不惜自欺欺人地给自己找的喝酒借口罢了。

酒场上，自己不喝酒，能让别人喝得舒心、高兴的人，是能人；自己不喝酒，但频频举杯者，是高人；自己不喝酒，也不主动举杯，是酒场上的最清醒者——大多数从来不喝酒的人都是这样。

经常或喜欢一个人喝酒的，是嗜酒者；只喝酒不论其他者，是"酒鬼"；每喝必醉、神志不清的酒后发狂者，是酒疯子。

正如一位网友所说，现在的一些优秀男人群体，早已不像以前了，应酬时喝酒的少多了，抽烟的就更少了。现代人的科学素养越来越高，思维更客观，思想更开明，社交应酬已不再拘泥于过去的那些俗套，除了喝酒，还有很多高雅、健康的社交方式可供选择，比如喝茶、喝咖啡、旅游。即便是约饭，大家也都心照不宣地避免喝酒。这样的男人成熟而内敛，谈吐不凡。事实上，过去那种喝酒吹牛、猜拳行令、滥饮无度的"旧社交应酬时代"已经过时了。

有人说："生意都是在酒桌上谈成的。"那么我要问你，这么多年来，你的哪桩生意是在酒桌上谈成的？

不要再骗自己了，不喝酒就做不成生意，都是喝酒人给自己找的喝酒理由，请你记住：酒桌是喝酒人喝酒的地方，不是谈事的地方，如果非要说酒桌上可以谈事，那也是不喝酒的人和不喝酒的人可以谈事。

不喝酒就做不成生意吗？喝酒人（有酒瘾的人）的回答几乎全部是：是的，不喝酒做不成生意；而不喝酒人的回答几乎全部是：不是的，不喝酒照样做生意，不喝酒照样社交应酬，而且更主动、更从容。

正如一位戒友所言：我不抽烟，也不喝酒，但是我把所有的事情处理得很好，因为我要保证我的头脑清明。

四、酒场上，其实没有那么多人在意你是否喝酒

采用传统戒酒法戒酒时，他们会告诉你，戒酒期间要远离酒场饭局、餐会聚会，要提前通知经常跟你喝酒的酒友们，告诉他们你戒酒了，让他们喝酒时不要再叫你。或者选择一个你最亲密的小伙伴，告诉他你戒酒了，并取得他的支持，让他在酒场

上协助你、帮助你，替你打掩护。

传统意志力戒酒，因为没有去除心瘾，所以才需要避酒。但我们知道这样一味地躲避是没有用的，"躲得了一时，躲不了一世"，用不了几天就又开始喝酒了。

而轻松戒酒法就不同了，轻松戒酒法是先去心瘾再停酒（戒酒），心瘾没了，自然你就不再喝酒了。"心瘾没了"是什么概念？心瘾没了就相当于你又回到了当初学喝酒之前的状态，或者说让你达到就像你从来没有喝过酒一样的状态，试想，这样的状态你还会喝酒吗？当然不会了。所以你根本不用担心以后没酒的日子怎么过，也不用担心戒酒后还能参加酒场饭局吗？参加酒场饭局不喝酒行吗？自己不喝酒看着别人喝能忍受得住吗？别人劝酒怎么办？

事实上，这一切你都不用担心。轻松戒酒后，你不但可以参加任何酒场饭局，你还会比以前更加从容，你能够坦然、从容地应对酒场上的一切，因为你已经和其他从来不喝酒的人一样了，他们在酒场饭局上怎样应对，到时你自然也会像他们一样应对。

其实也谈不上应对，对一个快乐的非饮酒者来说，不喝酒是一件非常自然的事情。而且只要你愿意，你不但可以随心所欲地参加你想参加的任何酒场饭局，你还可以根据自己的需要，坦然而从容地举办你想举办的各种酒局饭局、餐会聚会。原因很简单，你已经摆脱了酒精的控制，你心中已经没有了喝酒的欲望。一句话，你喝酒没瘾了。

事实上，当你成为一名真正的非饮酒者后，你会发现，酒场上其实没有那么多人在意你是否喝酒，喝酒人更关心的是自己喝酒的事，他们都在忙着喝酒，忙着自己喝，忙着跟别人喝，至于你喝的是不是酒，或者喝没喝、喝多少，他们早已不关心了。

回想一下你参加的那些酒场饭局，除了刚开始的几杯酒大家互相监督，酒过三巡后，虽然大家还在频频举杯，互相招呼，但其实这时都是为自己而喝了。此时，在潜意识的支配下，每个喝酒人都在为喝够自己的量，为满足自己的酒瘾而努力着。所以你只要举杯，甭管杯里是酒还是水，或者饮料，只要你举杯这就够了，他都无所谓，因为他是自己想喝酒，只是习惯性地举举杯、碰碰杯而已。每个喝酒人都在按照自己的饮酒模式往肚里灌酒，他不会舍弃可以满足自己酒瘾的宝贵时间，而关心你喝没喝够量或者过没过酒瘾。

强迫你喝酒的不是喝酒的人，他们顾不上这些，他们正忙着满足自己的酒瘾呢；也不是不喝酒的人，他们对酒没兴趣，除非他们想故意把你灌醉。所以，没有人一定要强迫你喝酒，强迫你喝酒的是你自己，准确来说，是酒瘾在强迫你喝酒。

你现在有这些担心一点都不意外，因为你还是个饮酒者。当你轻松戒酒成功后你会发现，你现在的这些担忧、顾虑或恐惧，其实都是多余的，因为当你成为一名快乐的非饮酒者时，你就和其他从来不喝酒的人没有什么区别了。那些从来不喝酒的人会有这些担忧或顾虑吗？

五、戒酒，是为了更从容地参加酒场饭局

我们之所以喝酒，是因为酒瘾。我们之所以戒酒，是因为酒精伤害了我们的身体，影响了我们的家庭，耽误了我们的工作和事业。我们之所以能够轻松戒酒成功，是因为我们看清了酒精的真相，看透了酒瘾的本质。

戒酒决定是我们深思熟虑后做出的，也是我们人生中的一次重要选择，但戒酒并不代表我们反对举办酒局、饭局，更不表示从今往后我们不再参加酒场饭局。酒场饭局、餐会聚会，是我们生活中非常常见的一种休闲、社交、联络感情的形式，有时还是一种非常必要的仪式。酒场饭局有它存在的社会大环境，也有它庞大的消费群体，而且中国"酒文化"根深蒂固，酒桌文化又如此盛行，这就必然导致中国式酒场饭局还会长时间存在下去。

我们希望越来越多的人能及早醒悟，早日跳出酒精的陷阱。但我们必须再次强调，戒酒并不是说从此以后我们不再参加酒场饭局，作为社会中的一分子，戒酒后，只要我们愿意，我们可以参加任何需要我们参加的酒场饭局。

如果说酒场是一种形式或仪式，那么酒就是道具。戒酒，只代表从今往后，在酒桌上，我们将酒这个道具换作水或让人更清醒的茶，就像那些在酒桌上从来不喝酒的人一样。

从社交应酬的角度来讲，我们之所以戒酒是因为我们想成为酒桌上那个最清醒、最理智、最周到的人，就像那些从来不喝酒的人一样，虽然他们不喝酒，但他们都能够从容地参加或举办任何酒局、饭局。他们能行，我们一定也能行，因为轻松戒酒后，我们就是非饮酒者了，我们和他们没有什么区别。

换句话说，我们戒酒是为了更好地参加酒场饭局。

酒精悖论

强化和弱化是两种完全相反的作用，一般很难在同一个事物上因同一种原因而同时发生，但在酒场上，这种神奇的现象出现了：

酒场饭局的仪式感，让人与人之间的上下、长幼、尊卑，宾主、远近、亲疏，

阶层、等级、地位等关系和身份特征得到强化，而酒精的麻醉作用又使得这些关系和身份特征被弱化。

酒场上，饮酒者之间关系的强化，全凭饮酒者本人根据自己的地位和需要把控，以及其他参与者根据自己的地位和需要默契配合，比如座次排位、敬酒次序、祝酒词、饮酒量等。从这个角度来说，饮酒者之间关系的强化可以由饮酒者主观意愿决定，但酒精的麻醉作用又使得饮酒者之间的关系，由不得饮酒者自己控制，只能任由酒精麻醉弱化饮酒者之间的关系，使得饮酒者之间原本清晰的关系变得暧昧、混沌、边界不清。

酒桌文化是中国特有的一种饮食现象，这与国情、历史都有关系，我们在此剖析酒桌文化，是为了让大家像其他从来不喝酒的人，以及所有使用轻松戒酒法戒酒成功的人一样，放下包袱，轻松自信地参加任何你愿意参加的酒场饭局。你不需要有任何担忧或恐惧。不喝酒，你也能坦然面对、从容应付各种酒场饭局。因为使用轻松戒酒法戒酒后，你就回到了当初学喝酒之前的状态，那些从来不喝酒的人怎样参加酒场饭局，你也会怎样参加；那些从来不喝酒的人怎样举办酒局、饭局，你也会怎样举办。轻松戒酒后，你和他们没有任何区别。

请你谨记：

● 你参加酒场饭局不是为了喝酒，不是为了满足自己的酒瘾，你有其他任务或目的。既然如此，在这场酒局或饭局中，你能够从始至终保持清醒，这不更好吗？

● 成为一名快乐的非饮酒者后，假如某一天由你来举办酒局或饭局，你会更加得心应手，让大家喝得高兴、吃得满意。

● 成为一名快乐的非饮酒者后，你就和那些从来不喝酒的人一样了，那么你还害怕参加酒场饭局吗？

● 有人说，生意都是在酒桌上谈成的，而事实上，在不喝酒人眼里"功夫在酒外"，酒场不过是喝酒人的一个形式，事情能否成功取决于你能给对方带来什么价值，而不取决于酒局、饭局。

● 戒酒后你就会明白，一个不喝酒的人，可以和"酒鬼"一起喝酒，但不会和"酒鬼"在酒桌上谈重要或实质性的事情。

● 纵观古今中外，你会发现，成事者大多不喝酒，而嗜酒者大多不成事，这是不争的事实。你可以观察一下你身边的人，不喝酒的人大多日子过得都不错，而嗜酒者大多日子过得都不怎么好。

第 30 章
酒诗的"欺骗"

中国古代固然有很多酒诗，但却没有一首是专门赞美酒的，诗人多是在借酒抒情、借酒咏志。

一、唐诗宋词——中国诗歌的巅峰

诗歌是一个民族的文化结晶，是民族精神的高度体现。中国诗歌凭借它独特的汉字魅力、优美的韵律、凝练的语言，以及或轻盈，或含蓄，或优美，或瑰丽，或雄浑，或豪放的意境，而在世界诗歌史上独树一帜。从我国最早的一部集体创作的诗歌集《诗经》，到春秋战国时期的长篇抒情诗《离骚》；从汉代的长篇叙事诗《孔雀东南飞》，到"建安七子"的五言律诗；从南朝诗歌的绚烂靡丽，到北朝诗歌的质朴风骨；从唐朝李白《将进酒》《送孟浩然之广陵》《望庐山瀑布》、杜甫《兵车行》、白居易《长恨歌》《琵琶行》的诗歌之鼎盛，到宋代苏轼《念奴娇•赤壁怀古》《水调歌头•中秋》的词之绚丽；从明清诗歌的平淡没落，到近代五味杂陈的现代诗、自由诗，中国诗歌犹如那滔滔江河，源远流长，绵延数千年。

唐诗宋词创造了中国乃至世界诗歌史上的巅峰，唐诗宋词以其凝练的语言、流动的韵律、优美的意境，呈现给全人类一幅幅美丽的画卷，也是丰盛的精神食粮。

唐代是中国诗歌发展的鼎盛时期，唐诗无论数量还是质量都达到了登峰造极的地步。我们耳熟能详的诗人就有李白、杜甫、白居易、王昌龄、王之涣、孟浩然、李商隐、杜牧，等等。唐代一共出了多少诗人？谁也说不清，仅《全唐诗》就收录了 2500 多位诗人的 48900 多首诗，共计 900 卷。唐诗犹如一颗璀璨的明珠，镶嵌在中国乃至世界的诗歌史上。

唐代是中国诗歌发展的黄金时代，也是中国历史上酒诗文化的繁荣时期。唐代独特的酒诗文化，对当时社会的饮酒之风，尤其是对当时以及后世文人好酒、嗜酒、纵酒之风起到了推波助澜的作用。直到现在，喝酒的人，只要是懂一点唐诗的，保准都能来上几句这样的"酒诗"：

"李白斗酒诗百篇";

"人生得意须尽欢，莫使金樽空对月";

"钟鼓馔玉不足贵，但愿长醉不愿醒";

"古来圣贤皆寂寞，惟有饮者留其名";

"白日放歌须纵酒，青春作伴好还乡";

"今朝有酒今朝醉，明日愁来明日愁";

"借问酒家何处有，牧童遥指杏花村";

"五花马，千金裘，呼儿将出换美酒，与尔同销万古愁"。

这些诗句喝酒人信手拈来，不过你若问他这些诗句的上下句或诗词全文，他就不一定知道了，他只知道这些与酒有关的词句，可见这些酒诗造成的影响有多大。不错，这些酒诗都是大家之作，从文学艺术上讲，意境优美，语言凝练，好记好诵，朗朗上口，确实是文学佳作，诗中极品，但这仅仅是从文学艺术角度来看，如果我们从对人生积极意义的角度来看，这些酒诗对读者的影响恐怕就不一样了，当然这绝对不能怪作者，因为作者本意并不是鼓励人们嗜酒、酗酒、狂喝滥饮，也不是赞美酒多么美，喝酒多么好，作者只是在借酒抒情，借物咏志而已，而这也仅仅是因为作者会喝酒、好喝酒、爱喝酒。

所以，只能说这些酒诗是被读者断章取义或望文生义地误解误读、错解错读了。

二、被我们误解的酒诗

不得不说，中国古诗词中描写酒的诗句真是太美了，中国古诗词美，酒诗更美，请看这些优美的酒诗：

● 对酒当歌，人生几何。譬如朝露，去日苦多。慨当以慷，忧思难忘。何以解忧，唯有杜康。

● 李白斗酒诗百篇，长安市上酒家眠。天子呼来不上船，自称臣是酒中仙。

● 人生得意须尽欢，莫使金樽空对月。天生我材必有用，千金散尽还复来。

● 葡萄美酒夜光杯，欲饮琵琶马上催。

● 劝君更尽一杯酒，西出阳关无故人。

● 借问酒家何处有，牧童遥指杏花村。

● 得即高歌失即休，多愁多恨亦悠悠。今朝有酒今朝醉，明日愁来明日愁。

● 明月几时有？把酒问青天。不知天上宫阙，今夕是何年。

在这里，我们需要再次强调：

首先，这里所说的"酒诗"，是站在被现代人误解误读的角度，将那些诗里有"酒"同时又被人们广为传诵的诗词称为"酒诗"，而从原诗本意来讲，这些诗词与"酒"其实是完全不相干的，因为它们既不是描写酒的，也不是描写喝酒的，更不是诗人喝酒时"一时兴奋"，或酒后"灵感所致"而创作的诗。

其次，我们绝不是说这些诗不好，更不是说作者创作这些"酒诗"是为了欺骗我们，而是说这些酒诗被后世人们望文生义或断章取义地错误解读，使这些"酒诗"的意思与原诗本意大相径庭。

与此同时，由于一些读者心目中的"权威"解读者，从文学艺术角度对这些酒诗进行过度解读，加之这些酒诗大多言简意赅、易记易诵、朗朗上口，使其非常易于传播。有些酒诗可以说是家喻户晓、妇孺皆知，比如"何以解忧，唯有杜康""李白斗酒诗百篇""借问酒家何处有，牧童遥指杏花村"等诗句，相信没有几个人不知道。

而事实上，作者创作这些带有"酒"字的诗歌，既不是赞美酒有多好，也不是说喝酒有什么好处，更不是鼓励人们多喝酒，作者不过是因为自己爱喝酒，所以就借酒来表达自己的思想，或者抒发自己的感情或志向。而如今却被众多不良媒体利用，用于宣传引导群众喝酒，实在是令人惋惜。

《全唐诗》收录的近 5 万首唐诗中，光写酒的诗就有 5000 多首。其中陶渊明的 170 余首诗中有 50 多首写到饮酒，占到了三分之一；李白的 1000 首诗中有 240 首是写喝酒的，占到了四分之一；杜甫的约 1500 首诗歌中，有 300 首是写酒的，占到五分之一；白居易的 3000 首诗中有 700 首与酒有关，占到了 27%；陆游的 9000 首诗词中有 1000 首与酒有关，占到了 10%；苏轼的 4000 首诗中有 200 首描写饮酒，占到了 5%。

在这 6 位诗人所作的有"酒"的诗歌中，没有一首是专门写酒、赞美酒的；没有一首是说喝酒对身体有好处的；没有一首是说喝酒能使家庭和睦的；没有一首是说喝酒有助于社交应酬的；没有一首是说喝酒能使人才思敏捷，有助于写诗作赋的；没有一首是说喝酒有助于杀敌立功、保家卫国的。

综上，我们把凡是置原诗本意和主旨于不顾，而断章取义、望文生义或无中生有地对原诗中有"酒"的诗句，过度解读、错解错读，最后导致读者或喝酒的人对这些"酒诗"产生误解误读，统称为"酒诗的欺骗"。

"酒诗的欺骗"是现代人的行为，与酒诗作者无关。

中华文化博大精深，中国古诗词美轮美奂，但因为我们在日常生活和工作中，很少接触或使用到古诗词，所以我们大部分人对古诗词的了解其实并不多，很可能还停留在上学时候的程度，而且即便我们上学时学过很多古诗词，但毕竟过了这么多年，对一些经典的短篇古诗词，或许我们还能背下来，中长篇恐怕很多人就只记得其中的一句或几句了。至于诗词的创作背景和全诗主旨，就更容易被大家忽略了。

比如我们上学时的必背古诗词《短歌行》，全诗 16 句，128 字，试问工作多年以后，我们还有多少人能背诵全篇？恐怕很少了。喝酒人或许还记得其中的两句酒诗——"对酒当歌，人生几何""何以解忧，唯有杜康"，而其他 14 个句子，估计早就忘得一干二净了。可是本诗真正想要表达的内容，正是其他 14 个句子。表面上看，本诗开篇第一句"对酒当歌，人生几何"，第四句"何以解忧，唯有杜康"，给人感觉好像作者是在说"酒"，而实际上则是作者利用大战前的壮行酒会，这样一个绝好的场景机会，借着"酒"这个道具，抒发自己求贤若渴的感情，表达自己一统天下的雄心壮志。这是作者的本意，至于诗中的"酒"，自然是借"酒"抒情，借"酒"咏志了。

尤其是本诗的最后两句——"山不厌高，海不厌深。周公吐哺，天下归心"，才是本诗的核心和主旨，全诗的画龙点睛之笔。

所以难道我们能把这里的"酒"理解为曹操在歌酒、颂酒、劝酒？难道我们能把这两句"酒诗"理解为曹操在劝告人们——"人生苦短，及时行乐""何以解忧，多多喝酒"？而很多人恰恰就是这么理解的，这岂不与曹操求贤若渴、招贤纳士的本意南辕北辙、大相径庭吗？

其实这也难怪，毕竟现代人日常生活和工作中使用的都是白话文，用到古诗词的地方很少，导致我们忘记或记不清此诗的"全景"了，但"对酒当歌，人生几何""何以解忧，唯有杜康"这两句酒诗，却在我们耳边时常响起，为何唯独这两句被人记起？酒也。因为这两句里面有"酒"，而酒离我们生活很近，按喝酒的意思理解这两句诗非常"有趣"，而且符合"逻辑"，于是便流传开来。

在这个过程中，喝酒人自然是自欺欺人地照单接收，作为自己心安理得地喝酒的理由——你看，曹操都这样说了，我为什么不喝呢？而同时也被不喝酒的人望文生义地以讹传讹，继续误导更多的人。

经常看到、听到这两句诗，久而久之我们也就只记住了这两句，而忘记了其他句子，更忘记了原诗的主旨和本意。事实上，作为普通读者，这样的当我们已经上了很久，不信且看：

中国文化离不开酒的文化，中国五千年历史，就包含着五千年的酒文化。酒是文化，酒与诗，诗与酒，人酒相映，诗酒交融，演绎出了不知多少人与酒的故事，谱写出了不知多少酒与诗的篇章。

曹操有"对酒当歌，人生几何"的苍凉，李白有"人生得意须尽欢，莫使金樽空对月"的豪迈，杜甫有"白日放歌须纵酒，青春作伴好还乡"的洒脱，王翰有"醉卧沙场君莫笑，古来征战几人回"的悲壮，范仲淹有"酒入愁肠，化作相思泪"的忧思，高翥有"人生有酒须当醉，一滴何曾到九泉"的旷达，苏轼有"明月几时有？把酒问青天"的奔放……

历史上无数文人墨客与酒结下了不解之缘，谱写出了这一首首不朽的篇章，可谓篇篇都是精品，句句都是精华。

这就是独具特色的中国酒诗文化，这就是独树一帜的中国诗酒典范。

这段文字大家看了觉得怎样？如果我们平时看到一段这样的文字，是不是对这些酒诗的印象就更加深刻了？是不是就更加相信酒离不开诗，诗离不开酒？要想作好诗，就得喝好酒？

事实上，这段对酒诗渲染、夸大、牵强附会的文字描写，是典型的无病呻吟。这些诗句的确是诗人的某一篇诗作里的，但诗人想表达的是什么？是"苍凉""奔放""洒脱""豪迈"吗？完全不是，这完全是断章取义，曲解诗人的本意，如果我们从全诗角度或结合上下文来看，就知道诗人想表达的绝不是酒的事，诗人也绝不是在歌颂酒，更不是在宣泄或表达与酒或喝酒有关的情绪，诗人不过是借酒来抒发自己的思想、感情，借酒来表达自己的志趣、志向而已。

历史上多少文人墨客，留下无数好诗的同时，也留下了好酒之名，后世好酒者把他们当作人生的楷模，行为的典范，倍加推崇，而事实上这不过是喝酒人自欺欺人的挡箭牌而已。貌似酒助文气，诗借酒兴，实为酒依赖，酒瘾耳。

我们就是这样被酒诗鼓舞着，一边高歌"对酒当歌，人生几何""何以解忧，唯有杜康""白日放歌须纵酒，青春作伴好还乡"，一边在酒海中恣肆徜徉。多少年来，这些酒诗就这样被不明真相或自欺欺人的好酒者歌咏着、传诵着。

是什么让我们沉沦于酒海？

这些"酒诗"在潜移默化中起到了推波助澜的作用。

三、被误解最深的一句酒诗——李白斗酒诗百篇

"李白斗酒诗百篇"出自杜甫的《饮中八仙歌》："李白斗酒诗百篇，长安市上酒家眠，天子呼来不上船，自称臣是酒中仙。"此诗是杜甫将当时生活在长安，

号称"酒中八仙"的李白、贺知章、李适之、李琎、崔宗之、苏晋、张旭、焦遂八人，按资历和官爵，对每个人逐一进行的醉酒后的状态描述。

本诗从资历最老的贺知章一直描述到平民布衣焦遂。在诗人的笔下，长安城里以嗜酒、旷达而闻名的八大酒仙形象栩栩如生，跃然纸上。

作者此诗的中心意思，是要通过"八仙"各自不同的醉酒后的表现，来表达他们嗜酒如命、放荡不羁的"酒仙"形象和个人性格特点，进而展现那个时代文人开放而又迷茫的精神和社会风貌。

诗中"李白斗酒诗百篇"一句，表达的是李白好酒、能诗，而丝毫没有李白喝酒后才能作诗，或喝酒后才能作好诗的意思。"斗酒"既不是说李白有一斗的酒量，也不是说李白喝一斗酒后才开始作诗。"斗"是虚指，不是指一斗酒，同样"诗百篇"也是虚指，不是指一百首诗。

饮中八仙歌

唐　杜甫

知章骑马似乘船，眼花落井水底眠。
汝阳三斗始朝天，道逢麹车口流涎，恨不移封向酒泉。
左相日兴费万钱，饮如长鲸吸百川，衔杯乐圣称避贤。
宗之潇洒美少年，举觞白眼望青天，皎如玉树临风前。
苏晋长斋绣佛前，醉中往往爱逃禅。
李白斗酒诗百篇，长安市上酒家眠。天子呼来不上船，自称臣是酒中仙。
张旭三杯草圣传，脱帽露顶王公前，挥毫落纸如云烟。
焦遂五斗方卓然，高谈雄辩惊四筵。

【参考译文】

贺知章酒后骑马摇摇晃晃像乘船，醉眼昏花掉井里，竟然在井底睡着了。

汝阳王李琎喝三斗酒后才去觐见天子，路上碰到拉酒的车就流口水，恨不得自己能改封到酒泉（甘肃地名，古因"城下有泉，其水若酒"而得名）为官。

左丞相李适之为饮酒之兴日费万钱，喝酒就如鲸吞百川之水，贪杯乐酒自称是为了避政让贤。

崔宗之，潇洒美少年，举着酒杯傲视青天时，身姿如玉树临风一般。

苏晋长期斋戒于佛前，可是喝了酒就常常把佛门戒律忘得一干二净。

李白能诗善饮，诗作无数。他喜欢在长安街市喝酒，有一次在酒馆里睡着了，天子召见他都不上船，还说自己是酒中仙。

张旭，人称草圣，好酒能书，三杯酒后，兴奋而起，挥毫泼墨，一书而就。他不拘小节，在王公贵戚面前脱帽露顶，挥笔疾书如烟云落于纸上。

焦遂，一介布衣平民，喝五斗酒后便来了精神，酒席上高谈阔论，能言善辩，常常语惊四座。

诗中描写张旭和李白的区别：

"张旭三杯草圣传"，说明喝酒人酒后写写书法大概还是可以的，但也仅限于三杯以内，否则为何不说"张旭千杯草圣传"？所以"李白斗酒诗百篇"，绝不是说李白喝大酒后能作诗百篇，而是说李白不但酒量大（斗酒），还做过很多诗。

"李白斗酒诗百篇"是所有酒的流行语中被误解最甚的一句，既被断章取义，又被望文生义。后世人们先是将《饮中八仙歌》全诗中的其中一句"李白斗酒诗百篇，长安市上酒家眠，天子呼来不上船，自称臣是酒中仙"，单独拿出来解读，而置其他"七仙"于不顾。不结合上下文，不知道此诗的主旨，不了解此诗的创作背景，单独拿这一句说，就势必会让人误以为此诗是描写李白酒后作诗的事的，而事实上《饮中八仙歌》描写的是"八仙"不同的酒后醉态（大家注意，酒后醉态与酒后作诗，可是两个不同的概念）。此句重点是讲李白酒后"长安市上酒家眠，天子呼来不上船，自称臣是酒中仙"的醉酒状态，而"李白斗酒诗百篇"只是在描写李白醉酒状态之前，对李白的一个概括性介绍。

接着又将"李白斗酒诗百篇"这句诗从描写李白的那一整句诗中单独拿出来解读，尤其被现代一些不喝酒的文化人士望文生义地误解误读、错解错读，其意思就完全变了，与原诗主旨大相径庭：

作诗需要饮酒助兴，饮酒能激发创作灵感；喝酒能使人文思泉涌，思维敏捷，下笔如有神；喝酒才能写出豪迈之诗、激昂之诗。

李白之所以写了那么多好诗，都是因为酒喝的多，李白如果不喝酒就写不出这些好诗，李白只要酒喝的多、喝的好，诗就做的又多又好。

这种错误解读，一方面是不喝酒人望文生义的臆测，另一方面是现代"酒文化"的故意杜撰和渲染。不管怎样，可以肯定的是，这绝不是喝酒人的解读，喝酒人太了解自己酒后的状态了——话都可能说不清了，意识可能都出现障碍了，还怎么作诗？喝酒人更爱说"人生得意须尽欢""千金散尽还复来"，而不是"李白酒后诗百篇"，反而不喝酒的人爱说这句话，尤其是一些不喝酒的文化人士，他们没有体会过酒精麻醉的感受，而恰好李白好喝酒又擅长作诗，所以他们就臆测——李白一定是"酒后诗百篇"。

虽说喝酒人为了自己能心安理得地喝酒，可以自欺欺人地给自己找各种理由，但却不会找这样的理由。因为喝酒人知道，高强度的脑力活动需要大脑保持高度清醒，需要精力高度集中，而酒精麻醉只能让神经越来越麻木，让大脑思维越来越迟钝，就连八仙中的张旭都"三杯草圣传"（三杯酒后，就只能作草书而写不了楷书了），何况作诗这种高强度的脑力活动了，你见过哪个人酒后还能集中精力进行高强度的脑力活动？就拿我们自己来说吧，你何时在酒后写过一篇文章？哪怕是一篇短文？

你见过哪位作家（假设他们是喝酒的人）是边喝酒边写作的？哪位作家不是在喝酒前或酒醒后才开始写作的？

实验显示，人在清醒状态下很容易同时做两件事情，比如一边喝茶一边看书，一边运动一边听音乐，但喝酒时很少有人能同时再做其他事情，不能"一心二用"，醉酒就更不用说了。

都说烟能提神，酒能激发创作灵感，可是你看那些大家，不管是写书的，还是作画的，他们创作疲劳或者思维迟钝时，都是起身到后花园中观鱼、赏花，以此让大脑得到休息或找到灵感，有谁见过他们坐在沙发上猛吸烟或猛喝几杯酒，来试图让大脑得到休息或通过抽烟喝酒激发自己的灵感的？

有人说："写作的人都吸烟"，是的，有吸烟习惯的人在写作时一般都吸烟，可那是因为他们吸烟上瘾了，他们会因为烟瘾而分散注意力，只有吸烟才能让他们恢复正常状态。所以不是吸烟让他集中注意力，而是不吸烟他就无法集中注意力。

喝酒和作诗没有关系，如果非要把酒和诗扯上关系，那就是恰好这个人好喝酒又会作诗，仅此而已。

酒精能促进情绪的宣泄，诗却必须在清醒状态下才能完成。酒后可以有豪迈或伤感之情，却作不出豪迈或伤感之诗。

或者因为喝酒的人不乏豪迈之士，所以才有了豪迈之诗；因为喝酒的人不乏伤感之人，所以才有了伤感之文。

四、流传最广且贻害最深的一句酒诗

罗隐，唐朝末年著名诗人。罗隐跟其他读书人一样，也想通过科举考试步入仕途，考了十多次都没有考中。罗隐的才学非常出众，当朝宰相很欣赏他，但他性格太过刚直，恃才傲物，狂放不羁，就连应试的考卷上都不忘冷嘲热讽，考官们对他都非常反感，他也因此屡试不第，一直考到五十五岁，才断了科举入仕的念头。

罗隐自恃经纶满腹却屡遭挫折，只好将心中的愤懑寄托在酒里，每日与酒为伴。罗隐最广为流传的一首诗是《自遣》，这首诗表面上看是旧时代知识分子仕途失意后的心灰意冷，实则是一个嗜酒者的精神颓废。

自 遣

唐 罗隐

得即高歌失即休，多愁多恨亦悠悠。
今朝有酒今朝醉，明日愁来明日愁。

【释义】

得意时就尽情地纵酒高歌，失意时也不必太在意，再愁再恨又有什么用呢？今天有酒，今天就一醉方休，明天的事，明天的愁，明天再说。

"今朝有酒今朝醉"，看似洒脱，实则是对现实的逃避，自己内心愤懑、忧愁，却又无可奈何、无能为力，只好终日以酒为伴，用酒精麻醉自己，暂时忘记那些烦心事。

"明日愁来明日愁"，明知道这是自欺欺人，明日复明日，何时是个头？事情不解决就永远是个愁。可是为什么还要喝？因为酒瘾。古人的酒瘾和现代人的酒瘾是一样的。

喝酒真的能解愁吗？恐怕不但不能解愁，也许这愁正是因酒而来！

这是一个典型的古代嗜酒文人形象，平时爱喝酒，才华横溢却郁郁不得志，只好每天沉醉于酒中，过一天算一天。如今穷困潦倒，眼看就要身无分文了，不知幡然醒悟、发奋图强，却还要"今朝有酒今朝醉"。明知喝酒解决不了任何问题，醉酒时的"忘记"是暂时的，酒醒后忧愁依然会存在，但推一天是一天，"明日愁来明日愁"，这不是嗜酒如命的"酒鬼"又是什么？

"今朝有酒今朝醉"，这样一句过一天算一天，逃避现实，没有长远打算的颓废之语，在1000多年后的今天，却成为人们喝酒时的劝酒词——劝别人喝酒，也劝自己喝酒，这恐怕是诗人没有想到的。

五、被断章取义的酒诗

断章取义句一：对酒当歌，人生几何。

断章取义句二：何以解忧，唯有杜康。

【原文】

短歌行

汉　曹操

对酒当歌，人生几何！譬如朝露，去日苦多。

慨当以慷，忧思难忘。何以解忧？唯有杜康。

青青子衿，悠悠我心。但为君故，沉吟至今。

呦呦鹿鸣，食野之苹。我有嘉宾，鼓瑟吹笙。

明明如月，何时可掇？忧从中来，不可断绝。

越陌度阡，枉用相存。契阔谈䜩，心念旧恩。

月明星稀，乌鹊南飞。绕树三匝，何枝可依？

山不厌高，海不厌深。周公吐哺，天下归心。

　　建安十三年（公元 208 年）冬月，曹操率百万大军集结于长江北岸，准备一举拿下东吴。是夜皓月当空，风平浪静，将士们整装待发，曹操摆酒设宴，诵读此诗以励将士。

　　此时曹操刚刚平定北方不久，此次若能荡平东吴，则一统天下指日可待，届时国家将需要大量人才。为统一后的国家建设计，曹操作此诗，一来为将士们壮行，二来曹操本就重视人才，正好借此机会向文武百官和全天下的人才，进一步宣示自己广纳天下人才的急切愿望和延揽天下人才的宽广胸怀。

　　此诗与曹操之后于建安十五年、建安十九年、建安二十二年，向全国颁布的三道求贤令一脉相承，中心意思是"求贤"，而不是"劝酒"。

【参考译文】

面对美酒就当高歌，人生苦短更要珍惜。

时光就像那晨露，流逝得太快。

宴会气氛慷慨激昂，我却难忘心中忧伤。

用什么排解我心中的忧愁？唯有痛饮美酒杜康。

满腹才学的人才啊，你们让我时刻不能忘怀。

因为你们，我朝思暮想、日夜思念。

呦呦鸣叫的鹿儿，在原野上吃着艾蒿。

四方贤才如能前来，我当鼓瑟吹笙欢迎。

人才就像那悬在高空的明月，我何时才能够得到？

心中忧思，不能断绝。

请穿过田间纵横的小路，屈驾前来。

我们就像久别重逢的老朋友一样，畅谈欢宴，叙说往日情谊。

明月高悬，星光闪烁，寻巢的喜鹊向南飞去。

绕着树飞啊飞，哪里才可依靠栖身？

高山不弃土石方显巍峨，大海不嫌涓流才见壮阔！

我愿像周公那样礼贤纳才，望天下人才都到我的身边来！

　　这是一首曹操面对当时三国鼎立局面，为延揽人才、号召天下有志之士到自己身边来的"求贤歌"，也可以说是一道寓情于理、情真意切的"招贤令"，从中可以看出曹操对人才朝思暮想、夜不成寐的渴求之情。诗人在展露自己雄才大略、理想抱负和人才观的同时，也对人才的求职观和心态进行了劝导、引导，为打消人才的顾虑，甚至到了苦口婆心的地步。这样既"贴心"又鼓舞人的诗作必为天下传颂，也难怪曹操手下"战将千员"了。

　　诗中第一段落两次提到酒——"对酒当歌，人生几何""何以解忧，唯有杜康"，就是这两句"酒诗"被现代人们单独拿出来津津乐道。如此管中窥豹，只见其石，不见其山，只见树木，不见森林，断章取义，望文生义，实在可惜。现在我们就来看看这两句诗的真正含义。

对酒当歌，人生几何！
【释义】

　　魏晋时期，文人士大夫阶层中盛行饮酒，那时酒是只有上层才能够享用的奢侈之物，而恰好文人喜欢吟诗作对，士大夫阶层喜好附庸风雅，所以慢慢地人们就习惯了一边喝着酒，一边吟吟诗、作作对、唱唱歌，这大概就是那个时期的酒桌文化吧。

　　回到此诗背景，这是一场将士出征前的壮行酒会，而曹操本就好酒，此情此景下自然会拿酒来说事，借酒来抒发自己的感情。所以诗人以酒起诗，开篇就发出"对酒当歌，人生几何！"的感叹。结合下句"譬如朝露，去日苦多"，那么"对酒当歌，人生几何"这句话所表达的意思就是，光阴似箭，时光易逝，莫要辜负了大好时光，我们要抓紧时间做事，建功立业，报效国家。

继而借着喝酒的气氛，开始诵读、宣示自己早已准备好的这首"招贤令""求贤歌"。这是诗人的本意。

所以，"对酒当歌，人生几何"绝不是单纯地在说酒，更不是自我感慨或劝别人人生苦短，要纵酒欢歌，及时行乐。

何以解忧，唯有杜康。
【释义】
杜康，相传是酒的发明人，此处代指酒。

"何以解忧，唯有杜康"，这句话可以说是无人不知无人不晓，很多人把其意思理解为"用什么来排解忧愁？唯有喝酒"，其实这种理解是完全错误的，要正确理解这句话必须结合上下文和全诗主旨来看，否则就会犯断章取义、望文生义的错误。

《短歌行》的时代背景是三国时期，三国乱世，国家分裂，百姓流离失所，诗人雄才大略，忧国忧民，决心为国家建功立业，统一全国，可是深感创业维艰，人才匮乏，同时也看到很多人才空怀报国之志，却报国无门，有的赋闲在家，有的甚至去了敌方阵营。人才不能为我所用，诗人心急如焚，所以"忧思难忘"，忧什么？思什么？忧的是国家，思的是人才，担心这些人才在家闲着浪费，也担心他们选错人生方向，加入敌方阵营。"青青子衿，悠悠我心。但为君故，沉吟至今"，人才啊，你们什么时候才能到我的身边来，让我带领你们一起为国家统一建功立业，着急啊，发愁啊！怎样消解我的忧愁？只有喝酒才能让我暂时忘却心中的忧伤。

诗人本就好酒，所以，诗人是为国家计，为人才计，才说"慨当以慷，忧思难忘。何以解忧，唯有杜康。"

再有，《短歌行》属古体杂言，尤其是引用的一些典故，有些晦涩难懂，所以很容易引起人们的歧义，而且对我们普通阅读者来说，人们往往只愿意记忆简单的、好记的、易懂的，难的、复杂的、不好记的就不愿意记了。

还有，被传诵下来的古诗名句，都是容易引起读者共鸣的，只有读者深有感触，才愿意去记忆、诵读、传播，这两句也不例外，"酒"离人们的生活最近，尤其是好酒的人就更不用说了。因此很多人只记住了第一句"对酒当歌，人生几何"与第四句"何以解忧，唯有杜康"。

如果断章取义地只把"对酒当歌，人生几何"单独拿出来的话，就会理解成"人生苦短，当及时行乐，今朝有酒今朝醉。"

如果断章取义地只把"何以解忧，唯有杜康"单独拿出来的话，就会理解为"当你在面对烦恼、忧愁、压力的时候，喝酒就好了，喝酒就没事了，喝酒就什么都解决了。"

总之，如果断章取义地只把这两句单独拿出来，势必就会让人误以为诗人是在鼓励人们及时行乐、借酒浇愁，或者误以为诗人在借酒消愁。

这两句酒诗，不知害了多少不明真相或把头埋到沙子里的喝酒人！

曹操爱喝酒，这不假，但大家也不要忘了，曹操可是经常推行禁酒令的，只要他感到粮食紧缺或遇灾荒年、歉收年，或军中缺粮，他就发布严厉的禁酒令，孔融就是因抗拒禁酒令而被他杀掉的。

断章取义句三：白日放歌须纵酒，青春作伴好还乡。
【原文】

闻官军收河南河北

唐　杜甫

剑外忽传收蓟北，初闻涕泪满衣裳。
却看妻子愁何在，漫卷诗书喜欲狂。
白日放歌须纵酒，青春作伴好还乡。
即从巴峡穿巫峡，便下襄阳向洛阳。

【参考译文】

剑外忽然传说官军收复了蓟北，刚一听说就激动得泪水洒满了衣裳。
再看妻儿早已没有了往日的忧伤，胡乱地合上书，高兴得就要发狂。
在这明媚的阳光下，我要纵酒高歌，伴着春天的脚步，返回我的家乡。
明天就出发，过了巴峡穿巫峡，到了襄阳奔洛阳，前面就是我的家乡。

此诗作于唐代宗广德元年（公元763年）春，诗人52岁。历时8年的安史之乱接近尾声，唐军已攻克洛阳、郑州、开封，叛军头领纷纷投降，仅河南河北一带尚未收复。此时，诗人尚漂泊于四川剑外（四川省北部有剑门关，关南的蜀中地区称"剑外"），突然听到蓟北（泛指唐代幽州、蓟州一带，今河北北部地区，是安史叛军的根据地）被收复的消息，诗人非常高兴，收复蓟北标志着战争的结束，诗人终于可以结束颠沛流离的漂泊生活，回到自己的故乡了。想到此诗人不禁手舞足蹈起来，高兴地把这个消息告诉了妻儿。

　　作为一位忧国忧民的诗人，因战争而在外漂泊多年，现在看到战乱就要结束，国家马上就会恢复安定，百姓终于可以安居乐业了，自己和妻儿也可以很快回到阔别多年的故乡，想到此，诗人百感交集，不禁喜极而泣。此情此景，即使我们现在读来，也还有一种身临其境的感觉，难怪历代诗家对此诗倍加推崇，评价极高。

　　所以，此诗表达的不过是诗人听闻喜事后，情不自禁地喜悦之情，哪里有半点咏酒、赞酒、鼓励人们喝酒的意思？

　　但如果断章取义地把"白日放歌须纵酒，青春作伴好还乡"这一句单独拿出来，势必就会理解成诗人在鼓励人们，在这美好的日子里要尽情地纵酒高歌、开怀畅饮，不要辜负了青春的大好时光。事实上，很多人就是这么理解的。

　　另外，诗人一直为官，心系苍生，忧国忧民，从此诗我们也可看到诗人一身正气，相反在诗仙李白的诗中，我们却从未发现这样的能量。

　　诗人李白基本没有长时间从事过一项实质性的工作，不管是为国家服务，还是为自己谋生活。王安石曾这样评价李白："十句九句妇人与酒"，其言外之意是否在说李白不务正业呢？相比李白，杜甫虽也好酒，但还是做了很多事情的。

断章取义句四：劝君更尽一杯酒，西出阳关无故人。
【原文】

送元二使安西

唐　王维

渭城朝雨浥轻尘，客舍青青柳色新。
劝君更尽一杯酒，西出阳关无故人。

【注】

渭城：在今陕西省西安市西北，渭水北岸，即秦代咸阳古城。

浥（yì）：润湿。

客舍：驿馆，旅馆。

阳关：在今甘肃省敦煌西南，为古代通西域的要道。

　　这是一首描写送友离别场面的诗，好友就要远行，去的地方是遥远的西域，此时一别，再见不知何年，伤感之情油然而生，只能端起酒杯，用酒这个道具，向好友道一声"珍重"！

本诗表达的是依依不舍的离别之情，如果断章取义地仅拿出"劝君更尽一杯酒，西出阳关无故人"这一句来说事，给人感觉就是不停地劝人喝酒："来，喝，再喝一杯"，而与"阳关""故人"这些情境、感情就没有什么关系了，只剩下一杯又一杯不停地劝人喝酒。

断章取义句五：葡萄美酒夜光杯，欲饮琵琶马上催。

【原文】

凉州词二首·其一

唐　王翰

葡萄美酒夜光杯，欲饮琵琶马上催。
醉卧沙场君莫笑，古来征战几人回？

夜光杯，美玉雕成，为唐代高档酒器。本诗中葡萄、美酒、夜光杯、琵琶、马等，都是独具特色的西域器物，结合边疆沙场，诗人以此来借物咏志，抒发自己的感情。

这里正在举行一场将士出征前的壮行酒会，将士们即将去执行一项艰巨的任务，或者即将有一场很可能是有去无回的恶战。

将士们抱着报效国家、保卫边疆的决心来到边疆战场，早已将生死置之度外。此诗所表达的正是将士们出征前的激情满怀和沙场马革裹尸的悲壮，但却被后世人们断章取义地只拿出"葡萄美酒夜光杯"一句来传诵，而忘了"古来征战几人回"。这大概是因为葡萄、美酒、夜光杯这几个词放在一起太有意境了吧。但如果读者仅仅陶醉于"葡萄、美酒、夜光杯"的美好意境中，而忘了诗歌的主旨和本意，那么和诗人要表达的意思就南辕北辙。

古代有很多"酒诗"（确切地说是诗中有"酒句"），都是诗人借"酒"这个道具或喝酒的场景，来表达或抒发自己的某种思想或感情，是一种以景抒情、借物言志的文学表现手法，但在现代却被冠以"酒文化"之名错误解读或被喝酒者误解误读。归根结底，一个是卖酒的，一个是喝酒的，一个是猎手，一个是"鸵鸟"，一个愿打，一个愿挨，似乎也很正常，怕就怕不喝酒人跟着凑热闹，他们既不深究诗词主旨和本意，也没酒瘾体验，只是人云亦云，别人说什么，自己也就跟着这么说。

与酒的流行语一样，酒诗被广泛流传，一些不喝酒人的"望文生义"、以讹传讹，从中起了不少作用。

六、酒仙李白的诗酒人生

古代文人好酒者多，"酒鬼"也很多，但称得上酒仙的，只有两个，一个是醉卧竹林、"死便埋我"的刘伶，一个是"天子呼来不上船，自称臣是酒中仙"的李白。二人若论名气不相上下，但刘伶在人们心目中更多的是放浪形骸的"酒鬼"形象，人们称其为"酒仙"也是带着"酒鬼"的弦外音。而李白就不一样了，第一李白诗多，仅流传下来的诗作就有 1000 多首，第二李白的诗何止是好，李白的诗恣肆汪洋、大气磅礴，以其排山倒海、一泻千里之势，在中国诗歌史上冠绝天下，无人匹敌。李白对后世诗歌的发展也极具影响力，韩愈、李贺、苏轼、陆游、辛弃疾、龚自珍等诗词大家都受到李白诗歌的影响。而反观刘伶，酒喝的不少，却没有一篇上乘佳作流传于世，空有"竹林七贤"的名号。

李白留下了千古酒诗，刘伶留下了千古酒名。

我想，如果不是因为李白是诗仙，那么他一定也会被人们称为"酒鬼"，因为"酒鬼"的特点李白都有，从这一点来说，酒毁了李白，诗成就了李白。"百年三万六千日，一日须倾三百杯""三百六十日，日日醉如泥""人生得意须尽欢，莫使金樽空对月""古来圣贤皆寂寞，惟有饮者留其名""钟鼓馔玉不足贵，但愿长醉不愿醒""五花马，千金裘，呼儿将出换美酒，与尔同销万古愁"，酒仙之名，李白实至名归。

1. 李白的 5 个人生阶段

（1）蜀中读书游历期（25 岁前）

李白（公元 701—762 年），字太白，号青莲居士，唐代浪漫主义大诗人，因其嗜酒，又称酒仙。祖籍陇西成纪（今甘肃天水），隋末祖上获罪迁西域，李白就出生在中亚碎叶（今吉尔吉斯共和国境内，当时属西安都督府管辖）。李白 5 岁时随父迁剑南道绵州（今四川江油），李白的少年时代便是在四川度过的。

李白父亲李客是位商人，非常重视李白的学业，所以李白少年时代涉猎非常广泛，10 岁就已遍览百家之书，14 岁时能吟诗作赋、出口成章。15 岁时，少年李白模仿司马相如写了一篇长文《拟恨赋》，洋洋洒洒，甚为豪迈，短短五百字，写到了汉祖、项王、荆卿、屈原和李斯受戮等人物或事件，从中可以看出少年李白已经有了经邦治国的雄心壮志。李客读完《拟恨赋》惊呼："文辞灿然，自有心意，我做不了你的老师了！"

　　21岁时，李白游历到渝州（今重庆）时，谒见渝州刺史李邕，希望得到赏识并推荐入仕，李白在谈话中高谈阔论、不拘礼仪，这让李邕颇为不悦，认为李白年少轻狂、傲慢无礼、目中无人，便未予接纳，生性高傲、一贯自负的李白对此非常不满，临别时作《上李邕》一诗回敬：

上李邕

唐　李白

大鹏一日同风起，扶摇直上九万里。

假令风歇时下来，犹能簸却沧溟水。

时人笑我恒殊调，闻余大言皆冷笑。

宣父犹能畏后生，丈夫未可轻年少。

【释义】

　　有朝一日大鹏随风而起，凭借风力直上九万里高空。如果风停了，大鹏向下一飞，也能将大海里的水一簸而净。人们笑话我喜欢高谈阔论，听了我的豪言壮语都冷笑不已。孔子都说"后生可畏"，大丈夫不可小看少年人。

　　此诗已远远不足以用"大气磅礴，惊世骇俗"来评价了，简直是狂傲至极。这就是年少的李白，集自信、自负、自恋于一身的李白。

（2）远游求仕期（25~41岁）

　　在古代"学而优则仕"是读书人的信条，读书人的第一要务是致仕为官，"修身、齐家、治国、平天下"是古代读书人的至高理想。中国古代历朝历代也都有自己的人才选拔机制，唐朝时科举制度已比较完善，普通百姓一般都是通过参加科举考试来实现自己的读书入仕梦想。除此之外，一些饱读之士还可以通过游说举荐（游说一方官吏，以期获得向上举荐的机会）和献赋自荐（写一篇介绍自己或歌颂朝廷的文章辞赋，然后直接向皇上呈献，以期得到皇帝的青睐），来实现自己的人生理想。李白、杜甫都曾通过献赋的方式向朝廷举荐自己，《南陵别儿童入京》一诗就是李白多次献赋自荐，终于接到皇帝诏书后所作。此刻，李白心中沉浸已久的"大鹏之志"似又开启，久违的奔放与豪情再次爆发，一句"仰天大笑出门去，我辈岂是蓬蒿人"寄托了李白多少期许，同时也成为后世文人自我激励或是自我解嘲的经典名句。

南陵别儿童入京

唐　李白

白酒新熟山中归，黄鸡啄黍秋正肥。

呼童烹鸡酌白酒，儿女嬉笑牵人衣。

高歌取醉欲自慰，起舞落日争光辉。

游说万乘苦不早，著鞭跨马涉远道。

会稽愚妇轻买臣，余亦辞家西入秦。

仰天大笑出门去，我辈岂是蓬蒿人。

【注】

①会稽愚妇轻买臣：据《汉书·朱买臣传》记载，朱买臣早年家贫，好读书，他的妻子刘氏嫌弃他贫穷，离开了他。后来朱买臣被举荐为仕，官至会稽太守。在这里李白把那些平时嘲笑自己的世俗小人（也有说是指自己的妻子刘氏）比作"会稽愚妇"，他认为自己就像朱买臣一样，此次只要到了长安，见了皇上，就能平步青云、一步登天了。

②我辈岂是蓬蒿人：我怎么会是长期身如草野的人呢？"仰天大笑出门去，我辈岂是蓬蒿人"，李白在丝毫不加掩饰、得意忘形的大笑声中，把自己的自负和狂妄表现得淋漓尽致，一览无余。从这里也可看出李白孤高自负、恃才傲物的性格特点。

【参考译文】

白酒刚酿熟我就从山中速归，秋天吃谷物的黄鸡长得正肥。

我呼唤着孩子们快炖鸡摆酒，儿女们嬉笑着互相拉扯衣裳。

醉酒高歌我要好好慰劳自己，挥剑起舞与落山的太阳争辉。

游说万乘之君时间已经很紧，跨马挥鞭沿着道路向前追去。

会稽愚妇看不起贫穷朱买臣，如今我也辞家去长安西入秦。

我仰面朝天大笑着走出家门，我这样的岂是久居草野之人？

天宝元年（公元 742 年），李白 41 岁，唐玄宗招李白入京，李白认为自己多年未能实现的理想和抱负，这一次终于要实现了，喜悦之情，溢于言表，兴奋之余，写下了这首诗。而在此之前，李白曾两次向皇帝献赋求仕，一次是开元二十二年（公元 734 年）正月，唐玄宗正在东都洛阳居住，李白来到洛阳，呈上自己写的《明堂赋》。第二次是第二年（公元 735 年）冬天，唐玄宗到长安打猎，碰巧李白这时也在长安，李白写了一篇长篇辞赋《大猎赋》，献给唐玄宗。但这两次献赋均石沉大海，李白没有得到召见。

可能是得到了玉真公主和贺知章等人的举荐，这一次李白真的被唐玄宗召见了，这首诗就是李白接到皇帝诏书时，欣喜万分，挥笔写下的。因为这首诗描写的是李白人生中的一件头等大事，所以李白"仰天大笑出门去，我辈岂是蓬蒿人"的得意之情，也就能理解了。

（3）长安入仕期（42~44 岁）

天宝元年（公元 742 年），由于玉真公主和贺知章的推荐，唐玄宗也慕李白之名，便召李白进宫。李白奉旨进宫后，做了待诏翰林，实际上就是皇帝身边的御用文人，平时除了替皇上起草诏书，更多的是为皇上和贵妃宴饮、郊游时写诗助兴。李白本以为此次进京就可以实现自己的梦想了，做皇帝的辅弼之臣，像姜尚、管仲、张良、诸葛亮那样辅佐君主，治理国家，却万万没想到最后是这样的结果。

李白自恃才高志大，傲视群臣，目无权贵，常以不世之才自居，"贵妃捧砚，力士脱靴""天子呼来不上船，自称臣是酒中仙"，最后受到权臣谗毁排挤，终于在奉旨进京两年后被唐玄宗"赐金放还"，按现在话来说就是被辞退，撵出长安。《行路难》一诗便是李白离开长安时所作。

行路难

唐　李白

金樽清酒斗十千，玉盘珍羞直万钱。
停杯投箸不能食，拔剑四顾心茫然。
欲渡黄河冰塞川，将登太行雪满山。
闲来垂钓碧溪上，忽复乘舟梦日边。
行路难！行路难！多歧路，今安在？
长风破浪会有时，直挂云帆济沧海。

"闲来垂钓碧溪上，忽复乘舟梦日边"，前句是指"姜太公垂钓于渭水之边，终于等来了周文王"的传说，后句是指"伊尹（商朝开国元勋）梦见自己乘船从太阳旁边经过，后来果然受到商王的重用，助商灭夏，建立了商王朝"的典故。从这两句诗可以看出，李白虽然被"赐金放还"，内心非常郁闷，但仍期待皇帝回心转意，到那时自己仍可东山再起，实现自己的人生梦想。

【参考译文】

　　金杯里的美酒，一斗十千，玉盘里面的菜肴，价值万钱。

　　放下杯，丢下筷，吃不下饭，拔剑四顾，心中一片茫然。

　　欲渡黄河，冰却堵塞了河川，想登太行，大雪已经封了山。

　　我要学吕尚垂钓于碧溪之上，我要像伊尹梦中乘船过日边。

　　人生之路如此艰难，如此艰难，歧路纷繁如何抉择，如何抉择？

　　我坚信会有长风破浪的时候，到那时再扬风帆渡碧海云天！

　　《行路难》描写的是李白被"赐金放还"离开长安前，朋友们为其设宴饯行时的跌宕起伏的心理变化。面对美酒佳肴，如在平时，李白一定会开怀畅饮，一醉方休，但这一次却"停杯投箸不能食，拔剑四顾心茫然"，大家可以想象一下这是一种什么样的情境，"待诏翰林"写诗助兴的工作，虽然与自己做"辅弼之臣"的理想相去甚远，但突然被毫无征兆地辞退，却是大大地出乎自己的意料，可以想见那种心情是何等的消沉、郁闷、失落、沮丧，再想到自己的前程，"欲渡黄河冰塞川，将登太行雪满山"，前路崎岖，心中一片茫然，哪里还有心思喝酒吃饭！

（4）云游期（45~55 岁）

　　天宝三年（公元 744 年）李白被唐玄宗"赐金放还"后，心情十分郁闷，"行路难！行路难！多歧路，今安在？长风破浪会有时，直挂云帆济沧海"，李白坚信自己还会有"长风破浪""直挂云帆"的那一天！于是便又重新踏上云游四方的旅程，以期寻求新的机会。李白最具代表性的一首诗，也是历史上最误人的一首"酒诗"——《将进酒》，就是在这个时期创作的。

将进酒

唐　李白

　　君不见黄河之水天上来，奔流到海不复回。

　　君不见高堂明镜悲白发，朝如青丝暮成雪。

　　人生得意须尽欢，莫使金樽空对月。

　　天生我材必有用，千金散尽还复来。

　　烹羊宰牛且为乐，会须一饮三百杯。

岑夫子，丹丘生，将进酒，杯莫停。

与君歌一曲，请君为我倾耳听。

钟鼓馔玉不足贵，但愿长醉不复醒。

古来圣贤皆寂寞，惟有饮者留其名。

陈王昔时宴平乐，斗酒十千恣欢谑。

主人何为言少钱，径须沽取对君酌。

五花马，千金裘，呼儿将出换美酒，与尔同销万古愁。

李白创作此诗时，已是天宝十一年（公元 752 年），这一年李白 52 岁，自被
"赐金放还"离开长安已有 8 年，这 8 年李白一直在外游荡，过着饮酒吟诗、寻
道会友的"逍遥"日子。诗中的岑夫子（岑勋）、丹丘生（元丹丘）都是李白这些
年云游时结识的友人，这次李白又约上岑夫子一起到嵩山找丹丘生喝酒，见面后三
人登山游乐，纵酒高歌，欢宴数日，其间李白创作了此诗。

李白被"赐金放还"离开长安时作《行路难》，感叹命途多舛，造化弄人，
离开长安 8 年后再作《将进酒》，如果说从《行路难》中我们还能看到李白桀骜
不驯，不服输、不认命，对理想抱负不轻言放弃，抬望眼虽前路崎岖，一片茫然，
但依然坚信自己总有一天还会东山再起，"长风破浪会有时，直挂云帆济沧海"，
但从《将进酒》里，我们却已看不到李白的半点斗志，甚至连忧愁和愤懑都看不
到了，看到的只有"人生得意须尽欢"的精神颓废，"但愿长醉不愿醒"的消极
堕落，和"五花马，千金裘，呼儿将出换美酒，与尔同销万古愁"的破罐子破摔
的嗜酒者形象。我们再往前推，在李白的人生第二阶段，如果说他的"寻道访友"
之游是为了结交权贵名流，积极寻求入仕之道，以实现自己的人生抱负，那么这
时的酒之于李白，我们还可以勉强地把它看作是李白的一个爱好，因为此时他的
酒瘾或许还不是很大，酒对他的身体和精神也还没有产生太大的影响，他还能主导、
控制自己的行为，但自从被"赐金放还"离开长安后，李白虽然还是以"寻道访友"
之名云游四方，但此时实则是闻酒而动、寻酒而至，沉湎于酒中不能自拔罢了。

从酒精依赖的发展规律来看，随着年龄的增长，嗜酒者生理上对酒精的耐受
性越来越强，一般到 45 岁左右，嗜酒者会进入喝酒最疯狂的时期（从嗜酒状态进
入到酗酒、纵酒状态），这种疯狂体现在单次饮酒量和饮酒频次不断增加上，比如
以前每顿喝半斤，现在却总想再多喝点，本来半斤酒量却经常喝六两、七两；以前
每天喝一两次，现在每天喝三四次，早晨起来就要喝（俗称"睁眼酒"），睡前也
要喝；以前在快餐场所不喝，现在在食堂、快餐店用矿泉水瓶装酒喝，反正只要吃

饭就要喝酒，不喝酒宁可不吃饭；以前喝了酒还可以勉强"工作"，现在严重时每天除了喝酒就是"睡觉"。这种疯狂还体现在嗜酒者心理上对酒永不满足的贪婪上——在潜意识控制下，总想喝的更多，一个半斤酒量的人只要身体能承受得住，恨不得每顿喝掉一大瓶（一斤）。

此时的嗜酒者已不仅是嗜酒、酗酒了，而是纵酒甚至严重时就是滥酒、乱酒了。这种喝酒状态从 45 岁前后开始，一直到 50 岁左右时达到顶峰，然后会一直持续下去，直到下一个节点——要么是身体发出了警示信号，要么就是罹患某种疾病，或者大脑被酒精严重伤害（如脑萎缩）而导致精神或智力障碍，要么就是家庭、工作或事业因酗酒而出现重大变故。当然，还有一个节点就是有朝一日幡然醒悟，及早戒酒。

重度酒依赖者只要不停止饮酒，一般都会是这样一个发展规律。

（5）安史之乱期（56~62 岁）

天宝十四年（公元 755 年）年安史之乱爆发，李白一路南逃避难，至庐山方停顿下来，过了一段时间的隐居生活。天宝十五年（公元 756 年）正月，安禄山在洛阳自封大燕皇帝，同年六月，唐玄宗逃亡蜀地，至德元年（公元 756 年）七月，皇太子李亨在灵武（今宁夏灵武）登基，是为唐肃宗，奉唐玄宗为太上皇。至德元年十二月，永王李璘（肃宗同父异母弟）率军沿长江而下东巡时，得知李白在庐山隐居，于是数次相邀，李白考虑再三，终于答应加入永王幕府。李白在随永王东巡途中，写下了《永王东巡歌》11 首。但不久永王因叛乱兵败被杀，李白也以从逆罪被捕入狱，判长流夜郎（今贵州省桐梓一带）。李白取道四川前往流放地，行至白帝城时，突然接到被赦免的消息，李白喜出望外，欣喜若狂，在返回途中写下了著名的七言律诗《早发白帝城》。

早发白帝城

唐　李白

朝辞白帝彩云间，
千里江陵一日还。
两岸猿声啼不住，
轻舟已过万重山。

宝应元年（公元 762 年），李白生活已非常窘迫，无奈之下投靠到族叔李阳冰处，十一月作《临终歌》后离世，享年 62 岁。

临终歌

唐 李白

大鹏飞兮振八裔，中天摧兮力不济。

馀风激兮万世，游扶桑兮挂石袂。

后人得之传此，仲尼亡兮谁为出涕？

李白常常自比大鹏，可以说大鹏就是李白的精神化身。李白初出茅庐时，在《上李邕》中有大鹏："大鹏一日同风起，扶摇直上九万里"，《临终歌》中又有大鹏："大鹏飞兮振八裔，中天摧兮力不济。"而此大鹏却早已不是那个"假令风歇时下来，犹能簸却沧溟水"的大鹏，大有一种"力拔山兮气盖世，时不利兮骓不逝"的苍凉悲壮、不甘又无奈的末路之感，读后不禁令人唏嘘。

关于李白之死，有几种说法。有的说是病死，有的说是醉酒而死，还有的说李白是醉酒后入水捞月而死。不管是哪种说法，似乎都跟李白嗜酒有关。第一种说法是说李白遇赦返回后，生活困顿潦倒，于是投奔到当涂县令李阳冰处，后患重病，便把手稿交由李阳冰保管，作《临终歌》后与世长辞，这种说法的可信度在于李白长期大量饮酒，喝了几十年，身体必然会受到很大的伤害，而那时又缺少医疗检测手段，人们不知道喝酒会导致疾病，更不知道喝酒会导致哪些疾病，再加上李白常年在外游逛，60岁高龄时还被判流放，旋又遇赦，这么一折腾难免会旅途劳顿、积劳成疾，最终导致身患重病而亡；第二种说法见于《旧唐书》："永王谋乱，兵败，白坐长流夜郎。后遇赦得还，竟以饮酒过度，醉死于宣城"；第三种说法多见于民间传说，说李白在船上饮酒，醉酒后见水中有月，于是下水捞月而溺死，这种说法倒很符合李白的浪漫主义风格，也与李白的性格相吻合。这三种说法，各有道理，不过或许第二种说法更可信，因为毕竟李白嗜酒如命，遇赦后大喜过望，很可能因为饮酒过度，导致醉酒而亡（酒精中毒）。

2. 李白的大鹏之志

李白常常自比大鹏，那么大鹏是一种什么鸟呢？鹏是中国神话传说中的一种鸟，巨大无比，由鲲变化而来，又称大鹏、大鹏鸟。《庄子·逍遥游》中说：

"北冥有鱼，其名为鲲。鲲之大，不知其几千里也。化而为鸟，其名为鹏。鹏之背，不知其几千里也。怒而飞，其翼若垂天之云。是鸟也，海运则将徙于南冥。南冥者，天池也。《齐谐》者，志怪者也。《谐》之言曰：鹏之徙于南冥也，水击三千里，抟扶摇而上者九万里。"

　　意思是，北方的大海里有一条名字叫鲲的鱼，鲲很大，大到不知它有几千里。鲲化而为鸟，它的名字叫鹏。鹏的脊背，不知道它有几千里。当它一怒而飞时，它展开的翅膀就像挂在天边的云彩。这种大鹏鸟，随着海水的波涛迁徙到南方的大海。南方的大海，对大鹏鸟来说就是个天然的大水池。《齐谐》这本书，专门记载怪异之事，书中记载：当大鹏鸟迁徙到南方的大海时，扇动翅膀激起的水花能达到三千里，如果借着水势扶摇而上，能达到九万里高空。

　　《西游记》中称大鹏为"金翅大鹏雕"或"云程万里鹏"，书中这样描述大鹏：如来佛祖说，当初，在那混沌初开、万物初始之时，世间始有飞禽和走兽，走兽以麒麟为首，飞禽以凤凰为长，凤凰又生下孔雀和大鹏。孔雀自出世时就最为凶恶，喜欢吃人，四十五里开外就能把人一口吸入。我在雪山顶上，修成丈六金身，也被他吸入腹中。我欲走其便门，又恐污了真身，于是剖其脊背而出，正欲杀之，却被诸佛劝说道，既入其腹，杀之犹如杀母，于是，我便尊其为佛母孔雀大明王菩萨。

　　《封神演义》中大鹏称为羽翼仙，从蓬莱岛而来，贪吃好杀，曾放言自己有扇干四海之水的力量，后被燃灯道人收服。

　　印度神话和佛教典籍中有一种神鸟，叫迦楼罗，相传奇大无比，两翅展开三万六千里，以龙蛇为食，可在宇宙中任意穿行。迦楼罗就是中国的金翅大鹏鸟。

　　李白年轻时即作千字长篇《大鹏赋》，将大鹏放在浩渺无垠的天地之间，洋洋洒洒，无拘无束，无边无际，恣意汪洋，酣畅淋漓……说大鹏动一下翅膀，山川就会摇动，大海就会翻腾；五岳因其而崩塌，百川因它而堤溃；大鹏时而飞上九天，时而潜入五洋；一会儿左旋，一会儿右转；顷刻间消失，眨眼间又现；它视三山如土块，看五湖如杯水；盘古看着它发愣，后羿看见它不敢射箭，只有仰头望着它徒叹。大鹏一会儿天南，一会儿海北，没有任何东西能阻挡它在宇宙中，自由驰骋。这时希有鸟看见了大鹏，对它说："大鹏，你真伟大，见到你很高兴。我右边翅膀能掩盖西方极远的地方，左边翅膀能遮蔽东方极远的地方。我能跨越地面的疆域，盘桓天际的维度。以恍惚为巢穴，以虚无为场地。我呼唤你跟随我一起同游，一同翱翔。"于是大鹏答应了希有鸟的要求，高兴地跟着它走了。这两只鸟已经飞上了辽阔的天空，而那些燕雀之辈，却由于自己认识的局限，枉自在那里对它们嘲笑。（俄而希有鸟见谓之曰：伟哉鹏乎，此之乐也。吾右翼掩乎西极，左翼蔽乎东荒。跨蹑地络，周旋天纲。以恍惚为巢，以虚无为场。我呼尔游，尔同我翔。

于是乎大鹏许之，欣然相随。此二禽已登于寥廓，而斥鷃之辈，空见笑于藩篱。
——节自李白《大鹏赋》）

希有是中国古代传说中的一种鸟，形体巨大。《神异经·中荒经》说："（昆仑山上）有大鸟，名曰希有。南向，张左翼覆东王公，右翼覆西王母。背上小处无羽，一万九千里。西王母岁登翼上，会东王公也。"

李白自小就胸怀博大，自恃颇高，常以不世之才自居，所以李白喜欢大鹏，也自比大鹏，想象着自己有朝一日像大鹏一样"扶摇直上九万里"，凭借自己的盖世之才，做辅弼之臣，建不世之功。后虽被"赐金放还"，逐出长安，也曾一度消沉、堕落，"但愿长醉不愿醒"，但大鹏之志却依然没有泯灭。

大鹏是李白的精神象征，大鹏之志贯穿了李白的整个人生过程，在人生的最后关头，李白还不忘感叹："大鹏飞兮振八裔，中天摧兮力不济"，气概之豪迈，岂是才高志大、志向高远、孤高狂傲、狂妄不羁这些词语所能表达！

李白出川时作《古风·北溟有巨鱼》，以《庄子·逍遥游》中的鲲鹏形象来抒发自己的远大志向，表达自己对仕途的向往和憧憬。

古风·北溟有巨鱼

唐 李白

北溟有巨鱼，身长数千里。
仰喷三山雪，横吞百川水。
凭陵随海运，燀赫因风起。
吾观摩天飞，九万方未已。

【参考译文】

在北方的大海里一种巨大的鱼，它身体长度达到数千里。
它仰头一喷可喷出三山之雪，张口一吞可吞下百川之水。
随着海运之势，乘着大风之威，它化作大鹏，冲天而起。
我看着它摩天般飞腾，一直飞升到九万里高空也不停止。

3. 李白的酒性——孤高狂傲，志大才疏

说李白孤高狂傲，很多人都会认同，说李白志大才疏，则一定会有人反对。

但如果我们把这个"才",指向与其"愿为辅弼"的人生志向相匹配的从政之才、为官之才、做事之才,而非诗才的话,那么我想大家也就认同这种说法了。事实也是如此,李白一生都梦想着做辅弼之臣,但纵观其人生履历,除了待诏翰林三年,陪皇帝写诗外,从政经历寥寥,倒是酒一点没少喝——"李白斗酒诗百篇,长安市上酒家眠,天子呼来不上船,自称臣是酒中仙"。

李白既是"诗仙",也是"酒仙",而孤高狂傲、志大才疏正是嗜酒者的普遍共性。

李白 25 岁时离开四川,"仗剑去国,辞亲远游"。十年间,他云游四方,拜谒权贵名流,希望凭借自己超凡的写诗能力和远大志向,被推举引荐到朝中做官,但他不愿做小官,只想做大官,最好能一步到位直接做皇帝的辅弼之臣。就这样李白游历了十年,虽然未能如愿做官,但仗着诗好,人又豪侠仗义,这样一路走来,饮酒作诗,结交朋友,倒也赚取了不少名声,比他大四十多岁的前辈诗人贺知章就对他佩服有加,称其为"谪仙人"。

天宝元年(公元 742 年),已步入中年的李白,在贺知章和玉真公主的引荐下,受召入京面见皇帝,受到唐玄宗(李隆基)的厚爱,供职于翰林院,做待诏翰林。待诏翰林是个什么职务呢?对李白这个大诗人来说,就是在皇帝外出郊游或举行宫廷宴会时,给皇帝写诗助兴。李白进京之前的梦想是成为皇帝的辅弼之臣,现在虽然得到了皇帝的赏识,但却是个专门为皇帝写诗的"开心果",这与他的远大抱负,与他的大鹏之志相去甚远。

在皇帝和皇帝的身边人看来,李白的诗固然做得好,但李白的"大鹏之梦",却不过是一个狂傲自大、目中无人的嗜酒文人的妄想而已。

待诏翰林期间,李白孤高狂傲,恃才自居的本性展露无遗,加之终日泡在酒坛子里,每天醉醺醺,做出了很多不合时宜的事情,甚至有一次醉酒后,竟然让皇帝身边的"红人"高力士给他脱靴子。如此酒后失态,目中无人,李白自然少不了被人挑拨、谗毁,后来皇帝也开始疏远他。

由此李白心中烦闷,开始"浪迹纵酒,以自昏秽"(李阳冰《草堂集序》语),皇帝就更加认为其孤高狂傲、放荡不羁、自由散漫、我行我素的性格实在不宜为官,更不可做近臣,遂于天宝三年(744 年),在李白任职待诏翰林不到 3 年时,将其赐金放还。

其实皇帝对李白的兴趣仅在于其诗才,或许还考虑到他的名气和气宇轩昂的外表,总之不过是想让李白在身边做个"花瓶",做个文化点缀而已。

　　后世人们在说到高力士脱靴的故事时，总是特别强调或凸显李白气宇轩昂、傲视权贵的形象，事实上，高力士脱靴的故事还有后半部分。唐代段成式在笔记《酉阳杂俎》中的记载是这样的：

　　李白名播海内，玄宗于便殿召见，神气高朗，轩轩然若霞举，上不觉亡万乘之尊，因命纳履。白遂展足与高力士，曰：去靴。力士失势，遽为脱之。及出，上指白谓力士曰：此人固穷相。

　　而这后半部分才是段成式记载的重点，当然这一部分实在是有失李白形象，自然也就无人传诵，慢慢也就被人忘记了。

　　待诏翰林虽称不上什么官职，但这却是李白一生"大鹏之梦"的最高峰，而"赐金放还"则让李白遭遇了人生低谷。从前那个孤高狂傲、恃才自居的李白，从此一蹶不振，"五花马，千金裘，呼儿将出换美酒，与尔同销万古愁"，开始了他醉生梦死、"借酒浇愁"的后半生。

　　被迫离开长安的李白，每每想到自己空怀"大鹏之志"，现实中却连小小的待诏翰林都做不成（准确点说是做不好），心中的郁闷可想而知。这样的心理落差，遭遇这样大的人生挫折，如果不能幡然醒悟，从此脱胎换骨，翻开人生新的篇章，对于一个好酒之徒来说，就会走向另一个极端。李白就是这样，从此他变得郁郁寡欢，"停杯投箸不能食，拔剑四顾心茫然。欲渡黄河冰塞川，将登太行雪满山"，于是更加沉湎于酒中，"钟鼓馔玉不足贵，但愿长醉不愿醒。古来圣贤皆寂寞，惟有饮者留其名"，每天就只有喝酒了。

　　放到现代，这不就是活脱脱一个"酒鬼"的成长过程吗？本来就好酒，当遇到人生中或大或小的困难或挫折时，应该积极主动地想办法解决问题或者反省自己的错误，找出失败的根源，然后悬崖勒马，痛改前非，及时改变自己。比如，是否应该思考嗜酒也是自己遭受挫折的因素之一呢？如果是，那么就痛定思痛，痛下决心把它彻底戒掉，这样就一切都还来得及。

　　但他没有这么做，反而变本加厉，一头扎进酒海里，借酒浇愁，逃避现实，"今朝有酒今朝醉，明日愁来明日愁"，在酒精的麻醉中，"一杯一杯复一杯"，一天一天又一天，最终把自己变成了一个别人眼中的"酒鬼"。（意识不到或不愿意承认自己是"酒鬼"）

　　殊不知，喝酒解决不了任何问题，也消除不了忧愁，喝酒只会让自己在麻醉中逃避，在颓废中沉沦，问题和困难终究还要自己去面对。

　　成李白者，诗也；毁李白者，酒也。酒，实误了李白！

　　而李白又因其酒诗而"误"了后世无数好酒之人。

　　李白是否为历史上酒精性精神伤害的最典型例子，我们无从考证，但由此让我们想到的是，比起身体上的伤害，酒精对人精神和意志的摧残，也许更应引起我们的重视。

　　一千年后的今天，我们以旁观者的角度来看李白的人生历程，其实跟我们现在身边每天都在发生着的事情没什么区别。古人说"人非草木，孰能无过"，不怕犯错，就怕错了不知错，知错不改错。

　　"知错能改，善莫大焉"。首先要认识到自己的错误，不要已经错了却还不知道自己错了，或者错了还强词夺理，不承认自己的错误，或者把错误都推到别人身上，要万事先从自身找原因，还要知道自己究竟错在了哪里，通过客观地分析、判断，找出错误的深层原因，甚至最底层原因，只有这样才能悬崖勒马，有的放矢地彻底改正自己的错误，也只有如此才可能转运成功。

　　对喝酒人来说，最缺的是反省、醒悟和执行。而喝酒人每天不是在喝酒，就是在醒酒，哪有时间和心思去反省人生？这还不值得我们警醒吗？

　　李白才（诗才）高志大，为人豪爽洒脱，自我意识和奋发向上的精神强烈。他身上既有文人的儒雅，也有诗人的飘逸，还有一股侠客的风骨和豪情。多种文化的融合与多种思想的碰撞，形成了李白的独特气质，人们称李白为旷世奇才，李白是中国古代最伟大的浪漫主义诗人，后世更是把李白誉为"诗仙"，这实不为过。但就是这样一个"酒入豪肠，七分酿成了月光，余下三分啸成剑气，绣口一吐就是半个盛唐"（余光中《寻李白》）的李白，却一生郁郁不得志，理想未能实现，抱负未及施展，"大鹏之志"未酬而身先死。

　　李白的命运固然与其孤高狂傲、目中无人的性格有直接关系，更与其嗜酒如命、纵酒无度脱不了干系，最终李白之死也是因酒而致。

　　李白之志之大、之奇，世所罕见，甚至可以说是绝无仅有。历史上各朝各代的文人志士中，从年轻时就立志要当将军的不乏其人，从小就立志要做大官的也大有人在，但自少就立志"愿为辅弼"，要做与宰相同一个级别的辅弼之臣，并且低于这一级别不做的，恐怕就只有李白一人了。

　　李白《代寿山答孟少府移文书》语："申管晏之谈，谋帝王之术。奋其智能，愿为辅弼，使寰区大定，海县清一"，意思是要像管仲、晏子一样，向皇帝宣讲如何称霸天下、做好一代帝王的道理和方法，愿意用毕生的才智和能力，做好皇帝的辅弼之臣，使天下大定，四海归一。

【注】

①辅弼：指类似宰相的能辅佐君王成就天下的大臣。语出《尚书大传》：古者天子必有四邻，前曰疑，后曰丞，左曰辅，右曰弼。

②寰区：天下。

李白 25 岁时出蜀，"仗剑去国，辞亲远游"，专行结交各地大官、名流，仕途最高峰时受召入长安，"仰天大笑出门去，我辈岂是蓬蒿人"，供奉翰林，人生最低谷时赐金放还，失志湎酒。不管是春风得意时放声高歌也好，还是失意时肆酒放纵也罢，李白终其一生的理想就是"愿为辅弼"之臣。

李白的诗才冠古绝今，毋庸置疑，但与其"大鹏之志"相对应的安邦治国、经世致用之才，从现在可见的历史典籍资料中却未见分毫，包括李白的诗词在内，有关他治国理政的精言妙论无片语只言，倒是诗歌一篇一篇又一篇，酒"一杯一杯复一杯"，所以最后只落得个"诗仙""酒仙"的名号，而与"大鹏之志""辅弼之臣"无缘。

人们一般将唐朝大诗人李白（诗仙）和杜甫（诗圣）并称为李杜，李白的诗和杜甫的诗相比，文采方面也许各有千秋，但就内涵而言，年轻时（确切地说是沉迷于酒中时）觉得太白的诗好，但到了一定年龄或有了一定的阅历后（确切地说是戒了酒之后），还是觉得杜诗更高一筹。

李白如重新来过会如何？

"赐金放还"当是李白人生中最大的一次挫折和失败，试想，倘若此时李白能够幡然醒悟，面壁思过，悔过自新，明白自己仅"诗长"而已，其他尚欠缺很多，从此克己自律，潜心笃志，重新来过，凭借李白的聪明才智，未来成就一番事业，也未可知。

怎样重新来过？有网友给李白列了这样一个"清单"：

1. 戒酒。第一，喝酒已经成为李白生活的中心；第二，喝酒占用了李白的大部分时间；第三，表面上看是李白的性格误了他的仕途，而实则是酒乱了李白的心性，迷了李白的心智。所以，李白如果要重新来过，首先必须戒酒，不戒酒以下这些全都无从谈起。

2. 断友。断交酒肉朋友。

3. 止足。停下四处游历的脚步，好好做点实质性的具体事情。

4. 停交。停止急功近利的"社交"，也就是现在人们所说的无效社交。

5. 静心。对"酒鬼"或嗜酒者来说，只要停止饮酒，心自然就静下来了。

6. 改性。孤高狂傲、自命不凡、自恋自负，这既是李白本身的性格特点，也与酒精的助长有直接关系，而戒酒能使人性格变好，性情回归正常。

7. 潜学。潜下心来学习，学习一项技能，按自己的长项去钻研一个学问，成为这个行业里的翘楚，比如就在诗上下功夫，也许文学成就会更高。

8. 笃行。定小目标，成大事业。按照自己的长项定位事业方向，扬长避短，潜学笃行，一步一个脚印地实现自己的人生目标。

看了这份"清单"，你觉得如何？

4. 李白也有悔过时

赠 内

唐　李白

三百六十日，日日醉如泥。

虽为李白妇，何异太常妻？

【释义】

一次酒醒后，李白正为自己又喝多了而懊悔不已，再看看身旁为自己担忧的妻子，想想自己每天喝酒，对妻子未曾有半点关怀体贴，一股愧疚之情顿时涌上心头，于是他满怀歉意地对妻子说：一年三百六十日，我天天喝的烂醉如泥，一点都照顾不到你，还要你服侍。我李白虽然名声在外，可是你嫁给我，跟嫁给那个只顾自己喝酒、不近人情不顾家的邻居太常为妻，又有什么区别呢？

李白在开元二十年（公元 732 年）结婚，时年 32 岁，其妻是唐高宗时宰相许圉师的孙女。这首诗是开元二十五年（公元 737 年）所作。在喝酒上李白也和我们平常人一样，喝多了后悔，不喝又控制不住自己，其妻每天守着这样一个"酒鬼"丈夫，既担心又无可奈何，李白也为自己天天喝酒而自责，为自己照顾不到妻子而内疚，可是想戒又戒不了，想少喝又控制不住，因此写下此诗，通过此诗表达了自己终日沉湎于酒，不理家事，冷落了妻子的愧疚之情。

5. 李白的酒诗"误"了无数喝酒人

李白的酒诗非常容易引起喝酒人的共鸣，在喝酒人的心目中李白是神一样的存在，所以李白才有了"诗仙""酒仙"的称号。是先有"诗仙"再有"酒仙"，还是先有"酒仙"再有"诗仙"？相信应该是先有"诗仙"再有"酒仙"。这个也很好理解，如果我们抛开李白的"诗仙"身份不谈，而只把他看作是一名普通诗作者，那么你还能从他的"酒诗"中看到他的"酒仙"影子吗？或许你看到的完全就是一个"酒鬼"的影子！

酒仙、酒鬼或者酒徒，它们之间有区别吗？不都是对嗜酒者的一种称呼吗？从现代角度来说，如果一定要说他们之间有区别，那也不过是重度酒依赖与超重度酒依赖的区别而已。

比如这一首《月下独酌·其一》，描写的不就是一个好酒、嗜酒的酒徒心理吗？当然也可以说成是"酒仙"心理。"举杯邀明月，对影成三人"，喝酒能喝到这个份上，确实叫"酒鬼"不合适，只能称为"酒仙"了。

月下独酌·其一

唐　李白

花间一壶酒，独酌无相亲。
举杯邀明月，对影成三人。
月既不解饮，影徒随我身。
暂伴月将影，行乐须及春。
我歌月徘徊，我舞影零乱。
醒时同交欢，醉后各分散。
永结无情游，相期邈云汉。

【参考译文】

在花丛间摆上一壶美酒，自斟自饮没有酒友相伴。
我举起酒杯邀请了明月，加上我的影子即为三人。
明月不懂得饮酒的乐趣，影子也只白白地跟着我。
暂且与月亮和影子为伴，趁着大好时光及时行乐。
我高歌，月亮伴我徘徊，我起舞，影子随我零乱。
清醒时，一起纵酒欢歌，醉了后，大家各自分散。
结下永远无忧伤的情谊，相约遥远的天边再相遇。

人生不如意，遇到烦恼事，欲找酒友倾吐而不得，愈加烦闷，遂自斟自饮，对影独酌。几杯酒下肚，什么都想开了，虽然"月既不解饮，影徒随我身"，没有关系，暂且与月亮和影子为伴，趁着大好时光及时行乐要紧。又喝了几杯，对没有酒友一同喝酒也想开了，"醒时同交欢，醉后各分散"。这难道不是越喝越孤独，越喝越伤感吗？何来"行乐"？这不过是酒精麻醉后对烦恼和忧愁的暂时忘却，不过是借着酒精麻醉对现实的逃避。最后的结果是酒醒后更加痛苦、伤感、失落，酒醒后反而更孤独、更空虚，于是就更想喝酒，想喝更多的酒，结果更痛苦、更孤独，如此往复，周而复始，在酒精的陷阱里越陷越深，酒瘾也越来越大，饮酒量也越来越多。

"酒鬼"就是这么练成的，"酒鬼"如果再赋得一首好诗，那不就是"酒仙"了吗？

事实上，不管是古代还是现代，酒精都是同一种物质——乙醇（C_2H_6O），现代人能染上酒瘾，古人当然也不例外，只是限于古代的科学局限性，古代没有化学分析手段，人们不知道酒的主要成分是酒精，不知道酒精对人体的伤害；古代也没有神经学、脑科学，所以古人不知道为什么喝酒能让人"晕乎乎"，人为什么会醉酒；古代也没有心理学，所以人们不知道什么是酒瘾、心瘾，更不知道主观意识和潜意识。

为什么古代那么多文人爱喝酒、沉迷于酒，其实他们跟我们没什么区别，不过是染上了酒瘾，掉进酒精的陷阱里不能自拔而已。他们和我们一样，都是被酒精控制而不由自主地喝酒，只不过他们不懂这些罢了。

月下独酌·其二

唐 李白

天若不爱酒，酒星不在天。
地若不爱酒，地应无酒泉。
天地既爱酒，爱酒不愧天。
已闻清比圣，复道浊如贤。
贤圣既已饮，何必求神仙。
三杯通大道，一斗合自然。
但得酒中趣，勿为醒者传。

"三杯通大道，一斗合自然"，这劝酒词，谁能扛得住？

"但得酒中趣，勿为醒者传"，典型的饮者自我陶醉——看，我的生活多么丰富多彩！这才是生活！这才叫人生！殊不知实为酒精麻醉罢了。

再看这首：

山中与幽人对酌

唐　李白

两人对酌山花开，一杯一杯复一杯。
我醉欲眠卿且去，明朝有意抱琴来。

短短四句诗，尽显李白忧愁愤懑、郁郁不得志、"借酒浇愁愁更愁"的日常生活状态，"我醉欲眠卿且去，明朝有意抱琴来"，我喝多了要睡觉，你先走吧，想喝明天再来。

日复一日，一天天的醉生梦死，麻醉着神经，糟蹋着身体，最后什么事情也做不成。事实上任何人，一旦产生酒依赖，成了"酒鬼"，那么他每天的生活中心就只是喝酒。

由此看来，从嗜酒者角度毫不夸张地说，李白的主业是喝酒，诗只是他的副业（这也很好理解，谁让他"天生有俊才"，对诗信手即可拈来呢）。王安石曾评价李白的诗歌："十句九句言妇人、酒耳"。陆游也说"太白十诗九言酒"。

宣州谢朓楼饯别校书叔云

唐　李白

弃我去者，昨日之日不可留；
乱我心者，今日之日多烦忧。
长风万里送秋雁，对此可以酣高楼。
蓬莱文章建安骨，中间小谢又清发。
俱怀逸兴壮思飞，欲上青天揽明月。
抽刀断水水更流，举杯消愁愁更愁。
人生在世不称意，明朝散发弄扁舟。

"抽刀断水水更流，举杯消愁愁更愁"，李白终于对"今朝有酒今朝醉，明日愁来明日愁"响亮地说了一声"不"，对"借酒浇愁"做了最正确的解释。

6. 戒酒者眼中的《将进酒》

在这里首先要声明的一点是，我们说史上"误人"的诗，是从酒诗的角度来说的。

古代的酒诗很多，虽为酒诗，但多数都是诗人借酒言事，借酒这个道具表达自己的一种情感或思想，也就是酒诗是在说"事"而不是在说"酒"。如陶渊明的五言诗《饮酒二十首》，就是以酒为题，借酒来表达自己对生活的感触、对现实的忧愤，或借酒来表达自己所追求和向往的本真、淳朴、公平公正的道德情操，以及安宁而恬静的山野生活情趣。清代方东树也说这些诗是"借饮酒为题耳，非咏饮酒也。"

将进酒

唐 李白

君不见黄河之水天上来，奔流到海不复回。

君不见高堂明镜悲白发，朝如青丝暮成雪。

人生得意须尽欢，莫使金樽空对月。

天生我材必有用，千金散尽还复来。

烹羊宰牛且为乐，会须一饮三百杯。

岑夫子，丹丘生，将进酒，杯莫停。

与君歌一曲，请君为我倾耳听。

钟鼓馔玉不足贵，但愿长醉不复醒。

古来圣贤皆寂寞，惟有饮者留其名。

陈王昔时宴平乐，斗酒十千恣欢谑。

主人何为言少钱，径须沽取对君酌。

五花马，千金裘，呼儿将出换美酒，与尔同销万古愁。

这首诗深受人们喜爱，知名度极高，还经常被选入中学或大学课本，可以说只要是读过书的人都知道这首诗，喝酒的人就更不在话下了，即使没有学过此诗，也听别人吟诵过或者听过别人劝酒时引用过其中的句子。

因为此诗太豪放，可以说句句都是经典，句句都能说到喝酒人的心坎上去，所以此诗流传甚广，几乎每一句都能拿来劝别人喝酒，也劝自己喝酒，尤其是拿此诗中的句子劝自己喝酒时最有说服力，比如：

人生得意须尽欢，莫使金樽空对月——高兴时劝自己喝酒；

钟鼓馔玉不足贵，但愿长醉不复醒——烦闷时劝自己喝酒。

此诗节奏明快、朗朗上口、韵感十足，意境更是如奔流的江河，跌宕起伏、出神入化。单从文学艺术角度上看，《将进酒》堪称中国诗歌史上的旷世之作，可谓冠古绝今，无人能敌，在文学艺术上的成就无论给予其多高的评价都不为过。但如果我们从思想和精神的角度来评价一部文学作品的价值的话，我们更应该关注的是它给读者传达了什么，传达的是积极思想还是消极思想？引导、鼓励、激发读者积极上进，还是误导、诱导读者消极沉沦、自甘堕落？我们的文学作品应该向读者和大众传递正能量还是负能量？

《将进酒》的两个典型特点

特点一：夸张

- 巨大的数：千金、三百杯、斗酒十千、千金裘、万古愁；
- 巨大的物：黄河、天上、海、月；
- 人物之大：圣贤、陈王；
- 意境之大：天生我材必有用，千金散尽还复来；钟鼓馔玉不足贵，但愿长醉不复醒；古来圣贤皆寂寞，惟有饮者留其名；五花马，千金裘，呼儿将出换美酒，与尔同销万古愁。

这些夸张的运用与李白的"大鹏之志"一脉相承。

特点二：消极

诗中大量使用诸如"不复回、暮成雪、空对月、不复醒、皆寂寞、万古愁"等负向的词汇：

君不见黄河之水天上来，奔流到海**不复回**。

君不见高堂明镜悲白发，朝为青丝**暮成雪**。

人生得意须尽欢，莫使金樽**空对月**。

钟鼓馔玉不足贵，但愿长醉**不复醒**。

古来圣贤皆寂寞，惟有饮者**留其名**。

五花马，千金裘，呼儿将出换美酒，与尔同销**万古愁**。

答案不言自明，一部文学作品的价值大小，首要的不是看它辞藻是否华丽，情节是否曲折，故事是否真实，是否引起读者共鸣，是否给人以美感。一部好的文学作品首先必须是积极向上的（而不应是消极堕落的），往小里说不仅有助于个人成长，能教人做人做事的道理，往大里说能陶冶情操、净化心灵、涤荡灵魂、塑造品格，能提高人的精神境界和思想内涵。

一部文学作品纵使艺术水准再高，但如果缺少社会责任感，不能给人以正能量的思想，不能激人奋发、励人向上，而只是个人悲观消极情绪的宣泄，甚至投人所好，迎合部分人的不良心理需求，让积极的人变消极，让消极的人更消极，堕落的人更堕落，那么即使这个作品的文学艺术价值再高，也称不上是一部好的作品。

一部好的文学作品，第一评判标准应该是看读者能否从中受益，阅读后有无收获，也就是说一部文学作品的价值大小，首先要看它的核心价值观是否正确，如果一部文学作品的核心价值观都是错误的，还何谈价值，何谈价值大小。

我们再来看《将进酒》，从全篇的立意和主题来看，《将进酒》带给读者的是自暴自弃、消极堕落、及时行乐、不思进取的观念，而从对后世饮酒者的影响来看，《将进酒》抬高了喝酒这个行为的档次，使喝酒的人感觉喝酒是一件很"高大上"的事情，使嗜酒、酗酒、纵酒、滥酒变得理所当然，让喝酒的人喝得更放纵，让嗜酒的人喝得更"安心"。

作为一篇文学作品，《将进酒》在中国诗歌史上堪称冠古绝伦，无以匹敌；作为一篇文学作品中的酒诗，《将进酒》对饮酒者的精神麻痹，对好酒者嗜酒、酗酒的助推作用，对非饮酒者的"诱惑"，亦堪称古今文学艺术作品之最。

作为现代人，我们从《将进酒》中所感受到的，是一个嗜酒成性的严重酒精依赖者的思维和心理状态。事实上，古代的嗜酒者与现在的嗜酒者没有区别，一千多年前唐朝的终日沉湎于酒的嗜酒者和现在的终日沉湎于酒的嗜酒者，其实是一样的。

可以想见，被"赐金放还"后，本就嗜酒如命——"长安市上酒家眠"的李白，这一时期他的生活中心已经完全变成酒了，此时他的心中只有酒，"今朝有酒今朝醉，明日愁来明日愁"，可以看作是这一时期李白的人生写照。这八年，李白的人生斗志早已被酒精淹没，他的"大鹏之志"和他的理想抱负也只能在豪饮之后的醉梦中去实现了。

王安石以为李白在杜甫之下还有一个原因："其识污下，十句九句言妇人、酒耳。"意思是说李白的诗思想境界不高，十句有九句是写女人和酒的。说李白的诗"没有一句不带酒味"自然有些夸张，但王安石的言外之意似乎是在说李白嗜酒如命，不务正业！

《将进酒》全诗一共 200 余字，如果缩减为三个字就是——喝、喝、喝：

人生苦短要喝，金钱不足惜要喝，饮者留其名要喝；高兴了要喝——人生得意须尽欢，莫使金樽空对月；郁闷了也要喝——钟鼓馔玉不足贵，但愿长醉不愿醒。

总之就是喝！喝！喝！

在此还需特别说明，看到这里如果还有哪位朋友依然对此诗推崇备至、赞赏有加，不同意我的观点，可先略过，待看完全书成功戒酒后，再来评价不迟。如果看完本书后仍然不同意我的观点，那么请你暂时保留看法，留待以后慢慢品味，毕竟此诗在以往可见的各种评价中几乎全部是正面的，对负向评价一时难以接受也很正常。这些感受是我戒酒之后才有的，戒酒之前我也和大家一样，非常喜欢此诗。

一个非饮酒者对《将进酒》的点评

【原文】

君不见黄河之水天上来，奔流到海不复回。君不见高堂明镜悲白发，朝如青丝暮成雪。人生得意须尽欢，莫使金樽空对月。天生我材必有用，千金散尽还复来。烹羊宰牛且为乐，会须一饮三百杯。

【点评】

李白感叹时光荏苒、人生苦短，劝人要对酒当歌、及时行乐，莫要吝惜钱财，不要辜负了好时光，所以李白说"人生得意须尽欢，莫使金樽空对月""烹羊宰牛且为乐，会须一饮三百杯"，一个字——喝！

"天生我材必有用，千金散尽还复来"，真的是这样吗？首先我们来看"天生我材必有用"，对我们普通人来说，首先必须得是"材"，才能谈得到"有用"，而李白不但是材，还是大材（诗才），可是即便如此，李白的"材"终究还是未有用武之地，只因他恃才傲物，没有把"材"用对地方。所以，"天生我材"未必有用，何况未必是"材"了。

再看"千金散尽还复来"。李白出生于西域，生长于四川，父亲是生意人，家里不差钱，因此李白才可以长期云游四方而不用工作，而且李白供奉翰林虽被辞退，却是被"赐金放还"，所以对我们普通人来说，"千金散尽还复来"只能是酒话罢了。

李白的这句"天生我材必有用，千金散尽还复来"与罗隐的"今朝有酒今朝醉，明日愁来明日愁"如出一辙，看似洒脱，实则消极、颓废。作为文学创作，这两句诗固然有其借景抒情、借物咏志的意境需要的一面，但无意之中却给了后世无数"酒鬼"一个很好的纵酒、滥酒的借口，让他们沉迷于酒海，一边狂喝滥饮，一边高歌自嗨，最后却只落得个倾家荡产，一无所有。

【原文】

岑夫子，丹丘生，将进酒，杯莫停。与君歌一曲，请君为我倾耳听。钟鼓馔玉不足贵，但愿长醉不复醒。

【点评】

人生消极到何种地步，被酒精毒害到如此程度，只想逃避、麻醉，还要劝别人也这样，最好一直醉着不要醒来，如此酒徒，还能做什么？

【原文】

古来圣贤皆寂寞，惟有饮者留其名。

【点评】

光靠饮酒留名的，恐怕历史上没有几人吧？世人皆知李白是嗜酒的诗人，会写诗，还爱喝酒，而不是爱喝酒，还会写诗。如果非要说历史上因酒而得名的，倒也有，比如因酒而失国的夏朝君主夏桀、商朝君主商纣王、周朝君主周幽王，再比如历史上的四大著名"酒鬼"：孔融、郑泉、刘伶、陶渊明。

而历史上的真正成功者，有几个是嗜酒、纵酒、滥酒者？

【原文】

陈王昔时宴平乐，斗酒十千恣欢谑。

【点评】

陈王曹植饮酒无度，加之被魏武帝曹丕猜忌，空怀抱负不得施展，时常纵酒于平乐观，结果 40 多岁就死了。曹植以恣酒而避世，但生活于现代社会中的我们，遇到挫折、困难时，为何要"借酒浇愁"逃避现实呢？难道不该痛定思痛，从此律己修身、潜心笃志，以图东山再起吗？

事实上，所谓古代文人的恣酒避世，不过是嗜酒者被酒瘾驱使而不由自主的行为罢了。

【原文】

主人何为言少钱，径须沽取对君酌。五花马，千金裘，呼儿将出换美酒，与尔同销万古愁。

【点评】

这分明是一个大"酒鬼"为喝酒不顾一切。没钱买酒了，不惜把家里值钱的东西当了买酒喝。最让人不能接受的是，还要让未成年人帮他买酒！嗜酒者之不负责任，在这里展现得淋漓尽致。"酒鬼"败家，暴露无遗。

第31章
中国古代四大著名"酒鬼"

嗜酒者很容易"破罐子破摔",不是他们有意这样做,而是不知不觉的行为。

1.孔融

孔融,字文举,东汉末年文学家,建安七子之首,孔子二十世孙。孔融家学渊博,自幼聪明好学,能诗善文,三岁让梨的故事家喻户晓,当然"小时了了,大未必佳"说的也是他。汉献帝时期,孔融被举荐为官,后因忤逆当政者董卓,被放逐北海为相(相当于地方属国国王),北海在今山东昌乐西,此地黄巾军甚为猖獗,孔融与黄巾军作战失败后投奔曹操。

孔融性好酒,不拘俗礼,心高气傲,口无遮拦,多次公开讥讽、反对曹操,还常以匡扶汉室之名,批评曹操政令,终于激怒曹操,被曹操以不孝之名处死,并灭三族。孔融临终时作《临终诗》(又称《绝命诗》)感叹道:"言多令事败,器漏苦不密。河溃蚁孔端,山坏由猿穴",意思是言语多了会导致事情失败,容器漏水是因为不严密。河堤溃决始于蚂蚁筑巢,山陵崩坏由猿猴造穴而致。

孔融嗜酒好客,又是一方名士,因此家中常常宾客盈门,每日酒宴不断,对此孔融也很陶醉,经常心满意足地感叹:"座上客常满,樽中酒不空,吾无忧矣。"意思是我每天宾朋满座,天天都有酒喝,我还有什么不满足的?

孔融在北海为相时,每日饮酒,整天醉醺醺,哪里还能治理政事。孔融贪酒到什么程度,可以从一次战事中看出。袁绍军围北海由春至夏,守城军士战至数百人,敌兵攻势日趋凌厉,形势愈来愈危急,当时城内箭矢如雨,而孔融仍自饮酒下棋,谈笑风生,泰然自若,傍晚城破时才弃城而逃,妻儿皆被敌兵掠掳。据《后汉书·孔融传》载:"融负其高气,志在靖难,而才疏意广,迄无成功"(疏:疏忽、薄弱。才疏意广:志向大,但才具不够)。孔融好妄谈怪论,嗜好饮酒,但"奸民污吏,猾乱朝市,皆不能治"(滑乱:搅乱,扰乱)。

孔融在曹操手下为官时,狂傲自负,好高谈阔论,当时战乱频繁,百姓流离失所，民不聊生，农业生产遭到极大破坏，全国粮食短缺，而酿酒需要大量粮食（一坛酒消耗的粮食也许是一个平常百姓人家数日的口粮，可见酿酒的粮食消耗之巨），于是曹操便颁布了一道命令，全国禁酒。禁令一出，无人敢违，唯独孔融不服，他两次上书曹操，引经据典，广征博引，陈述不应该禁酒。书中言语轻漫，甚至强词夺理。

孔融《与曹公论禁酒书》

孔融爱喝酒，常与人语："坐上客常满，樽中酒不空，吾无忧矣。"可见酒在孔融心目中的地位。时天下大乱，又逢连年饥荒，曹操为节粮备战，以"夏商因酒而亡国"之名颁布禁酒令，禁止任何人饮酒、私自酿酒，结果孔融第一个跳出来反对，并作《与曹公论禁酒书》，公开反对曹操禁酒，书曰：

"酒禁施行，天垂酒旗之星，地列酒泉之郡，人著旨酒之德。尧不千钟，无以建太平；孔非百觚，无以堪上对。樊哙解厄鸿门，非豕肩卮酒，无以奋其怒。赵之厮养，东迎其王，非饮卮酒，无以激其气。高祖非醉斩白蛇，无以畅其灵。景帝非醉幸唐姬，无以开中兴。袁盎非醇醪之力，无以服其命。定国不酣饮一斛，无以决法令。故郦生以高阳酒徒，著功于汉；屈原不糟，取困于楚。由是观之，酒何负于治者哉！"

孔融的意思是说，天上有管酒的星星，地上有酒泉的地名，人们都有喝酒的习惯（果然出手不凡，起笔就是天、地、人）。如果尧不喝千杯酒，就不能建立天下太平；孔子没有百杯的酒量，就称不上圣人。樊哙鸿门宴救主，如果他不喝酒吃肉，他怎么会有这样的胆魄？赵国的那个仆役，能够迎接国王归来，如果他不喝酒，又怎么能激发出他的英雄气概？汉高祖如果不是醉酒斩白蛇，怎么能够成就霸业。汉景帝如果不是醉幸唐姬，就没有后来的光武中兴。袁盎如果不是因为酒，能逃脱性命完成使命？于定国不畅快淋漓地喝几杯，就不能正确执法办案。所以才有了郦食其以高阳酒徒之名，为汉朝建功立业；而屈原不喝酒，所以他在楚国郁郁不得志。如此看来，酒哪里影响国家治理了？酒哪里得罪你了，你却要禁酒？

曹操收到此书后是什么反应我们不得而知，大概是又耐心地跟孔融解释了一番"夏商因酒而亡国"的道理吧，结果孔融又作一篇《再论曹公禁酒书》回曹操：

"昨承训答。陈二代之祸，及众人之败，以酒亡者，实如来诲。虽然，徐偃王行仁义而亡，今令不绝仁义；燕哙以让失社稷，今令不禁谦退；鲁因儒而损，今令不弃文学；夏商亦以妇人失天下，今令不断婚姻。而将酒独急者，疑但惜谷耳。非以亡王为戒也。"

意思是，承蒙您昨天的训教，今天我就和您再论一论。您说夏商两朝亡国之祸，以及很多人的失败，都是因酒而致，这个确如您所说。但是，当年西周小国徐偃王是因行仁义而亡国，现在你怎么不禁绝仁义呢？燕王哙因为禅让而失国，你怎么不禁止王位禅让呢？鲁国因为实行儒家思想治国而衰弱，现在你怎么不禁止儒家学说呢？夏商亡国的原因除了酒之外还有女色，你怎么不禁止婚姻呢？这些你都不禁止而唯独禁止酒，依我看来你禁酒的原因只是吝惜粮食罢了，而非"因酒而亡国"之诫也！

如果说第一篇《与曹公论禁酒书》，尽管强词夺理、满纸胡言，但尚可看作是一个"酒鬼"听说不让喝酒时的本能、应激反应，还可以理解，而《再论曹公禁酒书》则完全就是蛮不讲理了，而且犹如一根毒针直刺曹操的短处，甚至泄露了军事机密。

若干年后，孔融被以"违反天道，败伦乱礼"的罪名诛杀。

2. 郑泉

三国时有两大"酒鬼"，北有孔融，南有郑泉。只因孔融让梨，后世皆知孔融，而实则当时"南郑泉"嗜酒之名更胜一筹。

郑泉，字文渊，三国时期吴国人，初为郎中，后迁太中大夫。《三国志·吴志》载，郑泉"博学有奇志，而性嗜酒。"他常说："愿得美酒满五百斛船，以四时甘脆置两头，反覆没饮之，惫即住而啖肴膳。酒有斗升减，随即益之，不亦快乎！"说自己平生的最大愿望是有一艘能装满五百斛酒的大船，船两头放上甘甜香脆的四季美食，这样就可以随时随地，想喝就喝，想吃啥就吃啥。而且酒喝少了还可以自动补上，喝一斗补一斗，喝多少补多少，永远也喝不完，这样的日子真是太好了。

郑泉临终时叮嘱家人："必葬我在陶家之侧，庶百岁之后化而为土，幸见取为酒壶，实获我心矣！"说自己活着没喝够，最大的心愿是死了能葬在制陶人家边上，若干年后化成土，如果有幸被制陶人取土制成酒壶，就可以永远泡在酒里了。

3. 刘伶

刘伶，字伯伦，魏晋名士，竹林七贤之一。竹林七贤是魏晋南北朝时期文人嗜酒避世的典型代表。刘伶崇尚老庄之学，追求逍遥自在、无拘无束。他曾短暂为官，因上书倡导无为而治而遭罢官。罢官后，刘伶回到家中，从此一蹶不振，整日蓬头垢面，既不出去赚钱养家，也不做家务，却一头扎进酒海里，每天以酒度日，开始了自己放浪形骸的纵酒人生。

妻子看不惯他这个样子，一日趁他喝醉了酒，把他的酒壶、酒杯都摔了，把家中所有剩的酒都倒了，酒缸也砸了，然后对他好言相劝，逼他戒酒，刘伶见酒也没了，喝酒的家什也没了，就对他妻子说："那好吧，这次我听你的，但我不能自己戒，我喝酒时间太长了，已失去了自制力，你再去买些酒回来，供奉给祖宗，我要在祖宗面前发誓戒酒。"

妻子见他决心这么大，又特别有诚意，便遵从了他的意思。待酒菜准备好了，便拉刘伶到祖宗牌位前起誓，于是刘伶跪在祖宗的牌位前说道："老天爷你生了我刘伶，今天我跟您说，酒就是我的命根子，我每次喝酒都要喝一斛（hú，旧量器，一斛为五斗），喝五斗才能解除我的酒病。妇人的话，千万不能听。"言罢便就着祭品又喝开了，不久就酩酊大醉，沉沉睡去。这个故事源于《晋书·刘伶传》：天生刘伶，以酒为名。一饮一斛，五斗解酲（chéng，神志不清）。妇人之言，慎不可听！

刘伶常常坐着鹿车，车上装着酒，手里拿着酒壶，走到哪喝到哪，还让人扛着铁锹跟在后面，说："如果我喝死了，死在哪里就把我埋在哪里。"

刘伶在家喝酒时，喝多了就脱光衣服，又蹦又跳耍酒疯，一次被朋友撞见，朋友说你喝成这样，礼义廉耻何在？刘伶说："我以天地为栋宇，屋室为裤衣。诸君何为入我裤中？"天地是我的房子，屋子是我的裤子，你们怎么钻我裤子里来了？刘老兄把老庄的玄学虚无用在了这里，也真是一大奇才。

刘伶以喝酒闻名，以形骸著称，有人评价他："一生浑是醉，万古复何悲。"

一醉纵能忘却一时，但酒醒后又如何？

4. 陶渊明

陶渊明是东晋时期田园派代表诗人，自小聪慧过人，二十几岁就步入官场。但是陶渊明心高气傲，"不愿为三斗米折腰"，性格太过刚直，所以他每次做官的时间都比较短。至 41 岁归隐田园时，陶渊明一共有 5 次任官、辞官经历。官场上郁郁不得志，心中的抱负无法施展，便每日沉醉于酒中，靠酒精麻醉忘却心中的烦恼与忧愁。

嗜酒如命的陶渊明终日泡在酒里，脾气越来越暴躁，人也越来越颓靡。晚年时的陶渊明家徒四壁，穷困潦倒，有朋友见他生活实在困难，想要帮帮他，可给他的吃饭钱却被他拿来买酒喝，最后落得妻离子散。

陶渊明才华横溢，他的孩子们却智力低下，这与他嗜酒如命不无关系。可他自己却不知道，在气愤之余，还写下了《责子》一诗。

"白发被两鬓，肌肤不复实。虽有五男儿，总不好纸笔。阿舒已二八，懒惰故无匹。阿宣行志学，而不爱文艺。雍端年十三，不识六与七。通子垂九龄，但觅梨与栗。天运苟如此，且进杯中物。"

　　从诗中可以看出，陶渊明有 5 个儿子，都不爱学习，13 岁的儿子不识数，9 岁的小儿子只知道吃，最后他慨叹道："如果命运就该如此，那我还是继续喝酒吧！"可叹一代文学大家就这么被酒毁了，更可悲的是，自己喝酒害了下一代却还不自知。

　　陶渊明晚年时察觉到儿子们生性愚钝，可能与自己酗酒有关，他追悔莫及地说道："后代之鲁钝，盖缘杯中物贻害。"

第 32 章
永嘉诗丐

> "酒鬼"不是因为喝酒费钱而倾家荡产，而是因为
> "酒致人废"才倾家荡产。

清朝嘉庆年间的一个冬日，在通州城郊外的亭子里，一个乞丐冻饿而死，人们在其怀中发现了一张纸条，上面写有一首绝命诗。读罢此诗，人们唏嘘不已，惊为绝世之作，顿时在坊间争相传诵。乞丐姓甚名谁，生前都经历了什么，这些都已无从知晓，只知其是永嘉人，故名永嘉诗丐。

绝命诗

清　永嘉诗丐

身世浑如水上鸥，又携竹杖过南州。
饭囊傍晚盛残月，歌板临风唱晓秋。
两脚踢翻尘世界，一肩挑尽古今愁。
而今不食嗟来食，黄犬何须吠不休。

"身世浑如水上鸥，又携竹杖过南州"，一生像水上鸥一样漂浮不定，今天又拿着竹杖到了南州。"饭囊傍晚盛残月，歌板临风唱晓秋"，今天晚上，我用饭囊盛着残缺的月亮，打着歌板（乞讨时唱词伴奏的板子）在风中咏唱美好的秋天。"两脚踢翻尘世界，一肩挑尽古今愁"，我这一生四处漂泊，两只脚踏遍了尘世的路，一副肩膀挑尽了古今的忧愁。"而今不食嗟来食，黄犬何须吠不休"，如今就要与这个世界告别，从此不再吃"嗟来食"，村子里的黄犬也不用再仗势"吠不休"了。

诗句如此狂放与豪迈，字里行间又透露着无奈和辛酸，他到底经历了什么，又有怎样的人生故事？我们不禁好奇，是不是因嗜酒而一生落魄，或者因为醉酒而冻死在冬日的街头？

谁又能断定他生前不是一个"酒鬼"呢？因为这诗很有一种"喝酒前我是世界的，喝酒后世界是我的"的味道。

第 33 章
古人也戒酒

事实上，古人的酒瘾与现代人的酒瘾没有区别，1000 多年前终日沉湎于酒的嗜酒者，和现在终日沉湎于酒的嗜酒者其实是一样的。

由于缺乏科学知识，加上古代酒属于贵重物品，平常百姓家平时是喝不起酒的，只有文人士大夫阶层才有条件喝酒，所以特定的历史条件决定了那时候的文人好酒，但酒是公平的，不管你是文坛巨匠，还是诗坛新秀，长年累月地喝酒身体自然受不了，身体扛不住时，也不得不戒酒。苏轼、黄庭坚、陆游、辛弃疾等大文豪都曾戒过酒，留下了不少有关戒酒的诗篇，辛弃疾戒酒时写了一首戒酒诗，训斥酒杯"勿留亟退，吾力犹能肆汝杯"，开戒时又写了一首开戒诗，说开戒是因为"城中诸公载酒入山，余不得以止酒为解，遂破戒一醉"。

戒酒时信誓旦旦，开戒时各种理由。看来古人对酒也是既爱又恨，戒了喝，喝了戒，反反复复，欲罢不能，身不由己啊。

1. 陶渊明戒酒

陶渊明好酒是出了名的，这首戒酒诗是他 37 岁时写的，为表示戒酒决心之大、之坚决，这首诗的名字就叫《止酒》，而且全诗每一句都有一个"止"字。当然这是一种叠字诗体，本诗中的"止"有时是"停止""止于"的意思，有时是为了配合全诗，用作语气助词，可视为无意义。

止酒

东晋　陶渊明

居止次城邑，逍遥自闲止。坐止高荫下，步止荜门里。
好味止园葵，大懽止稚子。平生不止酒，止酒情无喜。
暮止不安寝，晨止不能起。日日欲止之，营卫止不理。

徒知止不乐，未知止利己。始觉止为善，今朝真止矣。

从此一止去，将止扶桑涘。清颜止宿容，奚止千万祀。

【参考译文】

我家住在城市里，逍遥自在非常悠闲。

坐在高树下乘凉，散步也只在柴门里。

美味不过园中葵，大乐莫过和孩子在一起。

平生不停地喝酒，不喝心里就烦闷。

晚上睡不好，早上起不来。

天天都想把酒戒，气血经脉调过来。

只知道不喝酒就不快乐，却不知戒酒对自己有好处。

我已明白不喝酒是好事，今天开始真的不再喝酒了。

从此一直就这样停止下去，一直到扶桑树生长的地方。

清朗的颜容保持在平时正常的模样，何止千万年。

【注】

①止：停止，止酒，停止饮酒，即戒酒。止于，停留在……之上。诗中每句都有一个相同的字，可算作一种叠字诗体，在这种诗体中，该叠字有时可作为语气助词，可忽略。

②懽：同"欢"，欢乐。

③营卫：气血经脉，疾病防御。中医认为营和卫是调节人体机能的两大要素，营指吸收的营养物质，卫指防御疾病。

④扶桑：扶桑树，生长在东方遥远的地方或太阳升起的地方。

⑤涘：水边。

⑥宿容：平时的模样，正常的容貌。

⑦奚止：何止。

⑧祀：年。

2. 辛弃疾戒酒

辛弃疾（1140—1207 年），南宋词人、文学家、军事家，历城（今山东济南）人。历任湖北、江西、湖南、福建、浙东安抚使，绍兴知府、镇江知府等职，后退隐江西带湖。诗人 56 岁时发誓戒酒，写下了这首戒酒诗。诗以酒杯为发泄对象，也可见诗人对酒已是深恶痛绝了。

沁园春·将止酒戒酒杯使勿近

南宋　辛弃疾

杯汝来前，老子今朝，点检形骸。甚长年抱渴，咽如焦釜，于今喜睡，气似奔雷。汝说"刘伶，古今达者，醉后何妨死便埋"。浑如此，叹汝于知己，真少恩哉！更凭歌舞为媒。算合作平居鸩毒猜。况怨无大小，生于所爱，物无美恶，过则为灾。与汝成言，勿留亟退，吾力犹能肆汝杯。杯再拜，道麾之即去，招则须来。

【参考译文】

酒杯，你过来，老夫今天要检查身体。为什么我得了酒渴病（渴了就想喝酒），喉咙渴得就像烧煳了的锅，现在又嗜睡，鼾声如雷。你却跟我说："看看人家刘伶，那才叫一个洒脱，喝死便埋，有何妨？"你竟然混账如此，唉，好歹我也视你为知己，你真没有良心啊！再加上又是歌又是舞，依我看把酒算作是鸩毒一点不为过，何况怨恨无论大小，当初都是自己所爱，事物没有美恶之分，一旦过了就变成灾祸。就凭你说的那些话，你一刻也不要停留，赶快离开，现在我还有力气能把你这个杯子摔碎。酒杯连连拜谢，临走时说："您赶我走我就走，您需要我时，我一定还会回来。"

第七部分

温水煮青蛙

第34章

酒精，偷走了你的时间

> 男人嗜酒如命是致命的，无论你的事业多优秀，都
> 终将毁于无节制的酒精麻醉。
>
> ——戒友留言

1. 喝酒人的时间都去哪了

喝酒人的时间都去哪了？至少去了两个地方：

（1）喝酒的时间。每顿酒 2~3 小时，如果晚上喝酒时间会更长，而正常人吃一顿饭的时间一般只有 20 分钟左右。嗜酒者天天如此！

（2）酒后昏沉的时间。平时正常喝酒后头脑昏沉、迷糊的时间至少四五个小时！如果喝大酒后醉酒"昏睡"，恐怕得 12 个小时才能醒酒。

如果说是戒酒后不再受酒精的毒害，收获了健康；不再受酒精的奴役，收获了自由；不再被酒精麻醉，收获了清醒，这些大多数人都可理解，但如果我说戒酒还有一大好处，就是可以收获更多的时间，恐怕很多人一时反应不过来——戒酒跟时间有什么关系？

事实上，在我还是"酒鬼"的时候，我也没有想到过酒和时间的关系。那时能够想到的戒酒最大好处，第一是健康，第二是不耽误事，耽误事也仅仅想到的是中午喝酒耽误下午的工作，晚上喝酒第二天没精神，仅此而已。可是戒酒后，突然有一天我发现晚上的时间"多"了，当时我也很纳闷，怎么就感觉晚上时间多了呢？可仔细一想，这一点都不奇怪，不喝酒的人晚上是清醒的，喝酒的人晚上是麻醉的。

事实上也是如此，回想自己喝酒的那些年，晚上要么整晚都在喝酒，要么喝多了就睡觉，要么就窝在沙发上看电视、玩手机。天天如此，晚上根本做不了什么事情，什么读书、学习、工作、健身、做家务、陪孩子，统统都做不了，也没那个心思（戒酒后才知道，沉迷于酒中时，心思都在酒上，想不到做这些事情；体力也

不够，抽烟喝酒是很耗体力的）。

戒酒后恢复了正常人状态，正常人每天晚上都有三四个小时的时间，用来做自己喜欢做的事情！如此说来，每天晚上喝酒的人倒是应该好好算算，自己比不喝酒的人每天少了多少时间？一个月少了多少时间？一年少了多少时间？如果一辈子沉迷于酒中，会少做多少事情？

戒酒后才发现，原来晚上还有这么多时间，原来晚上可以做很多事情，可以看书、学习、写作、听音乐，可以抄书、画画、练书法，可以运动、健身、散步、做家务，可以陪家人、陪孩子，可以钻研自己的爱好……当然晚上也可用来工作。

喝酒人的一天与正常人的一天有什么不同？就让我们来看看嗜酒者们是怎样度过一天的，看看他们每天除了喝酒还有多少有效的时间。

对喝酒人来说，要喝就要喝够，喝不够还不如不喝（不喝又控制不住自己）。正因为如此，爱喝酒的人明知道下午还要工作或者下午已经预约了事情，也知道中午喝酒会影响下午工作，但只要沾上酒，那就一定要喝够。

什么？控制着少喝点？这是不喝酒人的想法，对喝酒人来说这几乎不可能。我们说过酒瘾（心瘾）是由潜意识控制的，人的主观意识控制不了酒瘾，如果能控制那就不叫瘾了，如果能控制早就戒酒了。

中午喝了酒，下午睡觉还好，就怕是自己喝多了意识不到，越麻醉越自信，明明已经意识不清，却还强撑着"照常"工作，"照常"处理事情，结果可想而知，言行失控，警惕性丧失，小事小错，大事大错，甚至小问题、小矛盾上纲上线扩大化，搞成大问题、大矛盾，有时还旧事重提翻旧账，无事生非。说错了话，做错了事，当时意识不到，酒醒后追悔莫及。

戒酒后才知道，喝酒人啥样自己不知道，别人啥样自己也看不到，就像抽烟的人闻不到自己嘴里的烟臭味，也闻不到别人嘴里的烟臭味一样。

但是在不喝酒人眼里，喝酒人是啥样？用一个字形容就是——烦，两个字——讨厌（无聊），三个字——没意思（没出息），四个字——无可救药。

喝酒人只要酒依赖程度不严重，一般都是晚上喝，中午尽量不喝，如果你发现一个人中午也经常喝酒，那基本上他晚上也会喝。中午喝了，晚上继续喝，喝到晚上八九点，要么继续其他活动到半夜，要么喝完酒直接回家"睡觉"。

我们知道，酒后的"睡觉"，跟我们通常意义上的睡觉是两个概念。睡眠（睡觉）是人体的一种自我保护功能，周期性的睡眠可以使疲劳的大脑得到休息，但醉酒后的"睡眠"不是真的睡眠，看着像是"睡着了"，实际上是酒精对大脑的抑制作用，使人部分或全部失去意识后的一种状态。酒精对大脑的抑制程度，根据个人酒精承受力和单次饮酒量不同，分为麻醉、麻痹和酒精中毒 3 个阶段，分别对应"昏昏欲睡""昏睡"和"昏迷" 3 种醉酒状态。

一般性醉酒（喝够量）的醒酒时间是 4~6 小时，所以晚上喝了酒早早就"睡觉"的人，一般到半夜就会醒。醒了后就再难睡着，翻来覆去一直折腾到早晨五六点。因为一夜没睡好，这时他们是真的困了，于是再次进入梦乡。事实上，这时的睡眠才是真正的睡眠，而且是嗜酒者一天中睡眠质量最好的几个小时。

这一觉睡得很香，待到醒来，可能就已经是早上八九点了，到单位可能就已经临近中午了，有的人干脆直接到中午的酒桌上去了。这是嗜酒者的常态，尤其是那些自由职业者（包括创业者），他们的时间可以自由支配，所以一般都是这样一个规律。

晚上喝了酒，夜间休息不好，第二天即使准时到单位，也是一上午都晕乎乎、昏沉沉的。身体疲倦无力，精神萎靡不振，在别人看来完全就是一副睡眼惺忪、迷迷糊糊没睡醒的样子。在这样的状态下，一上午基本做不了什么工作，中午再接着喝，下午接着"睡"，如此往复，周而复始。而嗜酒者自己却还蒙在鼓里，不知道自己的不正常，仿佛生活本该如此，有时在不喝酒人面前，还会有一种优越感，觉得自己会喝酒且每天都有酒喝，很了不起。有时甚至还窃窃自喜，觉得自己很会享受生活，日子过得比不喝酒的人更充实、更满足。

殊不知，这不过是酒瘾的骗局，酒精麻醉的假象，嗜酒者自欺欺人的自我安慰罢了。事实上，酒依赖者失去了很多本该拥有的东西，只有戒酒后你才能体会到，也只有不喝酒的人才会拥有，那就是——戒酒后你得到的最大好处，不是健康，也不是金钱，而是清醒和自由。

一个非饮酒者每周拥有的时间：7 个可以高效工作的白天 +7 个可以做很多事情的晚上 +7 个可以让身体得到充分休息的夜间；

一个嗜酒者每周拥有的时间：7 个昏昏沉沉、无精打采的上午 +7 个醉眼蒙眬

的下午 +7 个喝酒的晚上 +7 个似睡非睡、似醒非醒的黑夜。

　　嗜酒者就是这样把时间都耗在了酒里，可悲的是，他们却全然不自知，甚至还自我感觉良好！

　　酒让他们迷了心性，失了智慧。用一句话形容喝酒人的自我陶醉：子非鱼，安知鱼之乐？而非饮酒者想的是：子是鱼，安知非鱼之乐？

　　仔细观察，你会发现这样一个规律：

　　滴酒不沾的人，或大或小都能做成一些事情，哪怕是种好一亩田，养起一个家；而嗜酒者，成功的很少，即使一时成功了，最后很可能还会毁在酒上。

　　此时，我想到了一句话，你的时间付出在哪里，你的收获就在哪里，是啊，看看那些成功者，哪个不是一生都在工作，而我们却天天在喝酒，把大把的时间用在了喝酒上。

　　这个世界上可怕的是比你优秀的人比你还努力，更可怕的是，他们还不喝酒。

2. 不要让酒乱了你的生物钟

　　为什么鸡叫三遍后天亮？即使把公鸡放到黑暗的屋子里，依然是鸡叫三遍天亮。为什么猫鼠昼伏夜出？为什么牵牛花只在清晨开放？

　　有的动物白天睡觉晚上觅食，如猫头鹰、蝙蝠、猫、老鼠、虎、蛇等，但大部分动物包括人类都是晚上睡觉白天活动。日出而作，日落而息，经过千百万年的生物进化和千万年的文明演化，人类的生物钟早已与地球的四季更迭、昼夜交替、日出日落息息相通。在不同的时辰，人体哪些器官工作，哪些器官休息，也都早已形成规律。人类的活动只有顺应这个规律，该工作时工作，该休息时休息，身体才会健康。也只有顺应了这个规律，工作或休息才能事半功倍。

　　人的一生差不多有 1/3 的时间是在睡眠中度过的，可以说睡眠质量的好坏直接关系到身体健康，现代人经常说要守时，要有时间观念，可是我们为什么就不能遵守我们身体的作息规律，让我们身体的各个器官也能按时"上下班"呢？

　　嗜酒者们，该醒醒了，每天喝这种我们身体根本不需要的东西，请你扪心自问，这样糟践自己的身体，到底是图什么？白天耽误工作不说，夜间本来是我们劳累了一天的身体和各个器官休养生息的时间，却因我们强行灌入酒精而不得休息；肝脏的"本职工作"本来是用来分解体内产生的毒素，以及人体误食或外界入侵的毒素的，却还要加班加点地分解代谢你喝下的那些无用的酒精！

醒醒吧，嗜酒者们，是时候和酒精说拜拜了！

不同的时辰，人体适合做不同的事情

01:00　此时大部分人都已进入梦乡，少部分熬夜者辗转反侧睡不着，时间长了就会造成恶性循环——晚上不睡，白天犯困；白天睡觉，晚上瞎耗。

02:00　人体大部分器官开始进入慢工作状态，只有肝脏还在不停地工作，为身体排毒。晚间喝酒会加重肝脏负担，延长肝脏的解毒、排毒时间，使肝脏长时间处于酒精及酒精分解物乙醛的伤害之中。

03:00~4:00　深度睡眠。此时血压、脉搏、呼吸都处于最弱状态。除饮酒者的肝脏依然在忠实地为主人排毒外，身体的大部分器官都已进入"梦乡"。

05:00　正常情况下此时身体已得到充分休息。这个时候天已放亮，太阳即将升起，阳气开始回升，此时起床，精神饱满，神清气爽。一日之计在于晨，早晨一起床就精神饱满，预示着一天都将精神饱满。

06:00　血压、脉搏和心跳开始从夜间状态向日间状态恢复，这个时候适宜活动、锻炼、吃早餐等。通过这些简单活动，让身体的各项机能"从沉睡中苏醒过来"，准备进入白天一整天的繁忙工作状态。

07:00　此时已吃过早饭，身体开始补充营养，为上午的工作储备能量。

08:00　经过起床后的简单活动和营养补充，身体的各个器官和各项生理指标都已调整到工作状态，准备迎接一天的繁重工作。此时肝脏经过一夜排毒，已将昨晚主人喝下的酒精基本分解代谢完毕，肝脏又要开始白天的排毒工作了，所以早上一定不要喝酒，以免再额外增加肝脏负担。

09:00　大脑经过一夜休息，早上营养也得到补充，现在已进入最佳工作状态。每天上午 9:00~10:00 这个时间段，思维清晰，精力充沛，注意力集中，最适合高难度脑力活动。

10:00~11:00　阳气继续上升，身体各项机能都已舒张到最佳状态，精神状态好，工作效率高，这种状态将一直持续到中午下班，这个时间段工作效率最高。

12:00~13:00　阳气最盛，太阳升为正中，光线最强。经过一上午的紧张工作，现在需要补充营养和休息。中午不要饮酒，中午饮酒不但会影响休息，而且对身体的伤害也大，因为中午肝脏中的乙醛脱氢酶活性低，乙醇分解出的致癌物，即乙醛不容易代谢，这也是中午喝酒容易醉的原因之一。

14:00　这个时刻身体疲乏，脑力迟钝，昏昏欲睡，但很快就会恢复。

15:00　午饭被身体消化吸收，身体能量得到补充，体能恢复，大脑也随之开始再次进入良好工作状态。

16:00~18:00　身体进入一天中第二个精力充沛时段，16点后是全天脑力活动的第二个高峰，适宜做计划、总结、统筹性工作，及各种活动、接待、会议等。

19:00　日落时刻，阳气下降，阴气上升，是一天中身体最疲乏，心理最敏感、脆弱的时候，此时，容易情绪低落、伤感、暴躁，人容易激动，易发生争吵。适宜休息、乘车、晚餐或餐后静坐、散步等轻活动，以舒缓一天的紧张、压力。

20:00~21:00　晚饭后营养开始吸收，身体得到休息，体能得到恢复，脑力经过调整休息，也进入了一个新的状态。这个时间段是一天中身体机能和脑力活动的第三个高峰期，适合做题、抄写、阅读、写作、听课、谈话、谈心、运动锻炼等。

22:00~23:00　随着夜的深入，阳气渐趋微弱，体温开始下降，人体器官功能降低，人体生物钟开始启动睡眠模式。这个时间段，适宜家务、内务、卫生、洗漱，准备休息。现代人最好在23:00之前上床睡觉，最多不要超过24:00。

24:00　人体各项机能指标均处于最弱状态，此时不适宜做任何事情，唯一应该做的就是赶紧上床睡觉。

第35章
容易被人忽视的酒精性精神伤害

酒精是麻醉剂，它在不知不觉中消磨着人的意志、摧残着人的精神，但却给人以增加勇气、自信、胆量的假象。

精神是什么？精神是人的思想、情感、信念、意志、抱负、人格、性格等，是在心理层面上表现出的一种状态，简单点说，精神就是人的心理状态。

智力是什么？智力是人对客观事物的认识和运用能力，如认知、理解、记忆、观察、学习、思维、思考、想象、分析、判断、创新、创造等。

精神和智力有什么区别？打个比方，一座智能大厦、一辆自动驾驶的汽车、一部智能手机或者一个智能机器人，它们都可以拥有很强的智力，但它们没有精神。或者可以这样说，一个超强机器人，它可以拥有人类的智力，甚至未来会远超人类的智力，但它永远不会拥有人类的精神。机器人的智力再高超，也无非是建立在电子元器件基础上的算法。同样，一个人的智力活动，也无非是大脑中的 100 亿个神经元细胞在活动，所以从这个角度来说，如果我们把智力看作是人生理层面上的高级生命活动，那么精神就是这个高级生命活动的灵魂。

人的大脑活动包括智力活动和精神活动两方面，酒精对人的大脑伤害也包括两方面——生理基础上的智力伤害和心理层面上的精神伤害。关于智力伤害，前面"酒精对人体的伤害"一章中我们已经讲过，酒精能杀伤脑细胞，使脑细胞数量减少，脑组织体积缩小，最后使人智力衰退，记忆力、理解力、判断力下降，严重时大脑会发生功能性或器质性病变，最终导致酒精性脑萎缩。由此可以看出，酒精对人的智力伤害主要表现在人的各方面能力降低上，严重时表现为痴呆。

每一口酒都不是无辜的

酒精对大脑和中枢神经系统的伤害是一个由量变到质变，不断累积、叠加的过程。我们每一次喝酒，都在进一步伤害着大脑，不停地喝酒就是对大脑不停地伤害。正是这样日积月累的隐性伤害才累积出大脑随时可能会发生的显性病变。有人说："雪崩时，没有一片雪花是无辜的！"我们也可以这样说："因酒而患某种疾病时，每一口酒都是有责任的！"

怎样才能阻止"雪崩"的发生？我们唯一可做的就是停止饮酒！

酒精对人的精神伤害，主要表现在人的性情和人格改变上。轻度酒精性精神伤害症状比较轻微，表现也不明显，在此我们不予列举，我们仅对中后期（中、重度以上）酒精性精神伤害进行分析。

当酒精性精神伤害到了中后期，根据不同的个体情况，嗜酒者或多或少都会有这样一些外在的症状表现（下面这些表现中的部分或全部）：

1. 性格改变。焦虑、抑郁，情绪不稳；自私、冷漠，固执偏执；感情淡泊，亲情疏离，缺乏责任感。
2. 脾气改变。脾气暴躁，易怒、偏激、易激惹；容不得别人反驳，听不进不同意见，人际关系紧张；言语随意易失控，行为怪异不慎重。
3. 丧失理性、理智，思维混乱；小事纠缠，大事看不见。
4. 行为散漫，失去上进心，无理想无追求，对周围事物热情低、没兴趣；目标感、责任感、道德感、荣誉感、成就感等高层次精神追求减弱或丧失。
5. 妄想多疑，有时会出现幻听幻觉，甚至出现不当或极端社会行为。
6. 平时不喝酒时（非犯酒瘾），容易出现紧张、压力、焦虑、抑郁、暴躁、失眠、恐慌心悸、不容易集中注意力等类似酒精戒断症状的情绪状态。

酒精对人的智力和精神伤害有个共同特点，那就是温水煮青蛙效应——在伤害发生初期，或尚在轻度伤害阶段时，症状不明显，不能引起人们的注意，所以人们一开始对它缺乏警惕性。而且因为这些"软性"伤害是循序渐进，一点点地累积起来的，所以即使到了伤害的中期阶段，甚至到了后期非常严重时，当事者可能依然感觉不到自己在性情和人格上发生的变化（旁观者清，不喝酒的有心之人能观察到）。事实上，酒精对人的精神和意志的伤害一刻都没有停止，伤害的累积也一刻都没有停止过，当自己意识到这种伤害，或伤害所导致生理和心理上的疾病被发现时，伤害程度可能就已经非常严重了。

特别说明：

由于酒精的精神性伤害症状难以明确界定，有时轻度伤害表现出的症状和重度伤害表现出的症状会相互交叉，比如"脾气暴躁"这个症状，有的人轻度伤害时就表现出来了，有的人重度伤害时才表现出来。这也和嗜酒者本身的性格有关系，天生脾气暴躁的人和天生脾气好的人，酒精性精神伤害所表现出来的症状必然不一样，所以，在后面关于"喝酒破坏形象""酗酒影响家庭"和"酒精改变人格"等内容中，对酒精性精神伤害的症状表现，我们不能一概而论，我们只能对中、重度以上的症状表现进行综合描述，请大家根据自身情况对照判断。

酒精性精神伤害容易被人忽视，很多人甚至不知道这种伤害的存在。有时即使发现了一些可疑症状，一般人们也不会把它与喝酒产生联系，尤其是喝酒者本人，自己感觉不到这种伤害的存在，有时即使感觉到了，也不愿意承认这是喝酒造成的。

酒精对肝、肾、肠、胃、心脑血管等人体器官的伤害很好理解，只要平时多留意自己身体的一些变化，尤其是当身体出现不明原因的不适时，不要掉以轻心，养成每年定期体检的习惯，那么对酒精导致的生理性病变是可以及时发现的。但唯独酒精对人的精神和智力的伤害难以被人察觉，嗜酒者也不觉得自己和别人有什么不一样，所以平时不容易引起人们重视。只有当你戒酒成功后，回想过往，你才能真正体会和意识到这种伤害，当你还在沉迷于酒中时，你是意识不到这种伤害的。

一、嗜酒者喝酒，是在借酒浇愁吗

1."借酒浇愁"不是嗜酒者的自主选择

正常人在工作和生活中遇到困难时，他们会按照正常人的思维去面对问题、解决问题，而酒依赖者遇到压力、困难、忧愁时，首先想到的却是喝酒，这看起来很符合人们对嗜酒者为什么爱喝酒的定义——"借酒浇愁"，但是他们真的是在"借酒浇愁"吗？

表面上看，他们的确是一遇到困难就喝酒，一碰到愁事就喝酒，似乎喝了酒就把所有困难都抛之脑后了，喝了酒就把所有忧愁都忘得一干二净了，给人感觉他们确实是在"借酒浇愁"。

但是，嗜酒者喝酒这个行为，任何时候都不是他们主观意识上的自主选择，并不是主观上他们认为"酒能浇愁"，所以遇到难事、愁事就喝酒。事实上，在他们的主观意识里，并没有"喝酒能减压，喝酒能缓解痛苦，喝酒能消解忧愁"这样的思维和认知，"借酒浇愁"是他们潜意识控制和支配的结果。

确切地说，"借酒浇愁"是因为酒依赖者的潜意识里有"喝酒能减轻压力，喝酒可以缓解痛苦，喝酒可以消解忧愁"这样的认知，才形成他们潜意识里的喝酒欲望。平时这种欲望处于潜伏关闭状态，但当酒依赖者遇到现实中的"困难"或"忧愁"时，他们潜意识中的"喝酒能减轻压力，喝酒可以缓解痛苦，喝酒可以消解忧愁"记忆就会被唤醒，然后潜意识中的喝酒欲望就被触发了，就是我们平时说的"酒瘾犯了"。

　　酒依赖者在面临困难、压力、忧愁时，他们的喝酒欲望比平时更加强烈，但这种欲望却是来自潜意识，是潜意识中的"酒瘾（心瘾）"主导了"借酒浇愁"这个结果，而不是主观意识。

　　酒瘾的力量之所以如此强大，是因为它来自潜意识，而潜意识不是我们主观意识所能控制的。

2. "借酒浇愁"是不喝酒人的臆想

　　"借酒浇愁"不是嗜酒者主观意识上的自主选择，这种说法也不是嗜酒者自己说的，更多的时候是不喝酒人说的。是不喝酒人发现喝酒人总是在"忧愁"的时候喝酒，然后喝完酒"忧愁"就真的没了，于是他们就想当然地以为喝酒人是在"借酒浇愁"，可是他们却忘了，喝酒人不仅"愁"的时候喝酒，高兴的时候也喝酒。

　　生活中不乏一些酒依赖者，在感情或事业上遇到挫折和失败时，从此一蹶不振，每天泡在酒里，过着醉生梦死的颓废生活，看到这种情况，不喝酒的人就认为他们是在"借酒浇愁"，认为他们是因为失败而故意选择这样的生活。可是他们平时就是这样喝酒的啊，只是现在遇到挫折和失败，他们不思进取，有了更多的时间喝酒，所以给人感觉他们在"借酒浇愁"。

　　嗜酒者每天大部分时间都处于"麻醉状态"，他们沉湎于酒中而不自知，他们不知道自己每天是怎么过的，也不知道自己每天醉醺醺是什么样子。他们也有酒醒的时候，但酒醒后的懊悔、自责、沮丧和失败感又促使他喝更多的酒。所以就更被人以为是在"借酒浇愁"。

　　嗜酒者之所以嗜酒，是因为他们被酒瘾控制，身不由己，是酒瘾让他们终日以酒为伴。所以，嗜酒者虽好酒，但在嗜酒者眼里，没有"借酒浇愁"这个概念。

　　不过话又说回来，"借酒浇愁"虽然不是嗜酒者的自主选择，但他们确实一遇到难事、愁事就喝酒（其实不管有没有难事、愁事，他们都在喝酒），如此说来，说他们"借酒浇愁"也实在没有冤枉他们。

3. 借酒浇愁愁更愁

几杯酒下肚，精神一振，紧张、焦虑一扫而光，继而信心满满、豪情万丈，一切困难、压力抛之脑后，一切痛苦、忧愁烟消云散。这种酒精麻醉给嗜酒者带来的从身体到精神的"轻松"和"快乐"，反过来又进一步强化了嗜酒者潜意识里"喝酒能释放压力，喝酒能缓解痛苦，喝酒能消解忧愁"的印象和错误认知，等到下次再遇到困难、压力、痛苦、忧愁时，潜意识里的喝酒欲望就会更强烈，酒瘾会更大。

借酒浇愁愁更愁！酒依赖者遇到困难、压力就喝酒（其实不管有没有困难、压力，他们都在喝酒），酒醒后，空虚、失落，一股焦灼、沮丧情绪涌上心头，再看看事情非但没有解决，反而更糟糕，心情就更加痛苦，于是就喝更多的酒。长此以往，饮酒量越来越多，饮酒频次越来越高，不觉之中彻底沉入酒海。从喝酒、好酒，到嗜酒、酗酒，再到纵酒、滥酒、乱酒，嗜酒者就是这样踩着交互上升的酒瘾进步阶梯一步步走来的。

酒依赖者一旦到了嗜酒、酗酒阶段，从今往后，只要在生活中遇到困难、压力，就会本能（潜意识）地通过喝酒来缓解压力（其实他们一直在喝酒，只是这时喝酒相对更频繁或者饮酒量更多），可是酒醒之后，困难依旧存在，压力一点没少，相反，因为喝酒，事情却被一再拖延。虽然这不是喝酒者主观意识上的自主选择，但却造成了"逃避现实"的事实结果。

而不喝酒的人遇到困难、压力时不会逃避，他们会清醒、理性地去面对困难，找出解决问题的办法。他们做事积极、稳妥、效率高，处理事情常常能得到圆满的结果。

借酒浇愁愁更愁，无酒一身轻，勿酒才不误事。

二、喝酒破坏形象

还记得前面讲的"酒精的陷阱"吗？在那一章中，我们把酒精对大脑和中枢神经系统的作用概括为酒精刺激期、酒精麻醉期、酒精麻痹期和酒精中毒期 4 个阶段。这 4 个阶段之间没有明显界限，有时还会出现混合特征表现。我们还谈到了，如果从语言角度对这 4 个阶段进行概括的话，可以是这样的：

第一阶段，酒精刺激期，表现特征为"花言巧语"；
第二阶段，酒精麻醉期，表现特征为"豪言壮语"；
第三阶段，酒精麻痹期，表现特征为"胡言乱语"；
第四阶段，酒精中毒期，表现特征为"不言不语"。

酒精能使人言行失控，而一个人的形象主要就表现在言行举止上，所以，关于喝酒对形象的破坏，可以概括为以下 4 个方面：

1. 酒后爱说教，好为人师

有的人平时谦逊儒雅、彬彬有礼，两杯酒下肚就不知道天高地厚，开始教育这个、指导那个，小到家庭琐事，大到世界风云，大道理、小道理，一堆堆、一套套。讲到自己的专业更是滔滔不绝，没完没了，能跟你讲一晚上，也不管别人是否愿意听。

说自己的长项倒也罢了，最暴露一个人无知的是，有时在专家、行家面前，也不知洗耳恭听，却表现得比专家、行家懂得还多。甚至将自己道听途说来的皮毛在专家、行家面前班门弄斧，酒醒后惭愧不已。

抛开酒后失态不说，单从教育本身来说，其实喝酒时的说教是最没有用的，主要是因为场合不对，就像讲课一样，说教是需要情境的，没有情境或场景衬托的说教只会是一厢情愿、自说自话。

要知道酒场只是个形式或仪式，酒场上你可以尽情地展现自己的风度，却不可刻意渲染你的"风采"，更不可妄自尊大、自以为是，把自己表现得好像无所不知、无所不能似的，不然的话，难免会弄出班门弄斧的笑话来。

2. 酒后口无遮拦，无所顾忌

平时不敢说的、不能说的、不好意思说的，酒后失控，便都说了，酒醒后后悔莫及。

酒后思维混乱、言语失控，平时的委屈、不满，毫无顾忌地向外宣泄，一吐为快。酒醒后后悔莫及："不该不该，罢了罢了！"

有的人只顾自己喝得痛快、吹得痛快、侃得痛快，也不管面对的是领导还是下属、同事还是朋友、同性还是异性、长辈还是晚辈，各种玩笑、段子混着酒气、仗着酒胆、伴着唾沫星子满天飞，全然忘记了礼仪有序、长幼尊卑。酒醒后尴尬难堪，无地自容。

3. 酒后乱打电话，乱发短信

平时说话做事我们都会用理性思维对事物进行分析、判断，也会用理智控制我们的语言、情绪和行为。喝酒后，在酒精的作用下，我们的思维产生混乱，意识变得模糊，言行失控，丧失理智，失去警惕性。

于是，借着酒劲跟朋友、异性、领导或家人，把平时不愿、不便、不能或不敢说的话，以及自己的委屈、怨言、怨气，通过电话或短信，单向地向对方宣泄，也不管对方是什么反应，反正是自己要说出来，要一吐为快。

4. 酒后易起纷争

情绪容易激动，言语易起纷争。乱发脾气、感情用事，平时不值一提的一点小事也上纲上线、无限放大，鸡毛蒜皮的事也要与人争个面红耳赤，小矛盾升级为大矛盾，过去的事也要翻出来说，无事生非，斤斤计较。对外界刺激敏感，容易与人发生争执、冲突，甚至做出触犯法纪的事情。

三、酗酒影响家庭

喝酒误小事，酗酒误大事。酒精麻醉人的神经，使人伤神失智，迷乱心性，影响家庭稳定，影响与家庭成员的关系。酒精使人言语、行为失控，丧失对言行后果的警觉和预判，结果是说了不该说的话，做了不该做的事。

酗酒，于家庭是重大灾难，于事业是巨大威胁。

在家庭方面，酗酒有如下影响：

1. 喝酒后，情绪失控，态度蛮横，脾气暴躁。稍不如意就对家人大发雷霆，尤其是若对方与其理论，马上暴跳如雷、火冒三丈，甚至拳脚相加，恶语相向，搞的家里鸡犬不宁。长此以往，给配偶和子女造成心理伤害，夫妻之间的冷战，往往就是这样开始的。怨气日积月累，原本幸福美满的家庭，变得矛盾重重，危机四伏。

2. 长期酗酒，人格改变，整天疑神疑鬼，影响夫妻关系。

3. 酒后回到家里，把工作中的不如意和酒场上的委屈、不愉快，毫无顾忌地向家人宣泄，配偶和子女经常成为发泄对象。

4. 每天醉醺醺，回到家要么倒头便睡，要么窝在沙发里看手机。平时不理家政，不做家务，孩子的事情也不管，喝酒成为唯一的生活中心。

5. 长期酗酒，心急气躁，对任何事情都没有耐心，对除酒之外的任何事情都不感兴趣。家庭需要经营，但嗜酒者却从来不在“家”上花心思、费精力，对配偶、孩子漠不关心。

6. 嗜酒者的身体被酒精“掏空”，走路、爬楼梯都感觉吃力。没有精力陪孩子玩耍，没耐心陪孩子写作业、讲故事，更不用说教育孩子、陪孩子一起成长了，至于陪爱人做一些她想做或喜欢的事，那更是不可能了。

7. 生活以酒为中心，感情淡泊，疏于亲情，懒于维系，造成亲情疏离。

8. 酒后对妻儿大呼小叫、撒酒疯，破坏了在孩子心中的高大形象，影响孩子的心智成长。也因此嗜酒者家庭的孩子很容易出现性格缺陷。

9. 嗜酒者每天泡在酒里，给孩子带来的是一种潜移默化的影响，所以嗜酒者家庭的孩子往往也爱喝酒或嗜酒。

10. 嗜酒者一般都没什么爱好，如果说有，这个"爱好"也很可能就是喝酒，所以嗜酒者家庭往往单调乏味、死气沉沉，很少一家人一起活动。

11. 嗜酒者家庭问题多多，矛盾重重，酗酒成为离婚的重要原因，据统计，约三成的离婚与酗酒有关。嗜酒者家庭的孩子成长容易出现问题。

喝酒对身边人造成的伤害不可小觑，尤其是对家人的伤害。就拿陪伴家人来说吧，嗜酒者天天泡在酒里，不是外面喝就是家里喝，每天醉醺醺，哪里还有时间和精力陪伴家人，时间长了，必然会影响家庭成员之间的关系。他们沉迷于酒，每天的中心就是喝酒，不管处理家务事还是工作上的事，都是被动应付。对家庭关系，他们从不主动维护，家务事也不主动干，家庭琐事也没有主动分担的意识。他们的心性迷失在酒里，对于经营婚姻、经营爱情、经营亲情这些事，他们想都没有想过。

有酒驾者黄某，醉酒驾车强行闯卡，警察驾车追截，黄某慌不择路，驾车一路狂奔，闯红灯、强行掉头、逆行，眼见前面被铁栅栏挡住，妻子哭着喊："没路了，没路了！快停下，快停下！"谁料黄某竟猛踩油门，加速向栅栏撞去，撞开铁栏直接驶入马路，车后座上9岁的儿子撕心裂肺地哭喊着向他哀求："爸爸求你了，爸爸求你了，……""爸爸，求求你停下吧，停下吧，爸爸……"，但黄某全然不予理会，驾车继续狂奔……后来他撞到路边一条垂在地上的电缆，电缆撞断后挂在车上，与地面摩擦哧哧地冒着火花……最后黄某驾车驶入一条死胡同，无路可逃后被民警擒获。

这虽然是比较极端的个案，但从中我们可以看到一个醉酒者疯狂的时候是多么的恐怖。

在这里我们不妨对照一下自己，我们醉酒后是什么样子？你想过吗？你可曾知道自己撒酒疯的时候是什么样子吗？你可曾知道你酒后发脾气的时候是多么的狰狞？你酒后大发雷霆时，可曾注意过老婆、孩子那恐惧的眼神？你酒后辱骂老婆、孩子时，你可曾知道他们是多么的无助和绝望？你每天喝酒，可曾见过她们背后默默流下的眼泪，那是她们的心在淌血啊！你可曾想过，一个家每天这样鸡飞狗跳，会对孩子会造成什么样的影响？在孩子心里会留下什么样的印象？

戒酒吧，是时候和酒说再见了，以前我们总以为喝酒是自己的事，与他人无关，现在知道了吧，酒精伤害的不仅是我们自己，它同时也伤害着我们的家人！

戒酒后你会发现，以前在外面喝酒时妻子的叮咛，那真的是对你的担忧；戒酒后你会明白，每次在家里喝酒时妻子的唠叨，那实在是对你天天喝酒的厌烦。在她们眼里，每天没完没了地喝酒有什么意思？无聊不无聊？事实上，不就是这样吗？

四、酒精改变人格

前面我们在讲解"酒依赖的四大循环交互上升规律"时，讲到了嗜酒者的"进步"阶梯——好酒→嗜酒→酗酒→纵酒→滥酒→乱酒，现在如果我们要给嗜酒、酗酒、纵酒、滥酒、乱酒，做一个界定，那么大概是这样的：

嗜酒：特别爱好喝酒。重度酒精依赖，每晚必喝。如果用星级来表示他的酒依赖程度，达到四星、五星级别。

酗酒：无节制地喝酒。严重酒依赖，每天醉醺醺。如果用星级来表示他的酒依赖程度，应该是五星、六星级别。

纵酒：放任自己喝酒。重重度酒依赖，每餐必喝，每喝必醉。如果用星级来表示其酒依赖程度，则可以是六星、七星。

滥酒：早上起来就开始喝，从早喝到晚。有人随身带着酒瓶，随时随地喝酒。这样人的酒依赖程度达到七星、八星。

乱酒：拿到酒就要一口气喝趴下，比如一口气喝一斤，甚至一口气喝二三斤。乱酒者，除了喝酒就是"睡觉"，除了"睡觉"就是喝酒。这样人的酒依赖程度达到九星、十星。

酒精在悄悄地改变着酒依赖者的人格。酒精导致的人格改变，最初影响的往往是夫妻关系和家庭成员关系，然后开始影响其他人际关系。

酒精所导致的人格改变，开始时症状都比较轻微，不易被人察觉，但随着饮酒量的加大和酒龄的延长，饮酒者对酒精的依赖程度越来越深，当他们的饮酒状态从嗜酒发展到酗酒，再从酗酒发展到纵酒，然后从纵酒发展到滥酒、乱酒时，症状就会越来越明显。综合起来，酒依赖者在"嗜酒→酗酒→纵酒→滥酒→乱酒"这个"酒鬼进阶"过程中，会有以下部分或全部症状表现（也可以看作是中、重度以上酒精性精神伤害症状的综合表现）：

1. 自私

以自我为中心，只顾自己，不考虑他人，对社会没有责任感，不关心家人。生活的中心是酒，除了酒对什么都没有兴趣，只要有酒，一切事情都可以不管，自控力差。

2. 冷漠

长期嗜酒者，孤僻、冷漠，感情淡薄，有时让人感觉不可理喻。

3. 冲动

酒依赖者一般都情绪不稳，脾气火爆，一点就着。他们易激惹、爱冲动，常与家人、朋友发生争执或肢体冲突，尤其醉酒打人下手重、没深浅。据统计，60%的酗酒者都对妻子使用过暴力。

4. 多疑

长期嗜酒者会变得性格多疑，疑神疑鬼。

5. 邋遢

嗜酒者不讲卫生，衣着邋遢，饮食无规律，平时不但不能体谅、照顾他人，连自己的生活也照顾不好。

6. 懒惰、不负责任

对生活失去热情，对家庭失去责任。嗜酒者对工作、家庭缺少主动承担责任的意识，在单位懒惰、散漫，在家不管孩子，不干家务活，东西坏了也不修。每天懒洋洋、醉醺醺，回家就往沙发上一瘫，什么活也不干。

7. 自以为是

嗜酒者总是在意别人是否尊重自己，从没想过自己是否也尊重了别人。嗜酒者给人的感觉上傲慢无礼、狂妄自大的、目中无人，其实是他们自己无知、自以为是。

8. 疏于亲情、友情

嗜酒者的生活中心是酒，一切活动围绕着酒，心思也都在酒上，对其他事情不上心，疏于亲情、友情，造成亲友之间感情冷漠。

9. 懒于交往

嗜酒者社交活动以酒为中心，除了酒场饭局上的一些朋友（酒友），懒于结交或很少主动结交其他朋友。没有饮酒环节的活动，能不参加就不参加。

10. 酒乱心性，酒迷心智

只有当我们真正戒酒成功之后才会明白，酒精不但伤害我们有形的身体，还伤害无形的智力、人格、精神和意志，而可怕的是，我们自己却不知道。

酒乱心性，酒迷心智。酒，是事业的祸患，是家庭的灾难。

第 36 章

自我欺骗 ——戒酒的最大障碍

我知道喝酒对身体不好，可那毕竟是将来的事，而且也不一定会因此生病，而眼下，不喝酒我难受。

——酒民的心理

从人类进化角度来看，自我欺骗其实是人类的一种自我保护机制，是人类保留在潜意识底层的一种生存策略。人类在漫长的进化过程中，面对一些难以克服的困难或远超自身承受能力的问题（潜意识判断），会给自己找一个"合理"的理由（潜意识主导），以使自己可以不去面对这些问题或困难，以达到避免或减轻痛苦、不安、失落等情绪的目的。比如，明明是自己犯懒，却说"我没时间""我太忙，顾不上"；明明自己很想得到，却说"这个东西不好""这个东西没用"，只因得到此物需要付出很多辛苦；明明知道吸烟可能会得肺癌，却说"这一支不会"；明明知道喝酒伤肝，却说"再喝一顿没事"；明明知道"明日复明日"的策略不可取，却还想着"明天戒""下次戒"；明明知道有第一次就有第二次，却还要"就抽一支""就喝一杯"。

人类自我欺骗的最终目的是"可以不去面对问题或困难"，理由为目的服务。也就是说，为了达到目的，理由可以是这个，也可以是那个，总之需要一个理由，至于理由是什么并不重要。自我欺骗的一个典型心理学现象是鸵鸟效应，也叫鸵鸟心态。

鸵鸟效应

鸵鸟遇到危险时，最先想到的是把头扎进沙子里，然后伏下身体，蜷缩成一团，以黑褐色羽毛示敌，希望敌人把它当成灌木丛或者石头，以此来躲避危险。而其实鸵鸟身高二三米，长而有力的腿能踢死一头狮子，奔跑速度更是达到65千米/小时，遇到危险的时候，它们完全可以通过奔跑来摆脱敌人，可是当真的危险来临时，他们不是采取最保险的办法——发挥自己的速度优势快速逃脱，而是自欺欺人——把头埋到土里，就以为敌人看不见；把灌木丛样的羽毛露于外，就以为敌人会把自己当成灌木丛或石头，以此来躲避危险。

人们把这种不敢面对困难、不敢直面问题，像鸵鸟一样自欺欺人、逃避现实，对问题和困难视而不见的行为，称为鸵鸟效应或鸵鸟心态。

自我欺骗有以下特点：

（1）相信自己愿意相信的

明知道是错误的，但如果不信则会让自己痛苦，所以就深信不疑；明知道是正确的，但如果相信会让自己不舒服，所以就充耳不闻。喝酒人更愿意相信"少喝点酒有好处"，而不愿意相信"适量饮酒，有益健康"的说法是错的。

（2）自我欺骗是为了避免痛苦

自我欺骗不是为了更好，而是为了不痛苦。所以，人们往往在面临困难、压力、痛苦时，更容易自我欺骗。因为不敢面对，所以选择逃避。

（3）自我欺骗是潜意识行为

就像心瘾一样，自我欺骗是潜意识控制下的行为，而不是主观上的故意。正因为自我欺骗来自潜意识，所以即使主观上意识到了自己在自我欺骗，也难以用主观意识改变这种行为。

1. 喝酒时的自我欺骗

到了一定年龄或喝酒达到一定年限，很多人都想过戒酒，也有很多人尝试过戒酒。为什么以前不戒，现在却想起戒酒了？原因无外乎"健康"二字。他们有的人是随着年龄增长健康意识增强，对喝酒伤身的认识越来越深，因此想戒酒；有的人因为身体出现状况而戒酒，比如查出酒精肝或其他疾病；有的人是被周围人罹患恶性疾病所触动而戒酒。但想归想，戒归戒，是否戒得了则是另一回事，除少数意志力超强者抵抗住了酒瘾的折磨，最终戒酒成功外，大部分人都是想戒戒不了，既怕喝酒又怕戒酒，害怕喝酒伤身，更担心戒酒后没酒的日子怎么过，由此陷入戒了喝、喝了戒的恶性循环。这其中也有很多人经过多次戒酒失败后，选择不再戒酒，继续喝酒。

在酒瘾的驱使下，嗜酒者每天不亦乐乎地奔波于各种酒场饭局，流连于各种酒馆、饭店、大排档，给人感觉他们很忙、很充实。他们陶醉于这种"忙"的虚幻中，除了身体看起来萎靡、疲惫外，神情上每天都是一副非常轻松惬意的样子（其实是酒精麻醉，半醉半醒），有时他们会大发感慨："这段时间喝的酒有点多，但是没办法，不喝不行。"看似是在发牢骚、自我检讨，实则内心是满满的得意。有时他们还会说"我喝的不是酒，是感情""我喝的不是酒，是寂寞"。看似调侃，实则是内心十分满足。

他们一切以酒为中心，不节制、不自律、不负责任，伤害了身体，耽误了工作，影响了家庭，可是他们自己却不知道。他们陶醉于酒中，在酒海中醉生梦死，这在正常人看来完全就是堕落，可是嗜酒者自己却意识不到（这正是自我欺骗的可怕之处），相反，他们还自我感觉非常良好——看，我的生活多么充实，这才叫人生！

其实这都是喝酒人的自我欺骗，他们根本不知道在正常人（不喝酒的人）眼里他们是什么形象。在正常人眼里，喝酒人坐在那儿胡吹瞎侃，一喝就是几个小时，实在是不可理解。正如一网友所说："以前喝酒时，看不喝酒的人真无聊，现在戒酒了，看喝酒的人才是真无聊。"

喝酒时吹过的牛皮，夸下的海口，喝酒人自己知道这都是酒话不能当真，但正常人不这么认为，他们认为这就是喝酒人没出息。他们不会因为你喝酒就忽略你的那些酒话，他们会因为你无节制地喝酒和你的那些酒话，而直接把你与不诚实、不守信、不负责任联系在一起。

2. 开戒时的自我欺骗

戒酒者为什么戒酒？除了健康因素外，还有每次酒醒后的负罪感。

为了健康戒酒，属于有准备的戒酒，是经过深思熟虑后才决定戒酒的。正式戒酒开始前，一般都会做一些戒酒准备，比如把剩余的酒喝完。这种戒酒是有备而来，戒酒理由充分，戒酒动力大，所以一般都能戒个一两天，但很多人第三天就不行了，90%的人撑不过一星期，大多数人在5天之内就会开戒。

因健康因素而戒酒的人，虽说有准备，戒酒决心也很大，但因为没有用对方法，所以大多都是轰轰烈烈开始，悄无声息地以失败告终。其实这也不能怪戒酒者，他们不懂酒瘾是怎么回事，也就只能盲目地用意志力戒酒。而意志力戒酒，刚开始还能凭借自己坚定的决心坚持一段时间，但用不了几天就扛不住了，每天面对一波波汹涌而来的酒瘾，那种如百虫噬骨般的痛苦，那种想喝而不能喝的煎熬，是不喝酒的人永远也体会不到的。他们实在坚持不住了就准备开戒，但又于心不忍，于是经过反复的思想斗争，给自己找了很多开戒的理由——"没必要这么难为自己，何必呢？""这次戒酒时机不成熟""再喝一阵，喝够了再戒""下次再戒吧""怪不得戒酒的人少，戒酒太难了，我戒不了很正常""与其过几天开戒，还不如现在呢"。

戒酒者为了能开戒继续喝酒，给自己找各种理由。随着喝酒欲望越来越强烈，"应该喝酒"的理由越来越多，也越来越"合理"，于是在经过若干天的思想斗争后，终于在某一天的某一刻得出结论——必须开戒，也终于达到了自己的目的——

开戒成功！

有的人实在熬不住了，倒没想彻底开戒，只想再喝一次过过瘾，于是就给自己找理由"就喝一杯""就喝一次""就喝一天"。其实有了第一口就有第二口，有了第一次就有第二次，有了第一天就有第二天，但他们还是欺骗自己："这次，真的就喝一次。"

我们再看负罪感戒酒，负罪感戒酒是指喝酒的人中午喝酒、下午酒醒后，或晚上喝酒、凌晨酒醒后，浑身疲乏无力，头疼难受，情绪低落，此时心头陡然升起一股负罪感，后悔自己酒后失言，说错了话，得罪了人；后悔自己酒后失态，丢人现丑，损坏了形象；后悔自己酒后对家人语言暴力，再想到自己平日光顾着喝酒，对家人没有体贴照顾，不禁懊悔自责，觉得对不起家人；后悔自己每天喝酒，浑浑噩噩，蹉跎了岁月，辜负了时光，荒废了青春。此时情绪极为低落，却也极为清醒，自己知道这一切都是酒惹的祸，怪自己被酒精冲昏了头脑，只顾一时兴奋，一觉醒来发现这一切都是虚幻。此时，那种懊悔、自责，那种空虚感、负罪感，那种再不戒酒人生就要坍塌、世界就要毁灭的恐惧，让他下定了"我一定要戒酒，誓死要戒酒"的决心，于是，一股决心痛改前非、重新做人、开启新的人生的英雄气概涌上心头——戒酒，坚决戒酒！

负罪感戒酒，戒酒决心大，戒酒动力强，做出戒酒决定的那一刻，似乎自己都要被自己感动了，那一刻，自己百分百相信这次戒酒定能成功。可是到了傍晚，夜幕降临，又到喝酒点了，于是那种空虚、寂寥、失落，那种酒瘾来袭的紧张，那种喝不到酒的焦虑，那种未来没有酒的日子可怎么过的恐惧，还有对早晨做出戒酒决定的后悔，这些情绪焦灼在一起，像洪水一样扑面而来，来不及思考，来不及犹豫，紧接着一种豪迈悲壮之气，像火山喷发一样冲向脑际，一股"管它呢，喝！接着喝！有什么了不起"的"英雄豪情"自心头喷薄而出。于是，开戒。

开戒时的那种义无反顾、无怨无悔的劲头，自己都感到惊讶——喝酒的欲望，竟然如此巨大！

这次戒酒没超过一天就又回到了酒桌上。

负罪感戒酒属于冲动型戒酒。戒酒动力缺少持续性，戒酒决心来得快，去得也快，容易下决心戒酒，也容易下决心开戒。实际上也谈不上开戒，因为还没有开始就已经失败了。往往是早晨信誓旦旦决定戒酒，到了晚上就又开始喝了。抽烟人有时爱开玩笑说："戒烟很简单，我都戒了 1000 次了。"如果有喝酒人也这么说："戒酒很简单，我都戒 100 次了。"那么他这"100 次"大多都是冲动型负罪感戒酒。

负罪感戒酒，我们也称为"半天型戒酒"。

3. 既害怕戒酒失败，又害怕戒酒成功

不管戒酒时间长短，每次开戒前都有两种意志在斗争——主观意识上"不喝"的意志和潜意识里"喝"的意志，经过反复较量，最终潜意识战胜了主观意识，"喝"的意志战胜了"不喝"的意志，潜意识取得最后胜利——继续喝，然后进入新一轮的"戒酒——喝酒——再戒酒"循环。

不得法的盲目戒酒，戒了喝、喝了戒，让我们苦不堪言、痛不欲生。每次戒酒都是信誓旦旦地开始，最终以惨败而告终。每次戒酒失败都是对我们精神和意志的一次打击，以至于我们既恐惧喝酒又恐惧戒酒，有时我们甚至害怕戒酒成功——"万一真的戒了，以后没酒的日子怎么过？"

我们对酒既爱又恨，我们渴望戒酒，又害怕戒酒，害怕戒酒失败，又害怕戒酒成功，这就是酒精的魔性。

4. 不敢再次戒酒

戒酒者从刚开始戒酒时的痛苦、煎熬，到开始动摇时的矛盾、纠结，到开戒前的思想斗争，再到开戒之后的懊悔、自责、自我否定，以及想戒戒不了，明知喝酒有害却还得继续喝的痛楚、恐惧，是非饮者和没有戒过酒的人体会不到的。每次戒酒失败对戒酒者都是一次莫大的打击，有的人戒酒失败一次后，要过很长时间，几个月甚至几年，才敢再次鼓起勇气戒酒。

5. 酒民们的小心思

实话跟你说吧，喝了这么多年酒，我们还真没白喝，我们喝酒人的大脑比不喝酒人的大脑多了一项功能——自动放大喝酒的好处，无限缩小喝酒的坏处。我们给自己大脑增加这个功能，无非是给自己找一个适当的喝酒理由，以便让自己喝得更心安理得一些，我们不想一边背负着罪恶一边喝酒。

6. "想喝就喝，不想喝就不喝"

酒民的自我欺骗还体现在他们不愿意承认自己喝酒上瘾，酒瘾越大的人越不敢承认，尤其不愿在已经戒酒成功的人面前承认。经常听一些抽烟的人，尤其是轻度吸烟者（每天只抽几支）说："我抽烟没瘾，想抽就抽，不想抽就不抽。"同样，一些喝酒的人，尤其是轻度饮酒者（饮酒量小或不经常喝酒的人），你若劝他们戒酒，他们会说："我喝酒没瘾，想喝就喝，不想喝就不喝。"或者说："我喝酒没瘾，平时就喝一点。"是啊，这话说得没错，"想抽就抽，不想抽就不抽"，所以

他们一会儿抽一根，一会儿抽一根，如果真像他们说的那样，你倒是一根也别抽啊！同样，说自己"喝酒没瘾，一般不多喝"的，你倒是一点也别喝呀！事实上，他们之所以这样说，第一，不多喝是因为酒量不大，但不代表没有酒瘾；第二，说是不多喝，其实一点都不少喝，何况有人本身就是偷偷饮酒者。

他们这样说的目的，无非是想表明自己喝酒是自愿的，是自己的"爱好"，不是戒不了，是自己不想戒，他们不愿意让别人认为他们没毅力，所以他们撒谎说自己对抽烟喝酒已经做到了"随心所欲，收放自如"。

那么，为什么酒瘾越大的人越不愿意承认自己喝酒上瘾？你想，酒瘾越大饮酒量就越大，对身体的伤害也就越大，对此他们心知肚明，可是自己又戒不了，这时不承认自己喝酒上瘾，表明的是自己愿意喝，不想戒。言外之意，只要自己想戒就随时能戒掉；反之，如果承认自己喝酒上瘾，表明的就是自己没有毅力，明知喝酒有害却戒不了，在戒酒成功者面前岂不是很没面子！

7. 不要骗自己了

香烟香吗？美酒美吗？

有人说他特别喜欢酒的那种醇香、甘甜的味道。事实真的如此吗？假设你到了一个偏远的山区，随身携带的"好酒"喝完了，现在身边只有几块钱一瓶的"赖酒"，那么你会喝吗？你可能不会，但三天以后你会喝吗？我想你一定会喝！那么问题来了，这种以前你从来不喝的"赖酒"，现在你觉得它香吗？甜吗？香，那为什么看起来像是硬着头皮往下灌？甜，为什么龇牙咧嘴？仔细想想，其实它不香也不甜，还有点辣、有点苦。

所以，不要骗自己了，你之所以喝酒，既不是因为酒香，也不是因为酒甜，是因为你有酒瘾。

8. 戒酒明白歌

酒瘾的骗局是高明的骗术。

明明上瘾了，却说自己没瘾，想喝多少喝多少；
明明知道每一口酒都在积累着伤害，却还一口一口地往肚里灌；
明明想戒戒不了，却说自己想喝就喝、想戒就戒，随心所欲，收放自如；
明明是先制造痛苦，再缓解痛苦，却当作享受；
明明是喝酒造成的痛苦，却归罪于戒酒；
明明是酒精麻醉，却当成放松；

明明是酒精夺去了生活原本的快乐，却认为它在制造快乐；

明明喝酒给自己造成很多困扰和麻烦，却常常把功劳赋予它；

明明正常人不必受它的奴役，却认为自己比别人多了一种享受；

明明每次酒醒后都痛苦自责，下次却还照喝不误。

明明知道醉酒的危害，却还喊着一醉方休，不醉不休；

明明知道长期大量饮酒会导致恶性疾病发生，却说"这一次不会"；

明明因为喝酒身体已经出现了各种不适，却明日复明日——下次再戒；

明明喝多了，却说自己没喝多；

明明是因为酒瘾才喝酒，却不愿意承认；

明明是酒瘾，却给自己找各种理由，无非是让自己喝得冠冕堂皇、理所当然。

明明时间都浪费在酒上，每天昏昏沉沉，神志不清，却以为自己生活很充实；

明明因为喝酒导致同事厌恶，家人厌烦，却说自己很快乐；

明明是"酒鬼"，却总自比李杜，有时还比曹操，独不说孔融；

明明早已被酒魔控制，沦为酒精的奴隶，却说喝酒很享受。

如果酒真的那么好，你希望你的爱人像你一样喝酒吗？

如果酒真的那么好，你希望你的孩子比你还能喝酒吗？

显然不是。

那为什么自己却还要喝酒呢？

这一切都是因为酒瘾！

现在，

我终于明白了，

喝酒，不过是为了缓解戒断反应。

每次犯酒瘾时的空虚和不安，正是上一次喝酒造成的；

每次喝酒时所"解除"的痛苦和难受，恰是下一次喝酒的理由；

每一次饮酒，既是上一次饮酒导致的结果，也是下一次饮酒的诱因。

今天，

我终于醒悟了，

我再也不自欺欺人了。

从今天起，

我要从自以为是的"饮酒者思维"中走出来，

用"非饮酒者思维"重新看待喝酒这件事。

从今以后，

就算酒被人们夸得天花乱坠，

我也不信。

从今以后，

就算所有饮酒者都向我炫耀喝酒的各种"好处"，

我也不会再上当。

第八部分

· · ·

万丈红尘三杯酒，千秋大业一壶茶

第 37 章
酒之于夏商周

酒精不仅伤害人的身体，还消磨人的意志，摧残人的精神。"温水煮青蛙"，酒精害人于无形。

一、中国古代禁酒令

中国历朝历代都推行过禁酒令，可以说中国的酿酒历史有多长，禁酒史就有多长。中国最早施行禁酒的是夏朝的大禹，最早把禁酒纳入法律的是周文王。汉代萧何颁布法令"禁群饮"，三国时刘备禁止民间酿酒，元代成吉思汗深知喝酒误事，所以特别厌恶喝酒，一上台就颁布史上最严"禁酒令"：饮酒者流放。后又将流放改为死刑，家人、财产充公。

古代禁酒的初始原因，大多是为了节约粮食，尤其遇灾荒频发之年。大家知道，中国古代农业不发达，基本是靠天吃饭，而酿酒是要消耗很多粮食的，所以有时遇灾荒年，粮食歉收，国家就下令全国禁酒，以节约粮食。为节约粮食而禁酒的典型案例，是三国时期曹操推行"禁酒令"。当时因连年战争造成人口锐减，土地荒芜，为减少粮食消耗，满足军队和民众的需要，曹操下令全国禁酒。

古代禁酒的另一个重要原因就是我们说的"喝酒误事"。终日沉湎于酒、狂喝滥饮，对个人来说是"喝酒误事"，对一个国家来说可能就是"喝酒误国"了。中国历史上"喝酒误国"最典型的案例，就是夏、商、周三朝末代君王"因酒而亡国"。

这些惨痛教训，不能不引起历朝历代管理阶层的警觉和重视，所以一般都会在新朝初立时推行戒酒，或在酒风太过糜烂时推行禁酒。

二、夏朝

1. 大禹戒酒

早在夏禹时期人们就掌握了果酒酿造技术，其时有个叫仪狄的人善作美酒，《战国策》上这样说："昔者，帝女令仪狄作酒而美，进之禹，禹饮而甘之，曰：'后世必有以酒而亡其国者'，遂疏仪狄而绝旨酒。"

那时有个叫仪狄的人，善于制作美酒，于是夏禹之女就让仪狄制作了一些美酒，进献给夏禹。禹饮后，感受到它甘美的同时，也意识到这是一种魅惑之物，不由得心中产生了一种警觉，说："后世一定会有因酒而使国家灭亡的。"从此，夏禹对酒心生恐惧，于是疏远了仪狄，并从此戒绝美酒。不但自己不再饮酒，同时下令宫中都不许饮酒。

夏禹"绝旨酒"不仅是一次小范围的禁酒，更是对外界的一种态度表达：

酒虽美，但酒有魔性，沾染不得，一旦沾染了此物，身心就会被酒魔控制而不得自由。现在我以身作则，从此全国上下要对此物提高警惕，不可为酒所惑，更不要入了酒的骗局，着了酒的魔道。

夏禹，这位自律性极强的至明之君，远见卓识，预料得非常准确，他的后代夏桀就是因酒而亡国的，再其后，商、周二朝的末代君王也都是因酒而亡国的。

大禹治水

黄河，是中华文明的发源地，中国人的"母亲河"。黄河发源于中国青海省巴颜喀拉山脉北海拔4500m的约古宗列盆地，从西到东流经9个省区，横跨青藏高原、内蒙古高原、黄土高原、华北平原，最后入渤海。黄河流域又有白河、黑河、清水河、无定河、汾河、渭河、洛河等很多支流，水系复杂，流域广，跨度长，地貌差别大，气候条件复杂，治理难度大。

古黄河是在漫长的地形地貌变化过程中逐步形成的，由远古洪荒时代发展至古湖泊时代，再到三皇五帝时的上古时期。这一时期正是古黄河水系时代大发展时期，大小水系、支流把黄土高原切割的沟壑密布，形成了千沟万壑的黄土地貌。黄河携带着大量泥沙冲向下游平原，造成下游地势抬高，河水受阻，泛滥成灾。正是在此时，夏禹父子承担起了治理黄河的重任。

夏禹治水是子承父业。夏禹吸取父亲以堵治水而失败的教训，采用以疏为主、以堵为辅的科学治水办法，取得了成功。大禹治水历经13年，这些年中，他带着尺、绳、标杆等测量工具，翻山越岭、跋山涉水，走遍了中原大地的山川、河流。他查河道、测山脉，八年三过家门而不入。大禹的这支由能工巧匠、百姓民众组成的治水大军，逢山开山、遇洼筑堤、疏堵结合，历经千辛万苦，终于让咆哮肆虐、恣肆横行的黄河，沿着大禹划定的路线、走势、东流入海。从此，黄河流域、中原大地的人民，开始在母亲河的滋养下，安居乐业、繁衍生息。

大禹还根据中华大地的山川地理、河流走势，将天下划分为九州：冀州、青州、豫州、扬州、徐州、梁州、雍州、兖州、荆州。

大禹治水奠定了黄河的水脉雏形，奠定了中华农耕文明的基础，奠定了华夏文明的开端。

大禹治水有功，舜禅位于禹，禹建立了中国历史上第一个国家形式的王朝——夏，从此，开启了华夏文明在九州大地上的勃勃生机。

2. 太康失国

夏禹传位于子启，启传位于子太康。太康喜欢饮酒、打猎，每次外出打猎时，都要带上一支很大的队伍，去到很远的地方，一去就是数日。游猎筵饮时，太康喜欢现场宰杀烹饪，就地开席畅饮。

太康湎于酒色、嬉于游猎、谎于政事。朝野上下弥漫在纵酒酣歌之中，不到一年就朝政荒废，国家内外危机四伏、矛盾重重，四夷蛮邦蠢蠢欲动。

有一次，太康组织了一支庞大的狩猎大军，带上足够喝 100 天的美酒，到离京都很远的地方去狩猎。这时，东夷族首领后羿发现了这个千载难逢的好机会，趁太康离开京都之际，后羿带领军队击败太康军，占领京都，夺取了夏朝王位。

五子之歌

太康失国后，太康的母亲和五个弟弟逃了出来，在洛水河边，五兄弟抱头大哭。经历了一场这样的劫难，回想起大禹当初的训诫，五兄弟纷纷埋怨太康不遵祖训，才导致今天的结局。于是五人每人回忆了一条当初大禹对子孙后代的训诫之言，以表悔意，是为《五子之歌》。《五子之歌》也成为中国历史上最早的家训。

其一曰：皇祖有训，民可近，不可下。民惟邦本，本固邦宁。予视天下愚夫愚妇，一能胜予。一人三失，怨岂在明，不见是图。予临兆民，懔乎若朽索之驭六马，为人上者，奈何不敬？

其二曰：训有之，内作色荒，外作禽荒。甘酒嗜音，峻宇雕墙。有一于此，未或不亡。

其三曰：惟彼陶唐，有此冀方。今失厥道，乱其纪纲，乃底灭亡。

其四曰：明明我祖，万邦之君。有典有则，贻厥子孙。荒坠厥绪，覆宗绝祀！

其五曰：呜呼曷归？予怀之悲。万姓仇予，予将畴依？郁陶乎予心，颜厚有忸怩。弗慎厥德，虽悔可追？

【参考译文】

第一个人说：皇祖早已有训，民可近，不可轻，民为国之本，本固则国安。我看天下的愚夫愚妇，都能胜过我。一个人多次失误，难道非要等民怨显现出来吗？应当在它尚未显现的时候就有防范。我临天下，犹如用腐朽的缰绳驾驶着六匹马一样，时时警惕，作为一国之君，怎能不时时处处严谨敬畏？

第二个人说：皇祖早有训诫，内政荒废于女色，外务荒废于狩猎。纵酒酗歌，奢靡享乐，这些只要有一个，就不可能不灭亡。

第三个人说：陶唐部落，曾据冀州。现在却失于王道，乱于朝纲，终致灭亡。

第四个人说：伟大的皇祖，万邦之君。有典章有法度，留给子孙遵守。现在却废弃了他的法典，荒废了他的功业，导致宗族覆灭，国家败亡。

第五个人说：呜呼，我们还能回去吗？我很悲伤。现在天下人都怨恨我们，我们还能依靠谁呢？我心中忧虑，羞愧无比啊。平日里不慎修德行，现在后悔了，可是还能挽回吗？

这就是后世所说的太康失国、后羿代夏的历史典故。

后羿坐上王位没几天，感觉王位不稳，众人不服，就把王位让与太康弟仲康。仲康即位后并未醒悟，朝野上下仍然延续着太康朝时的饮酒之风，负责各方面事务的官员还像原来一样饮酒作乐，渎于职守。

天狗吃日

中国从上古时期就非常重视天象，夏朝时专门设有天文官，负责天象的观测，如太阳出没、星象变化、流星陨石、潮起潮落，等等，与人民生活息息相关的异常天象更是关注的重点，日食的事先预报和事后救护成为国家礼制。

在古代，人们对日食极为恐惧，认为发生日食是不祥的征兆，预示人间将出现祸患。古人认为太阳是"阳"，月亮是"阴"，日食是阴侵阳，所以发生日食时，官府要举行"祈祷鼓噪，张弓射月"仪式，向北击鼓射月以"救日"。

在民间，老百姓认为日食是"天狗吃日"，日食发生时，人们会敲锣打鼓，没有锣鼓的就敲打家里的锅碗瓢盆，要把天狗从太阳身边赶走。

发生日全食更是严重的天灾，被认为是上天发怒要降大祸于人间。认为日全食是关系到社稷安危存亡的大事，此时国家要举行祭祀活动，祈求上苍宽恕、免除责罚，保佑人间风调雨顺、国泰民安。

仲康时期，负责观测天象、制定历法、预测灾祸的天官是羲（xī）氏、和氏，但二人却沉湎于酒、玩忽职守。仲康五年，京都发生日全食，太阳被月亮完全遮住，昼如黑夜，一片黑暗，人们十分恐慌，观测和预报异常天象本是由羲氏、和氏负责，可是他们二人却连续几日喝酒，把观测天象的事给忘了，造成事前未对日全食作出预报。虽然朝廷紧急组织了救日仪式——乐师击鼓奏乐，君王带领百官跪地祈祷，官吏四处奔走安抚百姓，可是太阳还是被"恶魔"吞噬了，"天狗吃了太阳"。仲康了解事情原委后大怒，立刻下令将二人捉拿归案，以失职之罪处死。

天象官的岗位极为重要，天象官的地位举足轻重，自三皇五帝时开始，羲和两族就世代掌管天象，时刻不敢松懈。如今羲氏、和氏却因喝酒失职而丧命，二人也成为华夏史上第一个因酒丧命的天文官。

3. 少康中兴

太康死后，其子相继位，后羿感觉时机成熟，便直接驱逐了相，自己再次坐上了夏王位。前事之鉴未成后人之师，后羿登上夏王位后，也像太康一样四处游猎，朝廷大小事务都交给亲信寒浞（zhuó）处理，自己专事游猎，自身善射的本领也算是有了"用武之地"。后羿沉迷于饮酒、打猎，不理朝政，寒浞抓住机会暗中积蓄力量，后来将后羿取而代之，自为夏王。寒浞即夏位后，恐相夺其位，于是把相也杀了。寒浞继续追杀相子少康。其时少康尚幼，与其母四处东躲西藏，躲避寒浞的追杀。

话说少康自幼聪慧有志，待其初懂人事，母亲就把家族的历史告诉了他，嘱其长大成人后要继承家族遗志，一定要雪耻复国。生于忧患死于安乐，少康不负母望，发愤图强，誓要夺回天下。从此，少康抓住一切机会学习各种本领，如何带兵打仗，如何统御人才，如何管理财务，如何治理国家，只要有机会，少康就向人请教。少康还练就了一身好武艺，时时警惕寒浞的搜捕追杀。

少康长大成人后，开始谋求复国大业。他首先聚拢四散的族人，收拢前朝的军人和旧臣，拉拢反对寒浞的部族，然后招兵买马组建军队，同时大力宣扬祖先大禹治水和开创夏王朝的丰功伟绩，这样初步建立起了复国的根据地和军事力量。少康发挥自己的谋略智慧，用间于各敌对势力，通过几次战争，瓦解了寒浞的铁桶围剿，消灭了寒浞的直系部队。

待一切准备就绪，少康发起了最后的进攻，攻占了夏都城，消灭了寒浞残余力量，失国 40 年的夏王朝又回到了禹的后代手里。复国后，少康勤于政事，在他的治理下天下太平，百姓安居乐业，夏朝再度兴盛，史称"少康中兴"。

禹开夏朝之基，少康使已亡两代三帝的夏王朝得以复兴，功绩堪称居功至伟。但少康却非常好酒，而且对酒还很有研究，《世本·作篇》载："仪狄始作酒醪，变五味，少康作秫（高粱）酒"，传说秫酒就是他发明的，这是最早的粮食酒了。

禹"绝旨酒"创下夏朝基业，禹之孙太康因酒失国，后羿篡夏8年也因酒失位，及至少康复国，尤更好酒，到夏朝最后一世时，夏桀滥酒荒政，最终被商取代，夏朝终结，中国历史上第一个王朝就这样毁在了酒里。有时候历史的演进总是让人既陌生又熟悉，陌生到让我们感到不可思议，治理国家居然如同儿戏；又熟悉到君王之事就像发生在我们身边一样。是啊，国事如家事，夏王朝世代好酒，而如果我们留意一下身边嗜酒如命的人，也不乏一家子都好酒，而且最后也基本都逃不出家道衰落、一事无成的命运。

"少康善作秫酒"，跟他在年少时为了生存和躲避寒浞追杀，在酿酒作坊里做过工有直接关系，或许他在那里学到了制酒的手艺，又或许他是在那时染上的酒瘾，这一切不得而知。但自少康始，高粱酒、米酒风靡华夏数千年，确是不争的事实，如今的酒民们更是对所谓的"粮食酒"推崇备至。

少康拯救夏王朝于酒海之中，却又用"秫酒"将正在中兴的夏王朝，再次抛进酒的汪洋大海。一个"酒"字，让夏王朝成也少康，败也少康！

4. 夏桀因酒而亡国

少康后，历十朝，桀继位。桀是夏朝最后一位君主，也是历史上有名的暴君，同时也是一个出了名的酒色之徒。桀力能扛鼎、才华横溢，却又荒淫无度、暴虐无道，他没有把精力放到朝政上，而是"筑倾宫、饰瑶台、作琼室、立玉门"，整日泡在后宫，荒淫嬉戏，饮酒作乐。

桀特别爱喝酒，嗜酒如命。他即位后，在饮酒作乐上用尽了心思，花样百出。汉代韩婴《韩诗外传》载："桀为酒池，可以运舟，糟丘足以道望十里，一鼓而牛饮者三千人，群臣皆相持而歌。"说一日夏桀突发奇想，在宫中建了一个大酒池，酒池中装满了酒，可以在里面行船。池堤用酒糟堆积而成，站在池堤上能望出十里之远。酒池建好后，桀带领百官和嫔妃们饮于其上，一声鼓响，早已训练好的一支由三千人组成的饮酒大军，齐刷刷地扒在池边，像牛喝水一样饮酒助兴。不时有人喝醉跌入池中，引得百官和后妃们一阵大笑。

夏桀将饮酒之人的饮酒之风，从好酒、嗜酒推向了酗酒、纵酒，又推向了滥酒、乱酒的新高度。

桀滥酒荒政如此，其时举国上下，上至朝臣，下至黎民百姓，都"知国之将亡不久矣，唯桀一人不知耳"。夏桀近小人，远贤臣，刚愎自用，唯我独尊，直言敢谏的良臣有的被他杀了，有的辞职赋闲在家，还有更多的人投奔到一直在积蓄力量准备攻夏的商国。夏朝百姓对夏桀恨之入骨，编歌谣"我王废兮，国将亡矣"，贤臣伊尹本已辞官居家，但听到老百姓怨声载道，就把歌谣念给夏桀听，并劝夏桀说："大命之亡有日矣！"，说大王啊，再这么喝下去国家就要完了！桀听后哑然一笑，竟说："天之有日，犹吾之有民也，日有亡呼？日亡，吾亦亡矣！"说天上有太阳，就像我有臣民，太阳会灭亡吗？太阳灭亡，我才会灭亡！桀还不无得意地告诉伊尹："百姓跟我的关系，就是太阳和月亮的关系。月亮没有灭亡，太阳会灭亡吗？"伊尹见桀已无药可救，遂离夏投奔商汤而去。

夏桀滥酒如此，荒唐如此，这已不单单是为酒所惑了，这早已是被酒精迷乱了心智，才狂妄无知到如此地步。

商是夏的一个东方属国，商对夏觊觎已久，但因国力太弱，所以一直在暗中积蓄力量。经过几代人的努力，商的国力、军力大大增强，就在夏桀终日奋战在酒海中时，商的国君汤看准机会，决心取而代之。

公元前1666年，商正式誓师伐夏，商军首领汤率领大军西进，直奔夏都，与夏决战于鸣条（今山西运城夏县之西），只鸣条一战，一举消灭夏桀主力，大败夏军，夏桀被汤生擒后流放而死。至此，传14世历17王，历经470年的夏王朝就此灭亡。

商汤继续西进消灭了夏残余势力，黄河中下游绝大部分都纳入了商朝版图，商朝疆域面积远超夏王朝。

夏王朝的灭亡，桀的滥酒荒政无疑是重要原因。夏桀成为中国历史上第一个因酒亡国的国君。

三、商朝

1. 三商之源

商原是夏的东夷部族，后成为夏的一个属国，商族部落在夏立国之后不久就归顺于夏，后逐步发展成为黄河流域的主要部族。

商部族起源于黄河下游河南商丘一带，商丘也因此而得名。汤灭夏后将都城建在了商丘，所以商丘也是商朝的第一个国都。

商祖王亥做商部族首领时，重视农畜牧业和货物贸易，他驯服了牛，发明了牛车，经常赶着牛车去其他部族做货物交易。时间长了，人们便把这些从商部落来进行货物交易的人叫"商人"，把那些互相交换的货物叫"商品"，把这个行当称为"商业"，后人把这些商人进行的商业活动称为"商文化"。商丘也被誉为商人、商品、商业的"三商之源"。

2. 三风之戒

汤灭夏不是靠一两次战争完成的，而是经过长时间的深思熟虑、谋划谋略完成的。为了试探虚实，了解夏朝老百姓对夏桀的态度和看法，汤派人实地考察，自己也曾亲自到夏都斟鄩（zhēn xún，今河南洛阳偃师）生活了一段时间，以近距离观察夏朝的真实情况。汤还曾试探性地用兵，一看形势不妙，马上臣服纳贡，继续养精蓄锐。通过这些手段汤对夏了如指掌，最后于公元前 1666 年，趁夏桀终日沉湎于酒色，百姓怨声载道、民怨沸腾，百官离心离德、朝政荒废之际，适时伐夏，经鸣条一战，一举而灭夏。所以汤对夏"如何丧失民心，如何失去国家"看得非常透彻，商汤堪称是中国历史上知彼知己第一人。

汤登上王位后，前朝夏桀荒淫无度、滥酒荒政，终致国家灭亡的惨痛教训历历在目。夏朝开国之君夏禹"绝旨酒"，并断言"后世必有以酒而亡其国者！"，太康因酒失国，夏桀因酒亡国，联想到这一桩桩一幕幕，酒这个魅惑之物，不得不引起汤的高度警惕。

于是，汤灭夏后做的第一件事就是改变夏朝的恶习，狠刹乱酒之风，他将毁家祸国的恶行概括为"三风十愆（qiān，罪过，过失）"——三种风气滋生的十种恶习。

尚书·伊训

敢有恒舞于宫，酣歌于室，时谓巫风；敢有殉于货色，恒于游畋，时谓淫风；敢有侮圣言，逆忠直，远耆德，比顽童，时谓乱风。惟兹三风十愆，卿士有一于身，家必丧；邦君有一于身，国必亡。臣下不匡，其刑墨，具训于蒙士。

【释义】

巫风：包括两种恶行——恒舞、酣歌（歌舞、饮酒）；

淫风：包括四种恶行——货、色、游、畋（财、色、游、猎）；

乱风：包括四种恶行——侮圣言、逆忠直、远耆德、比顽童（不尊圣言、逆斥忠直、远贤德、近顽劣）。

此为三风十愆。

这三种风气所滋生的十种恶习，官员只要沾上一种，家道必丧；君王只要沾上一样，必致国家灭亡。臣下如果不改正自己的这些恶习，则脸上刺字施墨刑，以警示那些还在执迷不悟的人。

汤在这个"三风之诫"中，把饮酒作乐列为诸恶之首，如有再敢染喝酒恶习者，

酒之于夏商周

脸上要刺字施墨刑,刑罚之重可见汤对"酒"的深恶痛绝和必将其除之而后快的决心。

3.太甲悔过

太甲为商汤孙,是商朝的第四位君主,太甲即位初,由太甲的老师、为商王朝立下汗马功劳的四朝元老伊尹辅政。太甲刚即位时,伊尹侍奉太甲祭祖,诸侯百官一同跟随。在这次祭祖仪式上,伊尹告诫大家,不要忘了太祖开创商王朝的功德,并再次严正重申"三风十愆"戒律。伊尹训诫太甲一定要遵循祖法,尤要警惕"酣歌、恒舞"。

尚书·商书·伊训

今王嗣厥德,罔不在初,立爱惟亲,立敬惟长,始于家邦,终于四海。

【参考译文】

从现在开始,君王您一定要继承先祖的美德,任何事情的成功无不在于一个好的开始,从爱护亲人开始施行君王的仁爱之道,从尊敬长者开始传播君王的孝敬之名,如此从一家及于全国,最终君王的仁孝德行必及于四海天下。

太甲听了伊尹的训诫,开始时倒也谨遵祖法,但过了没两年,他就忘乎所以了,开始肆意妄为,"不尊汤法",伊尹的话也不听,在宫里开始饮酒作乐、胡作非为。伊尹百般规劝,给他讲上行下效"上有所好,下必甚焉"的道理,让他不要忘记祖训,不要忘了作为一国之君,自己的一言一行都关乎着国家的生死存亡,但太甲就是听不进去,依然我行我素,屡教不改。为了让太甲真正成为一代有为之君,守住大商基业,伊尹开始履行自己的辅政职责,他把太甲流放到太祖墓地所处的桐宫(在今河北省临漳县)反省,自己代太甲主持朝政,管理国家。

太甲在桐宫守着太祖墓反省思过,这里无人打扰,受处分被流放嘛,自然也没有了"酣歌恒舞",剩下的只有庄严肃穆。在这样一个环境里,太甲迷乱于俗世红尘的那颗浮躁的心,也开始渐渐地安静下来。他不由得想到祖上基业的来之不易,思索太祖创立国家的艰辛。太甲仔细回味伊尹的训导,反反复复用心的思考祖训"三风十愆",最后终于明白了如果不是伊尹及时的强制挽救,他必然会在"酣歌恒舞"荒淫迷乱中越陷越深,终有一天,夏桀的命运会在自己身上重演。他终于明白了作为一朝之主、一国之君,"严自律,谨垂范"是守住祖宗基业的最基本前提。面壁思过,他理解了伊尹的良苦用心,也感受到了伊尹的一片忠心,他开始发自内心地感谢伊尹的教导。

面壁三年后，经过深刻反省，太甲认识到了自己的错误，开始悔过自新，改正错误，于是伊尹又亲自把他从桐宫迎了回来，还政于他。

《史记·殷本纪》："帝太甲修德，诸侯咸归殷，百姓以宁。"太甲能够悬崖勒马，悔过自新，终成商王朝一代明君。

4. 纣王酒迷心智，纵酒亡国

纣王，商朝末代君主，21岁（一说32岁）登基，在位30年。史载纣王少时聪颖，文武双全，即位后，为扩张领土，连年用兵，四处征讨，多次发兵攻打东夷部族。同时，纣王也是历史上有名的暴君，与夏桀并称为"桀纣"。

《史记·殷本纪》载：

帝纣资辨捷疾，闻见甚敏；材力过人，手格猛兽；知足以距谏，言足以饰非；矜人臣以能，高天下以声，以为皆出己之下。好酒淫乐，嬖於妇人。爱妲己，妲己之言是从。於是使师涓作新淫声，北里之舞，靡靡之乐。厚赋税以实鹿台之钱，而盈钜桥之粟。益收狗马奇物，充仞宫室。益广沙丘苑台，多取野兽蜚鸟置其中。慢於鬼神。大冣乐戏於沙丘，以酒为池，县肉为林，使男女倮相逐其间，为长夜之饮。

【参考译文】

纣王天资聪慧口才好，思维敏捷反应快；而且力气过人，能徒手与野兽搏斗。他的学识和智慧足以让臣属不敢进谏，他的言词话语足以文过饰非。他恃才傲物，在臣属面前夸夸其谈；他凭借自己的声威，傲视天下，以为所有人都比不上自己。他好酒淫乐，宠爱女人。他特别宠爱妲己，对妲己言听计从。他让乐师涓作新的淫乐之声——北里之舞，靡靡之乐。他加重赋税，以让鹿台（纣王所建的宫苑）上的钱财盈盈有余，把钜桥（纣王储存粮食的仓库）装满粮食。他到处收集狗马奇物，以充盈宫室。他广建沙丘苑台，大量捕捉野兽蜚鸟置于其中。他不敬鬼神。他在沙丘举行歌舞庆典，以酒为池水，把肉挂起来当作树林，让男女在"树林"里裸体追逐嬉戏，饮酒作乐，通宵达旦。

纣王在位期间可分为前后两个时期——对外征战扩张的前半期和纵酒淫乐的后半期。前半期，纣王任人唯贤、虚心纳谏，身边聚拢了很多人才。在国家治理上采取主动进攻态势，对内兴修水利、鼓励农桑、发展畜牧、减少赋税劳役，国力逐渐强盛，经济一派繁荣景象。军事上开疆扩土，征伐四方，使商朝疆域得到了前所未有的扩张，统治范围扩展到了江淮长江流域，甚至到了东南沿海一带。此时，纣王完全是一个雄才大略、励精图治的明君形象。

可是到了后半期，纣王开始沉迷酒色，宠信奸佞，对内严刑峻法，横征暴敛。纣王天资聪慧，力气过人，可他常常自恃自己超常的天赋和天子的威名，听不进别人的劝谏，目中无人、自以为是，每每还在大臣们面前炫耀自己的才气，每天只顾陶醉于自己的"天分"，却忘了自己作为一国之君的"本分"。

纣王对外四处征讨，对内推行暴政，横征暴敛。百姓怨声载道，国内矛盾重重，他却依然沉湎于酒海，纵酒淫乐，荒废朝纲。对怨恨他的百姓和背叛他的诸侯，纣王就加重对他们的刑罚，其中有一种叫炮烙的酷刑，是在铜柱上涂满油，然后放在炭火上面烧，再让犯人在铜柱上走动，站不稳了就掉到炭火里烧死。纣王任命西伯昌、九侯、鄂侯为三公。九侯有个漂亮女儿，献给了纣王，但她不喜淫乐，纣王大怒，杀了她，同时把九侯施以醢（hǎi，剁成肉酱）刑。鄂侯据理强谏，争辩有些激烈，纣王就把他施以脯刑（做成肉干）。西伯昌听闻此事，在背后哀叹，被崇侯虎知道了，便向纣王告发，于是纣王就把西伯昌抓来囚禁到羑（yǒu）里（今河南安阳汤阴县北）。后来西伯昌的臣属散宜生和闳（hóng）天等人，购得美女、奇物和良马、美酒众多，献给纣王，纣王才释放了西伯昌。

史说纣王收到这些礼物后大悦，说："有此二物（指美女和美酒）足矣，何况还有这么多宝物乎！"于是马上释放了姬昌。

西伯昌出狱后，将洛水以西的一片土地献给纣王，请求纣王废除炮烙之刑。纣王答应了他，并赏赐给他弓箭和大斧，让他征伐其他诸侯，是为西伯侯。后纣王任用费仲管理国家，费仲善于阿谀奉承，贪财好贿，民众从此不再亲近。纣王就又任用恶来，恶来善于谗言诽谤，各诸侯国因此与商也渐渐疏远。比干向纣王谏言，纣王不听。商容是个有贤德的人，百姓爱戴他，纣王就把他罢黜。

西伯回到属国后，暗暗地积蓄力量，只待时机成熟，誓要灭商。西伯修养德行，推行善政，很多诸侯背叛纣王，归附于他。后西伯称王，史称周文王。周文王是一代明君，勤于政事，重视人才，所以也有很多人才前来投奔。周文王本人生活非常简朴，他像普通百姓一样穿着起居，还亲自从事田间劳作。周文王勤政爱民、兢兢业业，周边小国不断地归附投奔，周国逐渐强大起来。

正当纣王通宵达旦地纵情于酒池肉林之时，这个过去毫不起眼的商王朝的西部属国——周国，引起了商朝大臣祖伊的警觉。祖伊担心周国的崛起会威胁商朝的安全，所以对周国的壮大既恨又怕，便急忙向纣王进谏说："大王，上天已经终止我朝的国运了，不管是知天地吉凶的人测算，还是用大龟占卜，都没有一点好征兆。

这不是先王不眷顾我们后人，实在是大王您荒淫暴虐，终日纵酒寻欢、不理朝政，而自绝于天啊，所以上天才抛弃我们，让我们不得安食。而您既不预料、知晓天意，又不遵从祖法。"祖伊继续说道："现在民众无不希望我们商朝早点灭亡，他们说'上天，你为什么还不降下你的威严，灭纣的命令为什么还不到来？'大王您说现在怎么办？"

纣王闻听此言说道："我生而为王，不就是天命吗？我命在天，不在民耳。"祖伊见纣王根本听不进，回去后说："王已迷矣，不可劝也！"

此时的纣王，早已将汤的"三风十愆"警告和伊尹的训诫抛到了九霄云外，不但未禁绝"恒舞于宫，酣歌于室"，反而变本加厉，日日纵酒酣歌，通宵达旦。历史总是惊人的相似，在喝酒这件事情上，纣与桀可谓不分彼此，"桀为酒池，可以运舟，糟丘足以道望十里，一鼓而牛饮者三千人。"纣则"以酒为池，县（悬）肉为林，使男女保（裸）相逐其间，为长夜之饮。"

纣王饮酒作乐，不分昼夜，有一天竟然忘记这是哪一天了，就问左右，而身边人每天也都喝得晕头巴脑，谁也说不清今天是哪一天，于是纣王就派人问箕子，箕子感叹道："为天下主，而一国皆失日，天下甚危矣。一国皆不知而我独知之，吾甚危矣！"（《韩非子·说林上》）遂辞以醉而不知。意思是："为一国之主，而天下所有人都忘记了日子，那天下就很危险了。如果天下所有人都不知道，而唯独我知道，那我就更危险了。"于是就推辞醉酒，不知道现在是哪一天。

周文王去世后，姬发即位，是为周武王。武王继承文王遗愿，一面发展生产，继续积蓄力量，一面将讨伐商纣正式提上日程。为了试探商纣虚实，一次周武王率军东征，到达孟津时，有大小八百诸侯背叛纣王前来与武王会师。各诸侯都说："是时候讨伐纣王了。"武王说："尔等不知，天命未到。"遂班师回国。

而此时，纣王依然沉迷于"酣歌恒舞"中，纣王的哥哥微子多次劝谏，纣王仍然不听，便找太师、少师（古代官职名）商量，微子忧心忡忡地说道："我们祖先商汤制定的禁止'三风十愆'法度就高悬于殿堂之上，而我们的王却视而不见，不但不禁'酣歌'，还变本加厉，终日沉湎于酒色，荒淫无度。我们的王不理朝政、不尊祖法、暴政于民，搞得百姓怨声载道，不是反抗就是逃离，而西属周国正在虎视眈眈，我们的其他诸侯国也经常叛变。天怒人怨，离心离德，我朝怕是没救了，恐怕已到了灭亡的边缘，怎么才能让君王醒悟呢？"太师听罢心急如焚，但也干着急没有什么好对策。是啊，王已迷乱于心，已经被酒魔所控制，自己不能从心里幡然醒悟，别人的说劝又有什么用呢？想到此，太师喟然长叹："唉，上天就要降大祸于我朝，王却依然纵酒酣歌不止，我王已心智尽丧，不可救药了。"于是微子就和太师、少师一起离开了商朝。

比干却说："为人臣者，不能不以死进谏。"于是极力劝谏纣王。纣王怒曰："我听说圣人有七窍，不知你有几窍。"说罢就下令剖开比干的胸膛，挖出他的心。箕子见此情景害怕了，就装疯卖傻天天和奴隶混在一起，纣王知道后又把他囚禁起来。

> 大臣梅伯冒颜进谏，被纣施以炮烙之刑；
>
> 微子三谏于王，纣王不听，遂离朝而去；
>
> 谏臣比干以死相谏，被施剖膛挖心之刑；
>
> 箕子劝谏不成，装疯卖傻到别人家为奴。

纣王身边的那些敢于直言相谏的谏臣、忠臣、贤臣、良臣，杀的杀、囚的囚、贬的贬、逃的逃，到后来身边剩下的除了一堆谄媚谗言的奸佞之辈，就是一群臭味相投的酒色之徒！

至此，商王朝已分崩离析。而纣王耳边没有了那些"烦人的唠叨"，倒也落得个耳根清净，也就愈发无所顾忌，酒喝得也就愈发痛快了。

武王见时机成熟，即挥师东进，经牧野一战而灭商。纣王逃回王宫，登上鹿台，穿上挂满珠宝的玉衣，"屏遮而自燔于火"，把自己严严实实地遮盖起来，引火自焚而死。纣王的这一举动——"屏遮"，说明他总算在最后一刻彻底地醒悟了——自己沉湎于酒色，纵酒酣歌，不理朝政，终致商王朝毁于自己之手，而自己也落得个败亡的下场，实在是无颜见天下黎民百官，更无颜地下列祖列宗，也只好把自己遮盖起来了。

至此，传17世历31王，存续554年的商王朝被周取代，纣王成为华夏史上又一个因酒而亡国者。

纣王骄奢淫逸、贪酒恋色，远离贤臣、亲近小人；他横征暴敛、奢靡享乐，穷兵黩武、滥用民力；他滥杀大臣、残害忠良，最终将商王朝600年江山断送。这位本来称作帝辛的商朝末代帝王，也被后世蔑称为纣王，纣王成为昏君、暴君的代名词。这是历史上对纣王的普遍看法，但近代也出现了一些不同的说法，最典型的说法认为纣王是一位"改革家"，说他在位期间推行了很多改革举措，但最终都失败了。这些改革措施包括：

●改革旧俗。减少或废止活人祭祀和牲畜祭祀。通过调整、完善祭祀制度，
　削弱旧贵族势力。

- ●改革用人制度。削弱世袭贵族势力，提拔、重用一些有能力的非贵族平民、新人。
- ●推行律法改革。通过法律形式扩大自己的直属管理范围，缩小、削弱旧贵族和各诸侯势力。同时加大对反抗贵族和反叛诸侯的惩罚。
- ●对外采取扩张策略。纣王时期商朝势力范围空前扩大，东至海上，南至湖南、湖北、江西、福建。甚至现代考古发现，广东一带也有殷商文化遗存。

但无论历史对他的评价是无道的昏君，还是失败的改革者，酒都脱不了干系。试想，一个嗜酒如命、终日沉湎于酒的人，不管他是平民百姓，还是达官贵人，又或者是一国之君，怎么可能成功呢？用我们现在的话来说，即使有再好的政策，再好的队伍，再好的产品，也不一定会成功的，更何况政策不一定好，队伍不一定强，产品不一定过硬呢！所以，改革不但未能使商朝强盛起来，反而加速了商王朝的灭亡。

加之纣王本就文武双全，聪慧勇武，而按照普遍规律来说，越是这样的人，越容易刚愎自用、自以为是，而酒的其中一大"功能"就是——它不能使人的缺点变好，却能使人的缺点无限放大，对嗜酒者来说，酒精只会使邋遢的人更邋遢，不负责任的人更不负责任，脾气不好的人脾气更不好，刚愎自用的人更刚愎自用，自以为是的人更自以为是……

所以，是什么让一个天资聪慧、能文能武，原本雄才大略、勤政爱民的有为之君，变成了一个昏庸无道、不理朝政的昏君、暴君？原因固然很多，但从现代科学角度来看，一个重要的原因就是纣王纵酒、滥酒。是酒让纣王从一个正常人变成了一个非正常人，甚至不夸张地说，到了纣王执政后期，几十年的酒精伤害，使得纣王在一定程度上已经智力残缺、精神残疾了。如果我们抛开其他外界因素不谈，单从酒精对人的身体、大脑、神经、智力、人格、性格、性情等的伤害，以及对人的精神和意志的摧残来说，纵酒、滥酒、乱酒或许就是造成纣王悲剧命运的原因了。

儒家五经之一《尚书》中列举了纣王的六条罪状，其中第一条就是酗酒。

从现代科学角度来看，酒精对人体的伤害是一个长期累积的过程，年轻时酒龄尚短，酒精的累积性伤害相对来说比较小，所以酒精伤害所表现出来的症状，不管是在身体方面，还是大脑智力方面，都不明显（不明显不表示无伤害）。加之正值身强力壮，身体承受力强，所以即使症状有所表现，也容易被人忽视。但当酒精的累积性伤害达到一定时间或一定程度时，酒精对人体的伤害就开始显现了，身体方面比如体力下降，身体免疫力降低，容易感冒，工作（包括脑力劳动）总感觉力不从心，有时做一点小事都感到吃力；脑力方面比如智力下降，记忆力减退，缺少耐性，思维能力、应变能力、判断力、决策力降低等。如果长期大量饮酒，酒精对人体的伤害不断累积，严重时会导致身体罹患各种恶性疾病。

扩展阅读

优莫劝赵襄子戒酒

赵襄子饮酒，五日五夜不废酒，谓侍者曰："我诚邦士也，夫饮酒五日五夜矣，而殊不病！"优莫曰："君勉之！不及纣二日耳！纣七日七夜，今君五日。"襄子惧，谓优莫曰："然则吾亡乎？"优莫曰："不亡。"襄子曰："不及纣二日耳，不亡何待？"优莫曰："桀纣之亡也，遇汤武，今天下尽桀也，而君纣也，桀纣并世，焉能相亡！然亦殆矣！"

【注】

①赵襄子：春秋末晋国大夫，战国时期赵国的创建者。

②刘向（公元前 77—公元前 6 年），西汉文学家，沛郡丰邑（今江苏省徐州市）人。《新序》是其编撰的一部历史讽刺故事集，《优莫劝赵襄子戒酒》是《新序·刺奢》中的一篇。

【参考译文】

有一次赵襄子设宴摆酒，连喝五天五夜而不醉，还跟身边人自诩道："我真是国家的人才呀，喝了五天五夜还没事！"一个叫优莫的侍从说："您还得继续努力，您跟纣王比还差两天呢！纣王是七天七夜，您才五天五夜。"赵襄子听到这里，心中一惊，对优莫说："这么说我也要灭亡了吗？"优莫说："不会灭亡。"赵襄子说："只差两天就赶上纣王了，我不灭亡谁灭亡？"优莫说道："桀、纣之所以灭亡，是因为碰到了圣明的商汤和周武，现在天下诸侯都跟夏桀一样暴政滥饮，而您跟纣一样，桀与纣并存于世，大家彼此彼此，谁也灭不了谁！不过，要是再这么喝下去，就真的危险了！"

赵襄子接受了优莫对自己不思进取、不以为耻反以为荣的讽谏，停止了长夜之饮，开始整治滥饮之风，从此勤于朝政，励精图治，终成一代明主。

商人好酒

商人本就好酒，世代上自王公贵族，下至各级官员，以至平民百姓，无不酗酒成风。到了纣王时期，在纣王的垂范下，官员们更是终日饮酒作乐，天天见不到几个清醒的。加之商朝后期，农业发达，粮食富足，所以酒很便宜，于是，上行下效，愈演愈烈，饮酒之风更甚前朝，全国上下都沉浸在酗酒的恶习之中。

商人为什么好酒，据说是因为商人崇尚占卜，做任何事情之前，都要先问问神灵，根据神灵的旨意，再决定自己的行动。人喝了酒后，昏昏欲睡、醉眼迷离、目光呆滞，说话不过大脑，好像不是自己在说话一样，商人就把人喝酒后的这种状态，看作是人与神灵相通的表现，是神借人在发出指令。

四、周朝

商王朝的西部小国周国，经文王潜蓄进取，埋头发展，国力渐强。武王继位后，与八百诸侯会盟于孟津，因条件不成熟，没有继续东进。又过了几年，武王见时机成熟，于是率兵东征，经牧野一战而灭商。至此，商朝灭亡，周朝建立。

周朝是中国历史上继夏朝、商朝之后的第三个奴隶制王朝。一共存续 790 年，传 32 世历 37 王。

1. 文王警酒

文王在位时，招贤纳士，广施仁政，国力渐强，这引起商王朝的疑忌，于是文王被纣王拘禁。也正是这段长达七年的被拘禁时间，给了文王一次近距离观察商王朝的机会。他发现，原来商王朝并不像周国人想象的那样神秘，商人也不像想象的那样神圣，这里的城邦虽然华丽，但从王公贵族到文武百官，都与周国人一样，并未见有任何神异之处。倒是有一处让文王长了见识，那就是商人酗酒，商王朝上至文武百官，下至黎民百姓，饮酒成风，如果不是亲眼所见，文王还真不敢相信，商人沉沦于酒竟如此地步。

纣王本人更是长期沉湎于酒色，废了朝纲，荒了国政，丧了民心，文王每每看到此，实窃喜于心。这不，机会来了，经过周国大臣百般努力，凑了无数奇珍异宝，更有美女、美酒献于纣王，纣王喜出望外，看着美女和美酒说道："有此二物足矣，况有这么多宝物乎！"于是欣然放文王归去。

纣王身为一国之主，居然见财眼开，见色起意，置周国的潜在威胁于不顾，放走了潜蓄隐忍、雄才大略的周文王。要知道当初正是因为商王朝看到了周国的潜在威胁，才囚禁周文王的啊！

酒与国，孰轻孰重乎？周文王看到了酒的强大力量——它能使人精神错乱、神智昏聩；能使人丧心失智，失去原则，失去理智。它不但能毁掉一个人，甚至能摧毁一个国家。

周文王有了这次亲身经历、亲眼所见，从此对酒心生恐惧。

2. 周公《酒诰》

周武王灭商之后，接管了原来商朝的大片领土，接着连续用兵，征服了周边无数小国。这时如何统治这些诸侯国，尤其是殷商遗民，是摆在面前的一个必须要考虑的大问题。正当武王启用姜尚、周公，采用"封建亲戚，以藩屏周"策略大展宏图时，武王病逝。

封建亲戚，以藩屏周——将土地分封给同姓宗族，让他们在不同属地建设和管理国家，然后让这些国家形成藩篱之势，拱卫周王朝。

武王逝后，成王即位。因成王年幼，周公代成王摄政。周公继承武王遗志，大力推行"封建亲戚，以藩屏周"的政策，在平定了一次殷商遗民叛乱之后，天下初定。

接着，周公抽出身来开始整治殷商时期遗留下来的酗酒恶习。此种恶习不改，就会随时有商民借酒作乱的危险，如果这种恶习再传染到国体初立的周朝上下，那就事关国家安危了。为此，在康叔到封地卫国赴任前，周公特作《酒诰》，让康叔在卫国宣布并执行这一禁酒令❶。

---

❶ 康叔，姬姓，名封，周文王姬昌第九子，武王姬发弟，因平商民叛乱有功，封于殷商故地为君，建卫国，又称卫康叔、康叔封。康叔受封时，年纪尚轻，周公特精心作《酒诰》，作为康叔整治商民酗酒恶习的一道政令。周公，姬姓，名旦，周文王姬昌第四子，武王姬发弟。因封地为周，故称周公或周公旦。周公是周朝开国元勋，杰出的政治家、军事家、思想家、教育家，其言论见于《尚书》《康诰》《无逸》等。

酒诰（节选）

王若曰：明大命于妹邦。乃穆考文王，肇国在西土。厥诰毖庶邦、庶士越少正御事，朝夕曰：祀兹酒。惟天降命，肇我民，惟元祀。天降威，我民用大乱丧德，亦罔非酒惟行；越小大邦用丧，亦罔非酒惟辜。

文王诰教小子有正有事：无彝酒；越庶国：饮惟祀，德将无醉。惟曰我民迪小子惟土物爱，厥心臧。聪听祖考之彝训，越小大德。

王曰：封，我闻惟曰，在昔殷先哲王，迪畏天显小民，经德秉哲，自成汤咸至于帝乙，成王畏相。惟御事厥棐有恭，不敢自暇自逸，矧曰其敢崇饮。越在外服，侯甸男卫邦伯，越在内服百僚庶尹惟亚惟服宗工，越百姓里居，罔敢湎于酒，不惟不敢亦不暇。惟助成王德显越尹人祇辟。

我闻亦惟曰，在今后嗣王酗身，厥命罔显于民，祇保越怨不易。诞惟厥纵淫泆于非彝，用燕丧威仪，民罔不衋伤心，惟荒腆于酒，不惟自息乃逸，厥心疾很，不克畏死，辜在商邑，越殷国灭无罹。

王曰：封，予不惟，若兹多诰，古人有言曰：人无于水监，当于民监。今惟殷坠厥命，我其可不大监抚于时。

矧汝刚制于酒，厥或诰曰：群饮。汝勿佚，尽执拘以归于周，予其杀。又惟殷之迪诸臣惟工，乃湎于酒，勿庸杀之，姑惟教之。有斯明享，乃不用我教辞，惟我一人弗恤弗蠲，乃事时同于杀。

王曰：封，汝典听朕毖，勿辩乃司民湎于酒。

（节自《尚书·周书》）

【释义】

周公对康叔这样说：你到卫国后，宣布这项重大命令。当初你那尊敬的先父文王，在西方创立了我们的国家，他反复地告诫各诸侯国君、王公贵族和各级大小官员："只有祭祀时，才饮酒。"自从上天降下"酒做祭祀用"的旨意开始，我们的臣民就应当知道，只有大祭时才可以饮酒。上天降下惩罚，一定是因为我们的臣民不守规矩、丧失道德，而这些哪个不是因为饮酒而造成的？那些大大小小诸侯国的灭亡，又有哪个不是因为饮酒的罪过？

文王告诫在朝中为官的子孙："不许无故饮酒。"告诫在各诸侯国任职的子孙："只有在祭祀时才能饮酒，而且要时刻谨记道德不要喝醉。"告诫我们的臣民："要教导子孙珍惜辛苦劳作收获的粮食，这样才能使他们心地善良。不要以为饮酒是小事，认为饮酒无关大德，饮酒乱性、酒后丧德、因酒误事的还少吗？"我们要认真听取祖先留给我们的这些训诫，大大小小的礼法道德，后代唯有遵守！

康叔说："封啊，我听人说，当初殷商他们富有智慧的先王，敬畏上天和百姓，秉其智慧施行德政，所以从成汤一直到帝乙，君王和贤相心中装的只有国家，他们每天恭恭敬敬地做事，丝毫不敢浪费时间，半刻也不敢偷闲，哪里还敢拿喝酒当正事？那时他们不管是王公贵族，还是朝中文武百官、各级大小官员，或者在各诸侯国任大小职务的族亲，甚至包括百姓和已退休官员，谁敢沉湎于酒？不仅不敢，他们也没有空余的时间，只有一心帮助君王成就王道，彰显德行，使民众对君王敬服。"

"我还听说，后来纣王酗湎于酒，他的命令民众已经不服从了，他拿民众的怨恨不当回事，也不做任何根本改变。纣王纵酒淫乐，不合礼法常规，迷恋酒筵，有失威仪，民众没有不悲痛伤心的。纣王酗湎于酒，没想过自己来终止这场丑行，却心地强横凶狠，对死不心存畏惧。他作恶于商都，直到殷商灭亡，未曾有过忧患。纣王时没有祭祀的德馨香气升闻于天，只有民众的怨气、群臣喝酒的酒腥气在天空飘荡。所以上天降丧亡之祸于殷商，上天不再眷顾殷商了，原因只有一个——贪图安逸享乐。不是上天暴虐，是殷民自招罪罚。"

康叔说："封啊，我就不多说了，古人有言，人'不以水为镜而察，要以民为镜而监'，人不要用水做镜子来察看自己，而应该根据民众的反应来监察自己。现在殷商已丧其天命，难道我们不应以此为镜、引以为戒吗？"

周公告诫康叔，"到了卫国后，首先你自己要果断戒酒，然后发现商民有群饮的，不要让他们跑了，要全部抓起来送到周都，我杀他们。还有，如果发现原来的殷商旧臣中有还沉湎于酒的，你也先不要杀他们，暂且先教育他们，给他们一次机会，公开宽恕他们一次，如若不思悔改，还不遵守我的教令，我不会再宽恕他们，也不会再留着他们了，同群饮者一块儿杀。"

康叔最后说："封啊，你要谨记我的诰令，要谨防属臣沉湎于酒。"

总结一下，周公在《酒诰》中提出了 4 条酒规：其一，只有祭祀天地神灵、先帝祖宗等重大祭祀活动才可饮酒，因为上天造酒，就是为祭祀之用，违背了上天旨意，就要受到上天的惩罚；其二，即使祭祀时喝酒也要少喝，因为这也是上天的旨意；其三，不能酒后失态，不可喝醉；其四，酒是粮食做的，为节约粮食，大家要少酿酒、少喝酒。

周公还从饮酒角度分析总结了商朝的兴衰败亡，以教导康叔：

商朝之所以能从汤至纣延续 500 多年，就是因为历代商王都严格遵循汤祖的'三风十愆'，对'三风十愆'恶习的首恶——酒，时刻保持警惕。上行下效，帝即戒酒，臣属百官不敢造次，谁敢酗酒？百官没有酗酒之人，朝廷上下充满了一股清新冷静的风气。如果帝王带头饮酒，群臣效仿，百姓跟风，王朝上下就会酗酒成风，这又是一种什么景象？纣王忘了祖宗家训，终日沉湎于酒，声色犬马，荒于朝政，焉有不败之理？

周公在康叔临行前再次提醒康叔：防止臣属湎于酒！自己以身作则，管好身边人就可以影响一片人。

《酒诰》是中国戒酒史上的雄文。此诰口气不似一般的公文，完全是家族长辈对幼者、晚辈的训导和忠告，谆谆教导中透着循循善诱，苦口婆心中又有一种严厉、严肃。《酒诰》有理有据，措辞得当，步骤合理，既有对重点对象的严厉惩处，也有特殊情况的特殊对待。既乱世重典，又网开一面，可操作性极强。

周公摄政辅佐成王，7年后，成王长大成人，周公归政于成王。不过，因为成王这时虽已成人，但毕竟还很年轻，经验不足，所以周公并未完全放手不管，而是依然时时告诫提醒，《无逸》就是一篇周公对成王的劝诫之文。

无逸，即不要贪图安逸。在《无逸》中，周公这样告诫成王，君子既居其位，就不能贪图安逸。作为一国之君，只有知道百姓疾苦，才不会乱施暴政或做出其他更为荒诞的事情。他还告诫子孙后代，不许谎于田猎嬉戏，更不许像商纣王那样迷乱于酒，只有这样国家才能长治久安。如果忘记了或不守先王之规，必会招来百姓之怨、国家之乱。

正是成王及成王之子康王很好地遵从了文王之规和周公之诰，才有了中国历史上最早的太平盛世——"成康之治。"

3.幽王乱酒失国家

公元前782年，周幽王即位，幽王是周王朝第12位君主。周幽王骄奢淫逸、嗜酒成性，"饮酒流湎，倡优在前，以夜续昼"，在他的"带领"下，商纣时"一国皆失日"的纵酒之风再度上演，且有过之而无不及。满朝上下，皆沉于酒中。

《诗经》里有一首《宾之初筵》，是卫国国君武公见到周幽王一朝的饮酒场面后有感而作。"幽王荒废，媒近小人，饮酒无度，天下化之，君臣上下沉湎淫液。"诗中绘声绘色地描绘了周幽王君臣宫中宴会时的丑态，借以讥讽人酒后失言、失态、失德。

宾之初筵

卫武公

【原文】

宾之初筵，温温其恭。其未醉止，威仪反反。曰既醉止，威仪幡幡。

舍其坐迁，屡舞仙仙。其未醉止，威仪抑抑。曰既醉止，威仪怭怭。
是曰既醉，不知其秩。宾既醉止，载号载呶。乱我笾豆，屡舞僛僛。
是曰既醉，不知其邮。侧弁之俄，屡舞傞傞。既醉而出，并受其福。
醉而不出，是谓伐德。饮酒孔嘉，维其令仪。凡此饮酒，或醉或否。
既立之监，或佐之史。彼醉不臧，不醉反耻。式勿从谓，无俾大怠。
匪言勿言，匪由勿语。由醉之言，俾出童羖。三爵不识，矧敢多又。

【参考译文】

宾客们刚到还未喝酒前，个个温文尔雅恭敬谦让。
在他们还没有喝醉之前，个个神情威严举止端庄。
再看他们喝醉了的时候，个个放浪形骸威严尽失。
离开座位到处跑来跑去，个个手舞足蹈疯疯癫癫。
在他们还没有喝醉之前，个个言语谨慎行为得体。
再看他们喝醉了的时候，个个言语轻佻举止轻浮。
这都是酒精麻醉惹的祸，失去了秩序没有了规矩。
你看宾客都喝醉了以后，满堂大呼小叫乱乱哄哄。
弄乱了餐桌打翻了餐具，却视而不见还醉舞翩跹。
这都是酒精麻醉惹的祸，不知道自己犯了大过错。
帽子歪斜地扣在脑袋上，走路跌跌撞撞踉踉跄跄。
喝醉了就应该起身离席，互道祝福相约下次再聚。
如果醉而不别恋恋不舍，最后是失节失德失形象。
宾主欢宴本来是好事情，关键是要保持形象风度。
凡是在一起喝酒的时候，有的喝醉了有的没喝醉。
要么喝酒之前立下规矩，要么就设一酒官来监督。
酒这东西喝多了是不好，可要是喝不够还不舒服。
不要再殷勤劝人喝酒了，莫让好酒者由着性子喝。
不该发言不要随便发言，不该说的话就不要乱说。
仗着喝醉了就信口开河，就不要让他再来喝酒了。
三杯酒就不知自己是谁，哪里还敢再劝他多喝酒？

周幽王十一年（公元前771年），周西部诸侯国申国，联合犬戎军进攻周朝，攻下都城镐京（今陕西西安）。

西周，传11代12王，历275年，至此灭亡。

扩展阅读

前有尊酒行

明　刘伯温

前有尊酒芳以饴，举杯欲饮且置之。

丈夫有志可帅气，胡为受此曲蘖欺？

禹恶旨酒，玄德上达。

桀作酒池，而南巢是蔡。

商辛恶来以白日为夜，糟丘肉林相枕藉。

瑶台倏忽成灰尘，流毒犹且迁殷民。

夫差酗而纳施，楚国酣而放屈。

姑苏台上麋鹿游，鄢郢宫中狐兔出。

灌夫骂坐，祸延魏其。

竹林称贤，神州蒺藜。

亡家破国有如此，酒有何好而嗜之！

前有尊酒醲以清，酌之白日成晦冥。

眼花耳热乱言语，元气耗散肝胆倾。

乃知酒是丧身物，卫武之戒所以垂休声。

【参考译文】

眼前一杯酒，端起又放下。

丈夫有志可帅气，为什么要被酒这种东西欺？

禹戒酒，得大德。

夏桀酒池能行船，被流放南巢而亡。

商辛恶来，纵酒通宵达旦。酒池肉林，伏地饮酒如牛。

瑶台很快成灰尘，流毒还在害商民。

夫差酗酒纳西施，楚国酣湎而放屈。

饮酒作乐姑苏台上亡，因酒昏聩败走鄢郢宫。

灌夫醉酒打人屡犯法，使酒骂座祸延魏其候。

七贤本是人中杰，竹林灌酒成废材。

亡家破国有如此，酒有何好而嗜之！

眼前美酒烈又清，喝了是非分不清。

眼花耳热乱言语，元气耗散肝胆伤。

乃知酒是丧身物，卫武《宾之初筵》警示后人。

第 38 章
茶与酒

茶越喝越清醒，酒越喝越迷糊。茶是浮华背后的安宁，酒是虚幻之中的浮躁。

茶是静的，
茶清心明目，提神醒脑。
茶让人沉静，茶让人平和，茶养心养性。

茶越喝越清醒，
酒越喝越迷糊，酒乱心性，酒迷心智。
酒使人躁狂，酒易起纷争，酒伤心伤脑。

茶喝的是心境，酒喝的是心情。
茶是理性、内敛、自律；酒是感性、张狂、放纵。
喝茶，可以谈心、谈话、谈工作；喝酒，不过吹牛、胡侃、说大话。
喝完茶，今天没聊完，下回接着聊；酒散场，今天没喝够，明天接着喝。

茶是浮华背后的安宁，酒是虚幻之中的浮躁。
茶沉淀的是灵魂深处的思想，酒摧残的是人的精神和意志。
茶香满室，茶是清香，可与书为伴；酒气熏天，酒是苦涩，只与孤独结缘。
喝茶的都很谦虚，谦虚使人进步；喝酒的都觉得自己牛，还怕别人不知道。

茶能让人在沉静中思考，酒只会使人在昏沉中消磨。
茶净化人的心灵，酒助长人的躁性。
茶是君子之交，酒有酒肉朋友之说。
几个好友对坐喝茶，可以无声无语；喝酒，看似豪气万丈，却只有喧嚣狂躁。

我们把茶和酒做比较，并不是让你改喝酒为喝茶，我们只想告诉你茶优酒劣，戒酒后你可以选择喝茶，当然你也可以不选择。

第九部分

先别急着戒，
再准备一下

第39章
设定戒酒日

其实，我们戒酒的真正原因只有一个——我们的身体不需要酒精，只有这个原因才能让我们彻底放下酒杯。

戒酒日，是你看完最后一页书、喝掉最后一杯酒的那一天。这一天非常重要，这一天是你戒酒成功的一天，从这一天开始，你将正式开启未来的无酒生活，成为一名快乐的非饮酒者。

我不得不再次重复一遍，这一天非常重要，我们要求这一天是你可以自由支配的一天，是你可以完全把控的一天。

我们把这一天定为你的戒酒日。

这个日子可以在看书之前确定，也可以在看书过程中确定。

设定戒酒日是很有必要的，戒酒日也可叫作目标戒酒日。这一天的某个时刻你将看完最后一页书，喝掉最后一杯酒。从这一天的这一刻开始，你将成为一名快乐的非饮酒者。

戒酒日可以选择以下这些日子：

● 周末；

● 你休息或休假时的某一天；

● 你自己确定的有特殊意义的一天；

● 劳动节、中秋节、元旦、春节等法定节日，以及其他节日；

● 当然，你也可以选择你想选择的任何一天。

看到这里，你可能会发现，这些选项大多为节假日或休息日，是的，戒酒日选择这样的日子更利于你戒酒成功，原因如下：第一，戒酒第一天，或戒酒后的头两天，尽量避开工作日，你会更轻松、更自由。第二，一般情况下，节假日或休息日的时间是你自己可以掌握的，是你可以按照自己的意愿自由支配的。第三，一般情况下，节假日或休息日的事情都是你自己可以把控的，如活动、聚会等，你有权选择参加或者不参加。最后一顿酒或戒酒仪式不必故意躲开节假日，节假日看似喝酒聚会诱惑多，但其实节假日也许是最适合你开始停酒（戒酒）的日子，因为一般情况下，节假日的活动你有权选择是否参加，节假日的安排在一定程度上你自己说了算。第四，节假日你的心情是放松的，是可以敞开自己心扉的。

凡事，第一天都很重要。当然我可以自信地向你保证，你完全可以选择你喜欢的任何时间和日期，不必拘泥于上述建议，只要你认为这一天你能完全把控就可以。因为当你看完最后一页书、喝掉最后一杯酒时，你就是个快乐的非饮酒者了，你就已经戒酒成功了。

停酒（戒酒）——为什么这样表述?

也许大家已经注意到，本书出现了很多次这样的表述——停酒（戒酒），这是为什么呢？为什么我们很少直接说"戒酒"，而说"停酒（戒酒）"？

"戒"字，按照我们通常的字面理解，会给人一种被强迫、被剥夺权利的感觉，会产生一种牺牲感。这样的字面意思属于意志力戒瘾的范畴，与我们的戒瘾理念是相悖的。所以，在你心瘾还未完全消除前，为了不让你的潜意识因为触碰到"戒"这个字眼而产生"抵触"，我们就尽量使用"停酒"或"停酒（戒酒）"的表述，而不直接使用"戒酒"。

再者，轻松戒酒法的核心是"先去心瘾再戒酒"，心瘾没了，对酒的欲望也就没了，那么这个时候再停酒，戒酒就是一件水到渠成、自然而然的事了。所以，这个时候的"戒酒"其实就是不再喝酒了，根本不需要"戒"。我们只需停止喝这个身体根本不需要、对我们完全没有好处的东西。

停酒（戒酒）的日子定好了，现在我们就来看看最后一顿酒怎么喝。最后一顿酒要注意以下几点：

- 最后一顿酒一定不要跟其他酒友一起喝，切记。
- 最后一顿酒是戒酒仪式的一部分，切记。
- 喝最后一顿酒时，这顿酒不管你用1小时、2小时、3小时，还是半天的时间，或者是一个晚上，都一定要是你自己能够把控的，在这个时间段内你的心灵是自由的。

我们这样做的目的，就是为了让我们的思维和注意力能够完全集中在最后一顿酒上，因为这一刻非常重要，这一刻我们要对酒做最后一次思考，我们要对酒做最后一次决断，我们要与我们的内心对话，这一刻我们将彻底"干掉"纠缠了我们很多年的酒瘾"大毒虫"。

我们这样做的目的只是寻求内心的宁静，在这样一个安静的环境里，进入自己的内心世界，与心中那个真正的自己对话，面对自己的内心，听从自己灵魂深处那个真实声音的指引。

第40章
戒酒仪式很重要

> 多年后你可能会忘记这次戒酒经历，但你将永远记得这个戒酒仪式。

什么时候开始停酒（戒酒）？

其实这个问题我们已经说过很多次了——当你看完最后一页书，喝掉最后一杯酒时，你就是个快乐的非饮酒者了，此时你就已经戒酒成功！

所以，什么时候开始停酒？

当然是看完最后一页书，喝掉最后一杯酒时。

现在是时候做个说明了，书中我们反复强调"看完最后一页书"，这个"最后一页书"，确切地说，就是指本章的最后一页。

1. 这个故事很精彩

戒酒仪式非常重要，请你像对待人生中最重要的事情一样对待你的戒酒仪式！并在进行戒酒仪式时遵照书中指令。

也许再过很多年，这次看书戒酒的许多细节你都不记得了，但这个属于你个人专属的戒酒仪式，你永远都不会忘记，因为从这一刻起，你的人生将翻开新的一页，这也是你人生中最精彩的故事。这个故事是这样的：

今天是我特意选定的日子，今天完全属于我自己。对我来说今天特别重要，因为今天注定将成为我的人生分水岭，从今天开始，我将告别过去浑浑噩噩的饮酒生活，重新回归到正常人的生活状态。

这是一个能让我心灵宁静的地方。在这里，一个曾经与酒相伴很多年的"酒鬼"将与酒告别，成为一名快乐的非饮酒者。

经过这些天的认真阅读、学习并遵照书中指令，现在我已进行到轻松戒酒法的最后一个环节，也是最重要的一个步骤——举行戒酒仪式。

在这个仪式上，我将与我的内心对话，听从自己内心的指引。

仪式毕，我就成为一名快乐的非饮酒者了。从此，我就可以发自内心地说："此生我不可能再喝酒了。"

2. 你还要再喝多少酒

2021 年 2 月，我劝一个老朋友戒烟戒酒时，给他算了一笔"烟酒账"。

我从 2016 年 4 月 17 日开始戒烟，到现在已经 4 年 10 个月。按每天两包烟计，一年 730 包，4 年 10 个月一共 3500 包，合 350 条，70000 支。一箱按 50 条计，整整 7 箱。也就是说，如果我不戒烟的话，这 4 年 10 个月我会抽掉 7 箱烟。

2019 年 10 月 10 日，我开始戒酒，到现在 1 年 4 个月，480 天。我喝酒最严重时每天至少两顿，每顿至少半斤，就按一天一斤算，如果我不戒酒，480 天，至少要喝掉 480 斤酒，80 箱。

这才 1 年多，要是 10 年呢？ 对喝酒人来说，喝 10 年酒太平常了，戒了喝，喝了戒，一折腾 10 年就过去了。如果 20 年呢？ 30 年呢？ 是不是酒瓶能装满一屋子了？

这样一对比，是不是感觉就不一样了？ 试想一下，80 箱酒喝到肚子里，肝脏怎么受得了？ 如果再喝 10 年、20 年、30 年，身体会被糟蹋成什么样子？

所以，现在就请你也来算算这笔账，不算不知道，一算吓一跳：

你 1 天喝多少酒？ 1 个月喝多少？ 1 年喝多少？ 10 年呢？ 20 年呢？ 30 年呢？ 喝了多少酒？ 多少瓶？ 多少箱？ 多少吨？

这个数字现在看起来，也许你不会有什么感觉，但如果你戒酒一段时间以后，再来看这些数字，你一定会在震惊的同时感到庆幸，震惊于自己居然曾经喝过这么多酒，庆幸自己因为及时戒酒而少喝了这么多酒！

3. 现在停酒（戒酒）正是时机

在网上看到过这样一个戒烟的帖子：

"戒烟是正能量！ 戒烟很简单——不抽就是了。什么时候戒烟都不晚，越早越好！ 现在就开始！"

这段话说得非常好，简洁凝练，韵感十足，很是鼓舞人。但，这却是一段空话，对戒烟不起丝毫作用！如果这样戒烟，只会在自己已有的戒烟失败次数上再增加一次罢了。

按照这个逻辑，我们把它套用到戒酒上是这样的：

"戒酒是正能量！戒酒很简单——不喝就是了。什么时候戒酒都不晚，越早越好！现在就开始！"

是不是也很鼓舞人？相信在这样的激励、鼓舞下，有人会下决心戒酒，但是，关键的问题是，这样就戒得了吗？

其实，这样的誓言并不陌生，曾经戒过烟、戒过酒的人都发过类似的誓言，但我们知道，这样的宣誓是没有用的，这就如同跟抽烟的人说"少抽点"，跟喝酒的人说"少喝点"一样，没有什么实际意义。我们也经常看到网上的一些戒酒文章，他们告诉你"戒酒就是一股狠劲，不对自己狠一点是戒不了酒的。"他们告诉你戒酒的最好时机就是"现在！马上！"然后又告诉你按以下办法度过未来没有酒的日子：

● 远离酒友；
● 开始戒酒的一段时间不要参加酒场饭局；
● 见着烟酒店绕着走；
● 多喝水，多吃富含维生素的食物；
● 告诉家人、朋友你戒酒了，让他们监督你；
● 想喝酒时，马上吃东西或者喝水；
● 想喝酒时，马上转移注意力，可以看书、听音乐，也可以找人下棋，或者出去散步，但要注意，出去散步时一定要有家人陪同、监督，免得自己控制不住又去喝酒。

不用我多做赘述大家也都知道，这样肯定是戒不了酒的，道理很简单，以上这些没有几个人能做到！即使一时能做到，又能坚持多久？

不做任何准备就戒烟、戒酒，结果就是马克·吐温的那句名言"戒烟很容易，我都戒一千次了"。而我们就不一样了，我们已经做好了充分的戒酒准备——我们看清了酒精的真相，看透了酒瘾本质，我们明白了过去的那些所谓的喝酒"好处"都是假象，那些喝酒的理由都是借口。这次戒酒我们不再像以前一样恐惧"以后没酒的日子怎么过"，我们也不再惧怕戒酒失败，因为我们已经知道了，这次戒酒我们一定能成功，也必然会成功。

我们能够发自内心地说："此生我不可能再喝酒了！"

所以，要问我们什么时候开始戒酒？

我们可以大声地说："现在，马上！"

4. 为什么要举行戒酒仪式

仪式是针对某项事物以典礼的形式进行的宣示。其目的是体现庄严、隆重，达到团结、凝聚或者宣传、警示的作用。大型仪式如阅兵仪式、古代的祭天仪式，日常仪式如升旗仪式、开幕式、开学典礼、开业庆典、庆祝仪式、协约或协议签订仪式、道路开通或建筑物落成仪式、成人礼等。需要举行仪式的事情通常有这样的特征：

● 事情比较重大；

● 庄重、严肃的事情；

● 为未来执行这个事情时，起到宣传、凝聚或激励、警示的作用。

其实仪式在我们日常生活中很多地方都存在，比如古人读书前要沐浴、净手，案几要整洁，读书要端坐。现代营销礼仪要求打电话时要穿戴整齐，姿态庄重，就像面对面交谈一样，即使只有自己一个人也要如此。有的寄宿制学校要求学生用餐前集体诵读或在心中默诵："锄禾日当午，汗滴禾下土。谁知盘中餐，粒粒皆辛苦。"然后才可以开始用餐。现在的家庭聚餐，以及各种酒场饭局、餐会聚会，都是一种仪式。

接下来我们将要进行的戒酒仪式，是我们为自己举行的一个戒酒宣誓仪式，仪式上我们将与我们的内心对话，向我们内心宣誓——今生不再饮酒。从此，我们将开启幸福、快乐的无酒生活。

需要提醒大家注意的是，在使用轻松戒酒法戒酒的极少数复饮者当中，复饮的原因大多是在快看完本书时，觉得自己能戒了，于是就不看后面的内容了，或者草草地一带而过，然后就把酒停了。

在这里我要告诉大家的是，书一定要看完，尤其是戒酒仪式，一定要做，而且戒酒仪式的日子选择很重要，一定要选择自己能把控的一天。

5. 让你的内心做自己的戒酒见证人

曾经有一位戒友，在看书戒酒的过程中来找我，希望戒酒仪式时我能在场，我问他为什么，然后我们有了下面这段对话：

　　他："我想请您参加我的戒酒仪式，做我的戒酒见证人！"
　　我："你没有信心吗？"
　　他："不是的，我知道这次我能成功，我请您做见证是为了更加保险。"
　　我："请你用一句话形容对戒酒的看法。"
　　他："想通了，看透了，就戒了！"
　　我："你理解的很好，但是戒酒不需要见证，否则会适得其反。让别人来见证你的戒酒仪式，在心理上会无形中产生一种被强迫、被监督的感觉。一般来说，被人强迫、监督做的事情总会让人感觉'本来是我的权利，却不得不放弃'的牺牲感，这对你戒酒后度过适应期是不利的。"

　　我告诉他："我们真正想要达到的目的，就像你说的'看透了'，而现在你不是已经看透了吗？你看清了酒精的真相，看透了酒瘾的本质，明白了喝酒是怎么回事，戒酒是怎么回事，你也知道自己以后不需要再喝酒了。"
　　"我要回归正常人的生活，今天我自愿戒酒，不管是现在还是未来，我都不会再喝一口酒，我不需要别人监督，我听从自己内心的指引。"这是你的戒酒誓言，也是你内心的声音。
　　最后，我跟他说："如果对这些问题你还有疑问，对未来没有酒的日子还有担忧，或者说如果你信心还不是很足的话，那么就请你找出你的疑虑所在，然后用你的主观意识去思考，等你把所有问题一个个都消灭掉，并确信自己以后不会再喝酒了，这时再举行戒酒仪式，再停酒（戒酒）不迟！"

　　各位戒友，中国有句俗话"磨刀不误砍柴工"，我们已经喝了几十年的酒，也戒了很多次酒都没有成功，这一次为了确保我们一次性戒酒成功，永不反复，那么就请你在正式戒酒之前，把心中的所有疑虑都消灭掉，让自己对戒酒不再有任何担忧，这时再开始你的戒酒仪式。
　　戒酒，我们不需要别人监督，如果非要监督，那也是我们自己监督自己，而且自己监督自己也仅仅是戒酒后有"再喝一次"念头时提醒自己：

　　我已是个非饮酒者了。
　　不存在"就喝一口""再喝一次"这回事。
　　坚决不喝第一口酒。

戒酒，我们不需要监督，戒酒，我们是心甘情愿的。

6. 从现在开始有意识地喝下你的每一口酒

看最后一页书、喝最后一杯酒、戒酒仪式，这 3 个步骤是在同一个时间段内进行的。"看完最后一页书，喝掉最后一杯酒，你就是个快乐的非饮酒者了！"这句话我们重复了很多次，现在终于就要到这一重要时刻了。

从现在开始，就请你有意识地喝下你的每一口酒，用心地体会每一口酒的味道，体会它进入口腔，经过食管，最后到达胃部的过程中的感受。

端起酒杯，闻闻酒的气味，是香的吗？体会从酒沾唇到入口是什么感受？再体会酒进入喉咙、食道、胃是什么感受？除了苦、辣、呛，还有没有别的味道？再体会酒精进入血液后，脉搏跳动是不是在加快？是不是感觉血压在上升，血液的流动速度在加快？再用心地体会酒精对大脑的冲击，仔细体会你的大脑是怎样从清醒到麻醉，从麻醉到麻痹，最后言行失控的。

仔细体会你会发现，酒精进入身体的感受其实并不舒服，有时甚至是难以下咽，往往是我们强迫自己咽下去的！

人体通过嗅觉和味觉来判断某种食物是对身体有益还是有害，以保证进入人体的食物是安全的。人体经过千百万年的进化形成了一套很好的自我保护机制，如果通过嗅觉或味觉感觉到某种食物令自己很舒服、很愉悦，那么就能基本确定这种食物对身体是有利的，比如糖类物质是人体的主要能量来源，它是甜的；脂肪是人体组织的重要组成物质，它是香的。反之，如果某种食物让人感到痛苦，那么就基本可以判定这种食物是对身体有害的，比如苦味、臭味总是让人不愉快、不舒服，所以吃着苦、闻着臭的食物一般来说都是对身体有害的。

经过千百万年的进化，人体的嗅觉、味觉不仅能感受什么食物对身体有益，什么食物对身体有害，而且它们还能感受到量的变化。某种食物虽然是身体需要的，但如果含量过高，身体也会向我们发出警告信号，比如某种食物太甜时，我们的感觉就是"齁甜"，食物太咸时，我们的感觉就是"齁咸"。如果我们很长时间没有吃动物性食物了，闻到肉味时就会很香，说明我们身体已经缺乏动物性油脂了，如果我们这段时间动物性食物食用过多或者某种食物太过油腻，那么它飘出来的气味就会让我们感到恶心，这是在提醒我们身体现在不需要这种食物了。

如果人的嗅觉和味觉出现功能障碍，就不能正确判断食物好坏，特别是有毒性的物质，如果不能在第一时间判断出来，对人体是很危险的。

安全是生存的根本，所以生物对危险的感知最灵敏。不同的感觉器官判断不同的危险来源。有的生物听觉非常发达，有的生物嗅觉非常发达，有的生物视觉非常发达。而我们人类的味觉非常发达，而且人类对不同味道的敏感度也不同，人对苦味最敏感，酸味次之，再次为咸味，最不敏感的是甜味。为什么会是这样？因为苦味最危险，甜味最安全。再看味蕾的位置，最不重要的甜味味蕾在舌尖，最重要的苦味味蕾在舌根——即使舌头没了，照样能感受到苦味，照样能担当起感知危险性食物的职责。从这个角度来说，苦味是人类最需要重视的味道。

味觉是人体进食的安全防线，舌通过感受不同的味道，来判断食物的安全性。

甜味：由舌尖感受。甜味告诉我们这是身体需要的食物。

咸味：由舌尖及舌尖两侧感受。咸味帮助调节体液平衡（酸碱平衡、电解质平衡）。

酸味：由舌体两侧感受。酸味可以促进食物消化。

苦味：由舌根感受。苦味是我们最不喜欢的味道，苦味是警告我们"这种物质有毒或这种物质对身体有害"。

不知大家注意到没有，我们没有说"辣"，这是因为"酸甜苦咸"是味道，是可以通过舌头上的味蕾感受到的，而"辣"不是味道，"辣"是痛觉，是某种物质刺激口腔黏膜或鼻腔黏膜而产生的灼烧感。

"辣"是痛觉，口腔能感受到"辣"，肛门对"辣"也很敏感，所以辣的东西吃多了或酒喝多了，大便时会有一种烧灼感，此即俗语说的"辣两头"。

辣味是口腔黏膜受到刺激和伤害而产生的痛感，苦味是人体发出的危险警示，呛是人体对某种东西的排斥。苦、辣、呛这种身体上的痛苦感受，是人类对有害物质天生的防御功能，是人体千百万年进化而来的自我保护机制，是身体在警告我们"这种物质对身体有害""这种物质身体不需要"。

过去我们无视身体发出的警告，一次次地用酒精伤害我们的身体，我们的口腔、喉咙、食管，每天都要承受酒精几十次、上百次的刺激、伤害。

过去我们从未用心地体会过喝酒时的感受，现在你的感觉如何，还要让它继续伤害你吗？

第41章
这些喝酒的好处是假的

> 酒精最大的欺骗性在于，它让我们人生颓废，却给我们以生活充实的假象。

1. 睡前喝点酒，睡眠质量好

喝酒有助于睡眠，很多人都这么认为，但奇怪的是这种认识不是来自喝酒者，反而不喝酒的人爱这样说。不喝酒的人之所以这样认为，主要是他们不喝酒，没有切身体会，所以别人说什么就信什么，尤其是被来自各种渠道的社会信息长期大量地灌输，以致他们就真以为喝酒有助于睡眠。另外，不喝酒的人经常看到喝酒的人酒后"睡觉"时"入睡"很快，看起来睡得还特别香，所以他们就想当然地以为"喝酒有助于睡眠"。

但事实是：

（1）喝酒人的"睡眠"，看似是睡觉，实际上是醉酒了

睡前喝点酒，看似"入睡快""睡眠好"，实际上是酒精对中枢神经系统发挥抑制作用的结果。真实情况是，饮酒后的"睡眠"——"浅睡"是酒精麻醉，"沉睡"是酒精中毒，喝大酒后不分时间、地点、场合倒头便"睡"是深度酒精中毒。不喝酒的人把喝酒人的酒精麻醉当成了"入睡快"，把酒精中毒当成了"睡眠好"。

（2）酒民睡前喝酒没什么目的，只是酒瘾而已

有一类人喜欢睡觉前喝点酒，这只是他们的一种饮酒模式。这种饮酒模式的人，除了中餐、晚餐是他们的喝酒点之外，睡前也是他们的一个喝酒点，到了这个点他们就会犯酒瘾，如果不让他喝酒，跟晚餐时不让他喝酒效果是一样的。

喝酒人任何时候喝酒都是因为酒瘾，他们喝酒时没有任何目的，既不是为了放松或排解忧愁，也不是为了驱除黑夜的寒冷，同样也不是为了睡眠，他们只是酒瘾犯了。酒瘾不犯，他们是不会喝酒的。

（3）喝酒不但不会有助于睡眠，相反会影响睡眠质量

喝酒的人都知道，晚上喝酒后，不管是晚上何时"入睡"，经过几个小时的醒酒周期（2~5小时，因个人体质、饮酒量不同有异），一般都会在半夜或凌晨准时"醒来"（不是睡醒而是酒醒）。

然后就翻来覆去睡不着，折腾几个小时，到早上四五点，累了、困了，便又沉沉睡去。事实上，这个时候的睡眠才是真正的睡眠，而且是酒民一天中睡眠质量最高的时候，体力恢复也最好。他们会睡得很香、很沉，当然，往往早上会起晚，要么上班迟到，要么耽误一上午时间。

如果你注意观察会发现，那些自由职业者或者时间可以自主支配的老板、企业主、创业者、企业家们，他们当中没有喝酒嗜好的人，往往早晨都会早早地上班、营业，成为员工心目中每天第一个到单位、办公室灯光最后一个熄灭的人。

而他们当中的那些嗜酒者，往往上班时间都比较晚，有的人临近中午才到单位，或者干脆养成了上午不上班、下午才来上班的习惯。

喝酒除了影响睡眠质量外，酒精在代谢过程中还会影响人的大脑，导致大脑更容易疲劳。喝酒的人都有体会，只要头天晚上喝多了，第二天一醒来头就蒙蒙的、沉沉的，一上午或一整天都浑身乏力、无精打采，如果昨晚喝的是一场大酒，甚至会连续好几天疲乏无力、没精神。原因就是昨晚没睡好，大脑疲劳。

所以，睡前喝点酒，不但不会帮助睡眠，反而会影响睡眠，时间长了甚至还会导致失眠——不喝酒就睡不着觉。

2. 喝酒能使人快乐

爱喝酒的人，生活以酒为中心，平时流连于各种酒场饭局，以喝酒为乐，每天不停地约别人喝酒，也不停地被别人约，或者就自己一个人喝。对嗜酒者而言，喝酒时的片刻"放松"，会让他感受到快乐，于是他们就真的以为"喝酒能使人快乐"。然而事实果真如此吗？

你有没有发现，随着酒瘾的增大，你的爱好越来越少了，你甚至很久没有做以前你最喜欢的事情了，更不用说培养对自己身心健康有好处的新爱好了；你有没有发现，你很久没有陪孩子玩了，很久没有和爱人一起逛街了？你有没有注意过，你有多长时间晚上没有和家人一起看看电视、聊聊天了？可是，在我们对酒精产生依赖之前，我们原本拥有很多爱好、很多快乐的。我们散步、爬山、运动，我们看书、听音乐、看电影、逛书店，我们做手工、做家务、陪孩子玩耍、陪老婆逛街，等等，我们工作之余原本有很多事情要做，可是自从染上酒瘾后，我们生活中的事情越来越少（其实事情本身并没有少，只是沉湎于酒中，忽视了酒之外的其他事情），能感受到的快乐越来越少，如今就只剩下喝酒了，只有喝酒能给我们带来快乐。这也难怪，我们每天晚上都那么忙，我们要么正在喝酒，要么正在去喝酒的路上，要么喝多了在"睡觉"，哪还有时间做其他事情？哪还有机会从其他事情中获得快乐？所以，喝酒其实并没有给我们带来快乐，恰恰是喝酒剥夺了我们生活中原本拥有的快乐，而且，即使你以为的从喝酒中获得的片刻"放松""快乐"，那也不过是酒精麻醉制造的假象罢了。

随着酒龄的延长，你的大脑每天不停地被各种与酒有关的信息刺激着，在潜意识中早已形成了一种本能和条件反射——遇到与酒有关的物品、场景、情绪时，或者一到平时的"喝酒点"，你的第一反应就是喝酒。此时，你第一重要的事就是喝酒，你的脑子里只有喝酒这一件事，不喝你痛苦难受，喝了又懊悔、自责，恨自己没出息。

试问，天天如此，何乐之有？本来你像其他正常人一样，在生活中有很多乐趣，但却被酒精剥夺了。随着喝酒越来越多，越来越勤，你生活中原本的各种快乐越来越少，取而代之的是酒瘾越来越大，喝的越来越多。

事实上，你越来越厌恶喝酒，有时对它真的是已经深恶痛绝，尤其是每次酒醒后，简直厌恶到了极点。你也不止一次暗暗发誓再也不喝酒了，可是过不了半天就又开始喝了。你明明知道酒精伤害身体还耽误事，可是你却总也放不下这口酒。你想离开它，却怎么也离不开，反而对它的渴望越来越深。你在酒精的陷阱里，欲罢不能，苦不堪言。

喝酒能让你快乐吗？没有，只有痛苦。

谁最讨厌酒？其实是喝酒的人最讨厌酒！不喝酒的人，没有身临其境，没有切身体会，没有尝过犯酒瘾时痛不欲生的滋味，没有经历过醉酒时的痛苦、难受，没有感受过酒醒后的懊悔、自责，所以不喝酒的人不讨厌酒，他们讨厌喝酒的人。

回想一下，你以前戒过酒吗？戒过多少次？如果酒真的那么好，你为什么要戒酒？如果喝酒真的能使你开心、快乐且对身体也没有损害，你为什么要戒酒？所以，不要再自己骗自己了。事实上，你知道喝酒没有任何好处，你也知道喝酒并不能给你带来真正的快乐，喝酒的所谓"快乐"，不过是酒精麻醉而已。

总结一下，嗜酒者的"快乐"来源于 3 个方面：

● 酒精麻醉，使人身心"放松"，让你误以为喝酒能使人快乐。
● 犯酒瘾时痛苦、难受，喝酒后酒瘾得到满足，戒断症状消失，于是就误以为喝酒能使人快乐，而事实上，第一，喝酒时你得到的"快乐"并不是真的快乐，而是相对于刚才犯酒瘾时的痛苦而言的；第二，犯酒瘾时的痛苦恰恰是之前一次次喝酒造成的。
● 聚会时为什么兴奋？因为聚会本身就是一件让人兴奋、快乐的事，你看那些不喝酒的人不是也很开心吗？当然，如果你非要说喝酒的人更开心，那也是因为喝酒人比不喝酒人多了一份"酒瘾即将得到满足"的兴奋。

酒精用"快乐"的假象欺骗你，然后剥夺了你真正的快乐。

越喝你的快乐越少，快乐越少你就越喝，如此陷入"痛苦—喝酒—更痛苦—喝更多的酒"的恶性循环。

3. 喝酒能驱寒

喝酒能驱除寒冷，这也是人们的一个普遍认识，所以当人们看到生活在寒冷地区的俄罗斯人在野外"干喝"时，或俄罗斯人在冰天雪地里一口气灌下一大瓶酒时，就想当然地以为他们喝酒是为了驱寒。然而，事实果真如此吗？

正常情况下，寒冷时人体的本能反应先是肌肉紧缩，继而血管收缩，目的是通过收缩肌肤来减少人体的热量散失，从而达到抵御寒冷的目的，这是人类千百万年进化而来的自我保护机制，我们平时说的"打冷颤""浑身起鸡皮疙瘩"就是这个道理。

但"喝酒驱寒"却与此正好相反。喝酒后感到暖和，是因为酒精的代谢产物乙醛，使毛细血管扩张，血流速度加快，从而使血液向体表传送热量的速度加快，导致体表温度升高，人就感觉到暖和。但这只是暂时现象，随着体表温度的升高，体表散热速度也加快了，最后导致人体热量大量散失，人很快就会感到比喝酒之前更冷了。所以喝酒后的暖意是一种假象，喝酒并不能真正达到取暖作用，反而给身体增加了负担。

喝酒并不能起到取暖作用，相反，酒后应采取保暖措施才对。

第42章
戒酒后的好处

戒酒的最大好处是摆脱了酒精的奴役，重获自由。
自由的感觉真好！

戒酒后你会得到这些好处：

● 自由；

● 健康；

● 清醒；

● 时间；

● 充沛的精力；

● 抗压力增强；

● 重获平和的心态；

● 社交更主动，更受欢迎；

● 做事更积极，更容易成功。

人体的自愈能力非常强大，戒酒后身体的恢复可以说是"立竿见影"，只要戒酒及时，身体的多项指标都能恢复正常。

戒酒后，不但肝功能得到恢复，心血管状况也会有所改善。身体素质和体力会很快恢复，脾气、性格、人格、记忆力、认知力、思维力、判断力、决策能力等，慢慢地也都会得到改善或恢复正常。

1.肝脏恢复

近些年，患酒精肝的人越来越多，酒精性肝病已成为仅次于普通肝炎的第二大肝病。据统计，每天饮酒 50 克，5 年后肝脏就会受损；每日饮酒 100 克，10 年后就会出现酒精肝；长期大量饮酒 20 年，肝硬化风险会大大增加。

只要停止饮酒，肝脏的恢复速度也是很快的。早期酒精性肝病，戒酒半个月可见效，戒酒 1 个月受损的肝脏开始恢复，戒酒 3 个月酒精肝逐渐消失，戒酒半年后肝功能就可以恢复正常。对于中度酒精肝或者是伴随有轻度酒精性肝炎的酒精肝，只要停止饮酒半年左右，病情就会有所好转或逐步恢复正常。即使是重度酒精肝，只要停止饮酒，同时调整自己的饮食，再配合以适当的治疗，肝功能也有望恢复正常。所以，酒精性肝病的恢复也是要看情况的，若是不严重的话，恢复的时间自然就短，若是严重的话，恢复的时间自然就长一些。

肝脏是人体最重要的代谢器官，如果肝脏已经出现了酒精性病变，那么请及时戒酒吧，戒酒之后，轻度肝病基本上都能恢复正常，病情严重的至少也能降低或延缓肝病的进一步恶化。

2. 血压正常

长期喝酒的人容易患高血压，尤其是白酒酒精度数高，会使调节和支配血管收缩的交感神经长期处于兴奋状态，最终导致高血压的发生。其次，乙醛对血管组织的长期累积性伤害，以及长期饮酒造成脂肪在血管壁的不断堆积，致使血管弹性变弱，对血压变化适应性降低，导致血管不能随血压升高而自由舒展，最终引起血压升高。

交感神经主要调节和支配人体内脏器官、心肌、腺体等活动。交感神经属于自主神经，不受意识控制。

另外，长期大量饮酒使心脏的心交感神经长期处于兴奋状态，导致心跳加快，血压升高。同时酒精会使心肌、冠状动脉发生病变，也会导致血压升高。每天喝酒，身体长期维持在血压升高、心跳加快的状态，这无疑是很危险的。戒酒后，血压会逐渐下降，并且慢慢恢复到正常状态或相对正常的状态。

3. 睡眠恢复正常

单从生物钟角度来说，戒酒后没有了酒精的干扰，睡眠很快就能恢复正常。睡眠好了，每天就有旺盛的精力投入到工作和生活中。睡眠好了，精力集中了，思维敏捷了，工作效率提高了，生活规律了，整个世界都变得美好起来。

4. 食欲增加，胃口好了

喝酒时，喜欢油腻，大鱼大肉，不爱吃蔬菜、水果，也不爱吃饭。戒酒后，味觉恢复，食欲增加，吃饭香了，甚至喝水都感觉是甜的，吃蔬菜都津津有味，每日蔬菜进食量比以前提高二三倍，甚至更多。戒酒后，吃饭不再是任务而是享受，即使是一根萝卜也能吃出美味的感觉来。

5. 体力提升，精力充沛

喝酒对人的体力消耗是很大的，长期酗酒的人身体素质不好，再加上睡眠不规律、质量差，导致他们每天都是一副萎靡不振的样子，戒酒后这种状态一扫而光，过去那种无精打采、昏昏欲睡的样子再也不见了，取而代之的是每天都神采飞扬、神清气爽的精神状态。

戒酒后，你的体力很快会恢复，走路精神了，腰杆也直了。

戒酒后，精力充沛，注意力集中，能轻松、高效地完成工作了。

戒酒后，生活开始有规律了，幸福感在回归。

戒酒后，你会发现，原来生活如此美好，过去我们完全是被酒精蒙蔽了。

6. 戒酒后能省下一大笔钱

对"酒鬼"来说，钱不是问题，有钱喝"好酒"，没钱喝"赖酒"，单从酒钱来说是难不倒"酒鬼"的。事实上，喝酒人都不会去想酒与钱的关系，在喝酒人眼里不存在"没钱喝酒"这回事，而且喝酒人也不会有钱了喝"好酒"，没钱了喝"赖酒"，不管有钱没钱，喝酒人都是阶段性地只喝一个牌子的酒，甚至一辈子就喝一种酒。所以钱对喝酒人来说不是问题，如果你跟一个喝酒人说喝酒费钱，戒酒能省钱，他不会有任何反应，因为在他脑子里根本就没有这个概念。喝酒人只有戒酒后清醒了，才会发现，不喝酒还真能省钱呢。虽说一瓶酒不贵，但日积月累下来就是一大笔钱。何况酒有价，生命却是无价的。

不喝酒还能省下大把的时间，时间也是钱啊。

7. 戒酒后时间更充裕

戒酒后才发现，原来晚上可以做很多事情，因为晚上的时间"多了"。以前晚上不是在喝酒，就是喝了酒窝在沙发上看电视，要么就是喝了酒在"睡觉"，而现在，晚上 8 点之前就吃完饭了，到晚上 11 点左右睡觉，这之间有 3 个小时左右的空余时间。这些时间我们可以做很多事情，可以做家务，可以陪家人、陪孩子，甚至可以重拾很多年前自己的兴趣、爱好。

当然我们也可以工作，可以做我们愿意做的任何事情。

不要小瞧这 3 个小时，如果是朝九晚五工作的话，3 个小时可是相当于半天的时间呢。1 天 3 小时，10 年就是 10000 小时。真是不算不知道，一算吓一跳！

10000 小时定律大家都听说过吧，说的是要想成为某个行业或领域的专家，需要经过 10000 小时的磨炼和学习。换句话说，如果每天工作 8 小时，一周工作 5 天，那么只要你在这个行业连续工作 5 年以上，你就可能成为这个行业中某个岗位上的专家。这就是人们所说的"10000 小时定律"。

戒酒在省下一大笔钱的同时，每天还节省了 3 小时的时间，每天 3 小时的意义于金钱、事业自不必说，于生命是不是也是一种延长呢？

有时我在想，如果我把这二十多年花在喝酒上的时间，哪怕拿出一半来，用在工作和学习上，那么是不是我也能成为某个行业或领域的专家呢？是不是也能在某个行业或领域有所成就呢？

8. 自由的感觉真好

戒酒后，感受到戒酒的好处实在是太多了，最大的好处就是摆脱了酒精的控制，重获心灵的自由。

戒酒后，感觉自己每天都神清气爽，工作起来也是干劲十足。以前喝酒时，走一站地的路心理上都是畏惧，现在就是从城东走到城西，只要体力允许，心理上一点畏惧都不会有。

戒酒后，感觉就像获得了第二次生命一样。

每天都是清醒的感觉真好！

自由的感觉真好！

第43章
永远不喝第一口酒

戒酒是你人生中最正确的选择，任何时候都不要质疑自己的这个决定。

一口酒能让人上瘾，是真的吗？

是真的。虽然一口酒的上瘾程度非常轻微，对不喝酒的人来说，这一点瘾也许算不了什么，这口酒的苦、辣、呛，远远盖过了他们潜意识中的那点"喝酒好处"，他们不会因为这一口酒而喝第二口、第三口。但对戒酒的人来说，一口酒就会触发他们大脑中残存的酒的"美好"记忆，一口酒就会唤醒他们潜意识中已经沉睡了的酒瘾。他们会因为这第一口酒而喝第二口、第三口……

复饮就是这样开始的。只需一口酒，之前的一切努力都付之东流。只需一口酒，就会重新开始与酒为伴的日子。

记住，任何时候都不要有侥幸心理，永远不喝第一口酒。

记住，你已经是个非饮酒者了。

你已经是个快乐的非饮酒者了，非饮酒者是不会再喝一口酒的。

不管你愿不愿意，上一顿酒就是你的最后一顿酒。

你已经正式开始无酒生活了，你也体会到了不喝酒的好处，这些好处甚至你以前根本想象不到。

你已经是个非饮酒者了，非饮酒者怎么会有"再喝一口"的想法呢？难道你忘了当初为什么要戒酒了吗？

难道你忘了当初戒酒时的想法了吗？你是否还记得其中一条？

难道现在又要绞尽脑汁，甚至不惜像鸵鸟一样把头埋进沙子里，给自己找各种喝酒的理由来反驳你当初的那些戒酒理由吗？

你不觉得这很荒唐、很可笑吗？

你已经向自己的内心宣誓，任何情况下你都永远不喝第一口酒。从宣誓的那一刻起，你就已经是个非饮酒者了。

你难道要再次掉进"喝酒——戒酒——再喝酒——再戒酒"的陷阱吗？你要再次被酒精小毒虫降服吗？你想再次匍匐于酒瘾"大毒虫"的脚下吗？

想想自己当初被酒精控制，不论心里多么厌恶它，可是总会有一百个理由让自己"再喝一次"。

周而复始，循环往复，在酒精的陷阱里，你苦苦挣扎，不能自拔。

你被酒精控制，一天天地在麻醉中度过，最后荒废了光阴，耽误了事业，影响了家庭。

幸运的是，你摆脱了酒精的控制，你终于自由了。

每一个嗜酒者都梦想回到当初学喝酒之前的状态，而现在你已经成功地回到了那个状态，你已经是个快乐的非饮酒者了，你难道还要再重新学习喝酒吗？

你不会再喝了，你不会再回到老路上去了。

非饮酒者永远不喝第一口酒！

非饮酒者不可能再喝酒了！

决不能让自己再回到老路上去！决不让自己再过那种醉生梦死、暗无天日、浑浑噩噩、与酒为伴的生活了！

酗酒是我们人生不堪回首的一场丑行，就此结束它吧！

把下面这几句话读一读，记在心里，会帮助你消灭戒酒以后可能会出现的"再喝一次"的念头。

● 这次戒酒是我深思熟虑后的决定，我永远不会质疑这个决定。

● 我已经回归了正常人的生活状态，这种感觉真好。

● 我不想再回到过去那种没完没了喝酒的日子。

● 只要一口酒，就可能让我再喝 1 年、2 年、3 年，甚至 5 年、10 年。

● 轻松戒酒后，你尽可以去曾经买酒的超市、商店，尽可以去饭店、酒店等各种喝酒的地方，尽可以参加任何你想参加的酒场饭局、餐会聚会。你也尽可以参加任何与酒有关活动，只要你记住——永远不喝第一口酒。

● 喝酒这件事情，不存在"就喝一口""就喝一杯""就喝一次"这回事。

第 44 章
戒酒后，你不必担心

酒民都是酒精的奴隶，他们身在酒中而不自知，曾经我们也是这样，所以戒酒后请不要歧视他们，他们更值得我们同情。

就要戒酒了，就要彻底与酒告别了，你是不是还有一些担心，担心有朋友请喝酒怎么办？社交应酬怎么办？有饭局去还是不去？不去，怎么推辞？去了，别人劝喝酒怎么办？

其实这些担心都大可不必，你已经是个快乐的非饮酒者了，你跟其他不喝酒的人没有什么区别了，他们怎么对待这些事情，你也会怎么对待，你甚至会比他们处理得更好，因为你比他们更明白酒精、酒瘾、喝酒是怎么回事。

"他们怎么对待这些事情，你也会怎么对待"，这句话的意思是，你会像他们一样很自然地知道该怎么办，而不是让你跟他们学习"怎么办"。因为在你喝酒还没有上瘾之前，遇到这些情况你会有自然而然的本能反应，只是自从你喝酒上瘾后，潜意识中的"不喝酒程序"被"喝酒程序"盖住了。而本次戒酒，轻松戒酒法在压制或消灭掉你潜意识中"喝酒程序"的同时，也必然会释放或重新启动你潜意识中的"不喝酒程序"，到时你的反应全由你潜意识中的"不喝酒程序"控制，一切都会自然而然地进行，自然而然地发生，根本不需要你现在担心。

事实也是如此，轻松戒酒成功后你会发现，现在的担心都是多余的，从来不喝酒的人有过这些担心吗？

1. 不要担心，你不会羡慕其他饮酒者的

轻松戒酒后，对其他饮酒者，你只会同情他们而不是羡慕，看到他们喝酒，你会感觉他们很无聊。你脱离了酒海，摆脱了酒魔的控制，你是幸运的、幸福的，而他们是可怜的。他们不知道酒精的真相，不明白酒瘾的本质，还在酒的迷幻中自

我陶醉。他们既恐惧喝酒，又恐惧戒酒，他们陷在酒精的陷阱里，戒了喝，喝了戒，日复一日，年复一年。他们是可怜人，他们值得我们同情。他们也希望自己能像你一样，有勇气、有魄力戒酒。而你已经摆脱了酒瘾的控制，他们却还深陷其中，痛苦挣扎，不能自拔。所以，只会是他们羡慕你，而不是你羡慕他们。

其实他们也曾经不止一次地戒过酒，喝酒人到了一定年龄或喝酒到一定年限，谁不想戒酒？又有谁没有戒过酒？只是没有人说而已，曾经的我们不也是这样吗？你愿意在别人面前承认自己想戒戒不了？尤其在一个戒酒成功的人面前。而你给人的感觉又是那么轻松、自信，他们就更不敢承认了，要不然显得他们多没毅力呀！

他们只会羡慕你，而不是你羡慕他们，正如一个戒友所言："我已经戒酒成功了，现在再看到别人喝酒，我不羡慕他们了，也没有了'牺牲感'，因为我知道，他们就算是喝酒时也不是真的快乐，他们只是在缓解酒精的戒断症状而已，而酒精的戒断症状恰恰是之前一次次喝酒造成的。"

他们想戒酒却不得法，想戒酒却没有遇到好的方法，所以你也可以选择一个恰当的时机帮助他们，告诉他们戒酒其实一点都不难。

2. 不必担心别人劝酒

在你戒酒后，用各种说辞劝你喝酒、劝你不要戒酒的人，一般都是关系比较近的朋友，他们的初衷也没有什么恶意，他们不过是没把你戒酒当回事，或者说没把你这次戒酒当回事而已。因为在他们看来，你和他们，还有其他很多人都经常戒酒，所以你这次戒酒还跟往常一样，都是"无理取闹"——喝得好好的，怎么突然就不喝了？于是他们千方百计劝你喝酒。

总的来说，戒过酒的人劝你喝酒，可以分为两种情况，一种是戒了"一百次"酒的人，他们戒了喝，喝了戒，自己不拿戒酒当回事儿，所以他们也不把你的戒酒当回事儿，于是就劝你喝酒。另一种是他们不止一次尝试过戒酒，但却一次也没成功过，他们戒酒是认真的，他们知道戒酒有多难，他们很佩服你戒酒的勇气，也很同情你，但他们认为你不可能戒得了酒，在他们眼里没有人能戒得了酒，所以他们也劝你喝酒，不要戒酒。但他们与那些不把你的戒酒当回事儿的人不一样，他们是以一种过来人的姿态来看待你戒酒这件事的，所以他们"浅劝则止"，意思一下就罢了，你不喝他们绝不非让你喝。

劝你喝酒的还有一些是没想过戒酒或者没有过戒酒经历的人，他们既不知道喝酒的坏处、戒酒的好处，也不知道戒酒有多难，更不知道那些靠意志力戒酒的人，哪怕只坚持了几天，也是难能可贵、值得敬佩的（第一，他们有戒酒意识；第二，他们有戒酒决心，只是方法没有用对而已）。他们是真心实意"为你好"

才劝你喝酒。

成功戒酒后，那种发自内心的轻松、喜悦、快乐和幸福，只有使用轻松戒酒法戒酒成功的人才知道。

劝你喝酒的人，还有一个原因，以前你们经常一起喝酒，而这次你不喝他们便不习惯，所以劝你喝酒。当然，不排除有的人劝你喝酒是因为你戒酒了而他们戒不了导致的心理不平衡。

面对个别有意或无意的"恶友"苦劝，只能是实言相告，友好拒绝，如果对方依然不依不饶，那么如此"苦劝之友"，不要也罢。

你也不必担心参加各种酒局饭局、餐会聚会，轻松戒酒后，哪怕你和多时未见的酒友相聚，你也不会想要喝酒（当然，你不喝酒不影响你陪他们喝酒）。面对劝酒，你会比那些轻度饮酒者、选择性戒酒者回答的还要坚决彻底、干净利索：谢谢，我不喝酒！

总之，轻松戒酒后，不用害怕朋友们的劝酒或诱惑。其实他们并没有什么恶意，他们只是不习惯你不喝酒，或者不相信你"真的戒了酒"，或者不相信你"真的能戒酒"，因为过去你和他们一样，都"经常戒酒"。

事实上，只要你告诉大家你不喝酒（戒酒）了，人们一般不会再劝酒的。有人之所以因为"被劝"而喝酒，根源上还是自己想喝，而只要心里还有喝酒的欲望，那还用别人劝吗？根本不用别人劝，自己就会找理由喝酒的，区别仅在于是今天开始喝还是明天开始喝而已。

有人说，随着社会环境的改变，现在劝酒的人的确少了，但对参加酒场饭局我还是有些顾虑，有人给你倒酒怎么办？接还是不接？不接不给面子，接了不喝又不对，怎么办？

事实上，只有用传统戒酒法戒酒的人参加酒场饭局时才会有这样的纠结，使用轻松戒酒法根本不存在这样的问题。轻松戒酒后，你就是一名非饮酒者了，非饮酒者和那些从来不喝酒的人没有区别，作为一名非饮酒者，别人倒酒、敬酒、让酒、劝酒，你尽可以自由选择接或者不接。即使出于礼貌接了，你也会只是把它放在那里而不会喝掉，从来不喝酒的人不是也经常这么干吗？抽烟也是这样，你看那些从来不抽烟的人，有时他们会把别人递过来的"非接不可"的烟接过来放在那里，过一会儿再递给旁边的人。

所以，这个顾虑根本不须有，轻松戒酒后，你尽可以按照自己的意愿决定参加或不参加酒场饭局，尽可以按照自己的喜好决定接还是不接对方递过来的酒。只是要切记，不存在"就喝一杯""再喝一次"这回事，记住永远不喝第一口酒。

戒酒后，别人劝酒怎么办？其实很简单，成人非饮酒者后，别人让酒时，你会非常自然地回答："谢谢，我不喝酒。"如果需要，你只需实话实说，坦言相告你为什么要戒酒，或者这次戒酒和以往戒酒有什么不同，以及你现在的感受，当他们看到你的坦诚和自信，尤其看到你这一次戒酒所表现出的不同于以往的精气神，他们会由衷地佩服你的勇气和魄力、担当和责任、清醒和理智。他们会暗暗地羡慕你脱离了酒精的苦海，因为他们何尝不想脱离——他们也曾像你过去一样尝试了很多次却都没有成功，而你已经如愿以偿，你成功了！

事实就是如此，你觉得吸烟的人是庆幸自己吸烟，还是羡慕别人不吸烟？喝酒也一样，到了一定年龄或喝酒到了一定年限，谁酒醒后不后悔？谁清醒时刻不羡慕别人不喝酒？你不是也一样嘛，为什么戒酒，不就是觉得喝酒不好才要戒酒的吗？所以那些劝你喝酒的人酒醒后，想起你说的那些轻松戒酒后的感受和好处，想起你戒酒后所表现出的那种阳光、自信、轻松、快乐，或许他们会因此而受到触动，从而开始认真地考虑戒酒这件事情。

或许未来的某一天，他们也会做出戒酒决定，而你作为一个曾经也像他们一样，深陷酒海而不能自拔的前饮酒者，如今已经成为一名快乐的非饮酒者了，或许你还能帮助他们呢！

戒酒后，别人劝酒怎么办？其实你现在根本不用担心这个问题，第一，现在的担心是因为你还有酒瘾；第二，因为你还在喝酒，所以才可能被人劝酒、逼酒，一旦你不喝酒了，这个问题就不存在了，你见过从来不喝酒的人被人逼酒、劝酒的吗？

正如一戒友所言，以前聚会的时候如果没有酒，那是万万不可以的，无论如何也要想方设法喝到酒才行。轻松戒酒后，无论参加任何酒场饭局，有酒无酒对我来说都一样，我对酒已完全无感了。

3. 不必担心自己会再次喝酒

当初戒酒时，人们告诉你戒酒很难，你也跟自己说戒酒很难。可是戒酒真的那么难吗？

在发现地球是圆的之前，人们一直害怕走远，害怕走得越远，返回的路途越长，或许根本就返不回来了。假设你也生活在那个时代，如果有一天有人告诉你，一直向前走还会返回原地，你相信吗？你自然不会相信，因为大家都在说千万不要走远，走远就回不来了，而你也是这么认为的，所以你不敢走远。可是如果你已经知道了地球是圆的，你还会害怕吗？当然不会了，如果条件允许，你也许会充满好奇或怀着一种探究的欲望一直往前走，想知道绕地球一周再返回来是一种什么感觉。

或许你真的就这么出发了。

你绕了地球一圈，果然回到了原地，此时你会想，原来世上有些事情并不像别人说的或自己想的那样难，有时可能完全是被别人或自己吓唬住了，连去尝试或验证的好奇心和勇气都没有了。

在我还是个"酒鬼"的时候，一度觉得不喝酒人生还有什么意思，但当我真的戒了酒以后，才发现原来不喝酒的人生更美好。

当你看完最后一页书，喝掉最后一杯酒的时候，你就是个快乐的非饮酒者了，一个非饮酒者怎么会担心自己喝酒呢？其他不喝酒的人是什么样子，你就会是什么样子。只要记住，不存在"就喝一杯""再喝一次"这回事就可以了。

4. 坚信自己的戒酒理由和戒酒决定是正确的

我坚信我的戒酒决定是正确的，我已经是个非饮酒者了。

戒酒，我不过是纠正了自己的一个错误，做了一件正确的事情而已。

酒本来就是身外之物，对身体一点好处都没有，我们的身体不需要这种东西，我们每天一口口地喝这种东西，实在是太无聊了。

酒已经危害到我的健康，我已经意识到如果再不戒酒，可能身体就会生病，如果再这样无节制地继续喝下去，身体发生重大疾病的概率会越来越大，所以我决定戒酒。而且酒已经严重地影响到了我的家庭、工作和生活，能够及时做出戒酒决定，我感到非常欣慰。现在开始一切都还不晚。

戒酒后我感觉整个人都变了，浑身充满了活力，每天从起床开始就浑身轻松，精气神跟以前大不一样，大脑也变得格外清醒，思考问题时思路非常清晰。戒酒后我的脾气也变好了，以前很容易发脾气，动不动就大发雷霆，现在变得理智了，能够心平气和地说话和处理事情了。以前喝酒时每天都晕乎乎的，现在酒精再也伤害不到我的大脑了，我庆幸自己能及时做出戒酒决定，感谢我自己，感恩这一切！

酒精侵占了我们的精力、体力、金钱和时间，剥夺了我们的自信、自由、健康和形象。酒精浪费了我们的时间，摧毁了我们的人生。

不再喝酒是我的自主选择，我确信，戒酒后无论何时，无论发生任何事情，我都不会质疑自己的戒酒决定。我坚信，戒酒是我此生所做的最正确、最明智、最有意义的决定！

过去不小心掉进酒精的陷阱，这是我人生的一大劫难，现在我终于逃出来了，现在庆幸还来不及呢，又怎么会重新再跳回去呢？

摆脱了酒精的奴役，自由的感觉真好。

现在我感到非常幸福，我就要成为一个真正的非饮酒者了。

5. 戒酒的最佳时机

现在我们知道了，酒精对人体的伤害是长期累积的过程，只要不停止饮酒，酒精伤害就一直在累积，直到有一天身体承受不住。现在我们已经能够直面这个过去我们一直在逃避的问题，我们知道如果真到那个时候，恐怕就已经晚了，所以我们又何必去冒险呢？

不小心染上酒瘾不要紧，既然我们已经意识到了它的危害，那么就把它戒掉吧，今天不戒明天戒，明年不戒后年戒，早晚我们得戒，我们不可能喝一辈子酒吧？既然早晚得戒，为什么不现在戒呢？如果现在不戒酒，你准备再喝多少年？1 年？3 年？5 年？难道你准备再喝 10 年？不妨算算 10 年你还要再喝多少酒，就按一天喝半斤酒吧，1 年就是 180 斤，10 年就是 1800 斤！想想这些酒都要由我们的肝脏来处理，怎么受得了！所以，戒酒是我们的必然选择，戒酒的最佳时机是什么时候？戒酒的最佳时机就是现在。

不要用"下次再戒""明天再戒""以后再戒""喝完这一顿再戒"欺骗自己了，酒这东西，除非你现在就停止，否则永远也喝不完！

6. 不要故意考验自己

不要故意考验自己，为了显示自己完全没酒瘾了而故意留酒，或者把酒故意摆在伸手可拿的地方。

7. 尽情享受无酒生活

戒酒后你会"多出"很多时间，你可以做任何你想做、喜欢做的事情。

戒酒，你只是不再喝酒了，你没有失去任何东西，相反，因为戒酒你收获了清醒、健康、自由，你的人生会因为戒酒而变得更美好，你的生活会因为戒酒而更幸福！

尽情地享受你的无酒生活吧。

8. 分享自己的成功和喜悦

你是幸运的，能够看书到这里，你成功地跳出了酒精的陷阱，战胜了酒瘾"大毒虫"，你已经成为一名快乐的非饮酒者，你就要开始享受无酒生活了，这是一件多么美好的事情啊！

戒酒后，你可以把自己的成功和喜悦、戒酒后的感受，以及因戒酒而悟出的人生道理，分享给他人，这种正能量的"输出"，既是对自己的肯定，也是向他人传递一种新思想，还可以帮助他人提高健康意识。

第 45 章
把这些话多读一读，戒酒一点都不难

如果你把酒精视作阻碍你事业发展的敌人，那么战胜敌人的高昂斗志，有助于你把酒瘾"大毒虫"碾死在脚下。

1. 喝酒不是习惯，也不是爱好，是瘾。

2. 不论酒瘾大小、酒龄长短，无关乎性别、年龄、职业，任何人都能轻松戒酒。

3. 戒酒戒的不是酒，戒的是心中喝酒的欲望；戒酒戒的不是酒，戒的是心瘾；戒酒戒的不是酒，戒的是消极、颓废、无法自控的人生态度。

4. 不去心瘾就戒酒，那种欲罢不能的精神折磨，只有喝酒的人才能体会到。

5. 如果继续喝酒，身体可能会因此而出问题。反之，如果及时戒酒身体会因此而慢慢向好。

6. 一个不争的事实是，近年来，不抽烟、不喝酒的人多起来了。

7. 为什么要戒酒？你只需问自己一个问题："喝酒对身体有害是毋庸置疑的，既然如此我为什么还要喝它？"你肯定不打算喝一辈子吧？那为什么不现在就停止？

8. 或许良好的生活方式不一定不生病，但极端不良的生活方式一定会生病。

9. 喝酒不一定 100% 得肝癌，但这能成为喝酒的理由吗？

10. 一口一口又一口，一杯一杯复一杯，天天喝，日日喝，一喝就是几十年，你想过没有，这到底是一种什么力量，驱使着你日复一日、年复一年地喝酒？是它的那些所谓"好处"？还是你欲罢不能的酒瘾？

11. 戒酒后才发现，不喝酒工作起来精力充沛、干劲十足。

12. 喝酒的最大浪费，是时间。

13. 酒精不仅伤害人的身体，还消磨人的意志，摧残人的精神。酒精害人于无形之中。

14. 用心地感受酒精糟糕的味道，你就会厌恶喝酒。

15. 为什么你只看到酒花经久不散，却看不到长期酗酒后尿液的泡沫也经久不散！

16. 酒精的最大欺骗性在于它让我们人生颓废，却给我们以生活充实的假象。

17. 你认为喝酒能使人放松，能缓解压力，有助于社交应酬，这都是酒精的欺骗、酒瘾的骗局和社会信息灌输的结果。任何时候都请你记住：第一，酒精是麻醉剂，不是兴奋剂；第二，大多数人不喝酒，但他们身体更健康，事业更成功，家庭更幸福。

18. 很多时候，我们因为酒醒后觉得喝酒很无聊、很痛苦，才决定戒酒的。

19. 你问我为什么戒酒？我只想过正常人的生活。

20. 劝你少喝酒的人永远是你的家人。

21. 戒酒不应成为你的心理负担，你应该为自己再也不用喝酒了而感到开心。

22. 戒酒后你就知道了，不喝酒的感觉真好，无酒的生活真美。

23. 戒酒后你会发现，你能够坦然地面对困难和压力了，你变得更自信了，对生活更有信心了。

24. 有人说，人生只有几十年，要好好享受，没必要戒酒，但是不喝酒的人生活质量比喝酒人差吗？你问问不喝酒的人，看他们怎么说。

25. 对人体伤害最大的是乙醇的代谢产物乙醛。

26. 喝酒就是酒民花费大量的金钱和时间，往肚里灌一种对人体有麻醉作用的液体，然后肝脏把这种液体中的乙醇分解为有毒物质乙醛，乙醛再反过来伤害肝脏，与此同时，未及分解和逃逸的乙醛随血液流遍全身，伤害它所到之处的所有组织和器官。就是这样一种东西，却有很多人每天乐此不疲地往肚里灌。

27. 面对压力时你想到了喝酒，想通过喝酒来减轻压力，事实上如果不喝酒，你的抵抗力会更强，或许你根本就感觉不到压力。戒酒前，你会因为一点小事而"借酒浇愁"，戒酒后，你才发现那根本就不是个事儿。所以不是喝酒能减轻压力，而是压力本身就是喝酒造成的。

28. 喝酒只是为了满足你的酒瘾，暂时缓解戒断反应而已。

29. 每一次喝酒都是为了缓解上一顿酒带来的空虚和不安，每一次犯酒瘾时的空虚和不安都是上一顿酒导致的。

30. 酒瘾（心瘾），不会自动消失，只要你不主动消灭它，它就会跟你一辈子。

31. 生理瘾是身体里的一条"小毒虫"，心瘾是身体里的一条"大毒虫"，这两条毒虫因酒而生成，以酒精为食，你不喂食它时，它就开始抱怨，直到你喂食它为止。这两条毒虫在你的喂养下越长越强壮，"饭量"也越来越大，你需要摄入更多的酒精才能喂饱它。怎样才能终止这个恶性循环？办法只有一个——停止喝酒！

32. 成功戒酒的前提是承认自己有酒瘾。

33. 戒酒后，你会明白，对有酒瘾的人来说，独自饮酒不过是独自满足自己的酒瘾而已；参加具有仪式意义以外的酒场饭局，也不过是一群有酒瘾的人，找个理由凑在一起，共同满足各自的酒瘾而已（主观上也许不是为了喝酒，但潜意识里却是为了满足酒瘾）。

34. 我是个非饮酒者了，现在看到别人喝酒，不像以前那样羡慕他们了，也没有了"牺牲感"，因为我知道，他们就算喝酒时也不是真的快乐，他们只是在缓解酒精的戒断症状，而戒断症状恰恰是之前喝酒造成的。

35. 酒精是麻醉剂，它在不知不觉中消磨着人的意志，摧残着人的精神，但却给人以"增加勇气、自信、胆量、能力"的假象。

36. "酒肉穿肠过，佛祖心中留"的后两句是"世人若学我，如同进魔道"。

37. 酒民是酒精的奴隶，他们身在酒中而不自知，曾经我们也是这样，所以戒酒后不要歧视他们，他们更值得同情，当然更需要解救。

38. 想戒酒和决定戒酒是两码事，想戒酒可以天天想，决定戒酒是经过深思熟虑后作出的决定，是要付诸行动的决定。

39. 戒酒是你人生中最正确的一个决定，任何时候都不要质疑自己的这个决定。

40. 心瘾不去，无以谈戒酒。

41. 我们说"吸烟者都是可怜人"，对此有人表示反对，举例某名人也吸烟，他也可怜吗？我们的回答是：所有吸烟者都是可怜人，你以为他们不想戒烟吗？

42. 大家都知道备孕或怀孕时不能抽烟、不能喝酒，这说明了什么？

43. 阅读本书，你不是在学习一个戒酒方法或戒酒技巧，而是当你看完书时，你就不想再喝酒了，你就戒酒成功了。

44. 戒酒，你不是被迫失去一项权利，你是主动选择不再喝酒。

45. 戒酒是你人生中的一件大事，甚至是最大、最重要的事。

46. 你不是享受喝酒的感觉，你是忍受不了不喝酒的滋味。

47. 请记住，不存在"就喝一口""就喝一杯""就喝一次"这回事，只要一口、一杯、一次，酒精"小毒虫"会满血复活，酒瘾"大毒虫"就会再次被唤醒，之前的一切努力就会前功尽弃，重新回到以前浑浑噩噩的喝酒日子。所以永远不要有"就喝一次"的想法，坚决不喝第一口酒。

48. 戒酒，是为了享受真实而美好的生活。

49. 戒酒成功是我们的福报，帮助他人戒酒是我们的功德。

50. 轻松戒酒后，你会发自内心地说："此生我不可能再喝酒了！"

51. 千万不要因为这一次戒酒轻松，就故意再次喝酒，然后再看书戒酒，以此检验自己对轻松戒酒法的掌握或炫耀自己对轻松戒酒法的运用自如。记住，一口酒就会把你打回原形。

52."酒是粮食精，越喝越年轻"，说说而已，千万不要当真。

53.试想将高度白酒倒入鱼缸中，鱼会不会醉酒？鱼大概率不会醉酒，而是失去生命吧。

54.喝酒人想喝而不能喝时会心神不宁、坐立不安，不喝酒的人就不会这样。

55.你总说"明天再戒"，可是明日复明日，何时是个头？

56.如果你把酒精视作阻碍你事业发展的敌人，那么战胜敌人的高昂斗志，有助于你把酒瘾"大毒虫"踩在脚下。

57.难怪女人比男人寿命长，因为不饮酒的女人比不饮酒的男人多。

58.养生，先从戒烟、戒酒开始；不戒烟酒，何谈养生！

59.戒酒是选择一种健康的生活方式。

60.喝酒人的时间都很"充裕"，只要是喝酒，他们永远可以随叫随到。

61.一个真正认真做事的人，是不会把大把的时间浪费在喝酒上的，因为他们的时间很值钱。

62.穷人沉湎于酒的后果是失去斗志，穷困潦倒。

63."酒鬼"不是因为喝酒费钱而倾家荡产，而是人无斗志才倾家荡产。

64.人们只愿意相信自己相信的和自己愿意相信的，这是最悲哀的。

65.喝酒人很容易破罐子破摔，不是他们有意这样，而是不知不觉。

66.一场酒下来，喝酒的人除了用酒精麻醉自己而获得片刻的"轻松"外，其他什么事情也没做，而不喝酒的人却充分利用了整场酒的时间。

67.成事者在茶馆里，败事者在酒馆里。

68.戒酒，你不是放弃了一个朋友，你是消灭了一个敌人。

69.世卫组织早已证实，乙醇的肝脏代谢产物乙醛是一类致癌物。

70.乙醇为乙醛"背了两个锅"，一个是喝酒脸红，一个是喝酒致癌。

71.酒精既制造"神经病"（伤脑）又制造"精神病"（伤心）。"精神病"折磨自己，"神经病"折磨别人。

72.喝够量也是一种瘾，喝酒人每次都要喝够量，一点都不能少，所以"酒鬼们"在一起喝酒时，到最后总会有一两个人出现"抢酒"行为，因为他们还没喝够量。

73.从商品角度来说，酒是世界上"最好"的商品，不管是谁，只要"着了它的道"，就再也放不下它，宁可不吃饭也要喝酒。

74.酒精麻醉导致的"放松"是暂时的，酒醒后会更加空虚、失落，于是就更想喝酒，想喝更多的酒。这是恶性循环，是喝酒制造了空虚，而不是喝酒填补了空虚。

75. 当你端起一杯酒时，其实你并不知道自己为什么要这样做，你只是要喝酒，要在这个固定的时间喝下固定数量的酒。仅此而已。

76. 轻松戒酒法让戒酒成为一件很轻松、很享受的事情，戒酒后你会发自内心地感受到非饮酒者的快乐和幸福。

77. 戒酒是一种责任，对自己负责，对家人负责；戒酒是爱的表现，爱自己，爱家人。

78. 有人戒酒价值100万，有人价值10万，你呢？当然这要看如何衡量了，如果你打算一生赚100万，那么你戒酒成功就价值100万，如果你打算一生赚1000万，那么你戒酒成功就价值1000万，如果你打算一生要赚1亿，那么你戒酒成功就价值1亿，你同意这样的算法吗？

79. 仔细想想，酒精其实占据了我们几乎所有的精气神。

80. 戒酒后刚开始几天的些许不适，是以前喝酒导致的，而不是戒酒导致的。

81. 世卫组织提出6种不健康的生活方式，其中第一是吸烟，第二是酗酒。

82. 戒酒的最大好处是摆脱了酒精的奴役，重获自由。自由的感觉真好！

83. 欲望由心而生，由心而灭。

84. 其实，我们戒酒的真正原因只有一个——我们的身体不需要酒精，只有这个原因才能让我们把酒杯彻底放下。

85. 留心观察你会发现，不抽烟不喝酒的人，他们都很优秀。

86. 戒酒前满世界都是喝酒的人，戒酒后才发现，其实喝酒的人并不多。

87. 有时人们不愿意知道真相，因为知道真相后可能就得改变，人们有时仅仅是因为害怕改变而甘愿受骗。

88. 海灵格说：受苦比解决问题来得容易，承受不幸比创造幸福来得简单。这让我想到了保持和改变，为什么很多人明明知道喝酒不好，却宁愿继续喝酒伤害自己也不愿意戒酒？现在才知道他们是犯懒——因循守旧比创新简单，保持状态比改变简单，继续喝酒比戒酒简单。

89. 酒民的小心思：喝酒会得病，但这一顿没事。

90. 酒民既恐惧戒酒失败——失败的滋味太痛苦，又恐惧戒酒成功——以后没酒的日子可怎么过！

91. 喝酒的人参加酒宴，心里想的都是酒，不喝酒的人才知道酒宴的真正意义，所以不喝酒的人更愿意参加酒宴。

92. 酒的第一功能是麻醉，如果没有了这一功能，还会有人喝它吗？

93. 一位网友说：我感到很痛苦，每天到点就得喝酒，不喝酒就难受。

94. 你所说的"男人世上走，不能不抽烟，不能不喝酒"是站不住脚的，你只要看看那些不抽烟、不喝酒而照样活得有声有色、风生水起的人就知道了。

95. 宴会是我们生活中必不可少的一种形式，有时还是一种必要的仪式，但参加或主办宴会并不代表我们要喝酒，事实上，我们完全可以不喝酒。

96. 尽管嗜酒的人不一定不成功，但不嗜酒的人大都混得不错；尽管不嗜酒的人不一定都成功，但嗜酒的人大都不成功。

97. 什么是"酒鬼"？如果他们只剩下买酒的钱了，若把酒钱换成饭，多吃一碗饭就能多挣一倍钱，然后就可以慢慢摆脱贫穷，但他选择喝酒；如果不喝酒就能让自己保持体力，保持清醒，就可以把事情办得更好，但他选择喝酒，这就是"酒鬼"。

98. 酒精，我不需要，请昂起你的头颅，大声说："我不需要酒精，我是个快乐的非饮酒者！"

99. 如果我说爱喝酒的人都不爱运动，你一定不同意，那好，我换个说法：爱运动的人大都不爱喝酒，这样说你同意吗？道理很简单，喝酒人喝完酒就想睡觉（实为酒精麻醉或中毒），他们没有时间运动；喝酒人身体被掏空，他们没有精力运动；喝酒人的"爱好"只有酒，他们没有心思运动。

100. 喝酒不是爱好，爱好可以随心所欲，瘾却欲罢不能。

这 100 句话，可以看作是本书的总结，建议多读一读。

第46章
你是不是已经迫不及待了

戒酒后才发现，在无酒的日子，工作起来精力充沛、干劲十足。

相信看到这里，你已经有些迫不及待要戒酒了，你想立刻停掉这个伤害了你很多年、被你称作"美酒"的液体，你恨不得马上丢掉这个曾经让你欲罢不能、折磨得你痛苦不堪的东西，但是且慢，越是紧要时越不要着急，你已经被它伤害了这么多年，你也戒了很多次都没有戒掉，现在既然你已经想明白了，那么这次索性就一次性地把它彻底戒掉，永不再反复，所以就让我们把一些问题搞得更明白些，再与它告别不迟。

也许这些问题你已经思考了很多次，你已经看清了酒精的真相，看透了酒瘾的本质，明白了戒酒的原理，这我都相信。我也相信你已经完全明白了，过去自己的那些喝酒理由都是借口。我也相信你已经想明白了，只有戒了酒，才能让自己的家庭更加和谐，才能有更多的精力照顾好自己的家庭，爱护好自己的妻儿、家人；戒了酒，才能让自己的大脑时刻保持清醒，不再被酒精伤害，才能做好自己的工作，经营好自己的事业，实现自己的人生目标；戒了酒，才能像正常人一样，过好自己的一生。

虽然这些你都已经想明白，但为了把那些固化在我们大脑深处很多年的有关酒的错误认知，从我们的潜意识里彻底清除；为了把酒瘾"大毒虫"彻底踩在我们脚下，让它永世不得翻身；为了我们能够发自内心地、大声地、自信地说出："此生我不可能再喝酒了！"请你把下面这几个问题再仔细思考一下，并果断地做出发自内心的回答。

（1）你确定这次戒酒能成功吗？

（2）想到自己就要与酒告别了，你是不是很兴奋？还很期待？

（3）你为自己能及时做出戒酒决定而感到庆幸吗？

（4）你为自己能成功戒酒而由衷地感到高兴吗？

（5）能够成功戒酒，你认为这是一件最有意义、最有价值的事情吗？

（6）戒酒的最大好处，是将自己从酒精的牢笼中拯救出来，摆脱酒精的控制，重获自由，回归正常人的生活状态，你同意这种说法吗？

（7）只要不停止饮酒，身体患病的风险就会越来越大，只要停止饮酒，身体就会慢慢地恢复，就会越来越向好的方向发展，你认同吗？

（8）你能够发自内心地说："此生我不可能再喝酒了"吗？

（9）到现在为止，你的戒酒决心有多大？

    50%□   60%□   70%□

    80%□   90%□   100%□

（10）如果现在停酒（戒酒）的话，你还有什么担心的？发挥你的想象力，仔细想想停酒后，还有哪些场合你不敢去？哪些酒场饭局你不敢参加？哪些酒友你不敢见？哪些情况你觉得不能不喝酒？还有哪些情况你觉得应该喝酒？比如悲伤时，遇到挫折时，遇到压力时，看见别人喝酒时，夜深人静一个人孤单寂寞时，……，如果有，就请你仔细思考为什么会有这种顾虑，然后用你所学知识，或者重新阅读相关章节，把这个顾虑消除掉。

如果没有了，那么请继续。

第十部分

你是个快乐的
非饮酒者了

第47章
戒酒仪式

从此，你就是个快乐的非饮酒者了。

读到本章时，你将郑重宣誓，这是你的最后一顿酒，从此以后，你将不再喝酒，你能做到吗？

如果能，那么请继续。

如果不能或者你对此还有疑问，那么就请你找出问题所在，然后返回去重新阅读相关章节，直到心中再无任何疑虑，再回到这里，接着举行你的戒酒仪式。

这是你的最后一顿酒。以下各环节，你都可以一边喝酒，一边进行。

1. 仪式前阅读

你即将彻底摆脱酒精的控制，你马上就要成为一个快乐的非饮酒者了，思考下面这些话，对你轻松戒酒有帮助。

（1）戒酒是你人生最正确的决定，永远不要质疑自己的这个决定。

（2）不要等待"戒酒成功"，记住，当你看完最后一页书，喝掉最后一杯酒时，你就是个快乐的非饮酒者了，此时你就已经戒酒成功了。

（3）戒酒后，不要因为戒酒的缘故而刻意改变你的生活。

（4）不必刻意忘记喝酒这件事，你喝了这么多年酒，有酒的记忆很正常。

（5）千万不要有"戒酒这么容易，再喝一次也不要紧，大不了再看一遍书，再戒一次酒"的思想。如果那样的话，你可能又要再喝几个月，甚至几年，才会再次下定决心戒酒。

（6）戒酒后，你的身心健康会慢慢恢复，你的生活会越来越好。

（7）轻松戒酒法让戒酒成为一件非常轻松、非常享受的事情，戒酒后，你会发自内心地感受到非饮酒者的快乐和幸福。

（8）在以后的日子里，每当想起戒酒这件事情，你都会情不自禁地暗自发笑，庆幸自己做了这件人生最重要、最美好的事情。

2. 仪式前确认

请回答以下问题：

（1）你决定要戒酒了吗？

（2）戒酒是你发自内心的决定吗？

（3）你确定自己能成功吗？

（4）你愿意郑重宣誓"永远不再喝酒了"吗？

（5）戒酒意味着"从此你将滴酒不沾"，你能做到吗？

（6）对即将到来的无酒生活，你是心情低落还是十分兴奋？

（7）家里以及办公室剩下的酒，你打算怎么处理？还要留着吗？

（8）你是否明白，当初我们不小心掉进酒精的陷阱，如今我们之所以能摆脱它的控制，是因为我们看清了酒精的真相，明白了酒瘾的本质？

（9）喝酒让我们偏离正常生活很多年，戒酒其实只是让我们回归正常生活，这句话你理解吗？

（10）戒酒是你人生最重要的决定，也是最明智、最正确、最有意义的决定，未来不管发生什么事情，不管你的人生处在高潮还是低谷，高光还是至暗，你都不会质疑这个决定，你能做到吗？

对以上问题，如果你不能做出肯定回答，或心中还有疑虑，那么请你把本书再重读一遍，直到再无任何担忧和疑虑。

如果没有问题，让我们继续。

现在开始戒酒仪式。

3. 最后一杯酒和戒酒宣誓

●请端起你的酒杯，仔细地闻一闻、尝一尝，说出你的感受。

从酒沾唇到入口，是什么感受？

酒入喉、食道、胃，是什么感受？

苦？辣？呛？还是有别的什么味道？

是不是感觉酒其实让你很不舒服？有时甚至难以下咽？喝酒，往往是我们强迫自己咽下去的？

●填写空格后，抄写或诵读下面这段文字，或写下现在你想说的话。

我已喝酒____年，大约已经喝下了____吨酒，我是个十足的____（酒徒、酒鬼或酒精依赖者、重度酒精依赖者、超重度酒精依赖者）。因为喝酒，我大约已经花掉了____钱，我的身体已经出现了问题。因为喝酒，我做过很多错事，惹过很多祸，耽误了很多事情，家人也因为我喝酒而生了不少气。因为喝酒，我耽误了工作，荒废了事业，伤害了家庭。

现在我已彻底醒悟，为了自己，为了家人，为了工作，为了事业，从今往后，我将永不再喝一口酒。

此生我不可能再喝酒了！

我是个快乐的非饮酒者了！

_____

_____

_____

_____

_____

_____

_____

_____

_____

_____

_____

●现在，你可以下定决心了，请你面对自己的内心郑重宣誓，喝掉这最后一杯酒后，今后无论发生什么事情，你都不会再喝一口酒。

跟着我宣誓："今后无论发生任何事，我都不会再喝酒了！"

跟着我说："太棒了，我是个非饮酒者了！"

来，让我们一起说：

我是个非饮酒者了！
此生我不可能再喝酒了！

再说一遍：

我是个非饮酒者了！
此生我不可能再喝酒了！

将剩下的酒处理掉。

你自由了！

第48章
如何帮助他人戒酒

是喝酒制造了空虚，而不是喝酒填补了空虚。

近年来，两种"酒风"并存。一方面对酒驾的惩处越来越严厉，人们饮酒的风险和责任意识越来越强，一个明显的现象是酒桌上劝酒的人越来越少了。另外，国家对公务饮酒的治理，无形中显现出的一种引领和示范作用，对酒风的影响也非常大。从大环境来看，饮酒之风正在向好的方向发展。

但另一方面，不知从何时起，一股所谓的"酒文化"之风却越刮越烈。伴随而来的是各种酒的"美好"信息，无时无刻不在冲击着人们的眼球，尤其是在现在的互联网时代，我们每个人都不可避免地被裹挟在庞杂的信息洪流中，无所适从，普通大众对很多信息更是难辨真伪。对此，我们只能寄望于有更多的饮酒者能够自我觉醒，希望轻松戒酒法能够慢慢地被更多的人接触到。

近年来出现了一个有趣的现象，吸烟的年轻人越来越少了，戒酒的年长者却越来越多了。这种现象的出现，说明全社会的文明、文化和科学素养，以及健康意识有了普遍提高，这很值得我们欣慰。我们希望更多的年长者加入我们的轻松戒酒行列中来，我们也希望更多的青少年远离酒精的诱惑。

花费大量的金钱，耗费大量的时间，

一口一口、一杯一杯、一瓶一瓶地往肚里灌，

一种主要由乙醇和水以及其他化学物质混合而成的液体。

让这种液体随血液流到我们全身各处，

流到肝脏，伤害我们的肝脏，

流到大脑，伤害我们的大脑，

这是多么荒唐啊！

这样的一种自我伤害行为，我们却每天都在进行，

成年累月，反反复复，

这是多么无聊啊！

正是自己当初年少无知，不顾身体对酒精的强烈排斥，一次次地练习喝酒，强迫身体适应酒精，最终染上了酒瘾，导致现在每天必须定时定量地摄入酒精，否则就会痛苦难受、空虚不安。想想这是一种多么愚蠢的行为啊！

喝酒的唯一目的是消除酒瘾，解除戒断症状，而这个酒瘾戒断症状，不正是过去一次次喝酒造成的吗？酒瘾的最阴险之处就在于它先制造痛苦，再缓解痛苦，然后给人一种喝酒是乐趣、享受、精神慰藉的假象。

喝酒人为什么喝酒？因为上瘾，其他都是借口。可是他们却陶醉于酒中，觉得自己比不喝酒的人还多了一种享受，认为这才是人生。"没有其他爱好，再不抽点烟、喝点酒，活着还有什么意思？"这是他们经常讲的，殊不知正是因为酒，才造成自己"没有其他爱好"。

喝酒不是爱好，也不是习惯，是瘾。

这一切都是因为酒瘾，只是他们身在酒中而不自知。在我们还是酒民的时候，我们也是这样。所以希望各位朋友戒酒成功后，不要歧视和指责那些还在沉湎于酒中的人，他们是可怜人，他们值得我们同情、怜悯，他们需要我们的帮助。

那么怎样才能帮助他们呢？有人说，叫不醒一个装睡的人，这句话用在正沉迷于酒中的人身上确实非常合适，但有一个事实不要忘了，那就是喝酒人到了一定年龄谁没想过戒酒？喝酒到了一定年限，不管"大戒"还是"小戒"，又有哪个酒民没有戒过酒？只是他们想戒戒不了或者因为恐惧没酒的日子怎么过，加上心里还惦记着酒的各种"好"，而没有下定足够的戒酒决心罢了。

每一个使用轻松戒酒法戒酒成功的前酒民，都会有一种获得第二次生命一样的感觉，所以帮助其他酒民戒酒，我们的动机是纯真、善良的，这一点我们每一个轻松戒酒者都确信无疑。

帮助他们戒酒，我们可以用"拯救"二字，他们需要我们的"拯救"，拯救他们摆脱酒精的毒害。

需要提醒大家注意的是，帮人戒酒时，尽量不要在酒桌上劝人戒酒，但可以随意谈谈你的戒酒体会和感悟。使用轻松戒酒法戒酒的人，在酒桌上是很从容的，他们会注意到你的淡定。过去你在他们眼里是个好酒之人，甚至是个大"酒鬼"，现在突然不喝酒了，他们会很好奇，你可以满足他们的好奇，告诉他们你已经是个非饮酒者了，在酒面前你已经心如止水。

不需要夸大事实，你只需告诉他们你的真实感受，酒醒后他们会有所触动，待到下次再见面发现你是真戒酒了，他们会更好奇，这时你就可以敞开心扉跟他们好好谈谈戒酒的事了。

戒烟难还是戒酒难？先戒烟还是先戒酒？

"烟酒不分家"，抽烟的人往往都喝酒，喝酒的人往往都抽烟，那么问题来了，戒烟难还是戒酒难？先戒烟还是先戒酒？

戒烟难还是戒酒难？实事求是地说，这个问题没有定论，因人而异，有人觉得戒酒容易戒烟难，而有人却觉得戒烟很容易，戒酒实在是太难了。到底是戒烟难还是戒酒难？对传统办法来说，肯定是哪个瘾大哪个难戒，烟瘾大就烟难戒，酒瘾大就酒难戒。但对轻松戒烟法、轻松戒酒法来说，则无关乎瘾大瘾小，甚至瘾越大反而越容易戒。

戒烟难还是戒酒难，跟先戒哪一个有关系。戒掉一个，再戒另一个时相对就容易一些，原因有二：一是戒掉一个后，再戒另一个时方法掌握得更加得当，理解得也更透彻，阅读效率也会更高；二是有了上一个的成功，第二个戒起来就会更有信心。再有，抽烟喝酒都很消耗体力，戒掉一个再戒第二时，体力比以前增强了，这对戒第二个是有帮助的。

也因此，我们不主张烟酒一起戒，先戒一个再戒另一个比较好。

那么，在帮助他人戒烟戒酒时，我们应该如何做呢？我们的建议是：

对已经决定戒烟或戒酒的，根据你的切身体会向他们推荐《这书能让你戒烟》和本书即可。

对尚未决定戒烟戒酒者，先从劝其戒酒开始，原因如下：

根据我们的经验，跟一个没有戒烟打算的人谈戒烟，基本没有成功的可能，你刚说"戒烟"俩字，他们的第一反应就是到处找烟，然后你就会得到"我抽烟没瘾，想抽就抽，不想抽就不抽""不抽烟、不喝酒，活着还有什么意思""就这点爱好了，不戒"的回答和反击。

但如果你劝一个还没有戒酒打算的人戒酒，一般不会被直接怼回来，只要你不是在他正喝酒的时候劝他戒酒，他一般都会听你把话讲完，甚至会跟你一起讨论喝酒这个话题，虽然你很可能不会第一次就得到他考虑戒酒的表态，但起码他没有激烈的、条件反射式的反击。

为什么劝人戒烟和劝人戒酒时对方的反应不一样呢？

这是因为抽烟的人一天要抽几十根烟，相当于他们每天犯烟瘾几十次，也可以说他们几乎一整天都处在"犯烟瘾—吸烟—再犯烟瘾—再吸烟"的循环状态中，人家要么正在犯瘾，要么正在过瘾，你却跟人家说戒瘾，自然会得到对方本能的抵触、抗拒或反击，所以，对吸烟人来说，你一般是劝不动他戒烟的，只能等他某一天自己醒悟。

但喝酒的人就不一样了，除了身上揣着酒瓶，随时随地都要喝两口的严重酒依赖者外，大多数人都是吃饭时才喝酒，这些人没到他们的喝酒点时是没有酒瘾的，他们的饮酒模式是吃饭才喝酒，到了饭点才犯酒瘾，所以在他们不喝酒的时候，是能听进你讲的话的。这个时候他们不会有条件反射式的逆反、抗拒，至于能不能让他们下决心戒酒，就看他们的触动大小了，需要给他们时间，让他们有一个思考、内省的过程。

从这个角度来说，先戒酒后戒烟为好。

有一个现象不知大家注意到没有，就是现在不抽烟的人越来越多了，而且全社会"劝阻青少年吸烟"意识非常强，我们相信未来吸烟的人会越来越少。再有，整体上人们的戒烟意识也比戒酒意识强，往往人们意识到健康问题时，首先想到的是戒烟。从这个角度来说，则是先戒烟为好。

当然，对轻松戒烟法和轻松戒酒法来说，其实并不存在先戒烟还是先戒酒问题，完全可以根据自己的想法或需要来决定，因为不管先戒哪个，都可以轻松戒掉。

最后的警告

现在你已经是个快乐的非饮酒者了，做到以下几点，你将永远都是个快乐的非饮酒者，请务必遵照执行。

- 将这本书放在方便的地方，可以随时拿出来翻看，戒酒是你一生中非常大的成就，无法用金钱衡量，值得永远保存。同时不要弄丢、出借或送人。
- 不必等待自己变成一个非饮酒者，因为转变过程已经完成，现在你已经是个非饮酒者了。
- 不必因为戒酒而刻意改变自己的生活，你是个非饮酒者了，你和其他从来不喝酒的人没有什么区别。
- 戒酒后不要指责其他饮酒者，他们被酒瘾控制身不由己，而你已经摆脱了这一切，你是快乐、幸福的，他们是可怜的，他们值得我们同情。
- 戒酒，你不是失去了一项权利，你是丢弃了一个身体本来就不需要的东西，所以你不会羡慕其他饮酒者。
- 记住，不存在"再喝一次"这回事。
- 永远不要质疑自己的戒酒决定，为"我是个快乐的非饮酒者"而自豪！
- 发自内心地坚信"此生我不可能再喝酒了！"

现在你终于可以大声地说："我是个非饮酒者了！"

参考文献

[1] 莱德利，马克斯，汉姆伯格.认知行为疗法：新手治疗师实操必读 [M].李毅飞，孙凌，赵丽娜，等，译.北京：中国轻工业出版社,2012.

[2] 贝克.认知疗法基础与应用 [M].张怡，孙凌，王辰怡，等，译.北京：中国轻工业出版社,2013.

[3] 贝克.认知疗法进阶与挑战 [M].陶璇，唐谭，李毅飞，等，译.北京：中国轻工业出版社,2014.

[4] 佛兰克·富里迪.阅读的力量：从苏格拉底到推特 [M].徐弢，李思凡，译.北京：北京大学出版社,2020.

[5] 斋藤孝.阅读的力量 [M].武继平，译.福建：鹭江出版社,2016.

[6] 麦凯.攻心为上 [M].曾阳晴，译.上海：生活·读书·新知三联书店，1991.

[7] 戴维·泰勒.谈话治疗：Tavistock 临床中心的理念和实践方法 [M].黄淑清，黄郁心，译.北京：中国轻工业出版社,2017.

[8] 理查德·尼斯贝特.逻辑思维：拥有智慧思考的工具 [M].张媚，译.北京：中信出版集团,2017.

[9] 理查德·尼斯贝特.认知升级：重塑思维与认知，实现自我进化 [M].仲田甜，译.北京：中信出版集团,2017.

[10] 理查德·尼斯贝特.思维版图 [M].李秀霞，译.北京：中信出版集团，2017.

[11] 欧文·亚隆.日益亲近：心理治疗师与来访者的心灵对话 [M].童慧琦，译.北京：中国轻工业出版社,2015.

[12] 李中莹.重塑心灵 [M].北京：世界图书出版公司,2014.

[13] 包丰源.心病转移：走出情绪困扰，唤醒自愈潜能 [M].北京：中华工商联合出版社,2017.

[14] 马戈·沃德尔.内在生命：精神分析与人格发展 [M].林晴玉，吕煦宗，杨方峰，译.北京：中国轻工业出版社,2017.

[15] 尤格·布莱克.无效的医疗：手术刀下的谎言和药瓶里的欺骗 [M].穆易，

译 . 北京师范大学出版社 ,2007.

[16] 朱抗美 . 中医心疗法：中医眼中的心身疾病 [M]. 上海：上海科学技术出版
社 , 2010.

[17] 郭士全 . 不无自我：现代中医心理疗法 [M]. 桂林：广西师范大学出版社 ,
2011.